AF277107

Masonería, política y laicismo en la España del siglo XX

Masonería, política y laicismo en la España del siglo XX
El arquetípico ejemplo ourensano

Alberto Valín Fernández

Escuadra y Compás

Colección dirigida por: Manuel de Paz Sánchez y Valeria Aguiar Bobet
Diseño de cubierta y maquetación: Marina Zambrana

Alberto Valín Fernández
Masonería, política y laicismo en la España del siglo XX.
El arquetípico ejemplo ourensano

Edición revisada por Pablo Sánchez Martínez y Ana Belén Estévez Vázquez

Ilustración de la cubierta: *Prometeo roba el fuego a los dioses*
y se lo da a la Humanidad. Óleo sobre lienzo de Heinrich-Friedrich Füger.

Primera edición en Ediciones Idea: 2024
© De la edición:
   Ediciones Idea, 2024
© Del texto:
Alberto Valín Fernández

San Clemente, 24, Edificio El Pilar
   38002 Santa Cruz de Tenerife.
   Tel.: 922 532150
   Fax: 922 286062

León y Castillo, 39 - 4º B
   35003 Las Palmas de Gran Canaria.
   Tel.: 928 373637 - 928 381827
   Fax: 928 382196

correo@edicionesidea.com

www.edicionesidea.com

Fotomecánica e impresión: Gráficas Tenerife, S.A.
Impreso en España - Printed in Spain
ISBN: 978-84-10272-33-0
Depósito legal: TF 685-2024

ÍNDICE

Who murdered the minutes,
The bright golden minutes, the minutes of youth?
I, said the soldier, dressed in his red coat,
I with my trumpet, my sword and my flag.
I murdered the minutes.
I took the minutes and what good I did,
For see how the black men kneel, he said.

Who killed the hours,
The gay purple hours, the hours of faith?
I, said the Parson, in his black cloak,
I with my book, and my bell and my pen,
I killed the hours;
I killed the hours as my holy right,
And see how the people kneel at night!

Who slew the years,
The sweet precious years, the years of truth?
I, said the Lover, in her gay gown,
I with my lips and my breasts and my eyes,
I slew the years;
I slew the years, my silly dove,
And see how you kneel to me in love!

Henry Treece. *The Haunted Garden.* Londres, Faber and Faber, 1947. (Citado en el opúsculo anejo al disco de Joan Baez: Bautismo. Imp. Hispavox. Dep. Legal M. 20.993-1968

A la eterna memoria de mi querida abuela Carmen Blanco Losada, la admirada Señora Carmen de mi infancia, mi adorada y única gran madre. Aquella resignada y hermosa mujer de claro fenotipo maragato que siempre, con una bondadosa sonrisa en la cara, tuvo que sacar adelante, con todo el cariño y la bondad de su gran corazón cristiano, a sus diecisiete hijos en unos tiempos verdaderamente difíciles que ahora, en nuestro egoísta, hedonista, descreído y decadente, por opulentamente babilónico, presente, no podríamos ni tan siquiera intentar entender

PREFACIO
A LA NUEVA EDICIÓN

Este libro, con el extenso y nada comercial título de *Laicismo, educación y represión en la España del siglo XX (Ourense, 1909-1936/39)*, titulado en esta ocasión de su segunda edición ampliada y revisada para formar parte de la tercera entrega de la edición de mis obras completas con el de: *Masonería, política y laicismo en la España del siglo XX. El arquetípico ejemplo ourensano*, salió de la editorial de mi bienquerido y siempre recordado amigo Isaac Díaz Pardo, el 24 de septiembre de 1993, una extensa obra que, en un principio, iba a redactar como segunda tesis doctoral. Trabajo de investigación que, en aquella ocasión, iba a ser dirigido por el viejo profesor y francmasón portugués, el amable y reconocido historiador de Oliveira Marques, al cual recuerdo y agradezco desde aquí su solidaria y rápida aceptación de la dirección de dicha monografía. Si no me hubiera vuelto atrás sobre esta idea de realizar una nueva tesis de doctorado con este libro –o más bien con un libro más o menos muy parecido a este–, pero escrito, obviamente, sin la libertad con la que redacté, en siete estresantes meses, esta obra, hubiera obtenido, entonces, mi segundo título de doctor. Ahora, y gracias a los siempre inagotables esfuerzos editoriales de mi eterno, cariñoso y admirado amigo Manuel de Paz Sánchez, a la excelente profesionalidad de Marina Zambrana, y gracias también al ímprobo esfuerzo revisor de Pablo Sánchez Martínez, vuelve este libro, ampliado y actualizado, a tener una nueva vida.

La verdad es que cambié muy pronto de opinión sobre este ambicioso tema académico de convertir esta monografía en otra tesis de doctorado. El porqué o la causa de este prematuro abandono fue el hecho de pensar, sobre todo, en la alienante y siempre esforzada labor de tener que confeccionar un texto bajo la presión de hacerlo teniendo *in mente* la posterior censura de mi discurso, no sólo por parte del propio director del susodicho trabajo, sino también del tribunal correspondiente. Como el lector comprenderá fácilmente, mi natural y cien por cien libertaria o estirneriana forma de ser acepta más mal que bien el auténtico significado de la palabra «tribunal». Muchos colegas conocen, algunos todavía hoy amargamente, esta aversión que le tengo a formar parte de esa especie de jurado que, por ley y por ética, tiene la obligación de ser justo y ecuánime, cuando sabemos que, por lo general, en los medios universitarios, tanto españoles como franceses que son los que yo conozco, estas comisiones juzgadoras suelen carecer «deportiva» y jactanciosamente de estar desprovistas de tales cualidades humanas. Siempre he aceptado de pésimo grado ser parte integrante de una comisión o de un tribunal para dilucidar quién es el mejor aspirante para ocupar una determinada plaza docente y, cuando no estuve de acuerdo con los típicos tejemanejes tan desgraciadamente comunes de estos universitarios medios, no dejé de intentar boicotear y hasta denunciar estas malas praxis de oficio llevadas a cabo por parte de mis colegas.

En realidad, rechacé el pensamiento de convertir este libro en una «docta» tesis más para mi currículum por el hecho fundamental de no querer repetir lo que me había sucedido, anteriormente, con dos de mis investigaciones académicas, habiendo sido pésimamente «dirigido» y jesuítica y torticeramente «controlado» en aquellas dos ocasiones por otro profesor de la misma cuerda académica y fraternal que el reconocido, afable y paternalmente sincero historiador luso António Henrique Rodrigo de Oliveira Marques y, por ello, teniendo que soportar la intelectual férula de sus declaradas u ocultas simpatías, obsesivas y apasionadas filias, fobias, intereses de escuela historiográfica o de todo tipo personal y hasta prejuicios que, obviamente, conformaban sus tribales o personales «visiones» históricas sobre esta secreta forma de sociabilidad. Filias y fobias completamente distintas, como el lector comprenderá, a las que yo, perseguidor obsesivo de la imparcialidad histórica e historiador completamente distante del objeto a estudiar podría tener sobre el tema principal de mis arduos y cansinos temas de indagación científica. Dado que el autor de estas líneas, como ya ha dicho en otras ocasiones, no tenía, ni tiene, ninguna idea prefijada; es decir, finalista, con relación al tema a estudiar antes de ponerse a trabajar sobre la documentación correspondiente. Debo recordar aquí que, como historiador, siempre he intentado que sólo y únicamente sea la propia evolución del proceso natural de la investigación el que pueda llegar a ocasionar que mi visión o interpretación sobre los hechos estudiados o sobre la misma visión general sobre el objeto de estudio cambie mi percepción de este y, obviamente, de aquellos.

Esta monografía que ahora sale de nuevo de la imprenta y a la que tanto apego le tengo por variados y distintos motivos, entre otros: por ser la, para mí, mejor escrita en un español burilado con la mejor habilidad o pericia que poseía en aquel tiempo y, quizá, posea en cualquier tiempo venidero; la que tiene un buscado –aunque jamás finalista como ya he dicho– y para mí trabajosísimo estilo literario confeccionado con el permanente pensamiento puesto en intentar conseguir el mayor acercamiento – hasta íntimo si fuese posible–, con el interesado lector de esta obra; por haber intentado esculpirla con el mejor afilado cincel de endurecida punta de widia metodológica –como aquellos cientos y cientos de punteros, cinceles, gradinas y bujardas, que tanto vendí en mis grises, solitarios y deprimentes tiempos de viajante de comercio en el mundo de la construcción entre graniteros y marmolistas–, fundido dicho cincel con el templado acero de los mejores recuerdos de mi vieja y *profunda* formación marxiana; por haber podido llevar a cabo, completamente, su cuidada y hasta primorosa edición –como exbibliotecario y buen aficionado a la bibliofilia que soy desde la infancia–, gracias al solidario, fundamental y experto apoyo de mis buenos amigos Xosé Vizoso y Manuel Moret; por poseer una carga erudita que a mí mismo me impresiona, dado que aún no «existía» la fantástica herramienta que hoy nos ofrece a todos internet; y, en fin, por no haber podido «mover» publicitariamente este libro, por medio de las correspondientes presentaciones públicas que tenía pensado hacerle, debido al aciago hecho de haber enfermado seriamente al poco tiempo de haberlo presentado en la ciudad de Ourense. Curiosamente, años más tarde, me pasaría algo muy parecido, pero no por las mismas causas, con el libro que le siguió a este, al no poder presentarlo ni una sola vez, en este caso particular debido a su pésima o más bien nula distribución comercial.

Este libro al que, como ya he dicho, tanto cariño le tengo y que, por cierto, incluyó en su discurso la primera historia universal del laicismo escrita en español –cuando aún esa palabra, laicismo, no era conocida ni tan siquiera por mis alumnos universitarios coruñeses, lucenses, santiagueses y ourensanos–, y que, además, su contenido resultó ser completamente extrapolable para el resto de aquella España masónica en eterna crisis; es decir, un prototípico y hasta paradigmático ejemplo de cómo se desarrolló la masonería española «de provincias», durante los años republicanos del siglo XX.

Una obra sobre la masonería «de provincias», como digo, en la etapa primorriverista y, sobre todo, republicana y su apodíctica imbricación en el casi siempre procaz u obsceno ámbito social de la política, con un interesante avance para la época en que se redactó este discurso sobre la represión fascista desatada sobre la declaradamente republicana masonería, el pensamiento secularizador y su proyección en el siempre interesante ámbito pedagógico, etcétera, que redacté, como ya he adelantado, en siete dolorosos y agobiantes meses y, por cierto y como ya he explicado, en forma de «liberada» tesis doctoral; es decir, siguiendo un estricto y autodisciplinado modo académico pero sin tener *in mente*, durante el para mí siempre «tripalioso» por torturante proceso de redacción, la perturbadora expectativa de que acabaría siendo juzgada, línea por línea, por un tribunal de colegas simpatizantes o no con mi singular y un sí es no lo es, indómita personalidad y mi no del todo común pensamiento ideológico seguidor –como algún que otro autor cree, como yo, que también fue Nietzsche–, de aquel brillante y «agitador» escritor nacido en la hermosa ciudad alemana de Bayreuth, llamado Johann Kaspar Schmidt (Max Stirner).

Introducción. El laicismo, antecedentes históricos

El clericalismo es, pues, la constitución de una iglesia en cuanto en ella rige un servicio de fetiches, lo cual se encuentra en todas partes donde la base y lo esencial no lo constituyen principios de la moralidad, sino mandamientos estatutarios, reglas de fe y observancias (...). Ahora bien, puesto que fuera todo el resto es laico (sin exceptuar al jefe de la comunidad política), la iglesia domina en último término al Estado, no por la fuerza, sino por influjo sobre los ánimos, y además mediante el fingimiento de la utilidad que el Estado debe presuntamente poder sacar de una obediencia incondicionada a la cual una disciplina espiritual ha acostumbrado incluso el pensamiento del pueblo

Immanuel Kant

En todas las religiones que, hasta el presente, le han sido impuestas al espíritu humano, los principios graves, peligrosos y deplorables de desunión, de división y de separación, se encuentran íntimamente imbricados en todas las nociones fundamentales de estas mismas religiones

Robert Owen

El Estado español no tiene religión oficial

Constitución española de 1931

El orto bajomedieval

El laicismo o secularismo, esa estructura de pensamiento politológicamente típica de la ideología liberal, y que, por otro lado, define excelentemente el *Diccionario de la Lengua Española* como una «Doctrina que defiende la independencia del hombre o de la sociedad, y más particularmente del Estado, de toda influencia eclesiástica o religiosa», tiene en la historia de occidente sus precedentes más remotos en la baja edad media, concretamente en aquella crisis política que, enmarcada por la época en que dio sus primeros pasos el Estado moderno, ofrece a la historia del lenguaje universal el significado actual de la voz laico; es decir, la conocida bula pontificia *Clericis laicos,* decretada por aquel atribulado clérigo llamado Benedetto de Gaëtani (o Caetani), de sobrenombre papal Bonifacio VIII (1294-1303). Gaëtani, aquel papa que llegó al solio pontificio gracias al «gran rifiuto» de Celestino V[1], por medio de la redacción de este documento, va a segregar y oponer, por primera vez en la historia, estas dos palabras: clérigos-laicos, voces estas que, hasta ese momento (25 de febrero de 1296), eran entendidas como complementarias. Todo ello, como decimos, a raíz de la reñida y hasta dramática guerra de libelos, bulas y espadas, librada entre Felipe IV el

---

[1] Sobre este interesante tema de la historia de la iglesia católica y de la literatura universal, véase, por ejemplo: Otero, C. P. [Carlos Fdez. Otero]: *Letras I,* Barcelona, Seix Barral, 1972, pp. 191-221.

Hermoso (1285-1314) rey de Francia, y el omnipotente absolutismo pontificio representado y dirigido por Bonifacio VIII.

Pero situémonos históricamente, nos hallamos, por un lado, en la plenitud del despertar nacional europeo, gracias al reforzamiento de la institución monárquica y al apoyo económico que a esta le ofrece una nueva clase en ascenso, la burguesía, y, por otro, en el momento más álgido del triunfo del papado sobre los poderes seculares. El casi milenario «Patrimonium Petri» gozaba en esos momentos de las dulces mieles de su reciente y decisiva victoria contra los Hohenstaufen (batalla de Taggliacozzo, 1268), triunfo este que le había otorgado al papado la posesión a niveles de universalidad del poder político secular que, hasta ese momento, venía representando –y constante y bélicamente reivindicando– el ahora derrotado Imperio Germánico.

Con el pontificado de Bonifacio VIII, el universalista dominio teocrático del papado llegará a conocer, tanto su máxima cota de poder, superando con mucho lo ya conquistado a estos niveles por el centralizador y omnímodo «reinado» de Inocencio III (1198-1216), como su primer gran momento de zozobra [2].

El reinado de Felipe IV de Francia es, para la historia de la humanidad, uno de los primeros y, sin duda, uno de los más brillantes ejemplos de intento de transformación de una monarquía típicamente medieval en un Estado nacional de tinte llamativamente moderno. Phillippe le Bel, gracias al curioso equipo de gobierno con que se supo rodear –lo que hoy denominaríamos un auténtico *staff* formado por escogidos y reputados juristas–, consolidó la monarquía francesa mediante una novedosa política económica, amplió enormemente la territorialidad de su Estado desde Flandes a Lyon, se opuso violentamente a los intereses financieros en Francia del papado, venciendo a este y trasladando

---

[2] Volitivamente olvidamos aquel fuerte revés que sufrió en el siglo IV, cuando llegó al poder imperial romano Flavio Claudio Juliano (361-363).

su sede a su propio territorio (Avignon)[3], convirtiendo entonces al papa en un mero servidor de su corona[4].

En aquella guerra antipapal llevada a cabo por Felipe IV, destacaron sobremanera las personalidades de sus consejeros Guillaume de Nogaret –exprofesor de la Universidad de Montpellier– verdadero instigador, así como director, de esta lucha, y la del propio Pierre Dubois (Petrus a Bosco), profético intelectual de los tiempos que vendrían, factótum publicístico de la campaña anticlerical del rey contra Bonifacio VIII, y creador seguramente del primer discurso laicista de la historia. Los populares libelos de este erudito normando llegaron a propugnar la supresión del poder temporal del papado, así como la nacionalización, por parte de la corona francesa, de todos los bienes eclesiásticos, reforzando además las pretensiones de su rey para que este ocupase el vacío de poder ocasionado por la caída en manos del papado del viejo Imperio Germánico, defendiendo entonces con su pluma la idea de un imperio universal francés.

El conflicto, como es sabido, acabó con la humillación física y, en realidad, con la misma vida del anciano pontífice en la ciudad de Agnani, realizada por el furibundo antipapista Guillaume de Nogaret, concediéndole esto a Francia, la dominación total del poder eclesiástico, al llegar, incluso, como ya hemos adelantado, al extremo de realizar el traslado de la sede del papado a Avignon –lo que la iglesia romana denominaría el «cautiverio babilónico»–, convirtiendo con ello a los sucesores de Bonifacio VIII en auténticos funcionarios al servicio de los intereses de la corona francesa.

Posteriormente a este precedente sin parangón en la historia, las circunstancias que envolvieron al papado jamás pudieron conseguir que este volviese a la situación anterior al secuestro de Agnani. Nuevos discursos, vamos a decir secularizadores, fueron apareciendo a posteriori de esta traumática experiencia política,

---

[3] Recordemos que, anteriormente, el despreciado por Dante Alighieri y para nosotros y para el actual papa Francisco, admirable San Celestino V, ya había trasladado la sede de la Iglesia católica a la ciudad de Nápoles, para evitar las influencias de la curia romana.

[4] Consiguiendo de él, entre otras cosas, la «nacionalización» de los bienes de la poderosa orden templaria y ofreciéndole con ello a la historia el primer ejemplo de desamortización de bienes eclesiásticos.

como aquel enfrentamiento entre Luis de Baviera y Juan XXII (1323-1334) y la obra que, en apoyo del partido de este rey alemán, escribieron en 1324 los clérigos Marsilio de Padua y Juan de Jandum, el *Defensor Pacis*. Libro este que tanta importancia tendría siglos más tarde, cuando, en 1531, Enrique VIII de Inglaterra, basándose en sus postulados eminentemente laicistas con relación al poder papal[5], rompa sus vínculos con Roma, creando el cisma anglicano con su correspondiente supresión de monasterios y la consiguiente desamortización de sus propiedades.

Antes de esta nueva experiencia secularizadora, habría quizá que recordar discursos como los del inglés John Wicleff y su seguidor bohemio Jan Hus, llegando este último a negar la autoridad pontificia, o las mismas experiencias también secularizadoras con relación a los bienes eclesiásticos que llevaron a cabo los príncipes alemanes luteranos; no pudiendo soslayar en este mismo párrafo la excelente obra crítica, con relación al clero, frailes, y altas jerarquías eclesiásticas, de Erasmo de Roterdam con su inigualable *Encomio de la Estulticia* (1509)[6].

Después de estos conocidos casos y hasta que occidente llegue al siglo XVIII, donde el hombre occidental ya no sólo se contentará con evitar la medieval vinculación papal de su Estado sino que irá mucho más lejos en su natural aspiración laicista, intentando desde aquel siglo buscar un Estado aconfesional completamente separado de cualquier institución o pensamiento religioso, occidente tendrá que soportar la dolorosa experiencia de las guerras de religión, siendo dominada Europa por la intolerancia más rigurosa. y es aquí, desde estas persecuciones por ra-

---

[5] Al afirmar que este debería ser exclusivamente espiritual, debiendo someterse la iglesia en todo lo demás al poder secular del Estado.

[6] De este autor y de su célebre *Encomio de la Estulticia,* véanse, por ejemplo, los capítulos: LIII, contra los teólogos; LIV, contra los clérigos y los monjes; LVII, LVIII y LIX, contra todas las autoridades eclesiásticas sin exceptuar al mismísimo papado:

> Si los Sumos Pontífices, que hacen las veces de Cristo en la Tierra se esforzaran en imitar su vida, su pobreza, trabajos, doctrina, su cruz y desprecio del mundo; si pensasen en que el nombre de 'Papa' quiere decir 'Padre' y advirtieran el título de 'Santísimo', ¿Quién habría tan desdichado como ellos? ¿Quién querría alcanzar este honor a tal precio y conservarlo por medio de la espada, el veneno y todo género de violencias?

Cfr.: Erasmo de Roterdam: *Elogio de la locura,* Madrid, Espasa-Calpe, 1976, pp. 100-108, 108-116, 119-124, *vid.*, también, pp. 79, 80-81, 92.

zones de pensamiento religioso y al hiriente calor de sus crueles violencias, donde la humanidad va a crear un nuevo discurso reivindicativo[7] que, en este caso, tratará sobre la tolerancia en materia de religión y en el que irá implícita, en muchas ocasiones, una definida declaración sobre el natural derecho del hombre a poder gozar de la libertad de pensamiento o de conciencia.

A partir de estos momentos, puede decirse que una parte cada vez más amplia del pensamiento laicista se va a robustecer con la adquisición de una nueva zona en su discurso fundamental, la postuladora del principio de tolerancia, comenzando además desde estos momentos, a fijar como sujeto primordial de sus aspiraciones, ya no exclusivamente a los englobadores y ciertamente ambiguos intereses del Estado, sino al mismo hombre, entendido este como auténtica y absoluta individualidad. De aquí que, corriendo el siglo XVII, comiencen a aparecer ya, y sin ningún tipo de temeroso disimulo, tolerantes posturas teológicas, tanto cristianas como sincréticas, o laceradas y rotundas teorías antirreligiosas y ateístas. Como ejemplo de las primeras, las cristianas, tomemos al movimiento espiritual inglés de los «buscadores» y a su legítima, paradigmática y tolerante herencia cuáquera; como ejemplo de teologías sincréticas, escojamos el sin duda admirable deísmo francmasónico y su aneja reivindicación de religión natural; como ejemplo de manifiestos claramente antirreligiosos, recordemos la obra del librepensador Isaacus Vossius (1618-1689), hijo del gran humanista holandés Gerardus Johannis Vossius; y, por último, como muestra de las incipientes reflexiones ateas de nuestra historia moderna, valga tomar como paradigma la obra del célebre cura ardenés Jean Meslier (1664-1729).

Los primeros ejemplos políticos de estos aires de tolerancia que comienzan a asomar por las ventanas de las intransigentes iglesias y palacios europeos son, entre otros de menor relevancia, los siguientes: la Dieta de Odense (1527), del pragmático y contemporizador rey danés Federico I; la Dieta de Transilvania de 1571, cuyo texto concedía la plena igualdad de derechos de confesión religiosa, tanto para los católicos como para los lutera-

---

[7] Apoyándose, seguramente, en aquel logro del pensamiento salido de la *Devotio Moderna* denominado el «libre examen».

nos, los calvinistas y los unitarios; y la Dieta de la Convocación (1573) y su tolerante acuerdo en materia de pensamiento religioso por el que se creó la denominada Confederación de Varsovia (1573), sin duda el paso histórico más avanzado realizado en relación con este tema y que carecerá de parangón hasta el momento. Como ha estudiado el profesor J. H. Elliott, la Confederación de Varsovia, «extendía el principio de libertad religiosa a los nobles de *cualquier* fe»[8]; es decir, que no se paraba en la definición de cuáles eran las confesiones reconocidas y toleradas, dejando en ese ambiguo «cualquier», un vago e indirecto presupuesto de la futura postura deísta. El texto rezumaba aquel humano cansancio que ya comenzaba a experimentarse en Europa, ante la violenta cerrazón de los distintos fanatismos religiosos encontrados:

> Dado que existe una gran discordia en este reino en lo tocante a la religión cristiana, prometemos, para impedir la sedición que ha ocurrido en otros reinos (...), que todos los que practicamos diferentes religiones, mantendremos la paz entre nosotros y no derramaremos sangre[9].

Otros ejemplos de estos políticos ensayos de tolerancia religiosa –estos ya estigmatizados por la endeble calidad de lo efímero– que sucedieron a los que hemos citado fueron, entre otros, el conocido Edicto de Nantes (1598) y la Carta de Majestad (1609) concedida a los protestantes bohemios por el emperador Rodolfo II. Como movimientos ideológico-sociales, cabe aquí recordar aquella sociedad secreta fundada, corriendo el ecuador cronológico del siglo XVI, por el comerciante holandés Hendrik Niclaes, y denominada «La Casa del Amor», a la cual pertenecería el célebre impresor Cristóbal Plantino y que, como dice Francine de Nave, «sin atacar a la iglesia romana o a la religión protestante, propugnaba una gran fe en Cristo y tolerancia para los disidentes»[10]. Ya en el siglo XVII, resulta imposible olvidar aquí

---

[8] Elliot, J. H.: *La Europa dividida 1559-1598,* Madrid, Siglo XXI, 1981, p. 237.

[9] *Ibídem.*

[10] Biblioteca Nacional: *Cristóbal Plantino (1520-1589): impresor del humanismo y de las ciencias,* Madrid, Ministerio de Cultura, 1990.

la conocida política galicanista propugnada por Jacques-Bénigne Bossuet en su rotunda *Déclaration du clergé de France* (1682) y, un poco más tarde, la misma visión, también galicanista, ofrecida por la obra de Claude Fleury en su *Histoire écclesiastique* (1691), pensamientos estos que, ya en el siglo XVIII, cristalizarán en el llamado regalismo.

La Ilustración y sus tres grandes paradigmas laicistas

El Siglo de las Luces será el momento de la gran eclosión laicista de la historia de la humanidad, propiciada por todo el complejísimo conglomerado de experiencias anteriores como: pensamientos, discursos, decretos, polémicas posturas colectivas como las de los libertinos o la de los *free thinkers*, guerras e –imposible soslayarlo– aquella humana fatiga de la que hemos hecho referencia más arriba, la decimoctava centuria de la era común, occidental o cristiana, contemplará sorprendida cómo dentro de su largo y variado devenir, la humanidad irá contrayendo, en un acelerado y progresivo proceso de asimilación, una madurez cada vez más temperada y reflexiva –la «edad adulta» del hombre según Kant– gracias a la expansión del recién descubierto método racionalista, a un nuevo y colectivo ascenso del criterio antropocéntrico, y a la consecuente generalización del universalista entendimiento del derecho natural o de gentes[11]. Llegada esta centuria, y olvidando conscientemente en esta ocasión los conocidos discursos anticlericales, o simplemente protolaicistas, de la abundantísima literatura de la Ilustración, pensadores como el ya citado Pufendorf, Kant, Locke, Hume, Fichte, Voltaire, Bayle, Lessing, Diderot, Helvetius, el mismo discurso de Adam Smith, y, por citar a un publicista español, el pensamiento que, sobre estos temas, tenía Francisco de Cabarrús, vamos a incidir en esta ocasión en una realización laicizadora sorprendente bajo cualquier punto de vista: el josefismo.

A pesar de su enorme importancia histórica, la obra del emperador de Alemania José II (1741-1790), sigue siendo todavía

---

[11] Sobre este tema, tiene una gran relevancia la obra de Samuel Pufendorf (1632-1694), titulada *Del Derecho de la naturaleza y de las gentes*.

hoy, para la historiografía de la Europa meridional, un fenómeno histórico, sino desconocido, sí abandonado o, dicho de otra manera, mal estudiado. Aquel honesto, solitario y consecuente racionalista de José II fue, como déspota ilustrado, el más radical de todos los habidos en la historia, superando incluso obras políticas de esta índole como la del propio reinado del célebre francmasón Federico II de Prusia[12]. A raíz de su avanzadísima gestión político-administrativa, este fisiócrata convencido, realizó una auténticamente revolucionaria reforma agraria, aboliendo por edicto, en 1781, la servidumbre de la gleba y liberando a los campesinos de todo tipo de carga o prestación enfitéutica que no estuviese debidamente respaldada por contratos legítimos. Aquel extraordinario estadista que había abolido la tortura y que, mientras duró su gobierno, no se permitió en toda la territorialidad de su Estado la práctica de la pena capital, fue un decidido laicista. El 13 de octubre de 1783, aconsejado por Patrice-François de Neny y por el príncipe Kaunitz-Rittberg, promulgó su famoso Edicto de Tolerancia, garantizando a todos sus súbditos la libre confesionalidad religiosa, conservando, meramente a título oficial, la religión católica como la legalmente representativa de su imperio. Su reinado, sobre todo desde la muerte, en 1780, de su madre, la corregente María Teresa, representa para la historia el ejemplo más poderoso y contundente de volitiva dominación de la iglesia por parte de un Estado. En 1781, suprimió las órdenes religiosas exclusivamente contemplativas –cerrando con ello más de 1.200 conventos–, después sometió a censura regia todo tipo de publicación de bulas y breves pontificios, exigiendo su plácet para todo tipo de edicto eclesiástico. Laicizó suavemente el calendario, reduciendo el número de días festivos. Impuso la remuneración del clero por parte del propio Estado, convirtiéndolo entonces en una especie de funcionariado público. Para ello estableció los seminarios nacionales, impidiendo además que la formación de su clerecía se realizase fuera del propio imperio. Su afán secularizador llegó al extremo de institucionalizar el matrimonio civil, contemplando incluso la existencia jurídica del su-

___

[12] Recordemos que fue este francmasón el primer déspota ilustrado en plantear el principio político de la enseñanza primaria obligatoria.

puesto o posibilidad de divorcio. Como dice el profesor Franz Schnabel a quien seguimos principalmente en este somero recuerdo de la impresionante obra laicizadora de José II, hasta «(...) la adoración de reliquias era en su opinión incompatible con el pensamiento moderno y las procesiones perturbaban el tráfico de la calle»[13], llegando a reglamentar hasta este tipo de vida religiosa en los últimos años de su gobierno, siendo irónicamente denominado debido a esto por Federico II de Prusia –seguimos ahora lo dicho por el profesor Hervé Hasquin– como «mi hermano el sacristán»[14].

Su obra, la obra de este auténtico militante político y filosófico de la Ilustración, quedó truncada por su muerte en 1790 y por la obra de su sucesor, su hermano Leopoldo II, monarca este que comenzaría un declarado proceso de total involución y represión, echando por tierra la revolucionaria obra de su antecesor.

El siguiente paso secularizador a niveles universales, lo tenemos situado en el Nuevo Mundo, será la segunda gran experiencia secularista del siglo. Estará enclavado dentro del proceso histórico –esta vez diáfanamente revolucionario– ofrecido por la Guerra de la Independencia de las colonias inglesas en Norteamérica. Se trata de la promulgación, en 1776, de la mundialmente trascendental Constitución del Estado de Virginia y la *Virginia Statute of Religious Liberty* de 1783, donde, por primera vez en la historia de la humanidad, quedarán, por ley, completamente segregados la iglesia y el Estado, viniendo a convertirse por ello Virginia en el primer Estado completamente laico de la historia.

El tercer gran ejemplo del siglo de la religión natural y del humanismo moral o humanitarismo, va a ser el crisol o compendio general donde se van a fundir en una única aleación todos los distintos ensayos anteriores, abriéndole con su traumática y complejísima experiencia a la historia contemporánea, no sólo su misma existencia, sino también un sinfín de posibilidades políticas que esta irá reproduciendo desde aquellos momentos hasta

---

[13] VV.AA.: *La época del absolutismo (1660-1789)* (del tomo IV de la *Historia Universal* dirigida por Walter Goetz), Madrid, Espasa-Calpe, 1978, p. 277.

[14] VV.AA. (Hervé Hasquin, director): *Histoire de la laïcité, principalement en Belgique et en France,* Bruselas, Editions de l'Université de Bruxelles, 1981, p. 31.

hoy. La Revolución francesa, va a ser una nueva forma de entender el progresivo avance que, en política y mentalidad había desarrollado la humanidad hasta su circunstancia histórica. Aquellos franceses metidos hasta el cuello en revolucionarias harinas, fueron repitiendo los ensayos históricos ya conocidos como: proclamar, siguiendo el texto jeffersoniano de la *Virginia Bill of Rights,* su célebre y universalista Declaración de los Derechos del Hombre y del Ciudadano (26 de agosto de 1789); realizar su particular nacionalización o desamortización de los bienes de la iglesia, de la corona y de los «emigrados» (10 de octubre de 1789); convertir a la clerecía en funcionariado público por medio de la Constitución Civil del Clero del 12 de julio de 1790, suprimiendo entonces conventos y órdenes religiosas;... Y, poco tiempo después, aquellos comprometidos galos comenzaron a ofrecer al mundo otros experimentos de filosofía política liberal ya de claro corte innovador. En el ámbito de la secularización, llegaron a extremos completamente desconocidos hasta aquellos voraginosos momentos.

Con la Convención girondina (1792-1793), se intentará laicizar el tiempo o, dicho de otra manera menos sencilla, se estudió la forma de secularizar uno de los resortes culturales más profundos de la mentalidad del Antiguo Régimen, la tradicional compartimentación temporal de la vida cotidiana de la nación: el calendario. En octubre de 1793, ya en plena Convención montañesa, se discute y vota el nuevo almanaque que, desde esos instantes, va a regir todos los acontecimientos de la vida francesa hasta enero de 1806. El nuevo calendario rechazará toda influencia judeo-romano-cristiana del anterior, llegando hasta el punto de olvidar el propio cómputo anual de la era cristiana, iniciando desde entonces uno nuevo. Para todo esto, la Convención tomará como punto de partida el día de la proclamación de la Primera república francesa, el 22 de septiembre de 1792 (día 1 de vendimiario del año I). La nueva y revolucionaria forma de entender el tiempo se dedicará a aquella endiosada, «fisiocrática» y enciclopedista «Naturaleza», sus doce meses se denominarán por medio de simbólicas evocaciones climáticas y agrícolas: vendimiario, brumario, frimario, nivoso, ventoso, pluvioso, germinal, floreal, pradial, mesidor, termidor y fructidor. No hay semanas con sus domingos –parece que a aquella burguesía revolucionaria francesa le resultaba más provechoso para las plusvalías que les sacaban a los empleados de sus negocios que «sus» empleados descansaran sólo un día de cada diez y no un día de cada siete como era la cuenta judeocristiana[15]–, tampoco había ningún tipo de efeméride que recordase en algo la antigua manera de compartimentar el tiempo. El mes, por ejemplo, se subdivide en tres décadas de diez días –*primidi, duodi, tridi, cuartidi, quintidi, sextidi, septidi, octidi, nonidi* y *decadi*, el día de solaz–, los cinco días complementarios –seis si el año era bisiesto– se denominaban «de los descamisados», eran, con los *decadi*, también de asueto y se dedicaban el primero, al genio; el segundo, al trabajo; el tercero, a las buenas acciones; el cuarto, a la recompensa; el quinto, a la opinión; y el sexto –sólo para años bisiestos como ya dijimos–, se denominaba el *sans-culottide* y se festejaba con él a la revolución. Cada jornada del nuevo calendario se dedicaba a un animal doméstico, a alguna planta, fruto o mineral, o a algún instrumento agrícola, así, por ejemplo, cada *quintidi* llevaba el nombre de un animal, cada *decadi* el de un instrumento u objeto de agricultor, etcétera. La laicización pretendía ser total, los días más celebrados por el pueblo como el de navidad, epifanía, todos los santos, etc., eran suplidos por el del perro, el del bacalao, el de la escorzonera,...

Como el lector podrá comprobar, estamos en plena efervescencia del proceso de mitificación, y por tanto desvarío, del criterio racionalista. Este desarrollo del fenómeno de descristianización que, obviamente, va incluido en otro mucho más amplio de desfeudalización del país, llegará a su momento álgido cuando la Convención montañesa tome las riendas del poder y, sorprendentemente, salve con sus draconianas medidas la situación límite que

---

[15] No olvidemos el contexto de esta revolución hecha por y para la clase ascendente en esta formación social feudal en completa descomposición: la burguesía. Ejemplo paradigmático de todo esto de lo que estamos hablando ahora lo enmarca, excelentemente, la tristemente célebre, a pesar de las demagógicas interpretaciones revisionistas de hace unas décadas, Ley Le Chapelier del 14 de junio de 1791. Este decreto aprobado por la Asamblea Nacional iba tanto contra los gremios del Antiguo Régimen como, sobre todo, contra todos los obreros, agremiados o no, con el fin de que no pudiesen asociarse en pre o protosindicatos y, también, para que estos trabajadores, por medio de las correspondientes, y a partir de la promulgación de dicha ley, prohibidas asambleas obreras, no pudieran decidir hacer una huelga reivindicadora de sus intereses laborales.

vivía la nación francesa, por medio del Terror; es decir, gracias a aquella dictadura revolucionaria de *La Montagne* y sus expeditivos *montagnards*, instaurada desde el 10 de octubre de 1793. Son los momentos de la excepción y de la premura por salvar lo que casi todo el mundo creía insalvable: la revolución e, indudablemente, hasta la misma Francia. El momento era crítico: guerra civil –*la Vendée*–; terroríficas masacres contrarrevolucionarias; constantes complots dirigidos por la aristocracia, el clero y hasta por ciertos elementos de la propia revolución; sabotajes permanentes auspiciados por los numerosos agentes del gobierno británico; la penetración cada vez más ostensible en territorio patrio de las reaccionarias tropas coaligadas; la inflación; el hambre;... La reacción parecía triunfar por doquier tanto dentro como fuera del país. Y es aquí, en el momento en que el Comité de Salvación Pública envía a aquellas incontroladas provincias a sus hombres de confianza como Carrier, Lebon, Laurent, Fouché, o Tallien, cuando se inicia lo que históricamente se conoce como la campaña de descristianización. Aquel proceso que, comenzado, según parece, por el propio Joseph Fouché –el primer comisionado del Comité de Salvación que publica un decreto (9 de octubre) sobre la laicización de su jurisdicción (Nièvre) en materia de cementerios, cortejos fúnebres y eliminación de imágenes religiosas en las vías y lugares públicos–, se extenderá por toda Francia como un conjunto de espontáneos sucesos en cadena, producto más de un fenómeno simpático acontecido entre las filas de una buena parte de los miembros de las tres ramas de la Convención montañesa, que de un plan o proyecto emanado o inducido por el propio gobierno de París y que, en cierta forma, nos va a recordar la feroz iconoclasia calvinista del siglo XVI.

Al igual que se había hecho con los vestigios del feudalismo, como, por ejemplo, la casi completa destrucción de las piedras armeras francesas –descodificadas de las historias de sus cuarteles al rebajarlas completamente a golpe de cincel–, se van a destruir estatuas, cruces, altares, campanarios y hasta iglesias enteras. Se profanarán las tumbas del alto clero, se quemará, se denigrará, se insultará, en una serie de intransigentes manifestaciones públicas de feroz e instintivo anticlericalismo y antirreligiosidad de radicalismo totalmente desconocido hasta el momento. Sin duda, estamos ante la circunstancia más aciaga de las muchas que sufrió el patrimonio histórico-artístico francés. Muchas de las iglesias y catedrales que se salvan de la ruina o del cierre son consagradas a una nueva devoción, el culto, vamos a decir político-revolucionario, a la «diosa Razón». Se impone la moda de un ateísmo militante –que pretende, y en ciertas ocasiones consigue, llegar al lenguaje coloquial– más aparente que coherente al rebozarse de estéticas posturas panteístas, y, a veces, hasta estrambóticas formas de índole politeísta. Los nuevos dioses que ahora se invocan serán del tenor siguiente: Razón, Natura, Libertad, Filosofía,...

La situación semeja una auténtica catarsis de la mentalidad europea postilustrada, una cruel purga del propio pensamiento colectivo surgido de los *Philosophes*, que parecía valerse, en el caso francés, de la ridícula paradoja formal encerrada en la utilización del método cartesiano como justificación fundamental para desarrollar las acciones y manifestaciones más estúpidamente irracionales –o, mejor dicho, antirracionalistas–, como resultaba, en puridad, la hieratización o deificación del mismo sistema filosófico que, para una buena zona del colectivo de descristianizadores, venía a demostrar la inexistencia de cualquier entidad sagrada o divina. Resulta obvio deducir o entender estos intransigentes, ostentosos e histriónicos ensayos antirreligiosos de aquellos exaltados revolucionarios galos, como los iniciales anuncios de la primera crisis del discurso racionalista, aquella que empezará a agitar al espíritu europeo, más o menos por estos años, y que se conocerá con el nombre de prerromanticismo y, más tarde, romanticismo.

El final de esta desenfrenada y, volvemos a decir, espontánea campaña de secularización anticlerical y antirreligiosa tomó el color antitético de lo que con ella se intentaba instaurar, al sufrir el lógico paso de rosca ante tanto extremismo. Después de la implacable e indudablemente suicida depuración realizada, dentro del propio aparato político del Terror, por su segmento pequeñoburgués de jacobinos –ajusticiamientos de intransigentes e indulgentes–, la Francia revolucionaria conocerá un nuevo, y esta vez auténtico, culto estatal, se trata del particular deísmo robespierrista impuesto por aquel «incorruptible» y rusoniano moralista que, narcotizado por la pedante soberbia de su mesiánica personalidad,

39

decía aborrecer el ateísmo sostenido por una buena parte de los descristianizadores –iba directamente contra los hebertistas, los competidores políticos más peligrosos para él por su respaldo fundamentalmente popular– por juzgarlo «aristocrático».

Como el lector supondrá, el paso hacia un Estado revolucionario laico sufrirá un fuerte revés con la instauración, por decreto, de esta nueva confesión al *Être Suprême*, y del abusivo ejercicio del poder del que hace alarde su flamante «sumo sacerdote». La titulada Fiesta del Ser Supremo del 8 de junio de 1794 –20 pradial del año II–, fue la apoteosis de esta verdadera *devotio* gubernamental. Como es sabido, a esta necia y pomposa locura religiosa de Maximilien Robespierre le quedaban de vida tan sólo unos pocos días, exactamente hasta la llegada de su fatídico 9 termidor (27 de julio de 1794).

Con el nuevo gobierno surgido de termidor, el laicismo manifestado por la burguesa Convención termidoriana parece recobrar la mesura y el pragmatismo necesarios para que pudiese resultar eficaz, dado que, como es natural y conocido, sólo en los viales indicados por el principio de tolerancia puede tener fácil y segura conducción, amén de fructífera arribada, aquel. En este efímero momento político, es digno de resaltar el decreto del 18 de septiembre de 1794 por el que se convertía por fin al Estado francés en un Estado completamente laico, al aclarar que la república dejaba de hacerse cargo de los sueldos y de cualquier gasto ocasionado por cualquier tipo de culto.

Volverá la intransigencia antirreligiosa en pleno Directorio, ante el peligro que encerraba la laxitud producida por el cariz, cada vez más tolerante y reconciliador, que iban tomando las leyes. Con el golpe de 18 fructidor del año V (4 de septiembre de 1797), una nueva campaña descristianizadora –esta mucho más suave que la de *La Grande Terreur*, siendo, además, en esta ocasión, planificada y sistemáticamente dirigida por el gobierno– volverá a llevarse a cabo en aquella zozobrante Francia revolucionaria, en plena crisis económica y financiera, y ante el acoso de la conspiración monárquica. Se van a repetir en cierta manera las variables históricas del Terror, esta nueva descristianización seguirá en la práctica derroteros similares, hasta semejará que vuelve a aparecer un culto estatal con aquella protegida religión, fundada por Chemin-Dupontes, llamada «teofilantropía». Esta curiosa confesión sincretista, remedadora un tanto de los anteriores cultos a la Razón y al Ser Supremo, –y que parecía estar copiada del típico deísmo moral de la francmasonería–, se venerará, además, en los ahora compartidos templos cristianos.

Pero quizá lo más importante para la historia contemporánea de esta etapa de la revolución, sea el fuerte hincapié que los revolucionarios del golpe de fructidor van a hacer, constantemente, del poder intrínseco que encierra la enseñanza. Será la primera vez que un gobierno de la Revolución francesa se pare de verdad a meditar sobre este importante tema, asociando entonces campaña de descristianización con enseñanza. Como nos dice el subjetivo autor de *Cristianismo y revolución,*

> (...) las escuelas católicas son objeto de mofa y burla. Se hacen investigaciones: '¿Qué libros usáis? ¿Tenéis la Constitución y la Declaración? ¿Enseñáis la moral republicana? ¿Descansáis los días de decadi?' Los funcionarios están obligados a enviar a sus hijos a las escuelas públicas. Es la primera vez, desde el comienzo de la Revolución, que se viola abiertamente el principio de la libertad de enseñanza. La Convención y la Constituyente habían expresado su deseo de que la escuela estatal llegara a ser la escuela de todos, pero no habían discutido nunca el derecho de los particulares a abrir escuelas e impartir una enseñanza distinta a la del modelo educativo oficial[16].

Estamos, por tanto, ante el primer «Estado docente» de la historia, un Estado vocacionalmente ideologizador, con claras preocupaciones por la educación moral de sus ciudadanos. Su Dirección Central de la Instrucción Pública –con la Convención mero Comité– gozará de amplios poderes y pertenecerá además a uno de los ministerios más poderosos, el del Interior.

Después del golpe de Napoleón de 18 brumario del año VIII (9-10 de noviembre de 1799), con el Consulado, las cosas parecen volver de nuevo a los sosegados cauces de la tolerancia,

---

[16] Viguerie, J. de: *Cristianismo y revolución. Cinco lecciones de historia de la Revolución Francesa*, Madrid, Rialp, 1991, pp. 239-240.

41

se vuelve a hablar de la garantía de libertad de confesiones, y Napoleón, el primer cónsul, negocia con Roma el Concordato, permitiendo la repatriación de los exiliados curas refractarios. Con este tratado entre Napoleón y Pío VII de fecha 15 de julio de 1801 –vigente hasta 1905–, Napoleón, conservando la declaración oficial de laicidad de su Estado, reconoce que la religión católica es la de «la mayoría de los franceses», se arroga el derecho de elección de obispos –cosa que no tardaría en ocasionar el primer gran conflicto con el papado–, conserva vigente la supresión de las órdenes monásticas, vuelve a convertir en una especie de funcionariado al clero católico francés – recordemos su cínica definición de clero como *gendarmerie sacrée*–, y consigue del pontífice la renuncia definitiva a poder recobrar los bienes desamortizados.

Napoleón reorganiza la enseñanza de la nación (primaria, secundaria y superior), quedando completamente controlada por el Estado[17]. Como los fructidorianos, cree que la educación es uno de los mejores medios para el control moral y político de la ciudadanía. En 1811, ya en pleno imperio, y a tenor del conflicto con Pío VII por la investidura de los obispos por él elegidos, llegará a clausurar los seminarios y los colegios religiosos.

A partir de la larga experiencia napoleónica, el laicismo universal va a sensibilizarse por la cuestión de la enseñanza, centrando la mayor parte de sus combativas energías, primero, en la estatalización de esta, después, en la potenciación, tanto a título de iniciativas estatales como a nivel de iniciativas meramente privadas, del establecimiento de lo que, ya en la segunda mitad de la centuria, se vendrá en llamar la «enseñanza laica». De esta forma, veremos cómo el liberalismo europeo –sobre todo el latino– en su combate por realizar su revolución, entenderá la lucha por la modernización y estatalización de la enseñanza –en manos exclusivas de la iglesia hasta ese momento– no como un nuevo resorte o un mero reflejo de su enfrentamiento con el Antiguo Régimen, sino como el verdadero campo de batalla donde coincidirán las dos fuerzas sociales antagónicas de aquella formación social en des-

---

[17] La visión que Napoleón tenía sobre el sistema educativo era muy similar a la que tenía sobre su también controlada masonería: una oficina de propaganda.

composición. Las burguesías liberales de la Europa meridional serán más o menos conscientes, desde un principio, de la importancia que, para su revolución, contraerá el dominio del aparato educativo, entendiéndolo como la institución ideológica primordial para la reproducción y difusión de los fundamentos de su estructura de pensamiento. De ahí el parangón típico que hará su literatura entre el sacerdote en su templo del «fanatismo» –como representante de la vieja y obsoleta sociedad feudal–, y el maestro en su «templo del saber», abriendo las conciencias infantiles «a las luces de la razón y de la sabiduría».

El siglo XIX: generalización y conflictos. El ocaso del clericalismo

El siglo diecinueve representa para la historia del hombre lo que, remedando y mal utilizando el discurso hegeliano, vendría a ser aquel inexorable *Werden* dialécticamente determinado, tanto por la astucia como por el desvarío del método cartesiano; o, dicho de otra manera –también insalvablemente ramplona–, el chispeante alto horno donde confluirán constante y contrapuestamente estas dos, si cabe distintas, expresiones del pensamiento: racionalismo e irracionalismo[18], imprescindibles y duales componentes éstos de esa curiosa acería de Clío –tesis como elemento metálico y antítesis como purgador cinglado–, para poder hacer posible esa refulgente y acrisolada colada que, ya cumplidos, sobradamente, dos decenios del siglo veintiuno –y a pesar de las mil y una locuras dogmáticas de ignorante, misogínica y sanguinaria práctica terrorista que sufre la hoy extendida civilización occidental desde 1979, la permanente amenaza fascista que encierran, potencialmente, las urnas de las manipuladas y manipuladoras democracias burguesas y el eternamente insaciable, desigual, contaminador y globalizador neoliberalismo económico dominado por una selecta, discreta e internacional burguesía dedicada exclusiva e impasiblemente a la pura especulación finan-

---

[18] Para nosotros: genial astucia e ingenuo –¿ingenioso?– desvarío de la misma reflexión.

ciera–, viene a ser, a niveles generales, el universal triunfo de aquel resuelto y utópico sistema proyectado, inicialmente, por la Ilustración.

Durante esta centuria, el discurso secularista llegará a cotas de su desarrollo desconocidas hasta el momento, volviendo, desde el mismo inicio secular, a emprender paulatinamente[19] la marcha que, sobre este tenor, le había otorgado el librepensamiento dieciochesco[20], a pesar, eso sí, de los duros y reaccionarios embates que le fueron ocasionando los distintos movimientos de clara índole irracionalista, como el mismo conservadurismo burkeniano, el ultramontanismo de de Maistre y sus seguidores, o el llamado neocatolicismo. Su amplia y tolerante base filosófica llegó a pulsar, por convencimiento, cuerdas mentales tan dispares como la del economista galés Robert Owen –posiblemente el primer creador de esa institución pedagógica que conocemos como «escuela laica»–, o la de aquel fervoroso e incomprendido sacerdote católico francés Huges-Félicité-Robert De La Mennais.

Pero el mismo laicismo no se librará de la estéticamente siempre sugestiva, por apasionante, seducción del irracionalismo. Además de avanzar en su tolerante discurso racionalista, siguiendo obviamente la coherente tradición enciclopedista e ilustrada, el laicismo universal llegó a aprehender también formas y fórmulas –indudablemente más calológicas que ideológicas– de claro pálpito anticlerical como, por ejemplo, aquel atractivo luciferismo que tanta aceptación tendría a lo largo del último tercio del siglo, entre ciertos ambientes de formación cultural media y elevada de los movimientos liberal y libertario, y que a continuación estudiaremos.

Desde el bienio 1848-1849, cuando aquel atribulado Pío IX tuvo que escapar, disfrazado de cura vulgar, a Gaeta, mientras en «su» Roma se realizaban aquellas elecciones –condenadas por él con la excomunión mayor– en las que la resultante Constituyente decretaría el final del poder temporal del papado, proclamando,

---

[19] Debido a la poética dominante durante la primera mitad de esta centuria, el denominado «ciclo romántico».

[20] Como dice el profesor John Bartier, llama poderosamente la atención comprobar las numerosas reediciones que, desde 1815, se van a hacer de autores como Voltaire y hasta Volney. VV.AA.: *Histoire de la... Op. Cit.,* p. 79.

como se recordará, sólo tres días después, la República de Roma regida por aquel triunvirato cuya cabeza directora estaría ocupada por el conocido y «diabólico enemigo de la Iglesia» Giuseppe Mazzini, la iglesia católica comenzó a desarrollar una verdaderamente bélica campaña contra lo que ella entendía por aquella especie de «neonaturalismo» llamado ahora liberalismo y sus respectivas «sectas» de apoyo, difusión y conspiración, como la masonería, el carbonarismo, el mismo protestantismo y un larguísimo etcétera.

Como es lógico, serán los papas que sufran esa, para ellos terrible, etapa de transición que conllevará la pérdida del poder temporal del viejo Estado pontificio, Pío Nono y León XIII, los que más intervenciones[21] llevarán a cabo contra las liberales sociedades secretas, de las que, para ellos, siempre será la masonería la más importante, influyente y poderosa.

Al calor de la denominada *questione romana*, y avivado aquel conflicto sin duda por la profunda crisis de la conciencia europea de mediados de siglo[22], la desatada guerra entre el liberal y unificador nacionalismo italiano y el papado, se convertirá en los ambientes liberales del resto de las naciones occidentales en una feroz confrontación entre el fortalecido laicismo del siglo y el viejo y decadente clericalismo católico. Hay que reconocer que, en el diecinueve, la humanidad se encuentra ante el proceso final de la realidad teocrática de Roma, no olvidemos que Pío IX cierra aquella especie de amplio paréntesis cronológico que, desde el siglo XIV, había abierto para la iglesia otro pontífice angustiado más o menos por los mismos problemas, el ya estudiado Bonifacio VIII. 1870, será la fecha en la que esta guerra de la que hablamos llegue a su más enconado clímax, al agravarse la «cuestión romana», en septiembre de ese año, a raíz de la ocupación militar del Estado Pontificio por las tropas italianas del general Cadorna.

---

[21] El profesor José Antonio Ferrer Benimeli llegó a contar la friolera de 260. Ferrer Benimeli, J. A.: *Masonería española contemporánea. Vol. 2. Desde 1868 hasta nuestros días,* Madrid. Siglo XXI, 1980, p. 36.

[22] Aquella que logrará que Europa consiga desasirse del rústico espiritualismo inspirado por el movimiento romántico que, hasta ese momento, parecía embargarlo todo.

A partir de todos estos acontecimientos, irá apareciendo entre ciertos círculos laicistas –tanto estrictamente masónicos como profanos a esta sociedad– una especie de simpática sugestión por el símbolo del mítico ángel caído[23], tomado por aquellos apasionados liberales como estética y hasta ética personalidad paradigmática de su animadversión antipapal y, por desorbitada extensión, también anticristiana. Ejemplos de este particular satanismo que, obviamente, no tiene nada que ver con aquel «satanismo masónico» creado literaria y oportunísticamente por el publicista y embaucador francés Léo Taxil[24], los tenemos hoy reflejados, tanto en la literatura, la pintura y la escultura como en la política, además de los contenidos en la documentación generada por la masonería y por algunas sociedades ocultistas como el mismo discurso del fundador de la Orden Cabalística de la Rosa-Cruz, Stanislas de Guaïta.

Desde muy antiguo –las mismas tradiciones talmúdicas y ciertas creencias gnósticas así parecen reflejarlo–, ha existido en la civilización occidental una subcultural –y casi siempre «subterránea»– tendencia, obviamente heterodoxa, de aproximación o simpatía hacia la mítica personalidad del demonio. La misma leyenda masónica de Hiram –tan primordial como pueril secreto de secretos de esta discreta organización– «huele a azufre» como aclara el francmasón francés Robert Ambelain en su libro *La Franc-Maçonnerie oubliée*[25], al reinventar o recoger –según parece, durante el siglo XVIII– cierta forma de la mítica tradición luciferina. Posiblemente fuera la influencia de esta leyenda hiramita la que iniciase esta suerte de movimiento anticlerical decimonónico. Además, tenemos el ya citado ejemplo de aquellos

---

[23] Ya con cierta tradición en los ambientes masónicos ingleses del siglo XVIII, si recordamos los llamados *Hell Fire Clubs* o *Hellfire Clubs*, pertenecientes a aquel movimiento ateísta de «los libertinos», y cuyo presidente fue el también «gran maestre» de la masonería inglesa del momento, el célebre duque de Wharton. Sobre este tema, *vid.*, también: Ferrer Benimeli, J. A.: *La masonería española en el siglo XVIII*, Madrid, Siglo XXI, 1974, pp. 48-65.

[24] Este histriónico ex-masón, Gabriel Antonio Jogand-Pagés, a raíz de la encíclica *Humanum Genus*, en una fingida y publicitaria conversión, llegó a engañar al propio León XIII, que recibió en audiencia al farsante, dándole, personal y públicamente, la absolución. Sobre él y su obra, *vid.*: Ferrer Benimeli, J. A.: *El contubernio Judeo-Masónico-Comunista. Del Satanismo al escándalo de la P-2*, Madrid, Istmo, 1982, pp. 31-134.

[25] Ambelain, R.: *El secreto masónico*, Barcelona, Martínez Roca, 1987, p. 39.

libertinos clubes llamados *Hell Fire Clubs*, fundados en la misma ciudad y al mismo tiempo que la masonería moderna, y cuya expansión, en un principio, corrió en cierta forma pareja con la del hiramismo hasta que, según parece, Jean-Theophile Desaguliers hizo que la masonería se apartase completamente de esta oscura influencia, dándole el brillo y el prestigio que ha mantenido hasta hoy. En aquellos Clubes del Fuego Infernal que, al igual que las logias, tenían sus estatutos, sus rituales y hasta sus dignatarios, y en los cuales el neófito tenía que pasar por las correspondientes pruebas iniciáticas, llegó a ostentar la presidencia de todos ellos nada más ni nada menos que el que sería el «gran maestre» de la Gran Logia de Inglaterra en los iniciales años de su constitución: Philip de Wharton. Aquel duque de Wharton, fundador también de la primera logia masónica establecida en suelo español, la madrileña *French Arms, Logia de Madrid* o también denominada *Three Flowers de Luces* o *Tres Flores de Lys*[26].

Como muestras literarias y hasta ideológico-políticas de este colectivo talante antirreligioso o anticlerical, valgan los siguientes fragmentos que, a pesar de la lógica descontextualización, no por ello van a perder para el lector su interesante y relevante valor testimonial.

Quizá uno de los primeros escritores modernos que comenzó por exteriorizar esta postura para con el talmúdico ángel rebelde, fue el iluminado y francmasón Jacques Cazotte y su obra *Le diable amoureux. Nouvelle espagnole* (1772). De todas formas, el *boom* luciferista no comenzará a manifestarse, vamos a decir ostentosamente y sin pudor alguno, hasta 1863 –salvo alguna que otra manifestación artística como la elocuente composición, cien por cien luciferiana y cainita del cuadro, pintado por el comprometido pintor neoclásico Jean-Baptiste Regnault y titulado por él *La Liberté ou la Mort*, para mostrar públicamente a todo el París revolucionario de 1795, y lleno de alegorías y emblemas típicos de la escasa y denominada hoy como «la masonería jacobina»–, año de la publicación del conocido poema «Inno a Satana» del celebrado francmasón Giosué Carducci. El que será

---

[26] Sobre este tema, cfr.: *supra,* nota 23.

primer premio nobel de literatura italiano, escribirá estos versos, acuciado por la contenida rabia y aflicción que le ocasionara la derrota garibaldina de Aspromonte (1862) y, posible y estilísticamente, influenciado, como más adelante veremos, por aquellas bodelerianas «Letanías de Satanás». En su juego estilístico con el clasicismo –que el poeta italiano subrayará si cabe todavía más al situarse ante sus propios versos como un exagerado paganizante–, Carducci va a instaurar esta curiosa, y cristianamente irreverente, temática literaria de exaltación demoníaca, tomando a aquella especie de insumiso «dios» secundario del Talmud como símbolo arquetípico de la, por otro lado, siempre justa y revolucionaria, rebelión antidespótica.

> ¡Gloria a Ti, magnánimo Rebelde!
> Sobre tu frente se elevarán semejantes a laureles
> Los bosques de Aspromonte.
> (...)
> Brindo por el Día feliz que verá despejarse
> la Roma eterna
> (...)
> Por la libertad que, vengadora
> del humano pensamiento
> derribe la falsa cátedra
> del sucesor de Pedro.
> ¡A tierra las coronas y las ínfulas!
> ¡En pedazos, oh inicua espada![27]

Sin embargo, y como ya adelantamos, hay que reconocer que Carducci tiene un relevante precedente a la hora de poner de moda este estilo luciferino. Unos años antes, otro afamado vate, este francés, había conocido la desagradable experiencia de verse censurado, procesado y la edición de su libro recogida por orden de un tribunal. Nos referimos a Charles Baudelaire, con la edición príncipe de sus *Fleurs du Mal* (1857). Su obra con influencia luci-

---

[27] Publicado en 1863 por el «profeta de Italia», grado 33º de la masonería italiana. *Vid.*: Mellor, A.: *El secreto masónico,* Barcelona, A.H.R, 1968, p. 297; Mola, A. A.: «Carducci e i carducciani in massoneria y per la massoneria», en VV.AA.: *Massoneria e letteratura. Convegno dei Pugnochiuso 1986,* Foggia, Bastogi, 1987, pp. 211-242.

ferina es clara e, indudablemente, rotunda, viniendo a reflejar en cierta manera la tradición recogida por el ya citado mito hiramita. Poemas como «La negación de San Pedro», «Abel y Caín» –«Raza de Abel, este es tu oprobio: /¡venció el venablo al hierro, en guerra! / Raza de Caín, ¡sube al cielo / y arroja a Dios sobre la tierra!»–, y, sobre todo, «Las letanías de Satanás», van a conmocionar al mundo literario con estos desinhibidos *magníficats* al diablo; veamos, de esta última composición, los siguientes fragmentos:

¡Oh tú, Ángel sabio y bello, que no fuiste alabado,
dios que, por mala suerte, te viste traicionado!
¡Satanás, ten piedad de mi larga miseria!
Príncipe del destierro con quien se ha sido injusto
 y que, vencido siempre, te alzas más augusto,
¡Satanás, ten piedad de mi larga miseria!
Tú, que conoces todas las cosas subterráneas,
familiar curandero de angustias momentáneas,
(...)
Tú, que con clara vista descubres arsenales
donde dormido yace el pueblo de los metales,
(...)
Tú, que por consolar al débil cuando sufre,
le enseñas a mezclar salitre con azufre,
(...)
Tú, bastón de exiliados, luz de los inventores,
confesor de ahorcados y de conspiradores,
(...)
Padre adoptivo de los que, en su ciego enfado,
del Paraíso el Padre Eterno hubo expulsado
(...)
PLEGARIA
¡Gloria a ti y alabanza, Satanás, en la altura
del cielo en que reinaste y en la eterna negrura
profunda del infierno, que todo lo silencia!

¡Haz que mi alma, debajo del Árbol de la Ciencia,
cerca de ti repose, cuando sobre el paisaje,
igual que un nuevo templo, extienda su ramaje![28]

Más tarde, irán apareciendo nuevos textos con este tipo de romántica apología del «luminoso» ángel de las tinieblas, por ejemplo, otro francmasón, este grado 32° del Rito Escocés Antiguo y Aceptado –y ya no 33° como llegó a ser Carducci–, Mikhail Alexándrovich Bakunin, escribirá aproximadamente diez años más tarde que lo hiciera el «profeta de Italia» y tres lustros después de la primera aparición de *Las Flores del Mal,* algo muy semejante, haciendo al mismo tiempo una personalísima exégesis del libro del Génesis –siguiendo en el tratamiento dado a Yahvé, seguramente, la idea contenida en el libro *Démoniales poétiques* (1832), de Eugene Brun–, el texto bakuniniano viene a expresar lo que sigue.

(...) les había prohibido expresamente que tocaran los frutos del árbol de la ciencia. Quería que el hombre privado de toda conciencia de sí mismo, permaneciese en eterno animal, siempre de cuatro patas ante el Dios eterno, su creador y su amo. Pero he aquí que llega Satanás, el eterno rebelde, el primer librepensador y el emancipador de los mundos. Avergüenza al hombre de su ignorancia y de su obediencia animal; lo emancipa e imprime sobre su frente el sello de la libertad y de la humanidad, impulsándolo a desobedecer y a comer del fruto de la ciencia.

Se sabe lo demás. El Buen Dios, cuya ciencia innata constituye una de las facultades divinas, habría debido advertir lo que sucedería: sin embargo, se enfureció terrible y ridículamente; maldijo a Satanás, al hombre y al mundo creados por él, hirién-

---

[28] Baudelaire, C. H.: *Las flores del mal. Los paraísos artificiales. El «spleen» de París,* Barcelona, Bruguera, 1973, pp. 198-200. No hemos podido descubrir la adscripción masónica de Charles Baudalaire hasta ahora. Sin embargo, hay que decir que otros autores como Alec Mellor sí han descubierto que su madre perteneció a la orden masónica y, posiblemente, aunque, albergando ya más dudas sobre el respecto, también lo pudo haber sido su padre. Cfr.: MELLOR, A.: *La masonería,* Barcelona, A.H.R., 1968, pp. 242-244, 262. Véase también de su poema «Epílogo» el verso: «Tú ya sabes, ¡oh, Satán!, patrón de mi alma afligida», de *Petits poèmes en prose.*

dose, por decirlo así, en su propia creación, como hacen los niños cuando se encolerizan; (...)[29].

Ya en 1880, tenemos a otro poeta que, como Carducci o Bakunin, también perteneció a la orden del Gran Arquitecto del Universo. Se trata del ourensano Manuel Curros Enríquez, poeta que, como le sucediera a Baudelaire, también tendrá que degustar el acerbo sabor de la persecución clerical y judicial. En el poema de su prohibido libro *Aires d'a miña terra* titulado «N'o convento», vuelve a hacerse eco de aquel luciferismo de su siglo:

Aló n'o fondo d'a deserta nave,
Oyo á chamarme, lánguida e suave
Unha vos delorida, a vos d'o Demo.
¡Salve, meu vello amigo,
Rival d'o Eterno, loitador antigo,
Protesta viva contra a forza bruta!
Baixo o pe de Miguel, que che dá guerra,
Cal baixo d'o cazique a miña terra
Tí trunfas sempre n'a inmortal desputa.
Eu téñote cariño.
Non te topey n'o meu camiño
Sin quitarche o chapeu pra darch'os dias,
Mentres outros católicos ban fartos
Pra con éles mercar capellanías.
(...)
¡Ay, cántas aldraxadas,
Ay, cántas xudiadas
Mereciche de Papas e Cardeales,
Tí, que tantas irexas costruiches
E que nunca un mal toxo adiquiriches
Que cheirase á mostrencos ou destrales![30]

---

[29] Cfr.: Bakunin, M.: *Dios y el Estado,* Madrid, Júcar, 1975, p. 35.
[30] Curros Enríquez, M.: *Aires da miña terra,* A Coruña. Latorre y Martínez, 1886 (31 edición), pp. 150-151.

Otro ejemplo, también escrito en 1880, nos lo ofrece José Nakens, aquel célebre comecuras de entresiglos, director del periódico anticlerical *El Motín,* cuando, sobre el diablo, escribió una irónica «jaculatoria» al talmúdico ángel caído muy del estilo de todos estos ejemplos, recordemos aquí los fragmentos más enjundiosos:

> El diablo.
> Tengo por él profunda simpatía, la que siempre me inspiró la desgracia, y aprovecho para demostrárselo esta ocasión que me ofrece un diario católico (...)[31].

Los ejemplos que aquí pudiéramos seguir ofreciendo de este original anticlericalismo de obvio registro culto, serían más dignos de un ensayo monográfico que de una mera muestra ilustradora de esta radicalizada postura secularista. Recordemos entonces y ya, por último, aquel postrero y también luciferino fragmento de la novela *La bodega* del también celebrado francmasón español –y gran admirador además de Manuel Curros– Vicente Blasco Ibáñez:

> Más allá de los campos estaban las ciudades, las grandes aglomeraciones de la civilización moderna, y en ellas otros rebaños de desesperados, de tristes, pero que repelían el falso consuelo del vino, que bañaban sus almas nacientes en la aurora de un nuevo día, que sentían sobre sus cabezas los primeros rayos del sol, mientras el resto del mundo permanecía en la sombra. Ellos serían los elegidos; y mientras el rústico permanecía en el campo, con la resignada gravedad del buey, el desheredado de la ciudad despertábase, poníase en pie, para seguir al único amigo de los miserables y los hambrientos, al que atraviesa la historia de todas las religiones, insultado con el nombre de Demonio y ahora, depojándose de los grotescos adornos que le da la tradición, deslumbra a unos y asombra a otros con la más soberbia de

---

[31] Nakens, J.: *Puñado de ironías,* Madrid, Imp. de Domingo Blanco, 1907, p. 55-58.

las hermosuras, la hermosura de Luzbel, ángel de luz, y se llama Rebeldía... Rebeldía Social[32].

Como ya hemos advertido, el movimiento antipapista y por ende anticlerical desarrollado a partir de los años cincuenta del siglo XIX, va a coincidir –y, obviamente, verse muy influenciado por ella– con aquella gran crisis de la conciencia general de occidente originada por esos mismos años. El ya viejo y, por qué no decirlo, reaccionario espiritualismo proyectado por el movimiento romántico, cual extensa y ubicua sombra en la historia del pensamiento durante toda la primera mitad del siglo, llegará a influir en la mayor parte de las mentes, tanto retrógradas como progresistas, del momento, como, por ejemplo, en el propio y «quebrado» *Werden* ontogénico de aquel célebre discípulo de Hegel, el exégeta e historiador Bruno Bauer, el «San Bruno» de *La ideología alemana* de Marx y Engels que, desde posiciones típicas de este espiritualismo cursi del que hablamos, pasará a evolucionar en su pensamiento a posturas completamente radicales en su radical antiteísmo. No podemos olvidar que, como dice el profesor Bartier, hasta liberales francmasones como el historiador luxemburgués Jean-Jacques Altmeyer, catedrático de Historia y Antigüedades de la recién fundada y masónica Universidad Libre de Bruselas, no tenían ningún reparo o escrúpulo en manifestar en sus publicaciones, fervorosas declaraciones de místico fervor religioso o piadosas adhesiones fijistas al texto bíblico: «(...) la Biblia es mirada hoy como la fuente más pura y más auténtica de la historia primitiva del mundo»[33], afirmación esta escrita por el célebre profesor mientras en Inglaterra Charles Robert Darwin comenzaba a publicar su *Zoología del viaje Beagle*.

La evolución del laicismo a través del siglo diecinueve será ardua y compleja. Por ejemplo, mientras en Méjico conocerá pautas muy avanzadas desde los gobiernos de Gómez Farias –1832-1836 y 1846-1848–, pasando por la labor de estadistas como Juárez, Comonfort y Lerdo, hasta las Leyes de Reforma de Juárez (1859) por las que quedó completamente segregada la iglesia del Estado,

---

[32] Blasco Ibáñez, V.: *La Bodega,* Valencia, F. Sempere y Cía., (s.a.: 1905), p. 373.
[33] *Supra,* nota 20.

en Gran Bretaña la iglesia anglicana permanecerá incrustada en el Estado, salvo el llamativo caso de la *Irish church act* (1869), aquella ley del gobierno liberal de Gladstone que eliminaba la oficialidad de la iglesia anglicana en el territorio irlandés, concediéndole, como a la de los católicos y a la de los puritanos, el rango de asociación. En la Bélgica postnapoleónica, el laicismo se va a manifestar desde su misma anexión al reino de Holanda, en 1815, a tenor del nuevo reparto europeo tras el Congreso de Viena, con su flamante constitución, la Ley Fundamental –*Grondwet*–, la cual garantizará a la ciudadanía belga, la libertad de opinión religiosa y la libertad de prensa, medidas estas que causaron –como dice el profesor Stengers– la condenación solemne de las altas jerarquías católicas, al entenderlas «opuestas al espíritu y a las máximas de la religión católica»[34]. Más tarde, con la agitación liberal europea del año treinta, el llamado tercer ciclo europeo de revolución burguesa, Bélgica conseguirá independizarse, liberándose entonces del para ella insufrible yugo neerlandés, avasallador sobre todo en cuestiones religiosas, de enseñanza y lingüísticas. Con la Constitución de 1831, Bélgica comienza a gozar de un régimen político eminentemente liberal: libertad de enseñanza –artículo 17–, de prensa,... En 1834, se funda la célebre Universidad Libre de Bruselas, gracias al concurso e iniciativa de la francmasonería y del partido liberal belgas, después, vendrán las llamadas «guerras escolares», verdadero campo de batalla para el laicismo y el clericalismo católico, el primero, sustentando la reivindicación de una enseñanza pública auspiciada y controlada por el Estado, el segundo, de una enseñanza libre y católica. Este antagónico binomio marcará –como nos dice el profesor Leclercq-Paulissen– la vida política del país hasta mediado el siglo veinte, segregándola en una izquierda *laïque* y una derecha *cléricale*[35]. Otro ejemplo de secularización estatal lo ofrecerá a la humanidad la Italia del *Risorgimento*, con aquella *Legge di Guarentigie* de 13 de mayo de 1871, siguiendo el conocido lema de Cavour de *libera Chiesa in libero Stato*, y sus posteriores frutos como la ley de control estatal sobre seminarios de 1872, la *Legge Correnti* de 1873, suprimiendo las

---

[34] VV.AA.: *Histoire de la... Op. Cit.*, p. 57.
[35] *Ibídem*, p. 135.

facultades de teología, o la polémica *Legge Coppino* de 1877, aboliendo la obligatoriedad de la enseñanza religiosa en las escuelas primarias de la nación italiana[36]. Pero el ejemplo de ejemplos del movimiento laicista universal, lo volverá a ofrecer Francia. Será durante la Tercera República, aunque esta nación ya había vivido momentos fuertes de laicización unos años antes, cuando tuvo lugar la insurrección popular de la Comuna y la publicación de su Manifiesto, en abril del año 1871[37].

Después del período de transición del sanguinario Thiers, y del conato de restauración monárquica del clerical gobierno de Mac Mahon, la confusa política francesa de postguerra se va a decantar a favor de los republicanos: en 1876, éxito electoral de los «Oportunistas» comandados por los masones Gambetta y Ferry; en 1877, y después del paréntesis de la crisis del 16 de mayo, los republicanos ganan en los comicios del 14 de octubre –323 escaños frente a los 192 de los clerical-monárquicos–. Esta victoria electoral se va a entender en ciertos ambientes –empezando por los propios masónicos– como un verdadero triunfo de la francmasonería francesa[38], fortalecida durante los últimos lustros con políticos y pensadores de la altura de un Emile Littré, Jules Ferry, Louis Blanc, Léon Gambetta, Edmond Adam, Alfred Joseph Naket, Léon Richer, Honoré Chavée,... Todo parece esperar el momento preciso para comenzar una nueva revolución francesa, esta pacífica, refrendada por la libre concurrencia del sufragio.

Pero antes de iniciar el desglose de la obra de modernización llevada a cabo por las fuerzas coaligadas del movimiento laicista francés con las tendencias políticas republicanas, nos creemos en el deber de realizar un pequeño inciso. Se trata de hacer aquí una pequeña referencia a ese fenómeno asociativo, ideológico y, obviamente, político, de las francmasonerías latinas o liberales y de su relevante función de difusión del criterio liberal, sobre todo

---

[36] Botti, A.: «La confesionalidad (del) Estado en Italia. El debate cultural historiográfico (18711984)», en VV.AA. (Emilio La Parra y Jesús Pradells, editores): *Iglesia, sociedad y Estado en España, Francia e Italia (ss. XVIII al XX)*, Alicante, Instituto de Cultura Juan Gil-Albert, 1991, pp. 399-412.

[37] Recordemos que la Comuna había restablecido el calendario republicano y separado la iglesia del Estado.

[38] Combes, A.: «L'ecole de la République 1861-1939», en VV.AA. (Daniel Ligou, director): *Histoire des Franc-maçons en France*. Toulouse, Privat, 1987, pp. 241-285.

en su vertiente laicista. Si en Italia la orden del Gran Arquitecto del Universo se va a identificar, desde los primeros momentos, con el movimiento revolucionario de la unificación, haciendo excesivamente ostentosa esa imbricación y desmesuradamente agresiva aquella lucha antirromana o antipapista, en España, comenzaremos a ver esta asociación de mutuo apoyo entre progresistas y republicanos por un lado y las distintas obediencias masónicas existentes por el otro, desde el mismo momento inicial de la revolución de septiembre de 1868. Sobre el caso belga, ya hemos hecho indirecta referencia al fuerte entronque habido entre el hiramismo de este país y el Partido Liberal durante la primera mitad del siglo, en la segunda parte de esta centuria, esta simbiosis se hará llamativamente manifiesta en multitud de ocasiones; valga, como ejemplo de esto último, aquella laicista ley orgánica de la enseñanza primaria del 1 de julio de 1879, redactada a raíz de la sintetización de los diversos trabajos efectuados sobre el tema –como aclara el profesor Leclerq-Paulissen– por las logias masónicas[39].

La Francia de Ferry, pondrá el broche de oro secularista al siglo diecinueve, siendo su obra desde entonces –como ya hemos dicho– paradigma a seguir por todas las fuerzas políticas e ideológicas que, hasta hoy, han abrazado y abrazan el ideario laicista.

Desde 1879 hasta 1919 toda una obra legislativa de laicización que, como dice el profesor Ligou, no pudo ser jamás derogada –salvo en contadas y anecdóticas ocasiones como el periodo fascista del gobierno de Vichy (1940-1944)[40]–, va a tener efecto. La mayor parte de la misma verá la luz durante el primer decenio, diez años estos en los que la escalonada obra de estos republicanos laicizará, casi en su totalidad, al Estado francés.

Con el francmasón de Jules Ferry de ministro de Instrucción, se hace gratuita la enseñanza primaria en toda la nación –ley del 16 de junio de 1881–, las leyes del 26 de marzo del año siguiente convertirán esa gratuita instrucción en obligatoria para todos

---

[39] VV.AA.: *Histoire de la... Op. Cit.*, p. 138.

[40] Sobre este tema, y para tener una mera aproximación a la política clericalista del gobierno de Vichy, *vid. e. g.*: Ravitch, N.: *The Catholic Church and the French Nation. 1589-1989,* Londres-Nueva York, Routledge, 1990, pp. 127-134.

los franceses y laica[41]. Años más tarde, en 1886, nacionalizará, secularizándolos, los edificios escolares confesionales. El mismo presupuesto estatal para la enseñanza básica gozará de un incremento de sus cifras desconocido hasta el momento: de los 12 millones que tenía durante el Segundo Imperio pasará a los 100 en 1888, para acabar ascendiendo, en 1908, a los 267. La enseñanza era integralmente laica; es decir, en su currículum no existía ninguna disciplina religiosa, pero se dejaba todo el día del jueves para la posible instrucción confesional del alumno, fuera, eso sí, de los edificios docentes. Esta vez, la descristianización se llevó a cabo progresivamente, sin estridencias y sin traumatismos: la ley de libertad de prensa (1881); las leyes de libertad de enterramiento o funeral –1881 y 1887–; la eliminación de las oraciones o manifestaciones religiosas públicas; la prohibición a los sacerdotes de desempeñar cargos públicos de responsabilidad municipal; la supresión de la obligación de no trabajar los domingos y demás días elegidos por la iglesia católica como festivos; la secularización de la parisiense iglesia de Santa Genoveva para convertirla en el *Panthéon*; la ley del «hermano» Naquet, volviendo a restablecer el divorcio (1884); la obligatoriedad para todos los franceses del servicio militar de tres años, con la posibilidad de reducir ese tiempo a dos para los que tuviesen que sostener a su familia, para los miembros del clero, de la universidad, y otros jóvenes titulados; o sea, la obligatoriedad al clero francés de hacer «la mili» como todo ciudadano; la supresión de la presencia oficial militar en las procesiones, así como también la retirada de la guardia militar de los palacios episcopales;...

Llegado el nuevo siglo, la campaña secularizadora cobrará nuevos bríos con el gabinete del hiramita y exsacerdote católico, Emile Combes (1902-1905). Se puede afirmar que, en estos momentos, la masonería francesa estaba al servicio del Bloque de la Izquierda –compuesto, fundamentalmente, por radicales y socialistas– y este, una vez obtenido el triunfo electoral, puede decirse que, por ideológica correspondencia o por sincero agradecimien-

---

[41] La ley del 27 de febrero de 1880 convertía al Consejo Superior de la Instrucción Pública en un ente completamente independiente de cualquier influencia que no fuese estrictamente del mundo de la enseñanza.

to, estuvo en relevantes ocasiones al servicio del hiramismo. El viejo masón Combes, una vez tomada posesión de la Presidencia del Consejo siguió el ya tradicional programa laicista iniciado por Ferry y que ahora defenderán las dos obediencias francmasónicas más importantes de Francia: el Gran Oriente y la Gran Logia. Estamos ante uno de los momentos más politizados de la historia de la masonería francesa. Si seguimos trabajos como los de André Combes[42] o Pierre Chevallier[43] podremos apreciar con facilidad cómo se dio este claro fenómeno simbiótico entre las fuerzas de los *blocards* y la masonería. Por ejemplo, una buena parte de la campaña laicizadora del gabinete Combes, fue recomendada directamente a él por la Gran Logia de Francia. Esta obediencia, invitó al «hermano» Combes a segregar la iglesia católica del Estado francés, con las siguientes y expeditivas palabras textuales de su «gran maestre» François Bonnardot: *effacer la tache noire*[44].

La ley de asociaciones de 1901 proyectada por Waldeck-Rousseau, va a reabrir la campaña secularizadora, estableciendo un régimen especial para las congregaciones religiosas que hará posible, por un lado, la disolución de las que no habían solicitado el reconocimiento legal como, por ejemplo, la Compañía de Jesús, y, por otro, el control estatal de las que sobrevivieron a la criba anterior. Esta política secularista será refrendada por la mayor parte del pueblo francés en las elecciones que se celebrarán al año siguiente, y que llevarán a la Presidencia del Consejo al ya citado Emile Combes. Entre 1902 y 1905, la nueva campaña descristianizadora, que tanta resonancia tendría internacionalmente, va a llevar a cabo, desde la supresión de la mayor parte de las órdenes religiosas, los conventos y los colegios privados confesionales[45], hasta la nacionalización de estos bienes eclesiásticos, la lógica ruptura con el papado y, ya en 1905, a la se-

---

[42] *Vid. e. g.,* además de su trabajo citado en la nota 38: Combes, A.: *La massoneria in Francia. Dalle origini a oggi,* Foggia, Bastogi, 1986.

[43] *Vid. e. g.:* Chevallier, P.: «La masonería francesa del siglo XVIII al XX», en *Historia 16,* extra IV, de noviembre de 1977, pp.101-110.

[44] «Borrar la mancha negra». Citado por André Combes, *supra,* nota 38, p. 276.

[45] Recordemos que la ley de Combes de 7 de junio de 1904, abolió el principio ferrista de la libertad de enseñanza al prohibir el ejercicio docente a los religiosos.

gregación total entre el Estado francés y la iglesia católica[46]. Volverá toda esta radical política laicista a obtener un mayoritario y poderoso apoyo de la nación francesa en las elecciones que se celebraron en mayo de 1906.

A niveles universales, tenemos que recordar, por último, los ejemplos laicistas más relevantes que sucedieron al paradigmático fenómeno secularizador francés. Serán casos como los de Portugal, Méjico, Argentina, Rusia, Turquía, etc. El primero de los señalados, el portugués, comenzará con el golpe militar de 1910, el correspondiente régimen republicano subsiguiente –el que presidió Joaquim Teófilo Fernandes Braga– y sus leyes de disolución de todas las congregaciones religiosas –prohibiendo además a la mayor parte de sus miembros la estancia en el país–, la ley del divorcio, o aquella de separación total de la iglesia católica del Estado luso de abril de 1911. El segundo de los casos citados es el de la revolución mejicana y la correspondiente prosecución de su poderosa tradición laicista del siglo diecinueve. El tercero, el argentino, quedará históricamente cristalizado con la llamada «querella escolar» desatada durante el gobierno roquista, aquella dura polémica nacional iniciada –como apuntan los profesores Floria y García Belsunce– en el Congreso Pedagógico de diciembre de 1882 y desarrollada por lo contemplado en la conocida ley 1.420 –8 de julio de 1883–, por la que quedaba establecida en toda la territorialidad de la República Argentina la enseñanza gratuita, laica y obligatoria[47]. El cuarto, el ruso, es conocido de todos, aquel intelectual y político marxista llamado Vladímir Ilich Uliánov y que llegó a autodefinirse –intentando con ello definir a los «bolches»– como un joven turco de la revolución, «con algo de jesuita por añadidura», separó la iglesia rusa del Estado, nacionalizó completamente la enseñanza, llevando hasta extremos casi desconocidos y por desgracia completamente inútiles como, históricamente, se ha demostrado en el plano humanístico, por la incontrolada pulsación antiteísta del nuevo régimen, su correspondiente campaña descristianizadora. El quinto y último de los

---

[46] Ley de 9 de diciembre de 1905.
[47] Floria, C. A., García Belsunde, C. A.: *Historia política de la Argentina contemporánea 1880-1983,* Madrid, Alianza, 1988, pp. 74-79.

ejemplos ofrecidos, viene hasta nosotros con la atractiva apariencia que ofrece siempre el interesante velo de lo exótico. Se trata de la Turquía de Mustafá Kemal, una nación musulmana por excelencia, al representar para el islam la ostentación de su máxima autoridad: el califa, representación viva, como se recordará, del admirado profeta mecano.

El general Mustafá Kemal Pasa –o Bajá–, francmasón convencido, por medio de su revolucionaria y –utilizando ahora las palabras del profesor Braudel– «brutal y genial» obra, trastocó la mayor parte de los valores más profundos e identificativos de la mentalidad de su pueblo. Inaugurador de la hégira nacionalista y modernizadora del mundo árabe del siglo veinte, la revolución de Kemal llama poderosamente la atención al estudioso europeo por haber intentado –y en gran parte conseguido– occidentalizar la nación más representativa del islam. El flamante vencedor del ejército griego en el verano de 1922 esperó a aquel otoño para poder representar su particular 18 brumario, «proponiendo» ante la Gran Asamblea Nacional, la sacrílega idea de deponer y desterrar al mismísimo sultán. En su insólita labor occidentalizadora y liberal, este extraordinario personaje que, por intentar perfilar aquí su personalidad en sus rasgos históricos, abocetaríamos por medio de vagos y sombreados trazos entre un Licurgo y un Cromwell –o, de otra manera sin duda más rápida y al mismo tiempo más definida, una angulosa fisonomía a caballo entre el militarizado y rústico gesto de un arisco Bonaparte y el refinado y radicalizado pensamiento de un déspota ilustrado como José II–, depuso al sultán (1922), proclamó la república (1923), abolió para siempre el califato[48], cambió la capitalidad de Estambul a Angora –Ankara–, suprimió, siempre todo a base de decretazos, la poderosa Orden de los Derviches, extinguió las escuelas y los tribunales coránicos, con la clara y antirreligiosa intención de acabar con la fe musulmana de los turcos[49] y secularizó el nuevo Estado (1928)[50],

---

[48] Es decir, aniquiló para siempre el «papado» musulmán.

[49] Duché, J.: *Historia de la Humanidad. V. El gran viraje (1914-1966)*, Madrid, Guadarrama, 1964, p. 143.

[50] Vindicación claramente expuesta ya en el segundo párrafo de la Constitución de 1924.

eliminando de su administración, de su justicia y de su sistema educativo, la mínima influencia religiosa, imponiendo en este último, planes pedagógicos diáfanamente laicistas.

En su monomaniática y atrevida aspiración por cambiar de raíz la mentalidad de su pueblo Kemal llegó a introducirse ruidosamente en los armarios y en las alcobas de sus conciudadanos. Como si de un poderoso Pedro el Grande o un más humilde Esquilache se tratara, obligó –bajo penas gravísimas siempre– a sus, presumimos, desconcertados gobernados a vestirse a la occidental, prohibiendo el para él odioso –por su obvia connotación religiosa– fez, así como también la tradicional vestimenta turca como el *burnush* y la *gandurah*. En cuanto a las citadas alcobas, su obsesión por modernizar «a la europea» a la nueva Turquía, le llevó a los extremos de prohibir la poligamia (1925), autorizando el divorcio y liberando a la mujer de su milenario y falocrático tutelaje masculino, pudiendo desvelar esta desde entonces su cara. Adoptó el calendario común o cristiano, desterrando Turquía desde aquel momento el musulmán. Prohibió la utilización de la escritura árabe, imponiendo el alfabeto latino, mandando reinventar el idioma turco, al expurgar del mismo sus palmariamente dominantes léxicos árabe y persa. Impuso la costumbre europea del apellido (1934). Mandó crear la enseñanza superior, fundando la Universidad de Ankara. Y para reemplazar la abolida ley coránica, estableció en Turquía el Código Civil de Suiza y el penal italiano (1926).

Como el lector podrá apreciar a estas alturas del discurso, es completamente admisible afirmar aquí que aquel Mustafá Kemal –desde 1935: Kemal (el perfecto) Ataturk (padre de los turcos)– podría llegar a ser fácilmente el completo colmo del onírico mundo de las pesadillas personales de otro célebre estadista asiático del mismo siglo –este veintiún años más joven que el masón turco–, nos referimos, como ya muchos lectores estarán deduciendo, a Ruhollah Jomeini.

El lento y tortuoso proceso de secularización en España

En lo que respecta a España, las primeras inquietudes secularizadoras vendrán de la mano de los reinados de la dinastía borbónica. Serán, en un principio, tímidas acciones influenciadas por el

61

regalismo francés como, por ejemplo, el Concordato de 1753 entre Fernando VI y Benedicto XIV, ganando con él el monarca español el Patronato Regio; es decir, el poder de presentación de la alta jerarquía eclesiástica, además de reconocer el pontífice la supresión de expolios y vacantes. Más tarde, con Carlos III, aquellas inquietudes se harán cada vez más ostensibles y atrevidas. Desde 1762, la obra reformadora carolina comenzará a fijarse en la situación de la iglesia y de sus amplísimos poderes y propiedades, restringiendo paulatinamente los derechos temporales de la clerecía española, limitando la explotación directa de los bienes inmuebles del opulento monacato[51] y controlando, bajo censura previa, las mismas publicaciones eclesiásticas –pragmática del *Exequatur* del 18 de enero de 1762–. Este, en ocasiones manifiesto regalismo del que hacen gala Carlos III y sus ministros –como el propio autor del *Juicio imparcial*, José Moñino, conde de Floridablanca–, llegará a su momento de mayor radicalidad el 1 de abril de 1767, fecha de la pragmática de expulsión de la Compañía de Jesús. El espíritu de reforma y modernización de este despotismo ilustrado español es un relevante hecho constatado, valga, como ejemplo, lo que sigue: en 1771, y en el Colegio Imperial abandonado por los expulsados jesuitas, se crean los Reales Estudios de San Isidro, centro donde se comenzará a ofertar un currículum docente compuesto por disciplinas hasta el momento desconocidas en aquella España, como Física Experimental, Lógica Cartesiana, Derecho Natural y de Gentes, etcétera.[52]

Con esta política regalista de los borbones que, más tarde, llevará hasta su máxima potencialidad el gobierno de José I, la iglesia española perderá una buena parte del poder y de la independencia ante el Estado que, hasta esos momentos, poseía, preparando este regalismo borbónico entonces a la nación para lo que, sólo un poco más tarde, nada más se introduzca España en la historia contemporánea, serán las auténticas campañas de secularización promovidas por la revolución liberal del siglo XIX.

---

[51] Incluso pensando en una posible vía desamortizadora de una buena parte de sus bienes, como aquella Real Cédula de 1766.

[52] Villacorta Baños, F.: *Burguesía y cultura. Los intelectuales españoles en la sociedad liberal, 1808-1931*, Madrid, siglo XXI, 1980, p.6.

La entrada de Las Luces en España es un fenómeno lento pero progresivo. En la segunda mitad del siglo XVIII, tenemos ya grandes ejemplos de este trasvase cultural entre la Europa ilustrada y una escogida representación de políticos e intelectuales[53], será la denominada por Jean Sarrailh «minoría selecta», aquellos españoles «cultos» que trataron de modernizar el anquilosado cuerpo social, ideológico y económico de su nación, tanto desde su privilegiada participación en el gobierno como desde el pedagógico púlpito de sus escritos. Y, para los últimos, para pensadores como Feijoo, Cabarrús, Meléndez Valdés, Jovellanos o Rubín de Celis, la cuestión formativa o educacional venía a ser algo así como la auténtica panacea universal para el logro de su utopía ilustrada; es decir, para conseguir una España más feliz, más moral, más poderosa, y así estar más próximos a esa mística y ansiada humanidad universalmente fraterna que tanto reivindicaban. El discurso que, sobre este tenor, crea para la historia del pensamiento pedagógico el conde de Cabarrús, es, quizás, el más valiente y radical de todos ellos. En sus conocidas cinco *Cartas sobre los obstáculos que la naturaleza, la opinión y las leyes oponen a la felicidad pública,* escritas para su amigo Melchor Gaspar de Jovellanos en 1792 y 1793, Cabarrús ofrecerá a la historia de las ideas un completo y sintético desiderátum de cómo habría que llevar a la práctica política los avanzados logros del pensamiento de la Ilustración, tanto en terrenos estrictamente económicos, jurídicos o políticos, como educacionales, proyectando en su *Carta Segunda* un sistema pedagógico, de corte estatalizado, gratuito, laico y desclasado socialmente. En esta *Carta Segunda sobre los obstáculos de opinión y el medio de removerlos con la circulación de luces, y un sistema general de educación,* Cabarrús expondrá sin ambages, lo que, ya entrado el siglo diecinueve, se convertirá en el generalizado modelo pedagógico liberal, recordemos aquí varios de los fragmentos más representativos de su discurso:

---

[53] Sobre todo en tiempos del gobierno del ilustrado Godoy y, con más exactitud, después de la firma de la Paz de Basilea, esa intercomunicación cultural con Europa y fundamentalmente con la Francia revolucionaria, es un hecho fehaciente.

63

Rectifiquemos, o por mejor decir, impidamos, que se degrade la razón de los hombres; fortifiquemos su cuerpo, inspirémosle el amor a las leyes de su patria, de sus conciudadanos, y después dejemos que aprovechen las luces de la libertad de la imprenta y el progreso del espíritu humano (...). Haya, pues, en cada lugar una o más escuelas, según su población, destinada a enseñar a los niños a leer, escribir, contar, los primeros elementos de la geometría práctica y un catecismo político en que se comprendan los elementos de la sociedad en que viven y los beneficios que reciben de ella (...). Se nos inculcan en la niñez los dogmas abstractos de la teología, ¿y no se nos podrían enseñar los principios sociales, los elementos de la legislación y demostrar el interés común e individual que nos reúne? (...). Esta enseñanza elemental y tan fácil ha de ser por consiguiente común a todos los ciudadanos: grandes, pequeños, ricos y pobres; deben recibirla igual y simultáneamente. ¿No van todos a la Iglesia?

¿Por qué no irán a este templo patriótico? ¿No se olvidan en presencia de Dios de sus vanas distinciones? ¿Y qué son estas ante la imagen de la patria? (...). Ningún niño puede ser eximido, sea la que fuese su cuna, de esta concurrencia precisa, so pena de no poder conseguir empleo ni función pública, so pena de no ser ciudadano; sea necesario a todos ellos presentar la certificación de su concurrencia, y desde los seis años hasta los diez críense juntos los hijos de una misma patria (...). ¿Y dónde encontraremos los maestros? En todas partes donde haya un hombre sensato, honrado y que tenga humanidad y patriotismo. Si los métodos de enseñanza son buenos, se necesita saber muy poco para éste, que de suyo es tan fácil (sic). Pero sobre todo, exclúyase de esta importante función todo cuerpo y todo instituto religioso. La enseñanza de la religión corresponde a la Iglesia, al cura, y cuándo (sic) más a los padres, pero la educación nacional es puramente humana y seglar, y seglares han de administrarla[54].

Con el siglo XIX, los aires de la revolución liberal francesa se tratarán de institucionalizar en España por medio de la Constitu-

---

[54] Ministerio de Educación y Ciencia: *Historia de la educación en España. I. Del Despotismo Ilustrado a las Cortes de Cádiz,* Madrid, Mº de E. y Ciencia, 1985, pp. 336-339.

ción de Bayona –6 de julio de 1808– y los decretos del gobierno intruso surgido de la invasión bonapartista. Serán declarados aires de laicización de las caducas estructuras de aquella depauperada y vieja corona. Por ejemplo, en el mismo proyecto que se discutirá en Bayona de esta carta magna otorgada había un artículo que abolía la Inquisición, artículo que se haría desaparecer a raíz de las protestas que, sobre él había hecho el inquisidor Entenhard y Salinas. No tardaría sin embargo la nueva situación en volver al tema de la Inquisición. El 4 de diciembre de 1808, entre la política de reforma contenida en los decretos imperiales firmados en Chamartín, quedaba promulgada ya la abolición del Santo Oficio y la nacionalización de sus bienes, siendo utilizados estos como garantía de la deuda pública. También en esos mismos decretos napoleónicos se reducía el número de conventos, con su correspondiente complemento dedicado a la desamortización de una parte de sus bienes, la otra parte de estas propiedades iría a mejorar las rentas del clero secular.

Con el gobierno de aquel convencido francmasón de José Bonaparte –iniciado ya en la orden hiramita en plena Convención montañesa[55]–, el proceso laicizador contraerá un color mucho más vivo que el que manifestara, desde un principio, su hermano el emperador. José I, ayudado por un completo equipo ministerial de persuadidos regalistas, intentará gobernar su reino exteriorizando para el caso una conducta que pudiera recordarnos, por su talante, la de un viejo monarca del despotismo ilustrado, llevando su política una mixturada actitud entre tolerante prudencia y decidido y autoritario paternalismo, pretendiendo siempre convencer antes que vencer.

La medida secularizadora más fuerte realizada por el gobierno del rey intruso fue el decreto del 18 de agosto de 1809, por el que se suprimían, sin excepción alguna, todas las órdenes religiosas y se desamortizaban todos sus bienes. Sin embargo, como nos dice el profesor Revuelta González, la medida josefina más escandalosa o dolorosa para la clerecía española fue la abo-

---

[55] Cfr.: Ligou, D.: «Dans la tourmente: ruptures et continuités (1789-1815)», en VV.AA.: *Histoire des Francs-maçons... Op. Cit.,* p. 165.

lición de la jurisdicción eclesiástica[56]. José I y sus afrancesados ministros, parecían remedar conscientemente la cesaropapista política de su homónimo monarca, el ya mencionado José II, emperador de Alemania.

Por el otro lado de aquella España en guerra; es decir, por la otra ribera, la «patriota», del sorprendentemente caudaloso curso alto del liberalismo hispano, las aguas parecían bajar si cabe con apariencia de menor premura aunque con el arrastre del mismo limo secularizador: la supresión del voto de Santiago; el directo ataque de Las Cortes gaditanas a todo un «príncipe de la Iglesia», el ruidoso, culto y obcecado obispo de Ourense, Pedro de Quevedo y Quintano[57]; la misma desaparición constitucional de los privilegios estamentales del clero; el claro intento de estataliza-ción de la enseñanza con la creación de la Dirección General de Estudios, aquel organismo que tenía la encomienda de controlar todo el aparato educativo que, como se sabrá, pertenecía casi al completo a la iglesia; la abolición del Santo Oficio; la reducción de cenobios; y el tímido inicio de desamortización emprendido por Las Cortes –decreto del 13de septiembre de 1813–, reco-giendo con ello apagadas o encendidas antorchas carolinas, go-doístas o josefinas.

Puede decirse que con aquel trunco ensayo de revolución li-beral que quedó denominado en nuestra historia como el Trienio Constitucional, el liberalismo español empezó a abandonar aquella especie de prudente vacilación o tímido encogimiento que había manifestado en Cádiz y que lo mantenía excesivamen-te sujeto a la tradición.

Ahora, nada más despuntado el segundo decenio del siglo, y gracias a aquella mundialmente resonante victoria del liberalis-mo hispano, los vientos laicistas o secularizadores dominarán en

---

[56] Ministerio de Educación y Ciencia: *Historia de la educación en España. I. Del Despotismo Ilustrado a las Cortes de Cádiz*, Madrid, Mº de E. y Ciencia, 1985, pp. 336-339. Cfr.: Ligou, D.: «Dans la tourmente: ruptures et continuités (1789-1815)», en VV.AA.: *Histoire des Francs-maçons... Op. Cit.*, p. 165.

[57] Revuelta González, M.: «La iglesia española ante la crisis del antiguo régimen (18081975)», en VV.AA.: *Historia de la Iglesia en España. V. La iglesia en la España contemporánea (18081975)*, Madrid, B.A.C., 1979, p. 25. Declarándolo «indigno de la consideración de español», castigándolo –como sigue diciéndonos el profesor Revuelta– «con la pérdida de sus honores y empleos civiles y con la expulsión del territorio en veinticuatro horas». *Ibídem*, pp. 44-45.

la agitada política de aquel frenético trienio: nueva abolición de la Inquisición, libertad de imprenta con su consecuente aluvión de periódicos, folletos y panfletos de militante adoctrinamiento liberal, a veces manifestando un claro y populachero tinte anticlerical, otras ofreciendo un culto y tolerante registro del ya tradicional regalismo hispano; desamortización de los bienes del casi eliminado clero regular[58]; rebaja del vejatorio y feudal diezmo; disolución de la recién restablecida Compañía de Jesús; derogación de las capellanías de sangre; promulgación del Reglamento General de Instrucción Pública; etc.; etc. La obra laicista de Las Cortes del Trienio fue rotundamente avanzada, valiente y decidida en todas las empresas que, sobre este tenor, acometió. Conviene señalar que, a tenor de la política antieclesiástica sostenida a lo largo de las dos legislaturas del Trienio Constitucional por el liberalismo español[59], la total —y en ocasiones vehemente— enemiga entre la iglesia católica española y esta ideología o movimiento político, no cejó en ningún momento —salvo casos anecdóticos o exclusivamente personales— hasta, aproximadamente, los dos últimos lustros de la dictadura franquista, apoyando en cambio, por lo general incondicionalmente, las posturas, regímenes o partidos políticamente antiliberales o antidemocráticos, como por ejemplo: la cruel y represiva «década ominosa», el cavernario movimiento carlista[60], el canovismo, la Dictadura de Primo y, más tarde, la de Franco con su paroxístico y febril invento denominado nacional-catolicismo.

Una vez muerto Fernando VII, con la regencia de María Cristina, el liberalismo español volverá por sus fueros, realizando una vez más las consabidas campañas laicistas que su reformista o revolucionario ideario contenía y, obviamente, exigía. De nuevo volviéronse a repetir situaciones políticas harto similares, esta

---

[58] De las instituciones docentes clericales sólo se respetarán los colegios de los escolapios.

[59] Sobre este tema, *vid.*: Revuelta González, M.: *Política religiosa de los liberales en el siglo XIX,* Madrid, C.S.I.C, 1973.

[60] Recuérdese que el primer levantamiento carlista habido en la historia, la denominada «Revuelta de los agraviados» en la Cataluña de 1827, llevaba implícito en su programa de condiciones la «abolición de novedades» como la instrucción pública, como nos cita CARR, R.: *España 1808-1975,* Barcelona, Ariel, 1990 (5ª edición), p. 155.

vez, posiblemente, debido a la identificación de la iglesia española, y de la misma Roma, con la causa del pretendiente Carlos María Isidro y de los continuos desplantes diplomáticos del papado con el nuevo gobierno español.

Fue el denominado Reglamento de Imprenta del 4 de enero 1834, el primer aldabazo liberal que comenzó a desatar las obviamente hipócritas protestas de algunos prelados, la mayoría simpatizantes o comprometidos con la facción antigubernamental de los carlistas. A partir de aquí, es posible colegir que toda la legislación de índole eclesiástica o, si se quiere, laicista –pero jamás anticlerical como erróneamente quiere confundir o confunde el sacerdote y publicista Vicente Cárcel Ortí[61]– de los sucesivos gobiernos cristinos repetirá, en cierta manera, la que se había ensayado durante el Trienio Constitucional con la salvedad, en esta ocasión, de la orientación anticarlista que poseerá siempre esta última: supresión de monasterios de donde se supiese que había salido algún descristianizado, por atrabiliario, frailuco para unirse a alguna de las muchas bandas terroristas propretendiente –26 de marzo de 1834–; pocos días después otra «medida correccional» de este tipo, obligando al alistamiento en el ejército isabelino de todos los novicios; y, al mismo tiempo, se trataba de reformar de nuevo la enseñanza en una especie de campaña de alfabetización que va a comenzar por el propio ejército cristino, con aquella real orden de 6 de mayo de 1834, en la que se extendía a la tropa la enseñanza primaria por medio del sistema Vallejo. Un poco más tarde, con el gobierno del conde de Toreno, la legislación de índole religiosa fue tomando cada vez colores y medidas más radicales como la supresión de las juntas de fe, aquellos tribunales eclesiásticos que, por obispados, habían sustituido, remedándolo, al Santo Oficio; nueva supresión de los jesuitas y nacionalización de sus bienes; nueva disolución de conventos y monasterios, en esta ocasión con menos de doce religiosos;... Sin embargo, el momento álgido de esta importante obra legislativa modernizadora, e históricamente insoslayable, no llegará hasta el tiempo en que presida el gabinete aquel inteligente y convencido liberal llamado Juan

---

[61] VV.AA. (Vicente Cárcel Ortí, director): *La Iglesia en la España Contemporánea (1808-1975)*, tomo V de la *Historia de la Iglesia en España*, Madrid, B.A.C., 1979, p. 128.

Álvarez Méndez –Mendizábal–, en el poder desde el 14 de septiembre de 1835. Con los célebres decretos de Mendizábal, se llevó a cabo, por fin y sin dilación alguna, la conocida desamortización de «bienes nacionales» con su consiguiente exclaustración.

El proceso secularizador de este periodo progresista (1835-1843) también atañerá –aunque ya de una manera indudablemente tímida o tibia– al ámbito pedagógico. La ley de Instrucción Primaria y su subsiguiente Reglamento –los dos textos del año 1838–, serán claros exponentes de ello a nivel, sobre todo, de sistemática organizativa. Claro reflejo de estos nuevos aires pedagógicos liberales fue aquel manual intitulado *El Abuelo* –copia a la española de la «enciclopedia» que se utilizaba en la enseñanza primaria francesa–, que tanta aceptación debió tener en las recién creadas «escuelas primarias elementales» de este período, y cuyos directos o subliminales contenidos ideológico-políticos eran palmariamente liberales y anticarlistas[62]. Del gobierno del progresista Calatrava, y entre otras muchas cosas del mismo, habría que señalar la promulgación de la Constitución española del 18 de junio 1837, que, en materia religiosa, abría la esperanza, con sus llamativas omisiones, a la España heterodoxa o librepensadora en su afán por conquistar, legalmente, la libertad religiosa para su Estado.

El nuevo código jurídico-político, reformaba en una parte sustancial lo que había contemplado la Constitución de Cádiz, nos referimos a la rotunda y solemne declaración de confesionalidad católica del artículo 12 del texto gaditano:

> La Religión de la Nación española es y será perpetuamente la católica, apostólica, romana, única verdadera. La Nación la protege por leyes sábias y justas, y prohibe el exercicio de qualquiera otra.

El artículo 11 de la nueva constitución de 1837 era, por el contrario, con su laconismo, rotundamente expresivo en su inclinación hacia el estadio legal determinado por la tolerancia reli-

---

[62] *El Abuelo, obra dedicada a los niños y aun a los adultos cuya educación ha sido descuidada; y que de orden del gobierno francés está sirviendo de texto en todas las escuelas de enseñanza primaria de Francia,* Barcelona, Bergnes y Compañía, 1842 (3ª edición).

giosa, al rezar de la siguiente forma: «La nación se obliga a mantener el culto y los ministros de la Religión católica que profesan los españoles». Así mismo habría también que recordar aquí que aquella confesional invocación del preámbulo de la gaditana: «En el nombre de Dios todopoderoso, Padre, Hijo, y Espíritu Santo, autor, y supremo legislador de la sociedad», se había alevosamente omitido en la de 1837.

El próximo gran paso laicizador en la historia de España vendrá catapultado por la revolución de septiembre de 1868. Ahora, el proceso secularizador se mostrará sin ningún tipo de ambages, cobijado por las atropelladas y revolucionarias situaciones del Sexenio Democrático, contrayendo entonces el enfrentamiento entre el nuevo estado de cosas –declaradamente progresista– y la tradicionalista e inmovilista institución eclesiástica, su momento de mayor beligerancia, situación aquella que no volvería a repetirse en nuestra historia hasta el advenimiento de la Segunda República en 1931. Libertades que no se conocían hasta el momento como la total de enseñanza, la de reunión y asociación, o la religiosa, convirtieron formalmente a aquel Estado español en uno de los más avanzados de Europa. Como dice la profesora Ivonne Turin,

> la sacudida de 1868 parece ser la que verdaderamente quebrantó y quizá hizo estallar las viejas estructuras sociales, políticas y religiosas; la que arrastró a España por un camino en el que ya estaba metida Europa hacía tres cuartos de siglo[63].

Esta auténtica revolución, que no efímera y aparente «vicalvarada», conmocionó en lo más profundo las estructuras, a nivel de mentalidad y pensamiento, de una gran parte del tejido social español. Aparecerán por doquier, legalmente permitidas, sociedades francmasónicas repletas de progresistas, republicanos federales, republicanos unitarios, unionistas, etc., actuando además de una manera muy similar a las juntas revolucionarias[64]. Al mismo tiempo, comenzará también a legalizarse, actuando pú-

---

[63] Turin, I.: *La educación y la escuela en España de 1874 a 1902. Liberalismo y tradición*, Madrid, Aguilar, 1967, p.11.

[64] A veces la composición de aquellas parecerá estar copiada de la de estas.

blicamente, el otro tipo de sociedad de puro latido laicista que, hasta muy entrado el siglo XX, en ocasiones competirá, en otras se imbricará o confundirá –llegando, a veces, a reemplazarla– con la masonería. Nos referimos a las activísimas y, en muchos casos ya no sólo mesocráticas sino en ocasiones mayoritariamente proletarias, sociedades de librepensadores.

Pero la preocupación laicista no sólo se mostrará en los manifiestos y actos de las juntas revolucionarias locales, ni en las logias, ni en las sociedades de librepensamiento, la vindicación por una total secularización de la vida pública de aquellas agitadas «Españas», estará en realidad en la misma calle: será raro el periódico, la tertulia o cualquier otro tipo de manifestación callejera donde no se manifieste esta inquietud. Desde el Trienio, el pueblo llano español se había ido desvinculando de aquella fuerte y temerosa dependencia que, desde hacía siglos, venía manteniendo con sus viejos amos eclesiásticos, liberalizando ahora, cada vez con menos aprensión, su tradicional anticlericalismo[65]. Uno de los casos quizá más ilustradores de este ambiente, nos lo refleja aquella carta que los masones de la logia santiaguesa *Luz Compostelana nº 13,* enviaron, el 12 de marzo de 1873, al nuevo «gran maestre» adjunto del Gran Oriente de España, para que aquel gerifalte de la masonería española intercediese ante los miembros masones del recién estrenado gobierno republicano, con el fin de que, desde el poder, se laicizase el aparato pedagógico español, el fragmento más enjundioso de esa «plancha» masónica dice así:

> (...) si algún día tenemos la fortuna de veros entre nosotros, miraréis con dolor cómo se ahogan nuestros esfuerzos en esta atmósfera corrompida por los resabios del más detestable absolutismo. He ahí la razón por qué la marcha nuestra institución es en esta localidad lenta y dificultosa, no obstante los heroicos sacrificios de los dignos obreros de este cuadro.

---

[65] Sobre este tema, *vid.,* e. *g.*: Valín Fernández, A. J. V.: «Masonería, Clero y Enseñanza en la Galicia contemporánea», en VV.AA. (J. A. Ferrer Benimeli, coordinador): *Masonería, política y sociedad,* I, Zaragoza, C.E.H.M.E., 1989, pp. 449-464.

Hace mucho tiempo que venimos clamando por el pronto remedio que mitigue este mal. Estamos convencidos que para conseguirlo es indispensable que se confíe a masones honrados y competentes la dirección de la enseñanza, para contrarrestar la odiosa propaganda que contra nosotros hacen los vampiros de nuestras doctrinas(...)[66].

La obra legislativa del Sexenio Democrático en materia religiosa, vuelve a parecérsenos, como ya viene siendo tradicional a lo largo del diecinueve, repetitiva, dada su curiosa semejanza con la de los anteriores gobiernos progresistas: supresión de los jesuitas –12 de octubre de 1868–, con la consabida nacionalización de sus bienes; extinción de todos los cenobios creados a partir de 1837 con la ya tradicional nacionalización de sus bienes muebles e inmuebles –18 de octubre del mismo año–; laicización del sistema pedagógico en las enseñanzas secundaria y superior, eliminando de sus planes la obligatoriedad del estudio de la disciplina de religión[67]; el matrimonio civil;...

La democrática Constitución de 1869 garantizaba, mediante su artículo 21, la libertad de cultos, elevando esta nueva garantía del ciudadano, además, al rango de derecho natural absoluto y no susceptible, entonces, de legislación o reforma, cuestión esta que tanto desquiciaría a los obispos católicos de aquella España. Aquel polémico artículo 21, hijo indudable de anteriores artículos constitucionales, como el ya citado decimoprimero de la Constitución del 37, o el 14 de la norma jurídica fundamental nonata de 1856, rezaba de la siguiente, y no del todo clara, manera:

La Nación se obliga a mantener el culto y los ministros de la religión católica[68].

---

[66] *Boletín Oficial del Gran Oriente de España,* – 48, año 11, de 15 de abril de 1873, pp. 1-2. Citado por: Valín Fernández, A. J. V.: *Galicia y la masonería en el siglo XIX,* Sada (A Coruña), Ediciós do Castro, 1991 (2ª edición), p. 296.

[67] Sobre este tema, *vid.*: Ministerio de Educación y Ciencia: *Historia de la Educación en España. Jl. De las Cortes de Cádiz a la Revolución de 1868,* Madrid, Mº de E. y C., 1985, pp. 320-352.

[68] Como se puede apreciar este primer párrafo es copia textual del artículo 11 de la Constitución del 37.

El ejercicio público o privado de cualquiera otro culto queda garantizado a todos los extranjeros residentes en España, sin más limitaciones que las reglas universales de la moral y del derecho. Si algunos españoles profesaren otra religión que la católica, es aplicable a los mismos todo lo dispuesto en el párrafo anterior.

De todas formas, el gran intento secularizador del Sexenio Democrático no llegaría hasta 1873, se tratará de aquella aspiración que la España de pensamiento más avanzado –partidos republicanos, obediencias masónicas, sociedades de librepensamiento, etc.–, venía acariciando desde hacía varios años: la total segregación de la iglesia del Estado. Vieja y congruente ambición esta que, todavía hoy, no se ha podido realizar en España, a pesar de la luminosa diafanidad con que, sobre el respecto, se expresa el texto constitucional vigente (1978), en la sección primera de su artículo decimosexto.

El proyecto de lo que hubiera sido la Constitución Federal de la República Española de 1873, contenía cuatro artículos harto fundamentales para llevar a cabo por fin, a niveles constitucionales, la completa laicización del conjunto de países que conformaban –y algunos todavía conforman– la realidad histórica de España. El primero, era el 34, decía que «el ejercicio de todos los cultos es libre en España»; le seguía el 35, sin duda el de mayor relevancia y trascendencia, al contemplar que quedaba «separada la Iglesia del Estado»; el 36 prohibía, siguiendo el tolerante y democrático principio expuesto en el artículo 34, que tanto la nación como los «Estados regionales» o los municipios, subvencionasen «directa ni indirectamente ningún culto»; el último, el 37, secularizaba por fin los tres momentos fundamentales de la vida del ciudadano español: el nacimiento, el matrimonio y la muerte, al prescribir que sólo a las autoridades civiles les correspondía la obligación y el derecho de llevar el registro correspondiente a las actas de nacimiento, matrimonio y defunción.

Durante la larga Restauración borbónica, la bandera de la laicización nunca llegó a poseer tantos y tan variados porteadores. Desde las distintas obediencias francmasónicas, auténticos colectivos generadores de opinión[69], las sociedades de librepensadores; los partidos políticos republicanos; el societarismo obrerista, tanto marxista como libertario; una buena zona de aquella especie de *intelligentsia* que podemos entender iniciada con Sanz del Río y Giner de los Ríos, siguiendo con Valera, y llegando al 98 con los jóvenes Unamuno, Baroja, Maeztu y Galdós; hasta algunos convencidos o aparentes laicistas de los grupos o partidos políticos integrados en la Restauración, como los célebres masones Sagasta y Vincenti, o aquel devoto católico, factótum de la famosa «ley del candado» que tanto molestaría a la iglesia católica de principios de siglo, el ferrolano José Canalejas y Méndez.

Es a lo largo del régimen canovista, cuando el discurso laicista llegará a mixturarse, y en ocasiones confundirse, con aquel visceral e instintivo sentir anticlerical del pueblo español. Serán los momentos climatéricos de aquel ya secular e internacional *versus* entre el clericalismo católico y el laicismo. Todo parecerá confluir en estos comprometidos momentos finiseculares, el republicanismo pasará de un abúlico desencanto inicial al combate más directo contra el caciquil régimen usurpador del «auténtico poder constitucional», y su fiel e influenciador aliado eclesiástico, por otro lado, la poderosa masonería de la Restauración, emprenderá y dirigirá las sucesivas «campañas anticlericales» que van a tener lugar hasta la gran crisis hiramita del bienio 1896-98, y que serán apoyadas –y después continuadas– por todos los movimientos u organizaciones anteriormente citados. Los ejemplos portugués y, sobre todo, francés con Jules Grevy y su gobierno de concentración de fuerzas republicanas y laicistas, estarán siempre presentes en el pensamiento colectivo de estos laicistas españoles.

Para la España heterodoxa o libre pensante, el laicismo se convertirá por estos años en el auténtico *leitmotiv* de la lucha contra la reacción. La clericalmente servicial política canovista, será el mejor efecto aleccionador para aquella España modernizadora. Todas estas aspiraciones confluirán, plasmándose en el *boom* pedagógico laicista de estos años, en 1876 se crea la celebérrima y, bajo cualquier punto de vista, admirable Institución Libre de Enseñan-

---

[69] Incluso llegando algunos, según el caso, a actuar como poderosos grupos de presión.

za, apoyada, puede decirse que, al completo, por esa España de la que hablamos: republicanos, masones, y librepensadores apoyarán económica y publicísticamente este proyecto de enseñanza laica. La idea que expresa el artículo 15 de los *Estatutos de la Institución libre de Enseñanza,* sobre la cuestión religiosa en la enseñanza, va a entenderse –sumándolo al ejemplo francés del ministro Ferry– como paradigma a seguir en los más o menos similares *curricula* de una gran parte de las llamadas escuelas laicas que empezarán a tener su realidad histórica por aquellos años, el texto se expresaba de la siguiente manera:

> La Institución Libre de Enseñanza es completamente ajena a todo espíritu e interés de comunión religiosa, escuela filosófica o partido político; proclamando tan sólo el principio de la libertad o inviolabilidad de la ciencia, y de la consiguiente independencia de su indagación y exposición respecto de cualquiera otra autoridad que la de la propia conciencia del Profesor, único responsable de sus doctrinas.

A partir de estos momentos, la privada iniciativa de estas mismas fuerzas –sobre todo masonería y sociedades de librepensadores– comenzará a crear, a lo largo de la geografía peninsular, pequeñas instituciones docentes con este tipo de currículum de estructura claramente racionalista, practicista y laica.

Un poco más tarde, cuando la masonería llegue a su crisis finisecular ya citada, recogerán esta preocupación filantrópica, ideológica, y, obviamente, pedagógica, las sociedades librepensadoras, las obreristas y, en los conocidos casos de una buena parte de Galicia y algunas zonas de Asturias, las denominadas «sociedades de instrucción» de los emigrantes de estas regiones españolas en Cuba, Argentina, Estados Unidos de Norteamérica, etc. Con el nuevo siglo, la lucha laicista volverá a tomar nuevos bríos, sobre todo a raíz de la avalancha de religiosos franceses[70] y, más tarde, portu-

---

[70] Volviendo a repetir lo que, cien años antes, había ocurrido cuando los eclesiásticos refractarios franceses se exiliaron en España. Sobre este punto y en lo que se refiere a Galicia, cfr.: Meijide Pardo, M. L.: *Sacerdotes franceses emigrados durante la revolución en Galicia,* Sada (A Coruña), Ediciós do Castro, 1991; Juana, J. de: «Clérigos franceses refugiados en Orense durante la Revolución Francesa», en *Minius, Revista do Departamento de Historia, Arte e Xeografía,* Ourense, –1, año 1, 1992, pp. 89-94.

gueses, que la política laicista de los gobiernos liberales vecinos ocasionaba en España, dada la ostentosa permisividad que manifestaban sobre este escabroso y en algunos casos ilegal tema, los gobiernos conservadores del ya obsoleto turnismo de la Restauración, y también al socaire de aquel «moretista» «bloque de izquierdas» que habían formado los conjuncionistas; es decir, la Unión Republicana, el partido de Lerroux y los socialistas de Pablo Iglesias[71].

Como se recordará, la guerra de Marruecos –y su aciago desastre del Barranco del Lobo– provocará la Semana Trágica barcelonesa y el internacionalmente escandaloso asesinato estatal de Ferrer y Guardia. La obvia caída del gobierno Maura pondrá contra la pared la propia supervivencia de la restaurada monarquía borbónica, que tratará de salir al paso, dándole el gobierno al Partido Liberal, primero, con Segismundo Moret e, inmediatamente, dado el peligro que este político y sus aliados representaban, con José Canalejas que, utilizando demagógicamente viejas posturas laicistas de republicanos y societarios, trató de amortiguar el empuje del llamado «bloque de izquierdas», prometiendo solucionar las socialmente candentes cuestiones de los «consumos», las «quintas» y las «asociaciones» religiosas. De esta manera, sería aprobada la conocida «ley del candado» que tantas polémicas levantaría en todos los ambientes políticos de la nación, ocasionando de paso la ruptura del gobierno con la Santa Sede[72].

Después del manifiesto clericalismo llevado a cabo por Miguel Primo de Rivera, el inservible y dictatorial parche del caduco sistema canovista, que fue el régimen de aquel viejo y arquetípico espadón «decimonónico», España volverá a conocer un régimen coherentemente liberal en todas sus estructuras políticas. La Segunda República va a ser el, hasta ahora, penúltimo gran paso laicizador de nuestra historia. Las pautas de secularización a seguir van a ser, más o menos, las de siempre en los anteriores y distintos

---

[71] Sobre este tema, *vid. e. g.*: Ruiz Manjón, O.: *El Partido Republicano Radical. 1908-1936,* Madrid, Tebas, 1976, pp. 83-87; Gómez Aparicio, P.: *Historia del periodismo español. De las guerras coloniales a la Dictadura,* Madrid, Editora Nacional, 1974, pp. 243-347.

[72] Sobre este tema *vid. e. g.*: Javierre, J. M.: *El mundo secularizado* (volumen XXV de la *Historia de la Iglesia* dirigido por A. Fliche y V. Martín), Valencia, Edicep, 1991, pp. 308-326.

momentos políticos liberales: 22 de mayo de 1931, proclamación de la libertad religiosa; 18 de agosto, se presenta ante Las Cortes el proyecto de la nueva constitución del Estado –España se constituye en una república democrática, laica, descentralizada,...–, su artículo tercero establecía la separación de la iglesia y el Estado... «El Estado español no tiene religión oficial», su artículo 26 prohibía a las órdenes religiosas ejercer el comercio, la industria y la enseñanza, al mismo tiempo preveía la total extinción, en un plazo máximo de un bienio, del presupuesto estatal para la subvención de la clerecía, y prescribía la obligada disolución de la orden jesuítica, el artículo 27 garantizaba la libertad de conciencia y de religión, el 43 «constitucionalizaba» el divorcio, en el 48, uno de sus párrafos rezaba de la siguiente manera: «La enseñanza será laica, hará del trabajo el eje de su actividad metodológica y se inspirará en ideales de solidaridad humana»;...

La Constitución fue aprobada por Las Cortes el 9 de diciembre de 1931, y se completó con el corpus legislativo subsiguiente, como las laicistas leyes de enero de 1932 de: divorcio, secularización de cementerios, expulsión de los jesuitas, y laicización de la escuela. Esta última ley/orden del 12 de enero que venía a recoger aquella vieja aspiración de la España progresista, decía textualmente, entre otras cosas, que

> (...) la Escuela ha de ser laica. La Escuela, sobre todo, ha de respetar la conciencia del niño. La Escuela no puede ser dogmática ni puede ser sectaria. Toda propaganda política, social, filosófica y religiosa queda terminantemente prohibida en la Escuela. La Escuela no puede coaccionar las conciencias. Al contrario, ha de respetarlas. Ha de liberarlas. Ha de ser lugar neutral donde el niño viva, crezca, y se desarrolle sin sojuzgaciones de esa índole[73].

Pasados los años y las traumáticas experiencias nacionales de la Guerra Civil y la Dictadura de Franco, donde el clericalismo católico español llegó, en su neobarroco triunfo, a extremos completamente desconocidos de recristianización a machamartillo en

---

[73] Ministerio de Educación y Ciencia: *La educación durante la Segunda República y la Guerra Civil (1931-1939)*, Madrid, Mº de E. y C., 1991, pp. 163-165.

nuestra historia contemporánea, aquella aceda España, volverá a conocer de nuevo los democráticos y salutíferos aires de la modernidad; primero tímidamente, en plena dictadura y a raíz de las mismas influencias ejercidas por el propio clero español –más o menos convertido, o reconvertido, por los regeneradores aires del Concilio Vaticano II–, con la controvertida ley de libertad religiosa de 1967, después, una vez fallecido aquel cruel dictador, la llamada «Transición española» irá reconociendo la situación que, desde hacía tanto tiempo, venía disfrutando Europa.

La Constitución de 1978, vuelve, como habían hecho las anteriores normas fundamentales de esta pulsación, a intentar secularizar la vida ciudadana de su nación. En su texto, no aparecerá ninguna referencia a la decimonónica «cuestión religiosa» hasta el artículo 14: «los españoles son iguales ante la ley, sin que pueda prevalecer discriminación alguna por razón de nacimiento, raza, sexo, *religión,* opinión (...)» después de este artículo abordará, ya directamente, la cuestión, concentrándola en el artículo 16 que, como todos sabemos o debemos saber, garantiza, entre otras cosas, las libertades de ideología, religión y culto, aclarando el punto de la segregación Iglesia católica-Estado español en su párrafo tercero, cuando dice aquello de que

ninguna confesión tendrá carácter estatal. Los poderes públicos tendrán en cuenta las creencias religiosas de la sociedad española y mantendrán las consiguientes relaciones de cooperación con la Iglesia católica y las demás confesiones.

Más adelante, en el artículo 27, se reconocerá el derecho fundamental de todos los españoles a la libertad de enseñanza, dejando ya para el párrafo segundo del artículo 32, la posibilidad de disolución del vínculo matrimonial; es decir, el derecho de la ciudadanía al divorcio.

Como es de sobra conocido y ya hemos adelantado, el actual Estado de derecho, por medio de la práctica política correspondiente, aún no ha sido capaz de segregar, o desvincular, a la iglesia católica de sus propias estructuras. Por tanto, hay que señalar que la que creíamos o creemos decimonónica «cuestión religiosa» sigue coleando en pleno siglo veintiuno, casi medio siglo después de la aprobación, en referéndum, de la indudablemente laicista Constitución Española de 1978.

El laicismo gallego entre la masonería, el librepensamiento y la emigración americana retornada

Si tratásemos de hacer una suerte de historia «nacional» y «laicista» del secularismo galaico, indudablemente el autor de la ubicación de estas tintas tendría que empezar su trabajo buscando los hechos más lejanos posibles para poder otorgarle a su «patria» –y a su exaltativo y parcial discurso– el mayor y añejado lustre. Podría comenzar entonces esa especie de cronicón por el agitado siglo XIV y sus abundantes conflictos antiobispales o antiarzobispales, aquellas luchas entre concejos y vecinos, por un lado, y arzobispo u obispos por otro, como, por ejemplo, las ruidosas «guerras» de este tipo libradas por Santiago de Compostela contra aquel calculador dominico francés llamado Fray Berenguel de Landoria, o las del pueblo lugués contra el obispo don Juan Hernández, o las de Tui, Mondoñedo, Ourense y las villas de Viveiro y Pontedeume. Y si buscásemos paladines, los trataríamos de encontrar en personajes de ese mismo siglo y de esos mismos líos, como el levantisco caudillo popular mindoniense Rodrigo Márquez, o aquel corajudo y rústico aristócrata lucense, Alvar Sánchez de Ulloa –Aluarus Sancii de Ulloa–, señor de Felpós, de los pocos nobles gallegos que, una vez victorioso aquel astuto y ambicioso dominico de Fray Berenguel, siguió combatiéndolo, intentando quizá, con su desigual enfrentamiento, llamar al valor y a la lucha contra el arzobispo al resto de la nobleza de su país geográfico que, por otro lado, y como recoge la tendenciosa *Gesta Berengarii de Landoria archiepiscopi Compostellani*[74], bajaba servilmente la cabeza ante «aquel rencoroso y omnímodo teócrata» como podría decir, en el siglo diecinueve, aquel romántico historiador gallego llamado Benito Vicetto.

---

[74] VV.AA.: *Hechos de Don Berenguel de Landoria, Arzobispo de Santiago. Introducción, edición crítica y traducción,* Santiago (A Coruña), Universidade de Santiago de Compostela, 1983, pp. 150-153.

Pero dejemos estos típicos conflictos bajomedievales, para comenzar a estudiar el auténtico pálpito laicista en estas esquinadas tierras del «fin del mundo». Como ya dejaron claro trabajos como los del profesor Dopico, la Ilustración gallega conocida hasta ahora, no contiene en su no del todo variada composición elementos con discursos eminentemente secularistas. Bien es sabido que la mayor parte de aquellos pensadores pertenecían a las ortodoxas filas de la clerecía galaica y, como se puede colegir, lógicamente sus reflexiones «(...) se caracterizaban por su moderación y respeto a la religión católica»[75]. Sin embargo, más tarde, ya despuntando el siglo XIX, Galicia poseerá una cualificada representación de intelectuales y burgueses de claro pensamiento postilustrado, protoliberal o, por qué no decirlo sin más ambages, liberal, como aquella suerte de discreto «club» de lectores y tertulianos santiagués formado por gente como Bazán de Mendoza, Joaquín Patiño, Sobrino Taboada, etc.[76], o el coruñés que amenizaban las charlas de intelectuales y comerciantes como Lucas Labrada, Valentín de Foronda, Juan Antonio de la Vega, Bermúdez del Villar, Pedro de Llano, etc.

Quizá el primer pensador gallego que ofrezca en su obra publicada claros síntomas de inquietud secularista sea aquel exagustino liberal coruñés llamado Manuel Pardo de Andrade. Sus escritos antiinquisitoriales son, que sepamos, los primeros discursos laicistas de la historia gallega. Las dos partes en que se divide su popular romance en lengua autóctona *Os rogos d'un gallego,* son un auténtico panfleto versificado contra aquella anciana y represora institución eclesiástica y contra la misma clerecía católica, a la que Pardo culpará –como ya había hecho Meslier– de haber estado amancebada siempre con el poder establecido, prostituyendo su religión –a la que, por otro lado, este exagustino siempre librará de cualquier mancha– al utilizarla como herramienta represora y alienadora del pueblo, muy en la línea o esti-

---

[75] *Gran Enciclopedia Gallega*, Santiago (A Coruña), Silverio Cañada, 1974, tomo XVII, p. 234. *Vid.,* también: Dopico Gutiérrez del Arrollo, F. A: *Ilustración e sociedade galega. A visión de Galicianos economistas ilustrados,* Vigo (Pontevedra), Galaxia, 1978.

[76] Barreiro Fernández, X. R.: *Historia de Galicia. IV. Edade Contemporánea,* Vigo (Pontevedra), Galaxia, 1981, pp. 233-234.

lo anticlerical de los escritos sobre el mismo tenor salidos de las prensas de la Revolución francesa, fenómeno histórico este que aquel hidalgo segundón de Xaz-Oleiros tanto llegó a admirar. Veamos un fragmento de su discurso:

> Postas de acorde cos reyes
> non foi, non, a relixion
> o voso obxeto, foi solo
> o despotismo e a opresion
> Podedes estar seguros
> que non hay no poblo español
> un home solo que queira
> ter aos cregos por mandós.
> Na Igrexa vos escuitamos,
> mais fora da Igrexa, non,
> porque cas causas deste mundo
> non son feitas para vos[77].

Después de Pardo de Andrade, y dentro siempre del movimiento liberal gallego, podríamos hablar de personalidades históricas como aquel incansable publicista vasco, citado líneas arriba, afincado en Galicia durante los años 1811 y 1815, que fue Valentín de Foronda. Este inquieto liberal, iniciado seguramente en la masonería en su larga estadía norteamericana (1803-1809) y denunciado ante el Tribunal de la Inquisición santiagués como miembro, como ya hemos visto en el primer libro de esta edición de nuestra obra completa, de la coruñesa *Logia Constitucional de la Reunión Española*, posee una obra en donde el laicismo aparece y reaparece con sorprendente abundancia. Su propuesta de secularización del calendario español y su crítica reivindicación por abolir el derecho clerical de «Luctuosa», son buena muestra de lo dicho.

A lo largo del siglo, en Galicia tenemos variados ejemplos de esta preocupación social, ideológica y, obviamente, política, como es el secularismo, siempre dentro de los diferentes círculos del ambiente liberal. Una buena representación de estos ejemplos nos

---

[77] Citado por Barreiro Fernández. *Ibídem*, p. 241.

la ofrece la historia de la masonería y el librepensamiento gallegos, si bien, como el propio lector podrá pensar, no serán exclusivamente estas organizaciones las que reúnan a la flor y nata del movimiento laicista galaico, aunque hay que reconocer que si no todos los miembros, sí la mayoría de los más descollantes laicistas gallegos pasó por la cámara de reflexiones de alguna logia masónica o alternó en las tertulias o conferencias impartidas por cualquiera de las muchas sociedades locales de librepensadores de la Galicia del diecinueve. De entre los personajes más relevantes de ese laicismo, de los cuales no tenemos constatada su vinculación a la masonería o al movimiento asociativo librepensador hasta ahora estudiado, destacan, entre otros, individuos: Ramón Pérez Costales, Eugenio Montero Ríos, Esteban Quet, José de la Hermida, Eduardo Chao, Andrés Muruais y Ricardo Mella.

Como sucede en el resto de España, el momento de esplendor del pensamiento y la acción laicistas en Galicia no llegará hasta la revolución de septiembre de 1868, y no cesará hasta el traumático verano de 1936. A partir de 1868, tanto desde las logias como desde las sociedades de librepensadores y del propio movimiento republicano, se sucederán toda suerte de realizaciones de esta índole, desde la típica obra publicística –a nivel de periódicos, libros, folletos, etc.–, a las formativas conferencias, las públicas manifestaciones políticas, las secretas conspiraciones masónicas – respaldando las denominadas «campañas anticlericales» iniciadas y proyectadas, desde Madrid, por obediencias hiramitas y partidos republicanos, etcétera.

En Galicia y, como es lógico, en el resto de España, llama poderosamente la atención[78] aquella carta, ya estudiada anteriormente, que la logia de Santiago *Luz Compostelana* –«taller» masónico donde «trabajaban» personalidades de la intelectualidad y de la política gallegas como Sánchez Villamarín, Maximino Teijeiro o Braulio F. Reino–, envió, en 1873, al «gran maestre» adjunto del Gran Oriente de España. La «plancha», que no carta, al ser una comunicación masónica de régimen interno, solicitaba,

---

[78] Dado que es el único documento de este tipo que se conoce hasta hoy. Véase: Valín Fernández, A.: *Galicia y la masonería en el siglo XIX,* Ribadeo (Lugo), EOditorial Publicaciones, 2024, pp. 254-272.

como el lector recordará, de la cúpula rectora de este gran oriente, la para ella necesaria y fundamental práctica de un particular y «revolucionario» nepotismo: que ocupasen los cargos políticos de la dirección de la enseñanza «masones honrados y competentes». El para qué, huelga formularlo, dado que lo que se deseaba era laicizar, y nada mejor para hacerlo que empezar por la instrucción del niño con el fin de crear, a partir de ese momento, generaciones «laicas». Por algo, como también ya hemos dicho, la burguesía liberal española dirigirá hacia los complejos campos de la enseñanza su lucha política contra los resortes del Antiguo Régimen. En Galicia, el seguimiento de este enfrentamiento político-ideológico lo tenemos bien estudiado. Una vez llegada la, para el progresismo español, frustrante Restauración, tanto el republicanismo, la masonería, y las sociedades librepensadoras como una cualificada porción de los liberales integrados en el *establishment* del régimen canovista, llevará a cabo en sus distintos ámbitos de influencia una verdadera campaña por laicizar la pedagogía de la nación; Montero Ríos y su yerno, el célebre francmasón Vincenti Reguera, desde sus respectivos puestos o escaños en las estructuras políticas del régimen, y el resto, desde sus distintos ambientes de poder e influencia: sosteniendo y apoyando la Institución Libre de Enseñanza, constituyendo patronatos para la creación de escuelas laicas, realizando campañas para conseguir cementerios civiles, etc.

Con la llegada del nuevo siglo, esta labor de laicización y adoctrinamiento liberal –y, en ocasiones, hasta socialista– será completada por el profundo fenómeno pedagógico, ideológico y social de las llamadas «sociedades de instrucción y recreo» que los emigrantes de esta etnia en América establecieron en los lugares gallegos de donde eran originarios.

Capítulo I. La masonería ourensana (1871-1936)

El Mundo entero no es más que una gran República, de la cual cada Nación es una familia y cada Particular, un Hijo

Michel-Andre Ramsay

A miña aboa tíñanos dito, á Vanxe e a min, cando aínda eramos moi novos, que os masóns eran úns que mandaban roubar miniños ben mantidos e sacábanlles as manteigas pra as fregas do reuma e dos torzóns, e bebíanlle o sangue aínda quente pra as doenzas do peito, (...) pro decote eu penséi que todo eran trolas porque si fose certo –tamén decían que meu pai o era– xa se tería sabido de algún miniño roubado, (...)

Eduardo Blanco Amor

Preliminar

A pesar de las nada escasas opiniones de algunos escritores francmasones, tanto del siglo XVIII como del XIX y, curiosamente, todavía del XXI que, empujados por un a todas luces exagerado cariño por su asociación, intentaron darle a esta fama y lustre, retrotrayendo las fechas de su origen a los dorados tiempos de las distintas «arcadias» personales de cada uno de ellos, así fuesen estas de linaje judío, clásico, o del exótico y romanticista oriente, las raíces de la masonería contemporánea se ocultan en el cerrado y estamental mundo del gremio bajomedieval de la construcción. Así, de esta manera, en las originales «historias» de esos escritores confesionales, surgen vestidos con el mandil de ritual, sobresalientes personajes de la mitología y de la historia como: Adán, Noé, Moisés, Hiram, Jesús de Nazareth, Alejandro Magno, Julio César, Confucio, etcétera.

Como es sabido, el gremio de la construcción fue, desde su aparición en el medioevo, una de las corporaciones laborales del Antiguo Régimen más prestigiadas social y jurídicamente. Por esta razón de privilegio, los cofrades de estas agrupaciones manifestaron, también desde siempre, un gran celo por preservar mediante una elitista, cerrada y bien estructurada organización, sus enseñanzas y conocimientos artesanales: su secreto, admirado y ensalzado «arte real». Los maestros de estas cofradías llegaban a tener —según los casos particulares y las distintas naciones donde se dieron— derecho de portar espada, como si de verdaderos hidalgos se tratase; privilegio de libre desplazamiento, estando entonces por encima de las taraceadas y rígidas trabas aduaneras tan típicas, por otro lado, de la formación social del modo de producción feudal y, además, podían, gracias al dominio de su oficio, llegar a reunir tal prestigio y reputación en su país, y hasta en los países vecinos –como fue el caso del tan célebre como desconocido Maestro Mateo– que su popularidad podía competir con los más afamados reyes, obispos, señores o juglares. Por algo, de su cabeza y de sus manos, salían los castillos, las catedrales, las abadías, los palacios y las iglesias.

Para el historiador, las fuentes documentales que vienen a demostrar este origen profesional de la francmasonería aparecen a partir del siglo de la gran crisis general del bajomedioevo, el XIV. Se trata de los diversos estatutos gremiales del arte de la construcción, en los que la semejanza de ciertas normas y requisitos entre ellos y los que poseen los estatutos modernos de las logias y grandes logias de hoy es, ciertamente, asombrosa. Por ejemplo, en los estatutos del gremio de constructores de la catedral de Estrasburgo, estudiados por Grandidier y dados a conocer en España por la abundante publicística del profesor Ferrer Benimeli, puede decirse que la analogía entre muchos de sus artículos y los que componen hoy los reglamentos de las logias –sobre todo las que pertenecen a la llamada masonería «regular» o británica– es prácticamente total. Veámoslo, según la cita que Ferrer hace de la obra del mencionado abate Grandidier:

> Esta confraternidad, compuesta de maestros, compañeros y aprendices, poseía una jurisdicción particular, independiente del cuerpo de los otros masones. La sociedad de Strasbourg abarcaba a todas las de Alemania. Tenía su tribunal en la Logia, y juzgaba sin apelación todas las causas que eran tratadas según las reglas y estatutos de la confraternidad.
>
> Los miembros de esta Sociedad no tenían comunicación alguna con los otros masones, que solamente sabían emplear el mortero y la paleta (art. 2). Su principal trabajo consistía en el diseño de edificios y en la talla de las piedras, lo que consideraban como un arte muy superior al de los otros masones. La escuadra, el nivel, el compás se convirtieron en sus atributos y símbolos característicos. Resueltos a formar un cuerpo independiente de la masa de obreros, imaginaron entre ellos palabras de contraseña,

y toques, para distinguirse. A esto llamaban la consigna verbal, el saludo, la contraseña manual. Los aprendices, los compañeros y los maestros eran recibidos con ceremonias particulares y secretas. El aprendiz elevado al grado de compañero prestaba juramento de no divulgar jamás de palabra o por escrito las palabras secretas del saludo (art. 55). Estaba prohibido a los maestros, así como a los compañeros, instruir a los extranjeros en los estatutos constitutivos de la masonería (art. 13).

El deber de cada maestro de las Logias era conservar escrupulosamente los libros de la Sociedad a fin de que nadie pudiera copiar de ellos los reglamentos (art. 28). Tenía el derecho de juzgar y castigar [a] todos los maestros, compañeros y aprendices establecidos en su logia (art. 22 y 23). El aprendiz que quería llegar a compañero era propuesto por un maestro que, como padrino, daba testimonio de su vida y de sus costumbres (art. 65). Prestaba juramento de obedecer a todos los reglamentos de la Sociedad (art. 56 y 57). El compañero estaba sometido al maestro hasta un tiempo fijado por los estatutos, que era de cinco a siete años (art. 43 y 45). Entonces podía ser admitido a la Maestría (art. 7 y 15). Todos aquellos que no cumplían los deberes de su religión, que llevaban una vida libertina o poco cristiana o que eran reconocidos infieles a sus esposas, no podían ser admitidos en la Sociedad o eran expulsados de ella, con prohibición a todo hermano maestro o compañero, de tener ningún trato con ellos (art. 16 y 17). Ningún compañero podía salir de la Logia o hablar sin permiso del maestro (art. 52 y 54). Cada Logia tenía una caja: allí se ponía el dinero que los maestros y compañeros daban en su recepción. Este dinero era empleado para las necesidades de los hermanos pobres o enfermos (art. 23 y 24)[79].

Más tarde, y a medida que el *boom* constructivo de la época de las grandes catedrales góticas vaya decayendo, las cofradías de los maestros canteros irán perdiendo fuerza y prestigio, viéndose relegadas, paulatinamente, por la aparición de las primeras

---

[79] Ferrer Benimeli, J. A.: *Masonería, Iglesia e Ilustración. Un conflicto ideológico-político-religioso. I. Las bases de un conflicto (1700-1739)*, Madrid, Fundación Universitaria Española, 1983 (2ª edición), p. 32.

academias y, con ellas, el surgimiento de un nuevo y poderoso personaje en el mundo de la edificación: el arquitecto. Entonces, aquella esotérica idiosincrasia de simbólicas y mágicas enseñanzas, alegóricas normas deontológicas, gremiales e imaginativas estructuras cosmogónicas –donde estos masones operativos llegaban a representar al mismo Dios como a un titánico y sublime maestro cantero proyectista, por medio de su compás, del mismo universo–, y lenguajes especiales y crípticos como aquella jerga gremial que los canteros gallegos todavía chapurreaban no hace muchos años, el denominado «verbo dos arginas» o «arxinas», todas estas cosas que conformaban la curiosa singularidad de este oficio, se van a ir perdiendo con el paso de los años y de las generaciones, empujada, y en algunos casos hasta barrida, por la vorágine de las nuevas costumbres o formas productivas del naciente modo de producción capitalista. Sin embargo, esta callada y resignada postura de dejación ante la total decadencia del que fuera el importante gremio de la construcción no se dará de la misma manera y con el mismo grado o medida de obsolescencia en todos los países y naciones, dándose en algunos, además, rasgos particularísimos, como fueron los casos conocidos –y constatados documentalmente– de Escocia e Inglaterra. Ejemplos estos cien por cien originales, amén de transcendentes, y en los que a lo largo del siglo XVII, vamos a apreciar cómo una buena parte de sus logias se van a ir llenando, paulatina pero progresivamente, de gente completamente ajena al gremio; serán los llamados *accepted masons*, una suerte de miembros honorarios, de origen social elevado, que tenían que pagar doble cuota por su recepción y que, obviamente, llegaban hasta aquellos obradores atraídos sin duda por la curiosidad de poder acercarse al conocimiento del arte de la geometría y, posiblemente, participar también del esotérico gnosticismo que, inexplicablemente para nosotros, poseía, según parece, aquel gremio. Este aceptado intrusismo de médicos, militares, abogados, magistrados, ricos mercaderes y hasta aristócratas fue copando, poco a poco, los «cuadros lógicos» o estadillos nominales del personal componente de los talleres, llegando, en muchos casos y al final de esa centuria, por ser ya el único componente social de las logias.

De esta manera, no nos extrañará comprender cómo en el prefijado y numerológicamente pitagórico año de 1717 –y en el día en que este gremio festejaba ocultamente el advenimiento del solsticio de estío: 24 de junio, onomástica de San Juan Bautista, «San Juan el Grande», patrón del gremio–, cuatro logias de este tipo; es decir, no gremiales u operativas por su composición sociológica, decidieron federarse por medio de la fundación de una gran logia. Así nació para la historia lo que, desde ese momento, se conocerá ya como masonería especulativa, filosófica o moderna.

Muy pronto, unos años después de la constitución de la denominada *First Grand Lodge*, la nueva masonería redactará y publicará un libro donde compendiará, entre otras cosas, su legendaria historia, su código deontológico, sus normas organizativas y, ante todo, su clara aspiración universalista de fraternidad, tolerancia y libertad de conciencia.

Después de estos momentos preliminares y al pasar esta curiosa sociedad secreta de la permisiva situación de libertad que gozaba en la Gran Bretaña de los Hannover al, por aquel tiempo, absolutista continente europeo, tanto la nueva y lógica situación de represión como las naturales y distintas influencias nacionales –sobre todo las que le otorgará Francia–, la irán transformando, convirtiendo aquel pintoresco, elitista y filantrópico club británico donde se entretenían, accediendo al conocimiento, entre otras cosas, de la geometría, curiosos aristócratas y acomodados burgueses –muchos de ellos, como el propio Desaguliers, miembros destacados de la *Royal Society*–, en una secreta y heterodoxa sociedad protoliberal, reivindicadora de la universal afirmación del intrínseco derecho a la libertad del ser humano. Como ya hemos dicho en otra ocasión, resulta lógico pensar que una asociación humanista, de apoyo mutuo, con una amplia aureola de tolerancia religiosa, una honda preocupación deontológica, cierto igualitarismo social y contando, además, con el atractivo de poseer un arcano, místico y ocultista secreto, cuajase, rápidamente en cierto tipo de inquieto y curioso europeo continental del dieciocho. Su candorosa y optimista exaltación de la amistad humana; su preocupación –sino devoción– por la consecución de un fin primordialmente ético, interpretado siempre, por medio de toda una compleja serie de metafóricas construcciones ilustradas por significativas alegorías simbólicas; su mesurado hedonismo de sana admiración por la estética;... Todo ello nos está hablando constantemente de la misma poética que, sólo unos pocos años más tarde, impregnará y representará al mismo Siglo de Las Luces: el despertar ético y estético del hombre ante la razón y la naturaleza[80].

A España, la masonería llegará, en realidad, muy pronto, aunque, como ya estudió José Antonio Ferrer Benimeli, las escasas logias que se establecerán a lo largo del dieciocho tendrán muy poca, o más bien nula, implantación dentro del cerrado ambiente social y cultural de aquella España de la primera mitad de este siglo. Puede decirse entonces que, no olvidando a la logia española de Brest *La Reunión Española* de 1801-1802, la invasión bonapartista no sólo le abrió a España la puerta de la historia contemporánea, brindándole la relevante oportunidad de poder ensayar el primer experimento mundial de revolución liberal pacífica, sino que, además, le regaló su ya completamente transformada sociedad hiramita, identificada por completo, ideológicamente, con el credo político liberal y hasta poseyendo claras manifestaciones pre o protofeministas.

En Galicia, como ya hemos estudiado, se establecerá oficialmente esta secreta cofradía de optimistas «caballeros albañiles», al final ya de la Guerra de la Independencia, siendo la mercantil y liberal ciudad de A Coruña la que cobije las dos primeras logias conocidas por la historia: la *Logia Constitucional de la Reunión Española* (1814-¿1817?) y la, sin duda conspiradora, *Los Amigos del Orden* (1817-¿1820?)[81].

---

[80] Valín Fernández, A. J. V. *Galicia y la masonería... Op. Cit.,* p. 15.

[81] Sobre este punto *vid., e. g.:* Valín Fernández, A. J. V. «Revisión metodológica de la tradicional tesis de nuestra historiografía sobre la denominada conspiración masónica del sexenio negro» en *Minius, Revista do Departamento de Historia, Arte e Xeografía,* Ourense, nº 1, año 1, 1992, pp. 49-55. De este mismo autor, véase también: *Masonería y conspiración liberal en España,* Oviedo (Asturias), Editorial Masónica, 2024 y *Galicia y La masonería en el siglo XIX,* Ribadeo (Lugo), EOditorial Publicaciones, 2024.

La logia masónica, entidad de ocio y formación

A partir de su mismo origen especulativo –oficialmente, como ya hemos visto, en Londres, el 24 de junio de 1717–, e indudablemente desde unos decenios antes, durante su llamada etapa de transición, cuando la secreta «Orden del Gran Arquitecto del Universo» pasó de su estadio operativo o gremial al hoy denominado especulativo, la masonería se convirtió en una auténtica sociedad de elitista entretenimiento, formación más o menos filosófica y preocupación o acción filantrópica.

Su misma composición sociológica, como ya vimos en el preliminar de este capítulo, nos lo dice con claridad, al predominar en sus cuadros o estadillos nominales, tanto la alta burguesía como la aristocracia británicas. Clases o estamentos estos que, por aquellos mismos años, darán un singular y paradigmático ejemplo al mundo, al crear las premisas necesarias para la realización de la primera revolución industrial de la historia.

Entretenimiento, formación y beneficencia, tres funciones que, en la logia masónica moderna, se mixturarán para conformar su misma y orgánica idiosincrasia, ya representada simbólicamente por aquellas tres columnas fundamentales que «sostenían», desde el medioevo, cualquier taller operativo de los viejos constructores escoceses e ingleses, a saber: la sabiduría, la fuerza y la belleza[82]. Tres principios arquitectónicos que, los «nuevos albañiles», los «aceptados», conservarán, trocando en cierta manera su interpretación por las tres amplias –por universalistas– nociones fundamentales de su flamante asociación: la concerniente a su gradual aprehensión del conocimiento; la encerrada en esa consciente y casi monomaniática vigilancia de sí mismo –de obvias y profundas trascendencias ética y religiosa–, encarnada en su sincera veneración por las tres virtudes teologales[83]; y, por último, el fomento –casi imperceptible a través de la profusa documentación conservada de las logias españolas– de una suerte de hedónica y aparente postura estéti-

---

[82] Mellor, A.: *El secreto masónico,* Barcelona, A. H. R, 1968, p.71.

[83] Fe en su particular deísmo, esperanza en la vida futura después de la muerte y en la utópica creencia de la «indefinida» superación progresiva de la humanidad, y caridad, como punto de arranque moral para todo tipo de relación social.

ca, tanto interior ante la misma vida como exterior ante el resto del mundo.

De ahí que el investigador o masonólogo suela encontrarse, a la hora de buscar y analizar la labor social –que no la fácilmente detectable labor política– de las logias de la historia española, con un sintomático y relevante hecho de indudables connotaciones didácticas: el de facilitar el acceso a su particular conocimiento y a su elitista entretenimiento de «aburridos», cómodos y desahogados burgueses, al humilde trabajador –artesano, obrero y, en ocasiones, hasta campesino–, tratando de asimilarlo fraternalmente, y gracias a las igualitaristas columnas de la logia, a sus propias costumbres de clase; es decir, a su *ethos* burgués: su «urbanizada» y, sobre todo, «urbanizadora» educación, sus clichés o prototipos culturales como la propia heterodoxia cristiana o su «elegante» apariencia exterior y, sobre todo, su constante pulsación ideológico-política eminentemente liberal[84].

Los ejemplos prácticos de esta labor humanitarista y prosélita, los encontramos con gran facilidad, tanto en transformaciones de conductas individuales como en apoyos de índole interinstitucional o colectiva. Como ejemplos de los primeros, recordemos aquí los casos de dos obreros famosos, uno libertario, el otro marxista: Anselmo Lorenzo Asperilla, «simbólico» Gutemberg; y Francisco Fernández y García, «simbólico» Ferreti. El primero, es ejemplo curioso, dado que, en un principio, poseerá con respecto al hiramismo el lógico y despreciativo escrúpulo obrerista ante una sociedad eminentemente burguesa[85], tornándose después de su ini-

---

[84] Recordemos aquí aquel capítulo segundo de los *Principios fundamentales de la Gran Logia Regional del Noroeste de España* cuando, refiriéndose a las logias, aclaraba que «son escuelas de individual perfeccionamiento; que son talleres donde se trabaja por el bien de la humanidad». Gran logia regional del noroeste: *Principios fundamentales de la...* Gijón (Oviedo), Imprenta Comercial, 1933. Texto transcrito en Valín Fernández, A. J. V.: *La masonería y la Coruña. Introducción a la historia de la masonería española,* Vigo (Pontevedra), Éd. Xerais de Galicia, 1984, pp. 194,315-318. Otro de los muchos ejemplos sobre este tenor, lo hallamos en el Reglamento de la logia linarense *Palmera,* cuando se autodefinía como «sociedad benéfica y de instrucción». Cfr.: Gayarmenteros, J. C.: «Penuria y decadencia de la masonería jienense a finales del siglo XIX», en *Anuario de Historia Moderna y Contemporánea,* n° 2 y 3 (1975-1976), p. 316.

[85] Lorenzo, A.: *El proletariado militante. Memorias de un internacional,* Madrid, Zero, 1974, pp. 61-62. Citado por: Valín Fernández, A. J. V. en *Galicia y la masonería... Op. Cit.* p. 212-213. Sobre el «hermano» Gutemberg, *vid. e. g.:* Sánchez Ferré, P.: «Anselmo Lorenzo anarquista y masón», en *Historia 16,* n° 105 (enero 1985), pp. 25-33.

ciación en un convencido y entusiasta masón; el segundo ejemplo, resulta quizá más interesante, dado que puede estar hablándonos del ascenso cultural, formacional y social, de un modesto mecánico ferrolano, acogido por las logias masónicas de esta ciudad desde su juventud, y fundador de la primera agrupación marxista de Galicia. Como ejemplos prácticos de los segundos; es decir, de los apoyos de índole colectiva, bastará recordar sólo algunos de los muchos existentes, quizá los más característicos. Empezaremos por aquella ayuda institucional y material que la masonería londinense ofreció a los obreros que, al calor de la Exposición Universal de Londres, en 1862, se habían encontrado en esta ciudad convocados por aquella Fiesta de la Fraternización Internacional, proyectada por el propio Karl Marx, y celebrada el 5 de agosto de ese mismo año. De aquella reunión de delegados obreristas, realizada en uno de los locales de la francmasonería de Londres, salió la idea inicial sobre la fundación de la Primera Internacional, como aclaró Rafael Farga Pellicer y citó Lorenzo Asperilla[86]. Otros casos de este mismo tenor, nos los ofrecen, por ejemplo, algunas logias ferroviarias norteamericanas del siglo XIX, y su influencia «cultural» y solidaria entre los obreros sindicados en las autotituladas «fraternidades ferroviarias»[87]. En España, tenemos, entre otros muchos, los ejemplos ofrecidos, al final del siglo XIX, por la Gran Logia Simbólica Española, cuando intentó llevar a cabo la creación de las denominadas «logias de adopción para la clase obrera», o, ya en nuestro siglo actual, aquellas «logias para obreros» que trató de constituir el Grande Oriente Español, remedadas, en realidad, del intento anterior realizado por la obediencia que comandaba Isidro Villarino del Villar, y que, someramente, estudió el profesor Ferrer Benimeli[88]. Y, a nivel ya anecdótico, recordar aquella logia cuyo templo tanto visitaría el joven Largo Caballero –citamos ahora a Juan-Simeón Vidarte– «cuando pertenecía al gremio de cate-

---

[86] Lorenzo, A.: *El proletariado... Op. Cit.*, p. 62.

[87] Peterson, F.: *El movimiento obrero norteamericano*, Buenos Aires, Marymar, (s.a.:¿1965?), p. 262.

[88] Ferrer Benimeli, J. A.: «La masonería española y la cuestión social», en *Estudios de Historia Social*, nº 40-41, año 1987 (enero-junio), pp. 14-18.

quistas (sic) [¿escayolistas?], [y] una logia, situada en Relatores, 24, les cedía el local para que pudieran reunirse»[89].

¿Hasta dónde llegó esta labor formativa o educacional de las logias masónicas entre la gente de extracción social y formación cultural inferiores? y ¿hasta dónde alcanza el obvio trasvase de influencias entre el hiramismo y el societarismo obrerista? En puridad, estas preguntas le resultan al investigador problemas de difícil contestación o solución, dada la dificultad de calibración del fenómeno a estudio. De todas formas, ahí están, entre otros apodícticos testigos de esas influencias, la simbología masónica conscientemente elegida para representar distintivamente a cientos y cientos de agrupaciones de resistencia societarias; la utilización de lenguaje definidamente masónico dentro de los medios internos de cierto sindicalismo; el respeto casi completo y constante que todas estas instituciones mantuvieron entre sí, con admirada –en ocasiones y diplomática en otras– reciprocidad; etc.

Es obvio que el obrero con inquietudes, iniciado en la masonería, llegaba fácil y prontamente a tener las fundamentales nociones de cómo llevar burocrática y organizativamente una agrupación, y accedía a un estatus de conocimiento moral y cultural que, por otras vías, jamás hubiera conseguido en la sociedad de su tiempo y en los precarios ambientes de su clase.

Concluiremos por último con que, frente a este fenómeno social e ideológico de la francmasonería, nos hallamos también ante una verdadera escuela de formación de líderes del movimiento liberal y, por consecuente acción filantrópica, también del societarismo obrerista universal. No podemos soslayar que la historia del movimiento obrero y las ideologías que de él surgieron, bebieron tanto de las fuentes superestructurales del protoliberalismo –entiéndase Ilustración–, y del mismo liberalismo, como de las inquietudes humanitaristas de individuos y asociaciones como la misma masonería. Por algo pertenecieron a la «Orden del Gran Arquitecto del Universo», líderes del obrerismo de todos los tiempos como: Fili-ppo Buonarroti, Pierre Joseph Proudhon, Louis Blanc, Louis Auguste Blanqui, Mijail A. Bakunin, Sébastien

---

[89] Vidarte, J. S.: *El Bienio Negro y la insurrección de Asturias. Testimonio del entonces Vicesecretario y Secretario del P.S.O.E.*, Barcelona, Grijalbo, 1978, p. 143-144.

Faure, Giuseppe Fanelli, los hermanos Reclus, los hermanos Laisant, Montéhus, Tailhade, Lafargue, Longuet, Wrobleski, Eugène Pottier, Louise Michel, Jules Vallès, Chauvière, Greppo, Paul Robin, Voline, Clovis Hugues, Jean-Baptiste Clément, Andrea Costa, Jean Gross, Anselmo Lorenzo, Fermín Salvoechea, Rafael Farga Pellicer, Francisco Ferrer y Guardia, Fernando Garrido, Daniel Anguiano, Serrano Oteiza, Eleuterio Quintanilla, Lucio Martínez Gil, Gabriel Morón, Vicente Ballester, y un larguísimo etcétera.

Juan Manuel Amor y la masonería ourensana del siglo XIX

El fenómeno asociativo, ideológico y, sin duda alguna, político, de la francmasonería del Ourense decimonónico, está ya estudiado por nosotros[90], no por ello vamos a dejar esta oportunidad que se nos brinda al hacer la historia de la masonería y el laicismo en general del Ourense del siglo veinte, para realizar ahora una breve recapitulación introductoria sobre la historia masonológica ourensana.

Para hablar del hiramismo de la ciudad de As Burgas durante el siglo diecinueve, es obligado empezar refiriéndose a un personaje sobremanera destacado en la historia local de esta episcopal urbe gallega: Juan Manuel Amor Pereira.

Nacido el miércoles 14 de abril de 1841, Juan Manuel Amor sobresalió desde joven en los reducidos círculos provincianos del librepensamiento y del republicanismo de su ciudad natal, la Ourense del Sexenio Democrático y de la frustrante Restauración alfonsina. Estudió en Madrid en la Escuela Facultativa de Diplomática de la Universidad Central, donde obtuvo el título de Archivero, Bibliotecario y Arqueólogo, teniendo entre sus condiscípulos al que sería su gran amigo y colega, el célebre polígrafo astorgano Andrés Martínez Salazar, manteniendo estos intelectuales, desde su conocimiento madrileño, una estrecha, sincera y fructífera amistad hasta el fallecimiento del ourensano, ocurrido

---

[90] Valín Fernández, A. J. V.: *Galicia y la masonería... Op. Cit.,* pp. 405-438.

este en la madrugada del domingo 8 de julio de 1911[91]. Director de la Biblioteca Pública Provincial de Orense durante muchos años, Juan Manuel Amor pertenece a esa primera generación del republicanismo histórico de Galicia como sus «hermanos» masones Francisco Suárez García, Indalecio Armesto, Federico Tapia, Segundo Moreno Barcia, Santiago Casares Paz, José Sánchez Villamarín, Cesáreo Rivera Abraldes, Pablo González Munín, Manuel Leiras Pulpeiro, etc.

En el hiramismo Amor debió ser iniciado en su estadía madrileña, al final de los años sesenta –quizá en los primeros meses del Sexenio Democrático–, siendo este personaje de la historia de Galicia para la masonería ourensana, lo que Cesáreo Rivera, fue para la de Ribadavia o Francisco Suárez para la ferrolana; es decir, su instalador o fundador. Puede decirse que la primera logia de la historia de la capital provincial ourensana, la *Auria nº 59,* fue obra de este incansable luchador liberal que, por otro lado, jamás cejaría en su empecinado empeño ideológico por modernizar las costumbres, la mentalidad y hasta el pensamiento, de su ciudad. Tanto desde su logia como desde su comité o su sociedad local de librepensamiento, Juan Manuel Amor Pereira, «simbólico» Assi, llevó a cabo su apostolado laicista enfrentándose por este motivo con las fuerzas reaccionarias de aquella provinciana ciudad, encabezadas estas, en la mayoría de los casos, por la omnipresente figura político-religiosa del obispo.

La obra librepensadora de Amor puede, por tanto, dividirse en dos etapas claras: la primera, ubicada en el siglo XIX, como fundador de la primera logia francmasónica de Ourense, la *Auria* (1871-1889), sociedad esta donde «trabajaron» en aquella provinciana «Atenas», en su época arcaica, becarios de su Diputación Provincial como el poeta Manuel Curros Enríquez y el pintor Silvio Fernández Rodríguez, periodistas como el abogado Vicente Nomdedeu Pardo[92] o como aquel atribulado mili-

---

[91] Agradecemos desde aquí al también publicista Andrés Martínez-Morás y Soria, las informaciones que gentilmente nos ha ofrecido sobre la biografía de Juan Manuel Amor.

[92] Fundador y director del periódico finisecular *El Derecho.* Cfr.: Valcárcel López, M.: *A prensa en Ourense e a súa provincia,* Ourense, Deputación Provincial de Ourense, 1987, pp. 119-120.

tar, e incansable conspirador zorrillista, que fue Santiago Gálvez-Cañero Gómez. Y la segunda y última etapa, situada sobre todo en el siglo XX, donde sobresaldrá Amor por su acción societaria y publicística[93] dentro ya, exclusivamente, del mundo de las agrupaciones librepensadoras españolas, presidiendo la activa Agrupación Libre-pensadora de Orense, también denominada Sociedad de librepensadores de Orense. Ya en el siglo anterior, Amor se había hecho conocer públicamente como coordinador y responsable de «varios librepensadores de Orense», al confirmar la suscripción abierta por *Las Dominicales del Libre Pensamiento* para la adquisición del *Diccionario Enciclopédico de la Masonería* de Luis Ricardo Fors, y publicado por este semanario republicano en su número 72, de 6 de julio 1884[94]. En esta segunda parte de su praxis laicista, Amor cofundará con el apoyo de esta sociedad librepensadora y de cierta zona de la emigración ourensana en América –como veremos en el capítulo segundo de esta obra– la primera escuela laica conocida de la historia ourensana, la denominada Escuela Laica Neutral de Orense, centro pedagógico del cual el mismo Amor fue su primer director.

Durante el mismo año en que se constituye la *Auria nº 59,* en la nada alejada villa de Ribadavia, el conocido militante ourensano del Partido Republicano Federal, Cesáreo Rivera Abraldes, «simbólico» Zuinglio, funda con otros masones la sociedad masónica intitulada *Luz del Avia nº 64* (1871-1876/1890-1893).

Después del Sexenio Democrático, la provincia ourensana verá cómo a lo largo y ancho de su nada escasa geografía, se irá extendiendo la orden francmasónica hasta su conocida crisis finisecular. En Ourense capital, tendrán existencia logias como la *Amor nº 358* (1885-1886), la *Universo nº 197* (1885-1887) y, por último, el «triángulo» *Aurora nº 6* (1895). En Verín, su agrupación hiramita se llamará *Adalides del Progreso nº 396* (1887-1889). En Celanova, tendremos la *Luz de la Celda nº 12* (1895). Y, finalmente, en la villa de O Barco de Valdeorras se establecerá, en 1894, el «triángu-

---

[93] Colaborando con el semanario ourensano *La República. Ibídem,* p. 147. *Vid.:* Valín Fernández, A. J. V.: *Galicia y la masonería... Op. Cit.,* p. 415.

[94] *Vid.:* Valín Fernández, A. J. V.: *Galicia y la masonería... Op. Cit.,* p. 415.

lo» *El Brillante nº 6,* convirtiéndose al año siguiente en logia con el título distintivo de *El Brillante nº 11/nº 175,* llegando su poco conocida existencia hasta 1898. Sociológicamente esta masonería ourensana será dominantemente mesocrática, teniendo muy pocos ejemplos de composición proletario-artesanal o campesina en sus filas. La politizada francmasonería ourensana del siglo XX

La politizada francmasonería ourensana del siglo XX

A continuación, vamos a desarrollar el estudio correspondiente a un típico hiramismo provinciano español cuyo devenir histórico va a tener su estar en esa etapa de nuestra historia reciente que se ha venido en llamar la crisis española del siglo XX. Con esta particular masonería, que madurará en Ourense bien entrado ya el nuevo siglo, nos vamos a encontrar ante una francmasonería de nueva factura tipológica, decimos nueva, al compararla con el conocido estilo y las estudiadas maneras que poseyó su anterior etapa ourensana, la decimonónica. Esta masonería, se nos mostrará entonces, y a raíz de este natural y lógico cotejo, como un hiramismo no sólo distante cronológicamente del anterior –en más de treinta años y, por esta razón, sin conexiones a niveles de filiación personal o institucional entre ambos–, sino también completamente distinto por su misma composición socioprofesional; las obvias transformaciones habidas en Galicia, y en España en general, a nivel de mentalidades, durante esos años; la paulatina estructuración de un, hasta esos momentos, desconocido mercado interno gallego[95]; las, todavía no del todo estudiadas, consecuencias que la segunda gran resaca de emigrantes retornados ocasionó en la Galicia del tercer decenio del siglo; e, indudablemente, el propio modo de entender, interpretar y utilizar, por parte de sus miembros, los múltiples recursos que, una sociedad secreta de juramentado apoyo mutuo de este tipo puede poseer siempre, máxime cuando los vientos políticos procedentes del mismo Estado republicano le van

---

[95] Habiendo sido reemplazados ya los «bajomedievales» y feriantes buhoneros o «pies polvorientos» por los establecimientos tipo boliche o *general store* de los maragatos o los típicos «cubanos» (emigrantes retornados), el mejoramiento de las vías de comunicación y el establecimiento de la consiguiente red de distribución posibilitada por los viajantes de comercio.

a resultar, *grosso modo,* completamente favorables;... Todo ello, va a conformar un nuevo hiramismo provinciano de ambiciosos agentes comerciales y dependientes de comercio –ya no de profesionales liberales, propietarios y funcionarios– que intentará desarrollar, con los humildes medios que les ofrecerán sus «talleres» –y el apoyo y reputación de tener bajo su influencia y dirección una escuela laica–, una suerte de nepótico y politizado neocaciquismo republicano.

Va a ser una masonería cuantitativa y geográficamente muy reducida, tanto en número de sociedades y poblaciones como en cantidad total de miembros; es decir, que, especificando, tendríamos para dos entidades de población, Ourense y O Barco de Valdeorras, cuatro sociedades que, en realidad, podríamos reducir a tres o, prácticamente, a dos. La primera de estas agrupaciones será el «triángulo» ourensano *Adelante nº 7* (1929-1932), auspiciado «maternalmente» por la importante y añeja logia gijonense *Jovellanos,* perteneciente a la Gran Logia Regional del Noroeste de España. A esta mínima, «triangular» y reglamentaria estructura organizativa masónica le sucederá la logia en la cual ella misma se va a convertir en 1932, la *Constancia nº 13,* «taller» este dependiente de la anteriormente citada gran logia regional. Más tarde, en 1933, aparecerá en la villa de O Barco un «triángulo», el *Marchesi nº 12,* también federado en la Gran Logia Regional del Noroeste de España, aunque su protección inicial dependiese de una logia perteneciente a otra obediencia regional. De este mismo año, es la referencia que poseemos sobre un intento, por cierto, no fallido de consolidar en la capital ourensana, masonería dependiente de la otra gran obediencia española del momento, la «catalana» Gran Logia Española. Se trata de la denominada logia *Democracia,* sociedad a la que pertenecieron republicanos de aquel Ourense –según contempla el *Boletín Masónico de la Gran Logia Española* de julio de 1932–, como Cayo Vecino Martín, Secundino Couto Soya y Antonio García Martínez. El número total de francmasones organizados en estas logias y «triángulos» supera la treintena de personas.

Políticamente, apreciaremos que estas dos sociedades que, como hemos visto, vienen a componer, fundamentalmente, la historia de la masonería ourensana del siglo veinte, la *Constancia* nº

13 y el *Marchesi* nº 12, estarán –al igual que sucederá en la mayoría de las logias y «triángulos» españoles de estos momentos– profundamente comprometidas con el nuevo Estado republicano, siendo constituidas, a niveles generales, por una buena representación de las, diríamos, nuevas «fuerzas vivas» de sus respectivas poblaciones[96]. Por ejemplo, el 35 por ciento de los 20 masones de los que conocemos su filiación político-partidaria, pertenecieron a Izquierda Republicana, repartiéndose después, con sendos 30 por cien, los partidos de Lerroux –P.R.R.– y el socialista –P.S.O.E.–, teniendo que aclarar finalmente que, en relación con este último, si sumásemos los masones que fueron conocidos simpatizantes con los militantes, se igualaría el bloque socialista con el grupo perteneciente a Izquierda Republicana.

Algo que también va a llamar poderosamente la atención del lector, será la fuerte impronta que la emigración americana tendrá en la masonería de esta historia, barajándose a lo largo del republicano devenir de estas sociedades, las influencias de las respectivas masonerías cubana, mejicana y argentina. No podemos soslayar que un tercio del monto total de estos francmasones ourensanos, procedía de alguna o algunas logias americanas; imposible olvidar aquí que el fundador, y «venerable maestro» desde su inicio, de la sociedad de la capital provincial, Abdón Vide Villanueva, fue iniciado en la secreta hermandad en la Gran Antilla, allá por el año 1910, perteneciendo después de su retorno a la célebre logia madrileña *Ibérica nº 7* [97], y regresando de nuevo a América –en esta ocasión a la República Argentina–, formando parte en este su segundo ensayo migratorio del cuadro de la logia *Fé, Esperanza y Caridad* de los «valles» de Villa Constitución en la provincia de Santa Fe.

---

[96] Alcaldes, concejales, presidentes y miembros de las diputaciones provinciales.

[97] Donde, seguramente, conoció al que sería célebre masón asturiano, Antonio López del Villar, por aquel tiempo viejo miembro de la *Ibérica nº 97*. Cfr.: *Boletín Oficial del Supremo Consejo del Grado 33,* nº 78, año VII, de abril-mayo de 1934, p. 11.

El «triángulo» *Adelante nº 7* (1929-1932), inicio
de la segunda etapa de la historia masonológica ourensana

Entre la primera etapa de la historia del hiramismo ourensano (1871-1898) y la segunda (1929-1936), existe, como ya hemos dicho, una distancia cronológica lo suficientemente amplia para que al investigador le resulte casi imposible encontrar algún tipo de interrelación personal entre ambas. Es indudable, que esos seis amplios lustros que van desde el desastre colonial español hasta el final de la Dictadura de Primo de Rivera, consiguen que entre ambos períodos organizativos no haya sujetos históricos –como por el contrario ocurrió en los casos ferrolano y coruñés– que hagan de nexo entre ambos. Esto no niega en absoluto que no se diesen las tres posibilidades típicas en este tipo de situaciones; es más, sabemos que una de ellas sí se dio, encerrando con su particularidad, además, una interesante trascendencia. Las tres posibilidades típicas o fundamentales a las que hemos hecho referencia son: que los masones de la segunda etapa conociesen y admirasen por relación de parentesco, vecindad o amistad, a alguno o algunos de los hiramitas de la primera; que alguno o algunos de los masones, vamos a decir históricos, a pesar de no querer formar cuadro con la nueva sociedad por razones de edad, fatiga intelectual, ideológica o combativa, coadyuvasen a la coordinación, fundación y sostenimiento del nuevo «taller»; y, como tercera y última posibilidad, que entre ambas generaciones francmasónicas hubiese una entidad puente –sociedad de ocio, de instrucción, política, de socorro mutuo,...– ubicada temporalmente en la mitad aproximada de ese interregno y en la que se encontrasen o coincidieran varios de esos individuos.

Por lo que ya sabemos, nuestro caso es el tercero de los apuntados. La entidad puente, va a ser de índole instructiva y se va a denominar Escuela Laica Neutral de Orense. Los personajes pertenecientes a las dos generaciones citadas serán Juan Manuel Amor, por un lado, e Hipólito Sinforiano Luengo y Abdón Vide Villanueva, por el otro. Como veremos más adelante, la vida de la sociedad masónica ourensana –«triángulo» y logia– y la de esta escuela laica, correrán ya no parejas sino completamente imbricadas desde el momento de la constitución de la primera, en 1929, y hasta el violento final de las dos, en julio de 1936.

El establecimiento del «triángulo» *Adelante nº 7*, se debe ante todo a Abdón Vide Villanueva, auténtico fundador de la masonería ourensana del siglo veinte. Nacido en Arbo (Pontevedra), el 4 de agosto de 1884, Abdón Vide fue uno de esos cientos de miles de gallegos que, arrastrado por la necesidad económica o por la sugestión americana, probó suerte en el Nuevo Mundo cuando aún no había cumplido los veinticinco años. En la orden hiramita se deja iniciar, el 6 de diciembre de 1910, motivado al parecer –si seguimos en esto una de las múltiples declaraciones policiales que este masón tuvo que hacer desde julio del 36–, «(...) porque [en] el establecimiento en que trabajaba abundaban los asociados y entendió que el afiliarse serviría de recomendación para trabajar»[98]; es decir, que estamos, por una parte, ante el típico emigrante gallego, de los dos amplísimos centenares de los que hasta ahora tenemos exacta referencia, que accede a los esotéricos misterios masónicos en su lugar migratorio con el fin de gozar de la seguridad y protección, tanto laboral y social como formacional, que esta asociación podía ofrecerle al desarraigado emigrante; y, por otra parte, ante un francmasón que va a fundar masonería europea, interpretándola a través de la particular óptica del típico emigrante retornado y masón «americano». Quizá sea esta última la razón que explique el oscuro y llamativo hecho concerniente a que, con la masonería que Vide va a establecer y dirigir en la capital ourensana, vamos a poseer el ejemplo de sociedad masónica gallega que ofrecerá a la historia el mayor número de casos conocidos de recomendaciones y «nepóticos» –y en ocasiones arribistas– enchufes. Esta especie de sectario o sectarista sobrinazgo, será sostenido y mantenido por Vide a lo largo de toda la historia masónica ourensana del siglo veinte, utilizándolo, incuestionablemente, como un gancho proselitista más de la organización que vino a representar. Todo ello, quizás, empujado, como decimos, por la propia visión americana de la masonería que tenía Vide, al intentar trocar aquel brillante atractivo que poseían y poseen las estables, longevas y económicamente saneadas logias de América –con sus pla-

---

[98] Declaración de Abdón Vide realizada en A Coruña el 27 de enero de 1944. En otro de los interrogatorios adujo que «ingresó en la masonería por haber observado que varios masones que conoció eran personas honradas y se apoyaban mutuamente». Declaración de 18 de febrero de 1944.

nes de pensiones, de crédito y caución, de protección médico-hospita-laria, de becas de estudio, etc.–, por las sectarias influencias políticas de su precaria sociedad hiramita ourensana, habida cuenta de las enormes dificultades que Abdón Vide tuvo siempre para poder sostener con vida el «taller» que había establecido en una ciudad episcopal de cerrados y reaccionarios ambientes sociales, como la Ourense del primer tercio del siglo veinte.

Como ya hemos adelantado, Vide Villanueva se inició en la logia habanera *Mártires de la Libertad,* de la Gran Logia de la Isla de Cuba, ganando en este «taller» los grados: segundo –febrero de 1911–, y tercero –10 de marzo del mismo año–. Al año siguiente, lo vemos ya, como retornado, trabajando en la madrileña *Ibérica nº 7*, logia donde es afiliado con fecha 11 de enero de 1912. En esta sociedad masónica, permanecerá inscrito, que sepamos, hasta el 26 de febrero de 1928, poseyendo ya el grado cuarto, fecha esta última en la que la logia madrileña le dará de baja por falta de asistencia y pago. Por este tiempo, vuelve Vide a probar fortuna con otra experiencia americana, en esta ocasión enfocará sus aspiraciones vitales a latitudes más meridionales, dado que se ubicará en la pequeña ciudad portuaria de Villa Constitución, en donde se afiliará a la logia *Fe, Esperanza y Caridad* de esa localidad, obteniendo en ella, «por comunicación» [99], el grado quince, Caballero de Oriente o de la Espada. La estancia de este contable en tierras argentinas no parece que sea muy prolongada, dado que muy pronto retornará, fijando de nuevo su domicilio en la ciudad pontevedresa de Vigo. En los años veinte, encontramos a Vide en Ourense, trabajando de contable en un importante almacén de coloniales y, poco a poco, se irá coordinando en esta ciudad con otros masones que, como él, sentían la necesidad de organizarse «regularmente»; por ello, a lo largo de los primeros meses de 1929, irá estableciendo fuertes lazos de amistad, y fraternidad masónica, con «hermanos» como Hipólito Sinforiano Luengo, Ramiro Pérez Serrano, José Fernández Pérez, Manuel Suárez Castro y Santos Fernández Fueyo. El primero de los referenciados se tratará de aquel viejo «maestro laico» nacido

---

[99] Es decir, obteniendo el grado sin celebrar y observar las formalidades litúrgicas propias de dicho grado.

en un pueblecillo del rural zamorano, el 18 de septiembre de 1868 y que, desde 1909, venía regentando con el apoyo de su mujer Teresa Roqueta, la Escuela Laica Neutral de Orense. Luengo era masón de antiguo, había sido iniciado en la villa gerundense de Llagostera –población donde conocería a su mujer– en la logia denominada *Luz de la Selva nº 140* del Gran Oriente Español[100]. El segundo de los individuos citados, Ramiro Pérez Serrano, es ourensano de nación y de profesión dependiente de comercio, su nombre simbólico, *Pablo Iglesias,* anunciará su comprometida filiación política en las filas del socialismo, sobre todo en los ambientes sindicales de la U.G.T. –los otros dos «hermanos» citados, Vide y Luengo, pertenecían al lerrouxista Partido Republicano Radical–, Pérez Serrano había sido iniciado en el hiramismo, corriendo el mes de enero de 1928, en la logia gijonense *Jovellanos nº 1.* El tercero y el cuarto de los masones consignados, José Fernández Pérez y Manuel Suárez Castro, también militarán en el P.S.O.E., es más, serán los principales dirigentes de este partido en Ourense. José, que aparecerá referenciado en la documentación masónica como «farmacéutico», «comercio» o «dependiente de farmacia», era en realidad un sencillo mancebo de la conocida Farmacia Fábrega, siendo iniciado, el 12 de octubre de 1927, en la logia que parece auspiciar a este «triángulo» ourensano, la ya mencionada *Jovellanos* de Gijón; Manuel, tendrá el mismo origen masónico que su «hermano» y compañero José, al haber sido iniciado también en la misma logia asturiana, en cuanto a su profesión, en la documentación constará tanto la de «cantero» como la de «comisionista». Estos dos masones que dejarán una honda impronta en la historia municipal de su ciudad sufrirán el mismo fin llegada la sublevación derechista del 18 de julio: serán fusilados. El último de los sujetos de esta historia inicial del «triángulo» *Adelante,* el quinto, se tratará de un hombre de ropaje ideológico muy distinto a los dos anteriores, se trata de Santos Fernández Fueyo, nacido en Pola de Lena (Asturias) el 1 de noviembre de 1876. Fernández Fueyo, representante de comercio de profesión, fue un miembro des-

---

[100] Se le expendió título de aprendiz masón el 11 de febrero de ese mismo año. A.H.N. de S. *Masonería.* Leg. 804-78.

tacado del partido de Lerroux en el Ourense de su época –e, ideológicamente, del ala más conservadora de ese partido–, y debiendo de sentirse incómodo por este u otros motivos dentro del recién fundado «taller» –dado que, todavía con el grado primero, a los catorce meses de constituirse este, solicitó la «plancha de quite» (1 de julio de 1930)–, no volvió a afiliarse a ninguna otra logia española. En la masonería, Santos Fernández fue iniciado en Ourense por un miembro de la *Jovellanos,* Manuel Tejedor, unos días antes de constituirse este «triángulo».

Estos cinco hiramitas fueron los fundadores de la primera sociedad masónica ourensana del siglo veinte, agrupación que, desde su inicio, auspiciaría la logia gijonesa que dominaba la Gran Logia Regional del Noroeste de España. Como ya se ha dicho, este «triángulo» fue presidido por Abdón Vide, siendo su secretario el maestro Luengo y su tesorero José Fernádez Pérez. La primera «plancha» emanada de su secretaría, aparece transcrita en el «Libro de Arquitectura» del «taller» –o sea, el libro de actas de esta sociedad–, dice así:

A.L.G.D.G.A.D.U.[101]

Wall. de Orense, 11 abril de 1929 (e.v.).

A la Resp. G. L. del Noroeste de España. Gijón S.F.U.[102]

Ven. G. Maestre y qq. hh. Rodeados de un ambiente de paz, y animados del deseo de obtener más eficacia de los trab. y perfección en el manejo de las hher. [herramientas] de que disponen los hh. cuya residencia prof. habitual es en estos vall. de Orense, deciden crear un [triángulo] ya que, por el momento, no disponemos de oobr. ni hher. necesarios para la creación de una Log. A este objeto los hher. mas. cuya condición de tales certifican con sus documentos y que suscribimos la presente, ultiman el siguiente trab.

1º Nos ratificamos en los juram. prestados y prometemos acatamiento a las leyes y demás disposiciones existentes y que emanen de la Resp. Gr. Log. del Noroeste de España del Gr. Or. Esp.

---

[101] A La Gloria del Gran Arquitecto del Universo.
[102] Salud. Fuerza. Unión

2º. Solicitar de dicha Resp. Gr. Log. la correspondiente autorización para la creación y funcionamiento del [triángulo] que llevará por título Adelante.

3º. Nombrar para representar al mismo a los hher. Abdón Vide Villanueva (simb. Arbo) 15, para Presidente.

Hipólito Sinforiano Luengo (simb. Rousseau) 1º, para Secr.

José Fernández Pérez (simb. Augusto Bebel) 1º para Tes.

Recibid Ven. Gr. Maestre y qq. hh. el 3x3 abr. frat. que os envían, Abdón Vide Villanueva-Hipólito S. Luengo-José Fernández Pérez-Ramiro Pérez Serrano-Manuel Suárez Castro-Santos Fernández Fueyo.

Corrido el tron. de gastos para subvenir a los ocasionados (sic) arrojó 4,50 pts. (med. prof.) que unidos a las de la ten. preparatoria dio una suma de 6,40+4,50=10,90 pts. (med. prof.)

El Ven. Maest. declaró cerrados los trabajos de este [triángulo].

Abdón Vide. Ven.   Hipólito S. Luengo[103].

El «triángulo» *Adelante*, llevó una vida provincianamente tranquila, incrustado en aquella pequeña ciudad de, aproximadamente, 20.000 habitantes, relacionándose muy pronto con gran cantidad de logias regionales, nacionales e internacionales. De las primeras, destacarán las sociedades masónicas: *Vicus nº 6* de Vigo (Pontevedra), *Helenes nº 7* de Pontevedra, *Unión* de Ferrol, la santiaguesa *Libredón*; de las segundas, la logia auspiciadora inicialmente, la gijonense *Jovellanos*, la logia madrileña de exiliados portugueses huidos de la represión producida por la Dictadura de Carmona, *República Portuguesa*[104]; de las terceras, debemos señalar que, la mayoría, serán logias americanas, como la *José Antonio Saco* de La Habana, y las mejicanas *Libertad* e *Ignacio Ramírez*. Como «hermanos visitadores», solían pasar por este «triángulo» masones de logias y «talleres» de este tipo de próxima vecindad como el representante de comercio Delfín Colomet, «simbólico» Tolstoi, el presidente del «triángulo» *Vicus*, Celestino López y Ló-

---

[103] A.H.N. de S. *Masonería*. Leg. 434-A-2.

[104] Esta logia pidió a los ourensanos, con fecha de septiembre de 1932, auxilio masónico para subvenir a las necesidades de estos exiliados, los masones ourensanos decidieron enviarles cada mes la cantidad de 6 ptas. Acta del 8 de septiembre de 1932.

pez, de esta misma sociedad masónica viguesa visitará a este «triángulo» ourensano José Almoina Mateos[105], un tal «hermano» Balsamo de la barcelonesa logia *Lealtad*, etc. Las reuniones o tenidas de esta pequeña sociedad masónica se celebraban todos los viernes a las 22 horas, y su sede estaba ubicada –como también le sucederá a la logia *Constancia*– en los bajos de la casa donde tenía su domicilio la Escuela Laica Neutral de Orense; es decir, en Porta da Aira, 31, bajo –denominada, desde la Guerra Civil, con el nombre del pintor y grabador Julio Prieto Nespereira–. En ocasiones –y demostrando, por un lado, la reciedumbre del clima ourensano y, por otro, la sosegadamente provinciana vida de este «taller»– cerraba sus puertas, aplazando sus «trabajos» durante meses, como nos dice, por ejemplo, el acta del 13 de julio de 1929: «Se acuerda no celebrar más tenidas hasta que disminuyan los calores caniculares», no volviendo a restablecer en esta ocasión la vida de la sociedad, ¡hasta el 12 de octubre de ese año!

Económicamente, no parece que esta sociedad masónica sufriera grandes apuros, su beneficencia «familiar»; es decir, masónica, no deja nunca de realizarse, demostrando este «taller» además un gran interés por ello. En cuanto a la beneficencia profana, las actas de las tenidas celebradas por estos masones ourensanos, reflejan constantemente un sano celo por auxiliar, mediante los consabidos donativos, además de a las conocidas familias humildes de la ciudad, a un sinfín de personas e instituciones como, por ejemplo, cuando contribuyó –con la cantidad de 25 pesetas– para ayudar a «las víctimas de los últimos temporales de Bouzas», poniendo en esta labor filantrópica de intermediaria a la logia recién constituida *Vicus* de Vigo; o cuando acuerdan enviarle a Isabel Nakens[106] la cantidad de 25 pts.; o cuando, en noviembre de 1932, y por solicitud del alcalde ourensano –el «hermano» Suárez Castro– el «triángulo» decide otorgarle a los comedores de Asistencia Social la mensualidad de

---

[105] Francmasón que, con el devenir de los años, tendría una rocambolesca vida de exiliado español en la República Dominicana y, más tarde, en la ciudad de Méjico, donde sería asesinado, en 1960, por unos sicarios enviados con ese cometido por el cruel dictador dominicano Rafael Leónidas Trujillo con el que, al parecer, este inefable personaje de Almoina Mateos llegó a trabajar como secretario personal.

[106] Presumimos que se trata de la hija del recientemente fallecido (1926), José Nakens.

cinco pesetas, o la ayuda profesional que, según el acta del 15 de septiembre de 1932, intentaron dispensarle a un «hermano» italiano exiliado de la antimasónica Italia fascista; o, y ya por último, la ayuda económica, personal y veladamente institucional, que esta masonería hizo con respecto de la escuela laica del maestro Luengo, manteniendo un constante celo por la marcha y la gestión de la misma, reseñas como las que intercalamos a continuación son un buen ejemplo de esta inquietud:

> El Ven. [obviamente se refieren al presidente] propone la conveniencia de que algunos cargos de la Junta Administrativa de la Escuela L. Neutral sean ocupados por hermanos del taller para imprimirla (sic) un mayor desenvolvimiento si cabe en su marcha futura, tomándose en consideración (acta del 25 de enero de 1930).
>
> Acto seguido se procede a iniciar los trabajos con el fin de levantar ánimo y decisiones de la Junta Directiva de la E.L.N. tomando algunos acuerdos a este respecto (acta del 15 de febrero del 1930).
>
> Respecto al [documento] de la Sociedad Benéfica Amigos del Progreso de Madrid, solicitando ayuda para el desarrollo de Escuelas Laicas en dicha ciudad, se acuerda que el hermano Rousseau conteste a dicha entidad en el sentido de que, habiendo en cuenta que en esta Ciudad existe, desde el año 1908, una Escuela Laica que necesita todo el apoyo tanto moral como material de los hermanos y hasta de los profanos para su sostenimiento, sintiéndolo mucho no podemos acceder a lo solicitado por dicha Sociedad; no obstante se tendrá presente para mejor ocasión (acta del 21 de abril de 1932).

No podemos olvidar aquí que, como veremos en el capítulo segundo, y ya hemos apuntado en otras ocasiones[107], una buena y escogida zona de la masonería ourensana estuvo representada en la Junta Directiva de la E.L.N.O. a lo largo de toda la Segunda República, desde el presidente de esta junta, el «hermano» Pérez

---

[107] Valín Fernández, A. J. V.: «Masonería, Clero y ...», *Op. Cit.,* pp. 449-464; Valín Fernández, A. J. V.: *Galicia y la masonería... Op. Cit.,* p. 521.

Serrano, al vicepresidente, el también hiramita José Fernández Pérez, y hasta el secretario de esta, Abdón Vide Villanueva.

Como ya hemos dicho, la vida de este «taller» debió de discurrir lenta y agradablemente hasta su gran crisis de 1931, hasta este año, el institucional existir de esta sociedad se presenta ante el investigador reflejado con indudable pulcritud por las actas de las sucesivas tenidas contempladas en su «Libro de Arquitectura»; siempre con la misma fórmula y el mismo estilo burocrático: después de la tradicional invocación al Gran Arquitecto del Universo y las reglamentarias siglas rituales S.F.U. (Salud, Fuerza, Unión), el texto recurrente

en los Wall. de Orense (...), el Resp. triángulo Adelante nº 7, regularmente constituido, se reunió por convocatoria ordinaria en el punto geométrico conocido solamente por los Hijos de la Viuda, bajo la presidencia del Ven. Maest. h. Arbo, asistido de los hh. Rousseau, Bebel, Nakens, Gauvain, (...).

Así parecen ir las cosas hasta el 6 de diciembre de 1930, fecha de la última tenida que estos masones celebrarán hasta el 3 de octubre de 1931. En realidad, desconocemos qué fue lo que sucedió para que este «taller» paralizase sus «trabajos» drásticamente. En el acta que representa históricamente la reaparición de las funciones masónicas de esta sociedad, los masones ourensanos tratan de justificar el largo silencio mantenido por el «triángulo» durante diez meses, alegando que:

(...) la supresión de tenidas durante los meses de prerevolución (sic) entre los españoles amantes no sólo del orden sino también de las libertades patrias, por cuyos motivos se escondió en lugar seguro toda la documentación (...).

Pero, en realidad, y gracias a las investigaciones y declaraciones policiales efectuadas por algunos de estos hiramitas, a partir de la aciaga sublevación militar de julio de 1936, podemos saber que el «taller» iba de mal en peor, debido, sobre todo, al cansancio de una buena parte de sus miembros y al poco fruto proselitista que, a pesar de los ímprobos esfuerzos de algunos de ellos como Vide y Luengo[108], venía obteniendo esta sociedad[109]. Si el «triángulo» no «abatió columnas»; es decir, no se disolvió, fue por el empecinamiento y las dotes organizadoras de su presidente Abdón Vide, superando con facilidad la represión policial o militar de la etapa final de la Restauración alfonsina. Otras sociedades masónicas gallegas sufrieron en propia carne el directo zarpazo policial en 1930, como sucedió en Pontevedra, cuando, en mayo de ese año, la policía detuvo y encarceló en las celdas de la comisaría a los miembros de la logia *Helenes nº 7* en pleno, incautando todo su material por orden del gobernador. En esta ocasión, la masonería gallega interpretó, como oculto motivador de aquella campaña antimasónica[110] al célebre cacique clerical Gabino Bugallal Araújo, aquel político que, en sus visitas ourensanas, siempre era invitado con toda pompa a comer con el obispo en su palacio. A pesar de este *affaire*, la *Helenes* no sólo no «abatió sus columnas» o cerró sus «trabajos», sino que, desde esos momentos, comenzó a gozar de un fuerte incremento en su cuadro.

La masonería ourensana y la Segunda República

Con el advenimiento de la Segunda República, y una vez recomience sus «trabajos» el «triángulo» *Adelante nº 7* en octubre de 1931, la masonería ourensana contraerá nuevo vigor y, si cabe, nueva forma o aspecto, al aparecer a partir de ahora y cada vez con mayor profusión el sesgo político en sus fuentes documentales. La primera manifestación de este tipo nos la ofrece el acta del 20 de febrero de 1932, se trata de dos felicitaciones aduladoras, muy típicas, por otro lado, en la documentación masónica española de estos años y que solían ser el precedente indispensable de las consabidas peticiones de recomendación. En esta

---

[108] Únicos miembros presentes en algunas tenidas.

[109] Una prueba de esto que decimos la tenemos en que, una vez vuelvan a reunirse el 5 de octubre del 31, deciden trocar la periodicidad de las tenidas pasando de ser semanales a mensuales.

[110] Recordemos que a los conocidos masones gallegos Gerardo Abad Conde y Santiago Casares Quiroga se les habían impuesto sendas multas gubernativas de 1.000 pts.

114

ocasión, las congratulaciones irán dirigidas «(...) al Ministro de Justicia por la disolución de los jesuítas (sic)», y la segunda «(...) al General Cabanellas por haber llegado a Director general de la Guardia Civil y deberse este nombramiento a pertenecer a la orden». En realidad, Cabanellas era francmasón, pero, obviamente, esto no puede ser motivo –como el lector estará pensando– para que sea exacto lo que nos dicen los hiramitas ourensanos sobre el «masónico» origen de la obtención de dicho cargo. Lo que sí podemos decir sobre el respecto es que el gobierno republicano, evitando, como trataba de evitar, a las altas jerarquías del ejército y de la armada de claras o veladas simpatías monárquicas, tratase de conceder –como parece ser este caso– los cargos directivos de mayor responsabilidad a viejos militares republicanos que, en algunos casos, eran también francmasones de renombre como Cabanellas, López Ochoa, Riquelme, Núñez de Prado, Mangada, González Gil[111],... Por estos años de la historia de España, decir masón y entender por tal denominación una genérica filiación republicana era todo uno, pero no tenía el mismo sentido si se invertían esas dos significaciones; es decir, que una buena parte –si no era, en puridad, el todo en abril de 1931– de los masones españoles simpatizaban profundamente con la causa republicana, salvando de esa amplia zona, pequeñas excepciones como el reducido ámbito de hiramitas anarcosindicalistas y los pocos masones supervivientes de la primera etapa de la Restauración que habían militado –o simpatizado– en el Partido Liberal; pero, como es obvio, no todos los republicanos destacados del momento eran francmasones «en sueños» o en activo. Una buena demostración de esto último, nos la ofrece el ejemplo ourensano, al faltar entre las columnas de las dos sociedades ourensanas, personajes como: Pío Príncipe, Manuel Sueiro, José Rodríguez Pabón, Adolfo Menéndez, Antonio Álvarez Dopazo, Alfonso Vecino Martín, Ángel Moure Fernández, Luis Fábrega, etc.

De todas formas, el proceso de honda politización habido en la masonería española, tanto la dependiente del Grande Oriente Es-

---

[111] Sobre este interesante tema, aconsejamos consultar el libro de mi amigo y colega canario Manuel de Paz Sánchez. Cfr.: Paz Sánchez, de: *Militares masones de España. Diccionario biográfico del siglo XX,* Valencia, Centro Francisco Tomás y Valiente UNED Alzira-Valencia. Fundación Instituto de Historia Social, 2004.

pañol como la auspiciada por la Gran Logia Española, durante el primer bienio republicano –estudiado y explicado extensamente hoy por la profesora Gómez Molleda[112]–, convirtió a esta asociación en una especie de discreto aparato de apoyo, propaganda e información del nuevo régimen, llegando incluso, una buena porción de las logias de esa masonería, a convertirse en una especie de oculta –e indudablemente sectarista– oficina de colocación y promoción político-laboral, de la que, la sociedad masónica ourensana, va a ser uno más de esos abundantes ejemplos[113].

A lo largo del año 32, el «triángulo» *Adelante* verá por fin incrementarse su cuadro con nuevas afiliaciones e iniciaciones, situación favorable esta que le permitirá, ya al final de ese año, convertirse en logia.

En el acta de la tenida del 1 de septiembre de ese mismo año, nos encontramos con la típica reseña política que, por citar al célebre cura ourensano y líder político del agrarismo, Basilio Álvarez Rodríguez –por aquel tiempo, diputado en el Congreso por el Partido Republicano Radical–, juzgamos interesante consignarla, dado que va directamente contra este político lerrouxista, diciendo lo que sigue:

> Con el fin de elevar un escrito a la primera autoridad masónica nacional para que a su vez lo remita al Excmo. Sr. Ministro de la guerra sobre un ruego que hizo en el Congreso de diputados D. Basilio Álvarez, y en el deseo de sentar la verdad de los hechos contrarrestando las afirmaciones inexactas de dicho diputado, se reunieron varios hh. extraoficialmente para acordarlo así. Los oobr. del tall. se unen a lo hecho[114].

---

[112] Gómez Molleda, M. D.: *La masonería en la crisis española del siglo XX,* Madrid, Taurus, 1986.

[113] Sobre la profunda imbricación política entre la masonería y los dos gobiernos progresistas republicanos *vid. e. g.:* Vidarte, J. S.: *El Bienio Negro... Op. Cit.,* y Gómez Molleda, M. D.: *La masonería... Op. Cit.*

[114] Lo de aquel atrabiliario y contradictorio cura de Beiro que había trocado el ambón por el escaño parlamentario, tan amigo, por otro lado, de la culta tertulia de café como de los pantagruélicos manteles, debió ser alguna de sus muchas referencias, veladamente antimasónicas, dichas en una de sus muchas intervenciones en Las Cortes, luchando demagógica y ocultamente por el clericalismo. Recordemos que aquel culto «curiña» ourensano, rodeado hasta la saciedad de compañeros de partido francmasones, jugó en estas discusiones un papel ciertamente relevante, a la

Lista onomástica de los masones que pertenecieron al «triángulo» *Adelante nº 7.* (Abril, 1929-noviembre, 1932)

ARIAS PRADA, Leopoldo. *Nakens.* (1929-1932).

CARÓN ALCÁZAR, Eduardo. *Ecar.* (1932). «Secretario». Gr. 2º. «Teniente de infantería».

FERNÁNDEZ FUEYO, Santos. *Benot.* (1929-1930). Gr. 1º. «Representante».

FERNÁNDEZ PÉREZ, José. *Augusto Bebel.* (1929-1932). Tesorero (1929-1932). Gr. 2º. «Comercio».

GALÁN FONTENLA, José. *Bauer.* (1932). Gr. 1º. «Teniente de Asalto».

IZQUIERDO BALBUENA, Luis. *Víctor Hugo.* (1931-1932). Orador. Gr. 2º. «Oficial de Correos».

LUENGO, Hipólito S. *Rousseau.* (1929-1932). Secretario. Gr. 3º. «Maestro laico».

MARTÍNEZ RUANO, Pedro. *Almansa.* (1932). «Primer experto». Gr. 2º. «Representante».

PÉREZ SERRANO, Ramiro. *Pablo Iglesias.* (1929-1932). Limosnero (1929). Gr. 1º. «Comercio».

PROSPER ROS, Jesús. *Jaurés.* (1930-1932). Gr. 2º. «Empleado ferrocarril».

ROQUETA DALMAU, Enrique. *Gauvain.* (1929-1932). Secretario adjunto (1929,1931). Gr. 1º. «Estudiante».

SALGADO HERMIDA, J. Benigno. *Zola.* (1932). Gr. 3º. «Práctico de farmacia».

SUÁREZ CASTRO, Manuel. *Jaime Vera.* (1929-1932). Gr. 1º. «Cantero».

VIDE VILLANUEVA, Abdón. *Arbo.* (1929-1932). Presidente. Gr. 15º. «Contable».

---

hora de lograr granjearse para sus tesis moderadas a una buena parte de sus propios correligionarios, utilizando para ello dobladas frases, como aquella que, sonoramente, soltó en la sesión del 28 de agosto de 1931; la frase en cuestión –recogida del Diario de Sesiones por la profesora Gómez Molleda– dice lo que sigue: «Anticlericales todos por republicanos y por españoles; sectarios, jamás». Cfr.: Gómez Molleda, M. D.: *La masonería... Op. Cit.*, p. 337.

La logia *Constancia nº 13* (1932-1936)

En el acta del «triángulo» *Adelante* del 3 de noviembre de 1932, donde estuvieron presentes ocho miembros del «taller», este acuerda «convertir en Log. con el nombre distintivo *Constancia»,* al que, desde 1929, había sido el «triángulo» *Adelante nº 7.* En esa misma tenida, los masones ourensanos elegirán, con carácter provisional, los cargos –«dignidades y oficiales» de la nueva sociedad, enviando a Gijón el primer «cuadro lógico» o estadillo nominal de esta logia masónica, quedando entonces de la siguiente manera: «venerable maestro», Abdón Vide Villanueva; «primer vigilante», J. Benigno Salgado; «segundo vigilante», José Fernández Pérez; «orador», Luis Izquierdo Balbuena; «secretario guarda sellos», Eduardo Carón Alcázar; «tesorero», Hipólito S. Luengo; «experto», Pedro Martínez Ruano; «guarda templo», Leopoldo Arias Prada; «hospitalario», Ramiro Pérez Serrano; «maestro de ceremonias», Jesús Prósper Ros; «guarda templo [¿exterior?]», Leopoldo Arias Prada. Completaban este cuadro, los «hermanos» sin cargo, Manuel Suárez Castro, José Galán Fontenla y Enrique Roqueta Dalmau. Finaliza dicha acta, con aquella obligada ratificación –en este caso colectiva– de adhesión y promesas de lealtad que tuvieron que hacer todos los masones españoles en activo, a tenor del desencanto producido en las logias españolas de los primeros años republicanos por la falta de celo ideológico demostrada por muchos hiramitas con cargos políticos, diciendo:

> Unidos por los lazos de la fraternidad, ratificamos nuestra leal adhesión y prometemos por nuestro honor permanecer inviolablemente unidos al Gr. O. Español, obedecer y acatar fielmente su Constitución, Estatutos y Reglamentos generales, leyes, decretos y demás disposiciones, y cumplir con la mayor exactitud las obligaciones que imponen a los Talleres y a los masones.

Así comienza la historia de esta logia masónica. Las aspiraciones que abrazaban estos ourensanos por aquellos meses y, en realidad así lo hicieron hasta el aciago año de 1936, eran entre otras: construir un templo[115]; sostener en funcionamiento la E.L.N.O., institución esta en constante situación de precariedad a lo largo de toda la república; conseguir de los gobiernos de afinidad ideológica de la nación la asimilación de los llamados «maestros laicos» al magisterio nacional, mediante la creación de un cuerpo o sección a extinguir; y lograr esquivar diplomáticamente la fuerte influencia antiasturiana que la logia *Vicus* quería imponer en este «taller», desde el apoyo prestado por la sociedad viguesa a la ourensana en su crisis de 1931[116], tratando entonces los ourensanos de armonizar las encontradas posturas viguesa y gijonesa, guardando siempre la lealtad debida a su antigua logia madre asturiana y, al mismo tiempo, agradeciéndole a sus «hermanos» de Vigo el auxilio prestado.

La vida de la logia *Constancia* va a seguir el mismo ritmo que llevó el «triángulo» *Adelante*, salvo los momentos históricos de persecución conocidos, el primero, a raíz del movimiento huelguístico de octubre del 34 y, el segundo, la ya citada insurrección militar de julio del 36 que, como ya es sabido, ocasionará el cierre definitivo del «taller». Se reunía esta logia los viernes a las 20 horas, «siempre que la inclemencia del tiempo lo permita», aunque en ocasiones –y dada la composición socioprofesional del «taller» con un abultado número de viajantes de comercio– a veces celebraba las tenidas los domingos, gozando a lo largo de su historia de un gran número de visitas: de la logia *Jovellanos*, de la *Vicus*, de la *López del Villar* de Gijón, de la *Victrix de* Tamaulipas (Méjico), de las cubanas *Carlos M. de Céspedes*, *Jose Antonio Saco* y *Obreros* de Morón; carteándose muy frecuentemente con logias americanas, de ahí la fuerte impronta migratoria que poseía esta sociedad, que guardaba estrechos lazos de amistad con ellas, como los «garantes de amistad» que mantenía con las logias mejicanas: *Esperanza nº 2* de Veracruz, *Libertad* de Tamaulipas, *Sédeca* de Méjico capital, españolas como la *Liberación nº 47* de Málaga, *Numancia* de Alicante,... Filantrópicamente, desarrolló esta socie-

---

[115] Quisieron construirlo en la parte trasera de los bajos que tenían arrendados en la casa donde estaba ubicada la E.L.N.O., formándose para tal efecto un «triángulo protemplo».

[116] «Prestándole» o concediéndole el trasvase de varios masones.

dad una conducta semejante a la que llevó en su inicial estadio «triangular». También la *Constancia* hacía de intermediaria –con la intercesión reglamentaria de su gran logia regional– entre las masonerías americanas y los exemigrantes masones retornados de América, para que estos pudiesen seguir cobrando las pensiones francmasónicas de sus logias americanas respectivas, o, en otros casos, para que las viudas de los mismos pudiesen vender las propiedades que aún poseían en América sin tener que desplazarse allí, al mediar la intervención de la logia o logias americanas correspondientes. Con respecto a esta fuerte intercomunicación habida entre las masonerías americanas y la gallega, recordemos, a título meramente anecdótico, la denuncia recibida en la *Constancia* por una logia del Gran Oriente de Cuba –reflejada en el acta del 16 de marzo de 1934– en la que se daba cuenta del delictivo hecho realizado por un emigrante pontevedrés, Ramón González Tamayo, que se había fugado con el tesoro de la logia. En cuanto a las «piezas de arquitectura» o trabajos de índole intelectual que los masones tienen que realizar y leer en tenida, estas solían tratar de los típicos temas que tanto gustaban en las logias españolas de estos momentos: religión/religiones, metempsícosis, materialismo *versus* espiritualismo, fraternalismo, etcétera.

El obispo Florencio Cerviño, la masonería y el Ourense de la Segunda República

En cuanto a la resonancia que pudo tener el conocimiento de la existencia de esta sociedad masónica en los poderosos medios eclesiásticos ourensanos, tenemos que decir que fue escasa. Mientras que, como veremos en el próximo capítulo de este libro, la campaña que desató el obispado con relación al establecimiento de la Escuela Laica Neutral de Orense fue estrepitosamente ruidosa a niveles sociales, periodísticos, de púlpito y confesionario, etc., con respecto a la constitución de la masonería ourensana del siglo veinte, el obispado no dio excesivas muestras públicas del conocimiento de esta hasta pasados varios años de la fundación del «triángulo» *Adelante*.

Los primeros aldabazos antimasónicos dados por el *Boletín Oficial Eclesiástico del Obispado de Orense* se sitúan cronológicamente en plena Dictadura de Primo, el primero, se tratará de una humilde reseña que no ocupará más que un tercio de página, lo interesante de la misma será la total adhesión que va a hacer este periódico oficial del obispo Florencio Cerviño González, a la ideología fascista, el articulillo se intitula «La lucha contra la masonería en Italia» y está redactado en el tenor siguiente: «Interesantes y valerosas declaraciones las de Mussolini sobre la lucha que está dispuesto a sostener [contra] la Masonería (...)»[117]; la segunda de estas aldabadas será ya un artículo en toda regla, publicado en el *Boletín Eclesiástico del Arzobispado de Burgos,* firmado con las siglas P. L. H., y que el boletín ourensano transcribirá íntegramente en su número del 2 de noviembre de 1925. Este trabajo periodístico que, con el título «El peligro judío», vendrá justificado por el autor ante las reuniones que, por aquel tiempo, venían celebrando en Berlín los llamados Comités Judíos de Emigración, y pertenecerá, temáticamente a un estilo publicístico que, años después, admirará y seguirá a rajatabla, el despiadado dictador ferrolano Francisco Franco Bahamonde, al sostener la celebérrima teoría del «contubernio judeo-masónico-comunista», veámoslo:

> Para nadie es hoy un secreto que el judaísmo extendido por todas las naciones, pero bien organizado para sus fines, dueño de la banca, poderoso e influyente, tiene relaciones muy directas con la masonería universal y con el comunismo ruso. Sería vulgar insistir en este punto demostrado hasta la evidencia[118].

Después de estos dos curiosos toques antifrancmasónicos, y de alguna que otra referencia antirrotaria[119] –paralelizando a esta sociedad o club internacional con la masonería–, además de las consabidas diatribas contra la política laicista del, por aquel tiempo, presidente mejicano, y célebre francmasón, Plutarco Elías Calles –aquel «jefe máximo de la revolución» meji-

---

[117] *B.O.D.O.* nº 7, año XCII, de 25 de abril de 1925, p. 143. Este boletín cambiaría la cabecera el 1 de febrero de 1926: *B.O.D.O.* por *B.O.E.O.O.*

[118] *B.O.D.O.* nº 18, año XCII, de 2 de noviembre de 1925, pp. 318-319.

[119] *B.O.E.O.O.* nº 13, año XCIV, de 1 de septiembre de 1927, pp. 328-331.

cana[120]–, el boletín episcopal no volverá a hacer referencias expresas a la orden hiramita hasta 1931. Los números del boletín de este año resultan todos, históricamente, muy enjundiosos: desde las auténticas amenazas brindadas a sus «amadísimos fieles» para que no votasen en las elecciones municipales de abril a los candidatos de las «coaliciones: socialista-republicana, republicano-socialista radical, y huelga decir que con el partido comunista», transcribiendo para tal fin las normas que, con ese mismo motivo, el obispo de Vitoria había «recomendado» a sus respectivos feligreses[121], hasta el sorprendente talante que muestra el editorial escrito por el propio obispo Cerviño nada más conocerse los resultados de las elecciones y que destila, por un lado, una indisimulada y lastimera desilusión por la victoria republicana –rayana en las anómalas posturas de una conducta depresiva– y, por otro, la sagaz cautela, tan típica en la tradicional, cínica y servicial mentalidad campesina de Galicia («Deus é bó, ...e o Demo non é malo», «Amigos ata no inferno», «Para amigos, todos; para inimigos, chega un», «Importa estar ben ata co Demo», «...Por se acaso», etc.), que aquel originariamente hijo de humildes labriegos de Santa Mariña de Areas manifestaba con los nuevos vientos políticos que ahora, diplomáticamente, trataba de interpretar como alejadas, por seculares, brisas de desconcierto e incertidumbre cuando, sólo unos días antes, anatemizaba, describiéndolos como auténticos huracanes de perversión, impiedad y pecado[122].

El próximo cañonazo antimasónico vendrá inmerso, y en cierta manera oculto, en un apocalíptico editorial, escrito por Florencio Cerviño, a raíz de un escandaloso *affaire* de profanación de hostias habido en su diócesis. Entre «espíritus infernales», «ángeles y san-

---

[120] Durante los años californianos de su expulsión de Méjico (1936-1941), lo encontramos residiendo en San Diego (1936-1938), como miembro honorario del cuadro de la logia de Los Ángeles *Plaridel nº 30*. A.H.N. de S. *Masonería*. Leg. 315-A-2.

[121] *B.O.E.O.O.* nº 8, año XCVIII, de 10 de abril de 1931. Por el obvio valor histórico que contraen estos «consejos» y para que el lector pueda apreciar por sí mismo hasta dónde llegaba la radical politización del clero católico español de estos años, excesivamente mimado y, por ello mal acostumbrado por la clerical dictadura de aquel viejo espadón gaditano apellidado Primo de Rivera, transcribimos dicho texto al final de esta obra en el apéndice A-1.

[122] Véase el apéndice A-2. Cfr.: *B.O.E.O.O.* nº 9, año XCVIII, de 29 de abril de 1931.

tos», «malignos espíritus» y el insoslayable «Satanás», aparecerán reseñados los –presumimos ourensanos– miembros de la orden del Gran Arquitecto del Universo, como autores del reprobable hecho –obra, en realidad, de cualquier mente desequilibrada y enfermiza, como el propio lector estará barruntando–, el fragmento, cien por cien antimasónico, reza de la siguiente manera:

> Y los hay, por último –éstos son los verdaderos conscientes, esclavos voluntarios de la infernal malicia– que no se proponen robar, como lo demuestra el no tocar nada que pudiera ser materialmente estimable y objeto de codicia, sinó (sic) que todo su propósito, su intento directo y exclusivo es apoderarse de las hostias consagradas y llevárselas no se sabe a donde (sic); de seguro para hacer con ellas, perpetrar y consumar todas las abominaciones y sacrilegios que el infierno les sugiera o en los ritos masónicos se preceptúe, no menos impíos que los del Huerto, Pretorio y Calvario; patentizando de este modo, con su mismo ensañamiento de odio a Jesucristo Sacramentado, que allí le ven, le creen (...)[123].

Otra referencia a la masonería, volviendo a mezclar esta asociación alevosamente con el comunismo marxista en íntimo contubernio, como ya Cerviño había hecho en 1925, será ofrecida por el boletín episcopal ourensano –por medio de las palabras del propio papa, aquel tan autoritario como culto Dr. Ratti– en su número del 1 de marzo de 1934. Se tratará, en esta ocasión, de una larga carta pastoral que incluirá textos de la encíclica *Dilectissima Nobis* de Pío XI, y que el obispo dirigirá a sus «venerables hermanos e hijos amadísimos» llena de improperios contra toda la obra de laicización del primer bienio republicano[124]. En esta carta de nada menos que cincuenta páginas, Cerviño parece despacharse a gusto, arropado por fin por el gobierno reaccionario del denominado «Bienio Negro». Como veremos en el próximo capítulo, para el obispo Cerviño el laicismo y, en especial, la laicización de la enseñanza será uno de sus temas predilectos

---

[123] *B.O.E.O.O.* nº 19, año XCVIII, de 7 de octubre de 1931. *Vid.*: Apéndice A-3.

[124] El fragmento en cuestión dice: «no se han contentado con estos atropellos que venían a adueñarse de la libertad popular para encadenarla al arbitrio de los [sic] Internacionales marxistas o logias exóticas».

para fundamentar su velada lucha antirrepublicana; sin duda sus pastorales más extensas serán siempre las que traten este punto[125]. Ahora, en pleno Bienio Negro o Rectificador, el investigador advierte, a través de las páginas del boletín eclesiástico, que Cerviño parece recobrar la confianza que, años atrás, manifestaba, por ejemplo, en la dictadura primorriverista. Recordemos que, hasta este momento y a pesar de la rotundidad laicista de ciertas leyes, sus quejas y críticas se ofrecían siempre con cierta suavidad y, sobre todo, con constante y recordado respeto hacia el gobierno republicano de Madrid[126]. Debido todo este reprimido talante, seguramente, al miedo cerval que este obispo debió de tener, durante todo el primer bienio, ante las posibles represalias que podía ocasionarle la imprudencia de manifestarse como a él le hubiese gustado, conocidos los célebres y ruidosos casos como el del teocrático cardenal Segura, prácticamente expulsado por sus propios superiores (Tedeschini), detenido por orden del ministro de Gobernación (Maura), llamado al orden por el mismísimo papa, y obligado entonces a renunciar a su sede toledana; el político castigo recibido por el obispo de Segovia, Pérez Platero, suspendido de temporalidades por orden del Consejo de Ministros del 14 de junio de 1932, al haberse pasado –por medio de la publicación de una pastoral– en sus acervas críticas al proyecto de ley que admitía el matrimonio civil[127]; o el también ruidoso *affaire* del destierro del obispo de Málaga[128].

---

[125] Preocupación episcopal esta que también compartía una buena parte del resto de los prelados españoles del momento.

[126] Por ejemplo, en uno de los alegatos más radicales escritos por el obispo en 1931, a pesar de la manifiesta fobia por los nuevos aires republicanos, el prelado ourensano no olvidará intercalar un curioso párrafo exculpatorio para soslayar la lógica contestación gubernamental, veámoslo:

> Conste, pues, que no es ningún acto de conspiración ni vulgar caciquismo contra las autoridades civiles, para las que, como hemos dicho y repetido, son y deben ser todos nuestros respetos; máxime considerándolas, a tenor de nuestros dogmas cristianos, puestas y sostenidas por la sapientísima Providencia y adorable voluntad de nuestro buen Dios, siempre santo y bendito: hablamos con sinceridad y nobleza, y (...).

B.O.E.O.O. nº 20, año XCVIII, de 26 de octubre de 1931, p. 328.

[127] Ramírez Jiménez, M.: *Los grupos de presión en la Segunda República española*, Madrid, Tecnos, 1969, p.259.

[128] Por lo cual pidió Florencio Cerviño se centrasen en él las oraciones de la fiesta de Desagravios. *Vid.: B.O.E.O.O.* nº 20, año XCVIII, de 6 de octubre de 1931, pp. 322-324.

Durante el Bienio Negro –o «Santo» como se ha atrevido a definirlo cierto periodista[129]– Cerviño parece satisfecho con la política gubernamental, aunque en su publicística no se olvidará jamás de sus ya típicos ataques a la república y a «las izquierdas», sobre todo a raíz de los sucesos de Asturias de octubre del 34. A medida que se vaya acercando el final del segundo bienio republicano, y una vez se vaya preparando España para la correspondiente campaña electoral de las generales de febrero de 1936, el boletín de Cerviño volverá a arreciar en sus críticas ofreciendo de nuevo otra referencia antifrancmasónica que, en esta ocasión, será la crítica antihiramita más extensa hecha por este boletín en todo lo que iba de siglo. El número del periódico de Cerviño en este caso tiene como fecha la del 15 de enero de 1936, y será el último aldabonazo antimasónico que dé el obispado ourensano hasta «su» victoria –desde luego, así la entenderá el obispo públicamente– de julio de 1936. El artículo llevará por título «La Franc-Masonería denunciada por las Encíclicas Pontificias»[130]. Esta vez el alegato contrae formas históricas y viene a resumir, *grosso modo*, la persecución eclesiástica católica de la francmasonería desde la *In eminenti Apostolatus Specula* de Clemente XII de 1738, hasta el Código de Derecho Canónico promulgado, en 1917, por Benedicto XV, y su canon 2.335, que contemplaba, jurídicamente, más o menos lo mismo que aquella bula primera de Clemente XII; es decir, que dejarse iniciar en las *conventicula* de los hiramitas, estaba penado con la excomunión reservada al sumo pontífice de esa iglesia, o, como reza aquella condenación, de 1738,

> condemnatio Societatis, seu Conventicularum –de Liberi Muratori– aut de Francs Massons– sub poena Excommunicationis ipso facto incurrendae, ejus absolutione excepto Mortis Articulo Summi Pontifici reservata.

---

[129] Cortés-Cavanillas, J.: *El «bienio» santo de la II República,* Barcelona, Dopesa, 1973.

[130] *B.O.E.O.O.* nº 1, año CIII, de 15 de enero de 1936, pp. 8-11. Por el valor histórico que contiene este artículo y por la tendencia que en él se aprecia, por subrayar las interpretaciones y las manías personales de Cerviño –el contubernio rojo-masónico, la educación laica,...–, transcribimos su texto en el apéndice A-4.

Esta explicación de lo que la iglesia católica y el prelado Cerviño entendían por francmasonería, debió estar motivada por la fuerte campaña que la masonería española desarrolló en estas elecciones generales, explicando, por un lado, lo que quería que la gente entendiera que era y, por otro, haciendo, en total adhesión con el Frente Popular, campaña a favor de este bloque izquierdista. Nos consta que, como sucedió en el resto de las capitales provinciales y algunas ciudades gallegas, el número uno de la revista *Minerva,* publicado en Gijón el 1 de enero de 1936 por la Gran Logia Regional del Noroeste de España, se difundió públicamente en las calles ourensanas, llegando también a manos de Florencio Cerviño, al que, seguramente, el artículo que más le ofendería de todos los que en aquellas cuatro hojas estaban contenidos, sería sin duda el del célebre escritor y masón ferrolano Matías Usero y Torrente, «simbólico» Juan de Huss, miembro activo por aquel tiempo de la logia *Breogán nº 16* y sacerdote católico secularizado. El artículo en cuestión versaba sobre uno de los temas más recurrentes en la mediocre pero abundantísima publicística de aquel masón ferrolano, «Masonería y catolicismo», firmándolo Usero, para más *inri* clerical, como «ex-sacerdote católico»[131].

Con el triunfo del Frente Popular, el boletín del obispado ourensano volverá a guardar un profundo, prudente y, sin duda temeroso silencio con respecto a la acción de reposición que el nuevo gobierno llevó a cabo, hasta su trágico final, con respecto a las leyes promulgadas durante el primer bienio.

Sólo dos circulares, la primera, «sobre cómo han de proceder los sacerdotes en las presentes circunstancias», en puridad, mera transcripción de la que el cardenal primado había publicado para la clerecía de su archidiócesis[132], en la que, como decimos, mesuradamente, se aconsejaba entre otras cosas lo que sigue:

VII. Sed corteses y atentos con las autoridades civiles, mostrando que deseais (sic) la concordia y que sois amadores de la

---

[131] *Minerva,* nº 1, año 1, de 1 de enero de 1936, p. 3. Como se puede apreciar, Cerviño no utilizó excesivamente su propio boletín para atacar a la masonería, dejando en manos de *sus* periodistas de *La Región* estos menesteres.

[132] *B.O.E.O.O.* nº 7, año CIII, de 7 de abril de 1936, pp. 145-149.

paz. Si os fuese preciso defender los derechos de la Iglesia, hacedlo con celo y entereza; pero discretamente, sin violencias de lenguaje y evitando que se menoscabe la nobleza de la causa con los resquemores del amor propio[133].

Y, la segunda, publicada en el boletín del 6 de mayo de 1936, en la que el prelado, indirecta y jeremíacamente, se lamentaba por los actos sacrílegos que, al parecer, proliferaron por estas fechas en algunos templos de la diócesis –muestra socioideológica, al fin y al cabo, del fuerte anticlericalismo demostrado por una incontrolada zona de las masas españolas a lo largo de toda la república– y que venía a decir lo que a continuación se transcribe:

> Lacerada el alma de nuestro amadísimo Prelado que tanto sufre por las desagradabilísimas noticias, que recibe de sacrilegios nefandos cometidos en algunas iglesias de la diócesis, y a fin de evitar que estos vandálicos actos se repitan ya que las circunstancias no parecen ser más halagüeñas para la Iglesia (...)[134],

recomendando a continuación una serie de disposiciones para que sus curas retirasen el «Santo Sacramento del Tabernáculo» en sus respectivas iglesias.

A partir de aquí y hasta el mes de septiembre, un extraño y obviamente «ruidoso» mutis sobre la situación social, política y hasta bélica de aquella atribulada ciudad de 23.000 habitantes[135] y de aquella atormentada España, ya introducida en una feroz y directa lucha de clases, va a reflejar el *Boletín Oficial Eclesiástico del Obispado de Orense*. Aquel Ourense del terror fascista[136], de juicios sumarísimos, fusilamientos de madrugada, horrendos «paseos» y «cuneteos» («lo llevaron a las claudias»), de exigidos saludos «a la romana», obligados cantares callejeros del Cara al Sol, profusas y desplegadas banderas, de imperialistas

---

[133] *Ibídem*, p. 148.

[134] *B.O.E.O.O.* nº 9, año CIII, de 6 de mayo de 1936.

[135] 23.370 (10.987 «varones»).

[136] Así se vanagloriaban de denominarse los falangistas y demás simpatizantes del alzamiento militar, y así eran «gloriosamente» calificados por el diario católico local *La Región*.

discursos altisonantes, «marciales» camisas azules,... Una ciudad donde todos los elementos locales de pensamiento reaccionario así fuesen monárquicos, republicanos o nacionalistas gallegos, salían al público escaparate de la calle, del periódico y de la radio –con más o menos vergüenza algunos–, haciendo ditirambos al «Nuevo Estado», besando ensalivados crucifijos –que, en algunos casos, antes habían repudiado– y justificando aquella inaudita y frenética barbarie sedienta de pesares, vejaciones y de sangre. Parecía que hubiese vuelto a Ourense el oscuro medioevo con toda su parafernalia de garridos guerreros, poderosos clérigos y sus, obviamente inexcusables, autos de fe[137]. Por fin parecía respirar tranquilo y satisfecho aquel viejo prelado de Florencio Cerviño y González, la España que él tanto había cantado y recordado a lo largo de su boletín oficial, parecía triunfar sobre aquella turbamulta de «hediondos detritos sociales» y «traidores o indiferentes a las gloriosísimas tradiciones, expontáneas (sic) exuberancias, caracteres y lazos fortísimos que forman y determinan el ser y vida de esta española tierra (...)»[138], clausurando entonces

> esas horrendas impiedades y libres propagandas ateas, que acaban en blasfemias y bestialismos, atropellos e injusticias, cuales, vistos en su extensión y audacia, apenas entre los gentiles se conocieron[139],

y prohibiendo y persiguiendo aquel

> libre triunfador avance de las malas doctrinas con su natural secuela de vicios, inmoralidades, injusticias y desórdenes, que tienden a convertir esta bendita tierra, siempre bendita por sus

---

[137] Recordemos que, como recoge Carlos Fernández Santander, en estos infaustos momentos históricos de persecuciones, violaciones y asesinatos, Benigno Álvarez González, jefe del Radio Comunista de la capital ourensana, para salvar su vida, tuvo que huir con otros camaradas a los montes de Maceda, «y una conocida marquesa de la localidad (...) ofreció un premio por su cabeza». Cfr. Fernández, C.: *El alzamiento de 1936 en Galicia,* Sada (A Coruña), Ediciós do Castro, 1987 (4ª edición), p. 242.

[138] *B.O.E.O.O.* nº 8, año XCVIII, de 10 de abril de 1931, p. 121.

[139] *B.O.E.O.O.* nº 5, año CI, de 1 de marzo de 1934, p. 50.

divinas seculares creencias, en tierra de irreligión y salvajismo (...)[140].

Ahora, Florencio Cerviño enviará oficiales telegramas de total afección o devoción hacia aquellos nuevos campeones del catolicismo, hacia aquellos cruzados de la santa y sagrada causa de salvar a España de la nefanda conjura judeo-masónico-comunista; aquellos inhumanos militarotes que, con su gallarda y pesada donosura, humillarán «cristianamente» su acerada dignidad de verdugos ante aquel satisfecho prelado ourensano, para poder besarle así su anillo pastoral[141]. Uno de estos telegramas lo dirigirá Cerviño al general Franco con motivo de su proclamación en Burgos como generalísimo de los ejércitos y «Jefe del Gobierno del Estado»:

> Obispo, Cabildo, Clero Diócesis Orense, unánime y cordialmente felicitan V.E. por merecida exaltación jefatura Estado y continuos triunfos, coronados gloriosa reconquista Toledo, pidiendo a Dios siga asistiéndole con sus luces y bendiciones para total salvación Patria. ¡Viva España!
> OBISPO ORENSE.

Mientras esto sucedía en el palacio episcopal, muy cerca de él, en los edificios de la Diputación y del Instituto Provincial, se representaban aquellas estremecedoras parodias judiciales pomposa y cuarteleramente denominadas «juicios sumarísimos» y «consejos de guerra» y se torturaba, encarcelaba, «paseaba» y fusilaba sin que, para nada, aparecieran estas salvajadas –tan poco impregnadas, en puridad, de sentimiento cristiano– en las típicas secciones de quejas y demás plañidos que, sólo unos meses antes, don Florencio Cerviño González y sus ayudantes intercalaban en el boletín eclesiástico. Obligado recordar aquí que

---

[140] *B.O.E.O.O.* nº 16, año CI, de 5 de septiembre de 1934, p. 207.

[141] Debemos recordarle al lector, llegados a este punto del discurso histórico que le ofrecemos que, como es obviamente lógico, dadas las desequilibradas conductas de ciertos personajes históricos que aquí se describen –tan alejadas, como bien pensará, del auténtico y siempre admirable espíritu cristiano– perdonará la ironía de nuestro propio texto.

aquel hombre tan aparentemente admirado y reverenciado por el obispo ourensano, Achille Ratti –de sobrenombre pontificio Pío XI–, había condenado profusamente a la masonería, al marxismo, al socialismo y al liberalismo, pero también había denunciado y reprobado –quizá con excesiva dilación, pero condenado a fin de cuentas– al movimiento protofascista francés L'Action Française (1926), a las locuras totalitarias del fascismo italiano (encíclica *Non abbiamo bisogno* de 29 de junio de 1931) y al despiadado desvarío del nacional-socialismo alemán (encíclica *Mit brennender Sorge* de 14 de marzo de 1937)[142].

Finalizaremos este apartado con algo que, como diría el prelado a estudio en su peculiar estilo literario, ejemplificará exuberantemente la atmósfera que, a partir de estos aciagos momentos del verano de 1936, va a señorearse de los ambientes sociales, políticos y culturales de Ourense. Se trata de los «festejos» que, el domingo 30 de agosto de 1936, Florencio Cerviño organizó y celebró, acompañado de las nuevas «fuerzas vivas» de la ciudad, con el objeto de reponer el crucifijo en la Escuela Normal de Maestros. El triunfalista evento que, por otro lado, el obispo capitalizará como su gran triunfo político personal después de tantos sinsabores liberales, tendrá lugar en la catedral, en las calles y en el propio centro docente. El texto, publicado tanto en *La Región*

---

[142] La exigible –por obviamente evangélica– contestación del, por lo general honda y exageradamente politizado, clero gallego a la vesánica represión militar y fascista de aquellos años fue, salvo admirables y aislados ejemplos, nula, convirtiéndose entonces –por inhibición o por auténtica colaboración– en verdadero cómplice de aquella horrorosa y criminal barbarie. En relación con los citados casos admirables y aislados, debemos recordar, entre otros, las conductas del obispo de Tui que, según testimonio de Vicente Enrique y Tarancón, intentó mitigar aquella desenfrenada crueldad consiguiéndolo, al parecer, en parte (Descalzo, M.: *Tarancón, el cardenal del cambio,* Barcelona, Planeta, 1982, p. 69. Citado en: Fernández, C.: *El alzamiento... Op. Cit.,* pp. 331-332); el del cura párroco de Liáns (A Coruña), don Antonio Rocha Agrelo que, después de tener que dejar su casa pastoral por el cruel boicot que le hicieron –apedreamientos, destrucción de su automóvil, etc.– en 1934 muchos de sus feligreses sindicados en la C.N.T. y U.G.T., por motivo de la construcción de un nuevo cementerio, volvió a esta parroquia después de julio del 36 y, cuando los represores fueron hasta allí para solicitarle –como era curiosa costumbre de las brigadas de «paseadores» por aquellos meses– los nombres de los izquierdistas más destacados de su parroquia, él les contestó lacónica y valientemente que «si quieren llevar a alguien, llévenme a mí», protegiendo desde entonces con su silencio o con su propia palabra a aquellos individuos que, años antes, habían sido los autores de su feroz persecución anticlerical; y, por último, el caso del cura párroco de Monfero (A Coruña) que, en plena misa dominical, después de criticar desde el púlpito y ante la presencia de un militar ferrolano sublevado las campañas de suscripciones en pro del alzamiento militar, apareció días después «paseado».

como en el boletín oficial del episcopado, aunque largo, es en su totalidad completamente enjundioso, por ello lo consignaremos íntegramente en el apartado correspondiente a los apéndices[143]. Que el lector juzgue por sí mismo los hechos, los dichos y las personas de esta triste y vergonzante historia.

Sociedad masónica y sociedad «profana» en el Ourense de la Segunda República

Rasgos prosopográficos de los masones socialistas

Sin duda alguna, la personalidad política principal del cuadro de esta sociedad se trata de Manuel Súarez Castro, «simbólico» Jaime Vera. Para una aproximación histórica a este relevante personaje, recomendamos las lecturas siguientes: el libro de Francisco Javier Quintas Ferreño *Historia do movemento obreiro socialista en Ourense (1895-1936)*, publicado por la Fundación Luis Tilve en 2012 y, del mismo autor el artículo «Manuel Suárez Castro: o primeiro alcalde socialista de Ourense» publicado, en 2008, en el número 5 de la *Revista Claridade*; el libro de nuestro discípulo y colega Hadrián Fernández Alvarado: *Sindicalismo y política en el Ourense de la Segunda República. La figura de Manuel Suárez Castro*, publicado, en 2017, por el Instituto de Estudios Masónicos de Galicia; y también debemos recordar aquí la breve, pero interesante semblanza que, de este honesto y pacífico socialdemócrata, hizo, en 2012, Julio Prada Rodríguez intitulada «Manuel Suárez Castro (1890-1937) e Benigno Álvarez González (1900-1937). Da esperanza republicana á 'longa noite de pedra' do franquismo», en el libro facticia coordinado por J. de Juana, J. Prada y D. Teijeiro titulado *Galegos de Ourense*, publicado por la Diputación Provincial de Ourense. Este humilde cantero ourensano, nacido el 6 de octubre de 1889, eligió por nombre simbólico al ser iniciado en el hiramismo, el 25 de abril de 1929, el nombre «profano» de aquel médico marxista salmantino que, con el concurso de otros correligionarios como el ferro-

---

[143] *B.O.E.O.O.* nº 16, año CIII, de 7 de septiembre de 1936, pp. 280-288. Véase apéndice A-5.

lano Pablo Iglesias, fundaría en 1879 el llamado Partido Democrático Socialista Obrero. Quizá la heterodoxa tibieza de Vera[144] –siempre más inclinado, como se recordará, a olvidar la famosa frase de Marx sobre la no participación del proletariado en los movimientos de índole liberal– hacía que aquel casi cuarentón militante socialista ourensano, se inclinase más por él que por el de Pablo Iglesias, o el del mismo Karl Marx, a la hora de elegir su sobrenombre masónico. No podemos olvidar sobre este respecto que, el convencido prietista Manuel Suárez, fue foco de numerosas críticas por parte del elemento izquierdista local, tildándole este de «moderado» y «burgués» en no pocas ocasiones. Prueba temprana de su sorprendente moderantismo o «conservadurismo socialista» y de su misma forma de ser –tan típica, por otro lado, de todo hombre de bien pragmático y prudente–, nos la ofrece aquella solicitud que escribió, como buenamente podía y sabía, el 29 de abril de 1929, y dirigió al «Escmo (sic) Ayuntamiento de Orense», desestimándola este «por mayoría de votos en sesión celebrada por la Corporación en el día de la fecha» es decir, en ese mismo viernes día 29 de abril. La política y humilde petición mecanografiada del «compañeiro Manoliño», estaba redactada en estos términos:

> El Parlamento español discute en estos momentos una reforma del Código Penal que tiene justamente alarmada a la opinión pública. El pretexto de esta reforma, que amplia (sic) las penas –estando aún subsistente en el (sic) la pena de muerte–, que crea otras y agrava las circunstancias del individuo en todas, es la represion (sic) contra el terrorismo. Todo el mundo sabe a que (sic) atenerse respecto de esta lacra social, verguenza (sic) de un pueblo civilizado.
>
> Para persiguir (sic) el terrorismo no hace falta modificar la ley, sino que los Gobiernos cumplan con su deber.
>
> Más de dos años llevamos con las garantías constitucionales suspendidas con el mismo pretexto, y al cabo de esta loca carrera

---

[144] Jaime Vera López solicitó ser iniciado, en 1917, en la logia madrileña *Hispano-Americana nº 379,* la misma logia, y el mismo año, donde sería iniciado –y no afiliado– Santiago Casares Quiroga, según consta en el cuadro de altas y bajas de este «taller» de fecha 2 de noviembre de 1917. Cfr.: A.H.N. de S. *Masonería.* Leg. 735-A-2. *Vid.,* también: Gómez Molleda, M. D.: *Op. Cit.,* pp. 36,45,53.

del Poder Publico (sic) nos encontramos conque (sic) el problema se ha agrabado (sic).

No es, pues, con medidas de terror como ha de darse fin a situación tan lamentable, sino estableciendo la normalidad del derecho y resolviendo en justicia los problemas que la vida moderna plantea.

Con el pretexto del terrorismo se ha persiguido (sic) en toda España, de una manera cruel a la organización obrera y a sus elementos directores, una simple sospecha o una delacion (sic) miserable ha sido suficiente para encarcelarles y deportarles obligándoles a sufrir un calvario horrible y sumiendo a sus familias a un estado de preocupación inhumano llevando a todas partes la miseria y el dolor. Esto que se ha hecho como cosa circunstancial, alrededor de la suspension de las garantías quiere darsele (sic) estado de permanencia con esta reforma. No comprendemos este salto atrás que se pretende dar en nuestra legislación (sic).

Yo admiraría como cosa logica (sic) una modificacion (sic) del Codigo (sic) Penal en sentido progresivo, suavizando las penas y las circunstancias, lo que indicaria que la sociedad española havia (sic) evolucionado; pero una reforma que anula lo mas (sic) fundamental de la ley constitucional del Estado, dejando al individuo a merced de cualquier alcalde o Juez del pueblo, sin ninguna clase de garantía, me parece una regresion (sic) a tiempos pretéritos en pugna con los avances de la civilizacion (sic) moderna.

Las organizaciones obreras ven en esta reforma del Codigo (sic) penal una declaracion (sic) de guerra que les hace el Estado mismo lanzándolas (sic) a vivir en la clandestinidad; porque si el solo hecho de que un obrero intervenga en una reunión (sic) publica (sic) ha de servir para declararle sospechoso y establecer sobre el (sic) una vigilancia que le humille y no le permita vivir, no será (sic) posible la actuacion (sic) publica (sic) de los trabajadores.

Esta reforma, pues, ni es represora del terrorismo sino fomentadora de el (sic). Solo el ejercicio libre del derecho de ciudadanía, una mayor rectitud en la aplicacion de las leyes, que no permita inclinarlas siempre en beneficio de los poderosos perjudicando a los humildes dara (sic) fin de esa enfermedad morbosa que esta (sic) haciendo trizas la vida de nuestro pais. Hay que hacer justicia y sobre todo a quien los merece mas (sic) y nicisita (sic) que son los deseredados (sic) de la fortuna. Por eso y en relación (sic) de lo que antecede propongo a vuecencia acuerde pedir al Congreso de los Diputados que rechace en su totalidad el Proyecto de modificacion (sic) del Codigo (sic) penal y que sean restablecidas inmediatamente en su totalidad las garantías Constitucionales.

Orense 29 de Abril de 1929.

Manuel Suárez[145].

El «hermano» Jaime Vera, no tendrá un currículum masónico brillante. En realidad, y dada la poca luz que la documentación conservada ofrece de él, poco podemos decir del *cursus honorum* hiramita de aquel militante socialista conocido popularmente como «Manoliño». Lo más probable es que, desde su iniciación por la logia *Jovellanos nº 1* y su afiliación al «triángulo» *Adelante,* siguiese en esta sociedad masónica ourensana, como miembro activo del «taller», hasta su expulsión de este «por falta de asistencia y pago», decidida esta en la tenida del 23 de febrero de 1934. Las actas de esta sociedad hiramita no ofrecían señales sobre la existencia o presencia en logia de Manuel Suárez desde el 30 de noviembre de 1932. Es muy posible que, dada la relevante importancia política de este «hermano» –por lo que se ve aparentemente proclive a la indiferencia con relación a la práctica francmasónica[146]– el «taller» tolerase su falta de asistencia y, posiblemente, hasta de cotización, con tal de tenerlo como «miembro activo» en el cuadro.

El indudable ascenso social de aquel joven y humilde cantero ourensano se debió, siempre, a su esfuerzo personal y a una responsable labor, primero sindical y después política. Desde el cargo ugetista de directivo del, artesanalmente prestigioso, sindicato ourensano de canteros, al de dirigente máximo del P.S.O.E. de Ourense, se extiende una honesta y acrisolada praxis de militante socialista. Tanto desde sus cargos de concejal en el por

---

[145] A.C.O. fondo no catalogado.

[146] Nos referimos a la práctica colectiva u organizativa, y no a lo que podríamos denominar práctica individual del pensamiento masónico, dado que, a pesar de esa expulsión, una de las cartas que escribió esperando el fusilamiento, refleja indudablemente la influencia de la utopía primordial hiramita, al quejarse amargamente en ella de aquella «sociedad que no ha sido capaz de inculcar el amor entre hermanos» Cfr.: *La Voz de Galicia,* de 11 de diciembre de 1987, p. 22.

aquel tiempo denominado Ayuntamiento de Orense en la última corporación salida democráticamente antes de la Dictadura de Primo, durante ese mismo periodo dictatorial –por designación de la «Casa del Pueblo para representar a su partido»[147]– hasta su dimisión, como alcalde en funciones de la ciudad –cargo que venía desempeñando desde el 24 de abril de 1931–, ocurrida el día 18 del agitado mes de octubre de 1934, como desde su vicepresidencia en la Diputación Provincial, la investigación histórica deja traslucir fácilmente la auténtica *vera effigies* de este tímido pero a la vez resuelto personaje, a través de una labor política y humana prudente, pacífica y, sobre todo, contemporizadora, tanto con sus coaligados como con sus enemigos políticos.

Aquel apacible y provinciano ambiente de la capital ourensana, perderá su aparentemente armónico encanto en los días anteriores al infausto 18 de julio a raíz del terrorismo falangista, como recoge en su libro Carlos Fernández Santander[148]. Llegada la reaccionaria sublevación militar, y como también le sucederá a su «hermano», compañero partidario y amigo José Fernández Pérez, al también francmasón Gonzalo Martín March[149], a la sazón gobernador civil de la provincia ourensana, y a tantos y tantos otros socialistas, comunistas y republicanos, Manuel Suárez Castro será elegido por los nuevos y sanguinarios amos de aquel Ourense del «Nuevo Estado», como propiciatoria víctima para demostrar públicamente hasta dónde podía llegar su inhumana crueldad. Tras la cínica farsa del típico juicio sumarísimo celebrado, como ya es conocido y todavía recordado, en el paraninfo del instituto ourensano (actualmente denominado IES Ramón Otero Pedrayo), Manuel Suárez fue fusilado, corriendo ya el «II Año Triunfal», en las tapias del Cuartel de San Francisco, al lado mismo del cementerio municipal. El fragmento que a continuación transcribimos, reflejo indudable de la personalidad de este

---

[147] Según declaró el 26 de febrero de 1930, cuando volvió a su concejalía anterior a la dictadura. A.C.O., Libro de Actas de 1929-1931.

[148] Fernández, C.: *El alzamiento... Op. Cit. Vid.*, también: Valcárcel, M.: «Ourense 1936: cinconta (sic) anos despois», en *A Nosa Historia 1* (anexo a la revista *A Nosa Terra)*, Vigo (Pontevedra), Promocións Culturais, 1987, pp. 23-27.

[149] Miembro que había sido del «triángulo» *Solón* de Marín (Pontevedra). Cfr.: A.H.N. de S. *Masonería.* Leg. 728-A-5.

honesto militante socialista o socialdemócrata, pertenece a una de las últimas cartas que «Manoliño» dirigió a su familia, estando ya a la espera de la muerte, y que recoge el excelente artículo periodístico que Cristina Huete publicó, en 1987, sobre este personaje de la historia ourensana. El texto en cuestión, que todavía sigue estremeciendo al lector a pesar de esa amplia distancia de tantos decenios, reza de la siguiente manera:

> No os dejo bienes materiales, pero podéis andar por el mundo con la frente muy alta porque sí os queda el patrimonio de la honradez, la bondad y el haber hecho el bien a raudales de lo que creo que podéis estar orgullosos[150].

Siguiendo con la ideología de este malogrado alcalde, la socialista, recordaremos a continuación a otro miembro de esta sociedad masónica ourensana con proyección política muy destacada en el Ourense de esta época, nos referimos al mancebo de una de las boticas del «ilustre repúblico» ourensano Luis Fábrega Coello, al «hermano» José Fernández Pérez. Masón este que toma como sobrenombre, cuando es iniciado el 2 de octubre de 1927 en la logia gijonense *Jovellanos,* el de un viejo militante y francmasón socialdemócrata de origen alemán, Herman August Bebel. La vida masónica de José Fernández es muy prolija, desempeñando cargos de gran responsabilidad desde el inicio de la historia de esta sociedad, no olvidando sus obligaciones como hiramita ni a tenor de aquel acuerdo de la sesión de las ejecutivas de U.G.T. y P.S.O.E. de marzo de 1934, en relación con la incompatibilidad de ser socialista y masón al mismo tiempo[151],

---

[150] *Supra,* nota 146.

[151] Vidarte, J. S.: *El Bienio Negro... Op. Cit.,* pp. 141-143. En realidad, muy pocos masones socialistas ourensanos hicieron caso a aquella decisión de las ejecutivas socialistas a raíz de la proposición realizada por Amaro del Rosal, la ausencia a las tenidas de Manuel Suárez venía ya de muy atrás y su causa no creemos que fuese aquel escrúpulo de los socialistas más radicales. Tanto los «hermanos» Ramiro Pérez Serrano como Eladio Moure Rey y Luis Izquierdo Balbuena, siguieron asistiendo y «trabajando» en la logia *Constancia* después de este curioso y radical acuerdo de las cúpulas socialistas. Sólo de un ugetista, Ramón Nespereira Dacoba, sabemos que fue dado de baja, quizá en el año 1934 «por falta de asistencia y pago», sin saber en realidad si fue por este prurito ideológico al que nos referimos o si fue por simple cuestión económica.

ni en los momentos de zozobra y represión, a raíz de la «revolución» de octubre del 34.

Nacido en Ourense el 12 de enero de 1895, la violentamente truncada vida de José Fernández, fue una activa existencia dominada por una moral fundamentalmente altruista. Aquel joven «proletario de cuello duro» desde su humilde oficio en el mostrador de la céntrica farmacia-droguería de Fábrega, destacó muy pronto en los ambientes sindicalistas del Ourense de la Restauración; desde aquí a su trágico final en el paredón del Cuartel de San Francisco, se extenderá un verdadero *cursus honorum* de auténtico militante socialista: presidente de la Agrupación Mercantil de la Unión General de Trabajadores; secretario de la Asociación Provincial del Comercio y de la Banca; primer vocal de la Junta Provincial de Orense de la Liga Española de los Derechos del Hombre[152]; gestor de la Diputación Provincial; vicepresidente de la Junta Directiva de la Sociedad Protectora de la Escuela Laica Neutral de Orense; presidente, en 1935, de la Agrupación Local del Partido Socialista Obrero Español de Orense; secretario y tesorero del «triángulo» *Adelante nº 7*, y «segundo vigilante» y miembro de la comisión de hacienda de la logia *Constancia nº 13,* llegando en la masonería a ostentar el grado de maestro masón[153];...

En las elecciones municipales de abril del 31, Fernández, fue el segundo candidato –el primero era su compañero y «hermano» Manuel Suárez– de la lista coaligada entre socialistas –como sus compañeros Manuel Deza, Vicente Suárez, Fernando Ledo y Ramiro Escudero– y republicanos –como Ángel Moure, Adolfo Menéndez, Luis Fábrega, los hermanos Alfonso y Cayo Vecino Martín, este último masón, Antonio Álvarez, Manuel Sueiro[154] y José

---

[152] Donde estaría en compañía de otros «hermanos» como Abdón Vide (Presidente), Luis Izquierdo Balbuena (Secretario) y también, como vocales: Ramiro Pérez, Hipólito S. Luengo, Pedro Martínez y Antonio García. Según el *Boletín de la Liga Española de los Derechos del Hombre, nº* 1, de mayo de 1933, p.32.

[153] Según queda consignado en su expediente personal. A.H.N. de S. *Masonería.* Leg. 189-15.

[154] Aquel maestro laico, como Hipólito S. Luengo, director y propietario de la llamada Academia General, centro docente de escolarización laica que tuvo su existir en los años veinte y treinta en la ourensana calle de la Libertad. Cfr.: Cid Fernández, X. M.: *Apuntes da nosa historia escolar. No oitenta aniversario de creación da Escola Laica Neutral,* Ourense, Concello de Ourense, 1989, pp. 49-50.

Rodríguez Pabón[155]; ganando la correspondiente concejalía –gracias a los 308 votos que recibió por parte de los electores del distrito este de la ciudad[156]– desde estos momentos del comienzo republicano hasta julio del 36, con la obvia salvedad de aquella corporación impuesta por el gobernador civil y que gestionará, bajo la presidencia del masón «en sueños» Santos Fernández Fueyo, este concejo desde el 18 de octubre de 1934 hasta el 21 de febrero de 1936.

La documentación municipal de estos años republicanos bajo la corporación emanada de las elecciones del año 1931, está llena de reseñas referidas a las constantes preocupaciones sociales debidas a la, sin duda, excelente labor y al respetuoso talante del concejal Fernández Pérez. Veamos a continuación unos breves ejemplos de esas responsabilidades. En 1931, recién ganada su concejalía, lo vemos ocupando las comisiones municipales de «Sanitaria y Beneficencia», «Policía de Abastecimientos» y «Etiqueta y Régimen Interior». En la sesión ordinaria municipal del 15 de mayo de 1931, lo encontramos proponiendo en solitario varias actuaciones: la adquisición de una alegoría de la República para el salón de sesiones y los retratos de los mártires del momento, los militares francmasones Galán y García Hernández[157], y el desdoblamiento de la escuela municipal mixta de Ceboliño para convertirla en unitaria de niños, creando otra nueva de niñas. En esa misma acta municipal, el investigador se encuentra con una información que puede estar notificándole, en discreta clave masónica, cómo podía influir la típica charla entre «hermanos» –anterior o posterior a la tenida– en una sesión municipal, al caber la posibilidad de que Hipólito S. Luengo, maestro de la E.L.N.O., le pidiese al «hermano» Suárez Castro –a la sazón alcalde presidente en funciones del

---

[155] *La República,* nº 35, año 111, de 4 de abril de 1931.

[156] El candidato que más votos recibió, según el cuadro consignado en la hoja 154 del Libro de Actas que contempla el pleno del 23 de abril de 1931, fue Ángel Moure Fernández, con 315 votos, siguiéndolo, con 310, Alfonso Vecino. El tercero, de un total de 23 concejales de este escalafón, fue José Fernández. Cfr.: A.C.O. Elecciones. Fondo no catalogado.

[157] La alegoría tardó en pintarse, o en cobrarse, pues según el acta de la sesión de 7 de septiembre de 1934, se le pagó la cifra de 2.000 ptas. al pintor Alejandro R. Veiras por ella.

municipio ourensano– y delante de otro «hermano» concejal y, curiosamente, miembro destacado de la municipal Comisión de Cultura y Beneficencia que, dado el cambio de régimen y los consiguientes cargos que ahora ocupaban, consiguiesen que el pleno aprobase que los alumnos y alumnas de la escuela laica gozasen por fin, como hacía el resto del alumnado de las escuelas municipales ourensanas, de esa vacación pagada donde los niños –según lo demostraban las anuales estadísticas– además de ganar entre uno y tres kilos de peso, nadaban y jugaban en las orillas de la hoy destrozada playa coruñesa de Lazareto. El fragmento del acta en cuestión está redactado en los siguientes términos:

> La Presidencia manifiesta que próxima la época de enviar al Sanatorio de Oza las colonias escolares, urge el organizarlas y después de advertir el Sr. Fernández Pérez, que no se olvide [a] la escuela laica como venía ocurriendo, se acuerda el que por las Comisiones de cultura y beneficencia, se proceda a su organización[158].

Como el lector podrá comprobar, estos masones ourensanos con cargos de responsabilidad pública, no resultaron jamás ante el resto de los miembros de su logia –como, por el contrario, va a suceder en otras, meses después– como olvidadizos traidores de sus juramentos y de sus seculares idearios laicistas, democráticos y humanitaristas[159].

Más tarde, en la sesión municipal celebrada el 18 de diciembre de 1931, nueve días después de la aprobación por las Cortes Constituyentes del paradigma legislativo de aquella «República democrática de trabajadores de toda clase», nos hallaremos ante aquel talante respetuoso, quizá un sí es no lo es tímido, pero completamente resuelto, que caracterizaba la personalidad de Manuel Suárez y, tal vez en menor medida, también la de su

---

[158] A.C.O. Libro de Actas.

[159] La crisis o falla en las filas de la masonería española entre «moderadores» o «tolerantes» y «extremistas» o «intransigentes», como los define María de los Dolores Gómez Molleda, o entre «tibios» o «derechizados» y «tradicionales» u «ortodoxos», como los definiríamos nosotros, comienza con las agrias discusiones y enfrentamientos entre diputados «hermanos» en la sesión de Las Cortes del 29 de septiembre de 1931.

«hermano» de logia y compañero de partido José Fernández Pérez. Se trata de la discusión de la corporación municipal, por la supresión de la plaza de capellán del cementerio municipal, ante la solicitud que dicho cura hiciera al ayuntamiento, a raíz de la sorpresa que había recibido

> (...) al ser suprimido dicho cargo en el proyecto de presupuesto –según consta en la nada bien redactada acta de la sesión–, puesto que si últimamente se le comunicó su eliminación de las plantillas del personal administrativo, se le notificó que respectando (sic) todos los derechos adquiridos[160].

Defendieron la postura del sacerdote Manuel Álvarez, los concejales Felisindo Magdalena Pato y, más tarde, José de las Cuevas Vázquez y Valeriano Feijoo Rivera que, *grosso modo*, alegaban, por un lado, que si la plaza se había suprimido por lo contemplado en la recién promulgada Constitución de la República, legalmente habría que esperar a que se decretase la correspondiente ley de reglamentación y secularización de cementerios para obrar en consecuencia y no anticiparse de esa manera a la misma, y por otro lado, que, aún convencidos de que la supresión de la plaza en litigio no obedecía «a sectarismos», era conveniente que siguiera existiendo –aunque fuese con la correspondiente rebaja o sacrificio del propio sueldo del capellán como él mismo había sugerido en su solicitud– dado el servicio o «misión espiritual» que este desempeñaba y «la que obedece y reclama –como añadía el concejal Magdalena– un gran sector del pueblo que representa el Ayuntamiento».

Resulta ciertamente llamativo comprobar el sintomático hecho de que serán, exclusivamente[161], los concejales masones los que salgan a defender en este debate, la postura adoptada por la comisión municipal correspondiente a la supresión de esta plaza de la administración municipal. Llama poderosamente la atención, ver cómo el resto de los munícipes republicanos guardan un curioso

---

[160] *Ibídem.*

[161] Salvo una mínima aclaración de Menéndez Fernández, afirmando su catolicismo y, al mismo tiempo, su acatamiento de la libertad de conciencia.

silencio que sólo se interrumpirá cuando se celebre la votación nominal solicitada por Feijoo, y aprobada por Suárez Castro, sobre si se aprobaba o no «la proposición de la Comisión de Hacienda de suprimir del presupuesto la plaza de Capellán del Cementerio». La votación será ganada por los sufragios de los ediles de las coaliciones de izquierda –Moure Fernández, los hermanos Vecino, Docabo de la Iglesia, Eire Santalla, Menéndez Fernández, Fernández Pérez, «Suárez y la Presidencia». Votarán contrariamente sólo cinco concejales: García García, Pascual Santana, Araújo López, Feijoo Rivera y de las Cuevas Vázquez[162]. Hay que señalar que, antes de ponerse a votación este peliagudo tema laicista, y con el fin de intentar torpedearlo de alguna forma –dado que el derechista Feijoo Rivera había conseguido de Suárez Castro que la votación fuese nominal–, salieron del salón los ediles González Salgado, Mangana, Magdalena Pato y Méndez Aguirre.

En toda esta discusión que, por momentos, deducimos bastante ácida y abroncada, máxime sabiendo que el obispo había publicado un número de su boletín eclesiástico el día anterior, dedicándolo casi exclusivamente a criticar a la corporación del concejo por haber acordado el derribo del muro que separaba a católicos de «disidentes» en el cementerio de San Francisco, los talantes de los «hermanos» Vera y Bebel se nos aparecen, a través del acta, en cierta forma conciliadores y respetuosos, veámoslo:

> Observa el Sr. Fernández Pérez, que desde luego nadie quiere herir sentimientos ni creencias, pero en la nueva Constitución se dictan normas para los Cementerios municipales, en los que se prescinde de toda intromisión eclesiástica[163] (...). Confirma el Sr. Suárez, que en la Comisión de Hacienda no ha habido sectarismos, como lo demuestra el hecho de que todos los acuerdos se hayan adoptado por unanimidad, siendo así que la constituyen personas de diversas creencias religiosas y explica cómo los mó-

---

[162] Todos ellos formarán parte, el 23 de julio de 1936, del primer ayuntamiento fascista de la ciudad de Ourense, aquella denominada Comisión Gestora nombrada por la resolución de la «Comandancia Militar de la Plaza», y cuyo presidente sería Marcelino Mira Cecilia. Cfr.: A.C.O. Libro de Actas.

[163] Así rezaba el segundo párrafo del artículo 27 de la Constitución del 31: «Los cementerios estarán sometidos exclusivamente a la jurisdicción civil. No podrá haber en ellos separación de recintos por motivos religiosos».

viles que tuvo en cuenta la Comisión fue[ron] únicamente el principio de libertad de conciencia reconocido en la Constitución y por entender que la misión fiscalizadora no exige nuevo personal, pues en todo caso la prestará un funcionario administrativo desde la misma Casa Consistorial; pero sin que ello implique ofensa alguna para toda clase de creencias que mutuamente deben respetarse (...). La Presidencia dice que, con dicha supresión, no hay ofensa alguna para los sentimientos católicos, y como todos insisten en sus puntos de vista y el Sr. Feijoo reclame se someta a votación nominal, la Presidencia declara terminada la discusión, y somete a votación si se aprueba la proposición de la Comisión de hacienda de suprimir (...).

Por otro lado o, mejor dicho, por el otro lado, el talante –en ocasiones de claro estilo principesco– del obispo Cerviño era, como su mentalidad, completamente antitético al de aquellos dos francmasones. El editorial del número del boletín clerical al que ya hemos hecho referencia y que dirigía el propio prelado, directamente, al «Señor Alcalde», iba escrito en pedantescos y ofensivos términos rezumantes de elevada distinción y feroz mordacidad; irónico estilo literario de este altivo príncipe de la iglesia, posiblemente con una rápida y mal revisada corrección de última hora[164], en el que la afectada indiferencia se mixturará con una suerte de colérico aviso al resto de la corporación municipal –en semicríptica clave tipográfica de bastardillas y comillas–, referente a que entre los miembros de aquella corporación municipal había varios «enemigos de la Cruz de Cristo»[165], y una seria amenaza final, enmarañada quizá por unos pésimos retoques de último momento para que no resultase tan fuerte:

(...) pero también imprescindible nos será conocerlas para en su vista [¿día?] saber a qué atenernos y orientarnos y obrar en cumplimiento (¿consecuencia?] de los principios de la Fe y Sagrados Cánones de la Iglesia respecto a los que siendo a ellos

---

[164] De ahí que no se entiendan bastante bien ciertas frases. Cfr.: *B.O.E.O.O.* nº 2 22, año XCVIII, de 17 de diciembre de 1931, pp. 353-354.

[165] *Ibídem*, p. 353.

contrarios se les supone o debe suponérseles que quieren pensar, vivir y morir (...)[166].

Tanto en aquella colérica y apocalíptica advertencia de las comillas y bastardillas como en esta última conminación, un lector actual –quizás en exceso suspicaz como el que esto escribe– llegue a sentir un desagradable estremecimiento, al deducir –o intuir– aquella y a esta como interrelacionadas premisas de una fatídica y horrorosa conclusión; como un tétrico silogismo premonitorio del trágico final que aquel desgraciado «Señor Alcalde» hallará en los controvertidos muros que delimitaban aquel cementerio y que, una pequeña parte de los mismos, mandó derribar; primero, por cuestión de secularización o laicización de la necrópolis y, segundo, para poder ampliar el ya por aquel tiempo constreñido recinto. Con el fin de que sirva como elemento de libre interpretación para el lector, intercalaremos a continuación en nuestro discurso el citado editorial:

Contra un acuerdo municipal referente al derribo del muro que separaba el Cementerio católico del civil.

Señor Alcalde:

No me enoja, aunque ciertamente me apene por tratarse de un concejo que estimaba católico, el acuerdo por este tomado, y al parecer cumplido, de derribar, suprimir el muro de separación entre los cementerios católico y civil, ambos propiedad del Municipio, según hasta ahora existiera y religiosamente conservaran los precedentes concejos a tenor de todas las leyes vigentes sobre la materia, civiles y eclesiásticas. ¿Por qué enojarme? Harto se alcanza que los hombres, lo mismo individual que socialmente, somos mudables. Ya en los tiempos apostólicos el convertido San Pablo escribía *llorando* a los Filipenses: *Muchos andan* 'entre vosotros' *que son enemigos de la Cruz de Cristo y cuyo fin tendrá que ser la perdición*[167] 'eterna'. El mismo Cristo Señor profetizara que dada la inconstancia del hombre, las herejías serían inevitables. No me extraña, pues, que el actual concejo disienta de los

---

[166] *Ibídem*, p. 354.
[167] Los subrayados y las comillas son del texto.

que le han precedido, y aún de todos los fieles católicos orensanos, y resista y se aparte en materia de cementerios, de la doctrina y leyes de la Iglesia. Pero este, cabalmente, es el punto que no aparece claro en la delicadísima, muy agradecida contestación a la respetuosa protesta y confiado ruego que con ocasión de aquel acuerdo y derribo de tal muro habíamos elevado a la Excma. Corporación por nosotros y por nuestros fieles, los Párrocos y Obispo. No dudábamos, no debíamos dudar, como que ni objeto (sic) podría ser de nuestro juicio, de las buenas intenciones de los señores ediles en decretar semejante medida, –era la que correspondía a sus convicciones distintas y aun contrarias a las de la Santa Iglesia–; nos hemos fijado tan solo en el carácter, trascendencia, eficacia y realización del acuerdo que rompía naturalmente nuestras tradiciones, lastimaba nuestras creencias, y pedíamos con religiosa ansia, la modificación del mismo, siquiera fuese mientras fuerza mayor no lo impusiera; y acerca de este particular, único que nos toca e interesa, nada se nos responde concretamente. ¿Será que se accede a lo pedido para continuar, como así se declara en las buenas relaciones de paz y armonía entre ambas autoridades, civil y eclesiástica? ¿Será que se desatiende tan en absoluto lo deseado que ni aún (sic) de contestación se estima digno?

Fuerza nos será respetar cualquiera de estas soluciones, pero también imprescindible nos será conocerlas para en su vista saber a qué atenernos y orientarnos y obrar en cumplimiento de los principios de la Fe y Sagrados Cánones de la Iglesia respecto a los que siendo a ellos contrarios, se les supone o debe suponérseles que quieren pensar, vivir y morir, igual que los del cementerio neutro, o sea, sin Cruz ni sepultura eclesiástica.

Confío, Sr. Alcalde, bien que lamente la molestia, que nos hará la aclaración. Dios guarde a V. S. muchos años.

Orense, 30 de noviembre de 1931. ✝ EL OBISPO[168].

Volviendo a los rasgos prosopográficos de José Fernández Pérez, diremos que, en junio de 1933, cuando ya era vicepresidente de la Junta Directiva de la Sociedad Protectora de la Escuela

---

[168] *Ibíd.*

Laica Neutral –siendo de la misma junta, como veremos más adelante, sus «hermanos» de logia, Ramiro Pérez (presidente) y Abdón Vide (secretario)– lo encontraremos como miembro de la Comisión Mixta Local de sustitución de la enseñanza dada por las confesiones y congregaciones religiosas, en compañía de los concejales republicanos: el francmasón Cayo Vecino Martín y su propio patrón, Luis Fábrega[169].

El final de la vida de José Fernández Pérez, aquel humilde mancebo de botica socialista que, debido a los democráticos principios del sufragio universal, había llegado a coadministrar la vida municipal de aquella burguesa y clerical Ourense de preguerra, llegará excesivamente pronto y de forma obviamente violenta: será fusilado a los 42 años, después de haber sufrido una larga agonía de varios meses entre interrogatorios, torturas y el consabido «Consejo de Guerra». Su ficha policial de «Masonería» y «Antimarxismo» de la sección cuarta del Servicio Nacional de Seguridad, confeccionada el 15 de diciembre de 1938, comenzaba con el lacónico eufemismo impuesto por aquellos sanguinarios verdugos de «FALLECIDO», y en el desglose de los «antecedentes» del masón fichado ponía, entre otras cosas, lo que sigue:

> Gran propagandista de las doctrinas marxistas y consejero de los elementos socialistas actuando siempre como persona de influencia con los Gobernadores civiles cuando se trataba de solicitar libertades de detenidos, con motivo de huelgas u otros hechos análogos[170].

Otro francmasón ourensano de ideario socialista fue Ramiro Pérez Serrano, también «trabajador de cuello duro» como su compañero y «hermano» José Fernández, dado que, hasta 1935, fue un modesto dependiente de comercio de la ourensana Ferretería Perille. Nacido en Ourense, el 29 de julio de 1888, el «hermano» Pablo Iglesias tuvo, según parece, más participación en los ambientes sindicales de la U.G.T. que en los estrictamente

---

[169] A.C.O. Libro de Actas.
[170] *Supra,* nota 155.

145

políticos del P.S.O.E. Hombre de credo quizá más radicalizado que los dos masones anteriormente estudiados –de ahí sin duda su nombre simbólico–, Ramiro Pérez fue un destacado y concienciado sindicalista, vocal en varias ocasiones de aquellos paritarios y primorriveristas jurados mixtos, su participación en los sucesos de la huelga general de octubre de 1934, en apoyo del frustrado, desastroso y, obviamente, antidemocrático *putsch* de clara inspiración socialista, le costaría la pena de destierro impuesta en aquellos días por «la autoridad militar competente». Según los informes confeccionados por la policía en plena Guerra Civil, el ugetista «hermano» Pablo Iglesias «(...) perseguía sañudamente a los patronos»[171].

En la francmasonería, Ramiro Pérez Serrano se inició en Gijón, en la logia *Jovellanos,* corriendo el año de 1928. Del «triángulo» *Adelante* fue uno de sus fundadores –el tercero, según el número de orden de esta sociedad–, desempeñando, tanto en el «triángulo» como en la logia, cargos típicos de beneficencia como el de «hospitalario» y «limosnero». Después de un momento de posible indiferencia en 1930, teniendo que llamarle al orden el propio «triángulo» para que se «pusiese a plomo»[172] con el «taller», según consta en la «plancha» personal de fecha 5 de octubre de 1930, el «hermano» Pablo Iglesias llevó una activa vida masónica, según consta en los libros de actas de esta sociedad ourensana[173], pagando «cristianamente» sus cuotas mensuales de 3,50 pts., hasta el mes de octubre de 1935, mes en el que la logia le redujo la cotización –que sepamos sólo lo haría con él, dado que otros miembros siguieron pagando las 3,50 pts. mensuales de rigor hasta junio del 36– a la cantidad de una peseta, cumpliendo con esta obligación hasta el recibo de fecha 30 de junio de 1936, último, indudablemente, que gestionó la secretaría de esta logia masónica. Dado el reducido poder adquisitivo que debió de tener siempre este humilde padre de familia, y a

---

[171] A.H.N. de S. *Masonería.* Leg. 721-30.

[172] Pagase el débito de cuentas atrasadas.

[173] Según consta en los libros de actas de esta sociedad que descubrimos en el legajo que, el «Archivo Secreto de la Masonería», había abierto para archivar la documentación correspondiente a cómo se había llevado a cabo la represión en Galicia. Cfr.: A.H.N. de S. *Masonería.* Leg. 625-A.

pesar de su constante participación en la logia, según todo parece indicar no pasó en la masonería del grado de aprendiz debido, seguramente, al coste que conllevaba en esta obediencia el hecho de pasar de un grado a otro. Sobre este punto de la obviamente nada boyante economía familiar de este sindicalista, la documentación masónica conservada nos ofrece, en 1935, un curioso y humano ejemplo de cómo la masonería, por la completamente honrada vía de sus fraternales lazos de amistad –y no, como veremos más adelante, mediante las sectarias y nepóticas influencias políticas–, ayudará a este empleado recién despedido de su trabajo, buscándole, a nivel nacional, las correspondientes representaciones comerciales para poder así sobrevivir en aquella económicamente crítica España de preguerra[174]. Tal vez debido al constante cargo de «limosnero-hospitalario» que Ramiro Pérez desempeñó siempre en esta sociedad masónica, el «taller» le encomendó, a mediados o finales de 1931, la presidencia de la junta administrativa y directiva de una de las obras de beneficencia más preciadas por la logia: el sostenimiento y gestión de la Escuela Laica Neutral de Orense. De esta forma hallaremos su nombre en el libro de actas de la Junta Directiva de la Sociedad Protectora de este centro docente, presidiendo sus sesiones hasta el 9 de junio de 1935, fecha límite esta última de dicho libro, suponiendo que siguió en esa presidencia hasta julio de 1936.

Siguiendo con el esbozo de las biografías de los francmasones ourensanos del siglo veinte con conocida militancia, ideología o afinidad socialistas, nos toca ahora hablar de Luis Izquierdo Balbuena, «simbólico» Víctor Hugo. La historia masónica de este madrileño nacido el 21 de noviembre de 1892, tiene origen sevillano, dado que se inició, siendo ya oficial de Correos, en la reputada logia de la ciudad de la Giralda *Isis y Osiris nº 377* del Grande Oriente Español, el día 20 de septiembre de 1919, siendo el «venerable» en ese momento, el célebre masón andaluz Fermín de Zayas. En este famoso «taller» sevillano, donde llegó a

---

[174] Este tema de lograr representaciones gracias a los contactos masónicos, no debió ser raro por estos años dado que, por ejemplo, el masón valdeorrés Francisco Vidal Nogueira alegará ante sus propios compañeros de represión fascista, que se había hecho masón con el fin de obtener el apoyo de los masones para que le concedieran buenas representaciones. A.H.N. de S. *Masonería.* Leg. 258-33.

ser «venerable maestro» nada menos que el «hermano» Vergniaud, de nombre profano Diego Martínez Barrio[175], Izquierdo pidió su correspondiente baja legal o «plancha de quite» en 1920 debido a su traslado a Ourense, concediéndosela esta logia andaluza con fecha 13 de marzo de ese mismo año. Después de dos años de «somnolencia» masónica, el «hermano» Víctor Hugo se afilió, el 19 de noviembre 1931, en el «triángulo» ourensano *Adelante*. Tanto en este «taller» como en su futura conversión en logia masónica, Izquierdo se responsabilizará del cargo de orador, siendo, además, miembro de su Comisión de Beneficencia y garante de paz y amistad de la Gran Logia Regional del Noroeste de España. Socio protector –como casi todos los miembros de la sociedad masónica ourensana– de la E.L.N.O., Izquierdo Balbuena será uno de esos masones ourensanos que, cuando llegue la sublevación militar de 1936, pasará por el calvario de los interrogatorios, torturas y consejo de guerra, siendo condenado, igual que sus «hermanos» y compañeros de partido Suárez Castro y Fernández Pérez, a la máxima pena.

La documentación que creó el «triángulo de aplomación» que la logia sevillana nombró para investigar la vida pública y privada de Izquierdo cuando solicitó ser iniciado en febrero de 1919, se conserva en el expediente masónico personal de este masón madrileño en Salamanca[176]. Las observaciones realizadas por los «aplomadores» son las normales en este tipo de documento; es decir, «(...) lo encuentro apto para ingresar en la Orden» o «(...) resulta de las indagaciones hechas hombre de conducta intachable, ideas liberales, y que cuenta con recurso para atender a sus necesidades»; salvo la realizada por el «hermano» Ananda que, a pesar de emitir un informe favorable, ofrece a la historia, con sus observaciones, un rasgo de la personalidad de Izquierdo que coincidirá con el que contemplan otros documentos, tanto masónicos como profanos, y que estará en directa relación con su desmesurada ambición por promocionarse –fuese como fuese– dentro de su profesión. El texto dice así:

---

[175] Gómez Molleda, M. D.: *Op. Cit.*, p. 39.
[176] A.H.N. de S. *Masonería*. Leg. 201-A-2.

(...) he llegado al convencimiento de que el candidato reúne condiciones de cultura, honorabilidad y medios de vida, pero que necesitaría de prolongada estancia dentro de la Orden para que la Fraternidad que desea practicar llegue a ser característica de su vida[177].

El «hermano» Izquierdo Balbuena, va a ser ese tipo de funcionario del Estado con no muchas simpatías entre sus compañeros; es decir, que con Izquierdo –y utilizando lenguaje coloquial de hoy día– nos encontramos ante el típico «trepas» que no dudará, en su insana acucia por promocionarse, en utilizar a la politizada masonería de su logia y de España en general, para solicitar los correspondientes «enchufes» y así lograr el mejoramiento deseado. La documentación conservada sobre esta logia ourensana, abundará en este tipo de carta o «plancha» de recomendación. En su expediente personal y en el del «venerable» del «taller», Abdón Vide[178], nos encontraremos con un excesivo número de unidades documentales con estas características, en relación con sus intentos masónicos de conseguir la correspondiente recomendación. La primera de ellas resulta, por su contenido, cien por cien sorprendente. Se tratará de la carta que Vide dirigirá desde Ourense, el 26 de febrero de 1934, al «Excmo. Sr. D. Diego Martínez Barrios (sic)», por aquel tiempo atribulado «gran maestre» del Grande Oriente Español[179], y que continuará de la forma que sigue:

Muy respetable Sr. mío y amigo, me permito la libertad de molestar su atención por tratarse de un asunto de carácter privado que no sólo de esta manera, entiendo que puede tramitarse.

Como V. no ignorará, yo soy el Ven. M. de la Log. Constancia de estos Vall. y amparándome en este honroso título, es por lo que me dirijo a V. directamente, rogándole encarecidamente

---

[177] *Ibídem.*

[178] A.H.N. de S. *Masonería.* Leg. 77-A-2.

[179] A punto de dimitir de este cargo (mayo de 1934) y titular del Ministerio de la Guerra por pocos días, dado que, a uno de marzo, le entregaría su dimisión a Lerroux. Cfr.: Arrarás, J.: *Historia de la Segunda República española*, tomo II. Madrid, Editora Nacional, 1970 (3ª edición), p. 287.

haga lo posible por atender mis deseos que escuetamente paso a exponerle.

Está vacante por defunción el cargo de Inspector Provincial de Correos de Orense. Como recientemente ha sido disuelta la Comisión de Destinos que actuaba en Correos, es de suponer que el Ministro de Comunicaciones dispondrá libremente de los cargos para proveerlos. En este taller tenemos al hermano Luis Izquierdo Balbuena, Orador y un elemento estimabilísimo en el orden masónico por sus cualidades y cultura. Es grado 3º propuesto para el 4º. Sin su conocimiento, yo me permito rogar a V. interceda con toda su fuerza cerca del Sr. ministro de Comunicaciones para que le nombre para el citado cargo, que el Sr. Izquierdo no rechazaría y que además, por su categoría en Correos y demás condiciones en el Cuerpo las reúne todas, completamente, para poderlo ocupar sin quebranto alguno y en el supuesto antes dicho de no recaer el cargo en nuestro hermano seguramente irá a parar a dos funcionarios que lo trabajan políticamente y que son desde luego, ambos monárquicos cien por cien, pero uno sobre todo fascista concentrado y los dos de filiación reaccionaria en grado superlativo.

La prosperidad de uno de nosotros es tanto como [de] él (sic) de nuestra Augusta orden; el cargo que intereso nos es convenientísimo por su movilidad dentro y fuera de la provincia y otra serie de consideraciones que no escaparán a su fina percepción.

Repito que lo pido sin conocimiento del interesado, pero como señal, exponente o símbolo de lo que somos y podemos valernos, sería de un efecto extraordinario lograrlo.

No será necesario señalar la pureza republicana y convicción firmísima de republicanismo en el Sr. Izquierdo; si no fuera así, yo no lo recomendaría, así como la urgencia del asunto.

Me es muy grato saludar respetuosamente a V. y ofrecerme a (sic) incondicionalmente afectísimo amigo y seguro servidor que su mano estrecha.

Abdón Vide Villanueva[180].

---

[180] *Supra,* nota 179.

La carta o «plancha» en cuestión, tan típica, por otro lado, en la correspondencia, vamos a denominarla entre semiconfidencial y semioficial de la masonería del momento, no puede ser mejor aguafuerte para poder ilustrar hasta dónde llegaba –o quería llegar– la influencia del poder de las logias dentro del gobierno republicano. Como el lector podrá interpretar con sencillez, lo de que Izquierdo era desconocedor de la petición de su «venerable» es completamente falso; a buena hora, dada su misma profesión, sabía Vide tantas cosas del régimen interior de la oficina ourensana de Correos. ¿Por qué no dice por ningún lado el «venerable» que su «elemento estimabilísimo en el orden masónico» era un simple oficial de Correos y que, por tanto, sería a todas luces improcedente darle el elevado cargo –típico, por otro lado, de escalafones superiores– que sin duda deseaba o envidiaba? Sobre las tendenciosas y partidistas informaciones, más de orden de «brigadilla» policial que políticas y, obviamente, masónicas sobre los otros posibles candidatos al cargo, huelga hacer cualquier comentario, sólo recordar de este texto, por último, algo sin duda muy serio y que parece querer dar a entender Vide en cierto fragmento de la carta cuando dice: «(...) y otra serie de consideraciones que no escaparán a su fina percepción» ¿Se estaría refiriendo el «venerable maestro» de la *Constancia nº 13* con estas no del todo crípticas palabras, a la posibilidad de que aquel funcionario, una vez «sentado» en dicho cargo, pudiera prevaricar confiadamente, violando el sagrado derecho de toda persona –y, por supuesto, partido político– a la inviolabilidad de la correspondencia[181], como así sería denunciado después en plena Guerra Civil? No hay duda de que esta carta, como tantas y tantas de las que se custodian en el archivo salmantino, anonadará al más cándido, contumaz, demagogo o fanático fervoroso sustentador de la estrambótica tesis histórica sobre la apoliticidad de la masonería en la historia contemporánea española como, por ejemplo, era hasta, que sepamos, hace unos años el historiador oscense José Antonio Ferrer Benimeli.

---

[181] Como meridianamente estaba contemplado en el artículo 32 de la Constitución republicana de 1931.

Como parecía temer Abdón Vide, cuando en el penúltimo párrafo de esta misiva decía aquello de «así como la urgencia del asunto», las rápidas dimisiones de Martínez Barrio primero, de su ministerio lerrouxista (1 de marzo de 1934) y, después, del cargo de «gran maestre» del Grande Oriente Español (mayo del mismo año), imposibilitaron que al desmesuradamente ambicioso de Izquierdo Balbuena le concediesen el anhelado e importante empleo de inspector provincial. No desmayará sin embargo el «hermano» Víctor Hugo, en sus intentos por medrar a costa de su participación en la organización hiramita. Volveremos a leer cartas semejantes a esta cuando, una vez victorioso el Frente Popular, a raíz de las elecciones de febrero del 36, aquel francmasón de «firmísima convicción republicana», ansíe de nuevo un alto puesto directivo en la administración ourensana de Correos.

La primera carta, en esta ocasión mecanografiada y con el membrete impreso de la Sociedad Protectora de la Escuela Laica Neutral de Orense, tiene fecha de 3 de marzo de 1936, y está dirigida por Abdón Vide al «Sr. D. Diego Martínez Barrio», dice así:

> Muy señor mío y querido hermano.
>
> Tengo el honor de dirigirme a Vd. para reiterarle de nuevo (sic) la conveniencia de que, el cargo de Inspector Provincial, Interventor o Administrador principal de Correos de esta Capital recaiga en nuestro hermano Orador de esta Logia D. Luis Izquierdo Balbuena, que tiene categoría y veinticinco años de servicio al Estado.
>
> Este asunto es de alta transcendencia masónica y republicana, como no dejará de comprender Vd., porque si los puestos dirigentes de la burocracia Estatal, van a quedar otra vez en manos de monárquicos, fascistas y reaccionarios como hasta ahora ocurre en la central de Correos de Orense; es cosa de pensar que el triunfo de las izquierdas no es como lo hemos creído todos los que integramos las fuerzas del Bloque Popular. Como Venerable de este Taller, le pido interponga su valioso apoyo en favor de lo que se interesa y anticipándole las gracias, y espera de sus gratas noticias, lo saluda respetuosamente su servidor y hermano.

Abdón Vide.
Progreso, 7-3º
Orense[182].

Como el lector comprobará, la carta es similar a la escrita dos años atrás. Los motivos, la denuncia, y la «(...) alta transcendencia masónica y republicana» sobre el hecho de poder dominar o controlar la distribución del correo a nivel provincial, convierten, por lógica extensión interpretativa, a esta logia, en un auténtico grupo de presión local, con sus correspondientes aparatos propagandísticos, de información y de colocación o promoción político-profesional. En lo que respecta a la respuesta que tuvo esta última petición, tenemos que decir que sí en esta ocasión tuvo eco positivo esta nueva solicitud. En el mismo expediente donde se encuentra la carta anterior, tenemos la copia de la contestación de Martínez Barrio, de fecha 9 de marzo, y la contestación del propio –y por aquel tiempo flamante– ministro de Comunicaciones y Marina Mercante, Manuel Blasco Garzón, amigo de confianza del poderoso «hermano» Vergniaud, y de la misma cuerda hiramita que él. Veámoslas a continuación. La de «don Diego» decía así:

Madrid, 9 de marzo de 1936.-
Sr. Vide.
Sociedad Protectora de la Escuela Laica Neutral. Progreso, 7, 3º
ORENSE
Muy señor mío:
Correspondo a su atta. del día cinco [en realidad, el 3] para manifestarle que he recomendado con todo interés el nombre de don LUIS IZQUIERDO BALBUENA, para el cargo que ustedes sean [desean] se le nombre. Celebraría que, dentro de las posibilidades del Ministerio de Comunicaciones, cupiese la de lograr estas aspiraciones.
Suyo atentamente seguro servidor. Que estrecha su mano[183].

---

[182] *Supra,* nota 178.
[183] *Ibídem.*

La del ministro del gobierno frente-populista era más lacónica, Con el membrete impreso oficial de «El Ministro de Comunicaciones y Marina Mercante», timbrado por el mural, sencillo y armonioso escudo de la República Española, dice:

> Madrid, 20 de marzo de 1936
> Excmo. Sr. D. Diego Martínez Barrio. Querido amigo:
> Tengo la satisfacción de comunicarte que tu recomendado, don Luis Izquierdo Balbuena, está propuesto para el cargo de Interventor de la Administración Principal de Correos de Orense.
> Un abrazo,
> Fdo: Manuel Blasco Garzón[184].

Por fin la logia ourensana conseguirá situar donde deseaba al «hermano» Víctor Hugo. Sin duda, este cargo será una de las más grandes satisfacciones personales de la vida de este humilde oficial de Correos, pero también va a ser, seguramente, una de las causas que ocasionará los meses más penosamente largos de su existir, por la terrorífica incertidumbre de estar esperando, día tras día, que el correspondiente carcelero leyera su nombre para pasar «a capilla», aguardando entonces el despuntar de su última madrugada.

Llegado el aciago alzamiento anticonstitucional de julio, Izquierdo, como tantos otros, huirá de su ciudad, equivocando el rumbo de su escapada. En vez de intentar ganar la tierra asturiana, dirigirá sus pasos hacia la ciudad gallega que, probablemente, creía más segura: A Coruña. Ciudad esta donde permanecerá libre –y más o menos confiado por la amplitud de aquella urbe y por los 180 kilómetros que le separaban de Ourense– hasta el día 20 de marzo de 1937, fecha de su detención e inmediata prisión en la, por aquel tiempo triste y horrorosamente abarrotada, cárcel provincial coruñesa. Prisión esta donde permanecería Izquierdo hasta el 24 de abril de ese mismo año, al haber sido ese día «conducido para Orense en virtud de hallarse reclamado por el Juez Militar de aquella Plaza», como se expresaba la copia, sin fecha, de un informe del Gobierno Civil de La Coruña. La bien ensamblada má-

---

[184] *Ibíd.*

quina represiva del nuevo y totalitario Estado cayó rápida y pesadamente sobre él. Informes y más informes «secretos», rápidamente confeccionados para llegar a tiempo a su consejo de guerra: del Gobierno General del Estado Español –encabezados todavía con el escudo republicano– al requeté navarro «Delegado de Servicios Especiales de actividades secretas en la Secretaría particular de S.E. el Generalísimo»; del Cuartel General del Ejército del Norte al Gobierno General; de la Delegación de Orden Público de La Coruña y su Provincia; del Gobierno Militar de la Provincia y Plaza de Orense; del Gobierno Civil de La Coruña; etc.

Como ya hemos adelantado, al «hermano» Izquierdo Balbuena el consejo de guerra le condenará a la máxima pena. Fusilamiento del que creemos se salvará gracias a la mediación de un hermano comerciante que tenía –residiendo también en la ciudad ourensana– y cuya ideología –si en esto le hacemos caso a lo que decía el «Coronel Gobernador Militar» Luis Soto Rodríguez[185]–, era la de «persona de derechas».

Luis Izquierdo Balbuena fue delatado por personas profesionalmente muy allegadas a él, tal vez por aquel funcionario que él y Vide tildaban, en aquella nepótica carta de 1934, como «fascista concentrado». Una de esas delaciones –tuvo muchas de estas «confidencias dignas de crédito»– alegó que nadie más que él era el que hacía desaparecer la correspondencia de índole política que faltaba en la oficina. Otra delación, esta de un «Agente» de la plantilla del Gobierno Civil; es decir, de un funcionario de derechas de ese organismo que actuó como delator o confidente de todo lo que pudo conocer, por su empleo en dicha institución, durante el gobierno frentepopulista, alegó que «tres o cuatro días después de la muerte de D. José Calvo Sotelo» o, como diría el 15 de diciembre de 1938 un empleado del «Archivo Secreto de la Masonería» al cubrir la ficha masónica de Izquierdo, «a raíz del vil asesinato del Protomártir de la Patria Excmo. Sr. Don José Calvo Sotelo», y ante el gobernador civil de Ourense –el también francmasón Gonzalo Martín March– dijo, al parecer textualmente, según la declaración de este soplón fascista, estas palabras: «vengo a

---

[185] Hasta el 18 de julio, este militar no era más que comandante con el cargo de la jefatura de la Zona de Reclutamiento. Fernández, C.: *El alzamiento... Op. Cit.,* p. 232.

felicitarle a V.E. Sr. Gobernador por la muerte de nuestro enemigo público número uno, y a ponerme por segunda vez incondicionalmente a sus órdenes»[186].

Terminaremos estas referencias en relación con la vida y obra del «hermano» Víctor Hugo, con un fragmento del informe que, con fecha 7 de junio de 1937, un compañero de trabajo suyo[187], el en ese momento responsable máximo de la Administración Principal de Correos de Orense, tuvo que hacer –intentando, veladamente, exculpar a Izquierdo– por requerimiento del Gobierno Militar de La Coruña. El texto en cuestión dice lo que sigue:

En contestación a la comunicación de V.S. n.º 10, enviada con carácter secreto, fecha 5 de los corrientes, tengo el honor de manifestar que el Jefe de Negociado de 2ª clase D. Luis Izquierdo Balbuena, perteneció a la plantilla de esta Principal hasta el 19 de Agosto de 1936, en que fue baja por virtud de haber sido separado del cargo por la Capitanía General de la 8ª región, con fecha 15 del mismo; siendo separado definitivamente del servicio y baja [en el] escalafón por orden de 19-2-37 del Excmo. Sr. Presidente de la Junta Técnica del Estado (B.O.E n.º 124 de 21-2-37) dicho exfuncionario desde su cesación en esta, se ausentó, al parecer, de esta Capital, y hace aproximadamente un mes que fue detenido en La Coruña y conducido a Orense, a disposición del Juzgado Militar de la Plaza, encontrándose actualmente en la Cárcel de la misma. No le consta al que suscribe, por hechos fehacientes, antecedentes, salvo los que afecten al servicio, aun cuando por el rumor y referencias públicas se enterase de las demás de otro orden, y que son las siguientes: En el aspecto puramente profesional se trata de [un] funcionario conocedor del servicio; y pudiéramos decir con 'honradez–buena; aptitud–buena; y ambicioso para cargos, aun con perjuicio de compañero de mejor derecho.– En el orden social, según se decía, pertenecía al partido socialista, y después del triunfo del Frente Popular, se le nombró interventor de la oficina, sin duda por su

---

[186] *Supra,* nota 176.

[187] Posiblemente se trate de Martínez Pedrayo, como nos dice Marcos Valcárcel en su trabajo ya citado. Valcárcel, M.: «Ourense...», *Op. Cit.,* p. 25.

situación dentro del mismo. En el orden confesional no me consta nada sobre su significación masónica, que se pregunta, solamente recuerda –aunque no la fecha– que después de su ausencia de esta capital un periódico de la localidad parece publicó una lista de masones de la misma, y entre ellos figuraba su nombre símbolo (sic); comentándose por ello en la oficina entre los que fueron sus compañeros (...)[188].

El 15 de diciembre de 1938, Izquierdo Balbuena seguía en el presidio provincial de la calle Progreso –en aquellos momentos denominada Generalísimo Franco–, condenado a la «última pena» y «en espera de la ejecución de la misma». Nuestro colega Julio Prada Rodríguez da a entender que fue fusilado, consignando su nombre en las listas de represaliados («Anexo nº 15: Encartados pola xurisdición de guerra (1936-1939)») en el libro que, por encarecida petición personal suya, conseguimos que le publicaran en Ediciós do Castro y cuya metodología deja mucho que desear[189].

El penúltimo masón de la logia *Constancia* que tenemos clasificado como militante o simpatizante del partido socialista es Eladio Moure Rey, de nombre simbólico Marx. Este bancario ourensano, nacido en 1901, de «simbólico» tan rotundo como expresivo de su radical ideología socialista –y no socialdemócrata como pudieron ser los casos de sus compañeros y «hermanos» Suárez Castro y Fernández Pérez–, fue un destacado militante del P.S.O.E. ourensano, sobresaliendo, sobre todo, como orador y organizador, en la última campaña electoral habida en la república. Al igual que le sucediera a su «hermano» Ramiro Pérez Serrano, a este empleado del Banco Hispano Americano de Ourense, también le condenará al destierro la correspondiente autoridad militar por los sucesos de octubre del 34.

Sindicalmente, Moure tuvo una praxis muy coherente y descollante como secretario de la Agrupación de la Dependencia Mercantil y Bancaria de la U.G.T. y como vocal representante de este

---

[188] *Supra,* nota 176.

[189] Prada Rodríguez, J.: *Ourense, 1936-1939. Alzamento, guerra e represión*, Sada (A Coruña), Ediciós do Castro, 2004 (parte del libro no paginada).

sindicato en los Jurados Mixtos. Socio protector de la E.L.N.O., Moure Rey desempeñó en su Junta Directiva, la responsabilidad administrativa correspondiente desde su puesto de vocal. En la logia *Constancia* no tuvo, que sepamos, excesiva participación, aunque puede decirse que su asistencia a los «trabajos» de tenida fue constante desde su iniciación hasta el final del «Libro de Arquitectura»; es decir, el libro de actas del «taller», en junio de 1935[190]. Iniciado a principios del año 34 –el 21 de enero según nuestras informaciones–, el *cursus honorum* masónico de este socialista nos resulta desconocido: no sabemos cuál fue el grado que consiguió en la *Constancia*, ni si volvió a «trabajar» masónicamente en alguna logia española de la zona republicana y, por último, tampoco hemos encontrado su nombre en las listas de masones españoles refugiados en Francia –fuera de los vergonzosos campos de concentración– después de la guerra, y protegidos por la masonería francesa hasta el descalabro causado por la invasión nazi de Francia en junio de 1940[191]. En estas últimas listas de francmasones exiliados, hallaremos a destacados masones «fuxidos» de Galicia como: José Almoina Mateos, Deseo, personaje del que ya hemos hablado anteriormente, de la lucense *Lucus nº 5* y de la viguesa *Vicus nº 8* –y «hermano visitador» del «triángulo» ourensano *Adelante* el 9 de noviembre de 1929–, residiendo en esos momentos de exilio en Marsella; Cesar Alvajar Diéguez, Desmoulins, y Jesús Mejuto Vázquez, Voluntad, ambos de la logia coruñesa *Pensamiento y Acción nº 11*[192], los dos teniendo su residencia en Auterive; y también, Arturo Cuadrado, José Madariaga Rojo, Laureano Poza Juncal,... O el célebre libertario asturiano Eleuterio Quintanilla Prieto[193].

El último de los masones de los que sabemos abrazaba la idea del socialismo democrático, se trata de Ramón Nespereira Dacoba, «simbólico» Padilla. Con este masón nos encontramos con el

---

[190] Sobre este masón véase, además del legajo donde se encuentran los papeles de la logia *Constancia,* su expediente personal. Cfr.: A.H.N. de S. *Masonería.* Leg. 359-12.

[191] Cfr.: A.H.N. de S. *Masonería.* Leg. 227-A. Documentación brindada por el gobierno nacionalsocialista alemán al nacional-catolicista español y custodiada hoy en el archivo salmantino.

[192] Valín Fernández, A. J. V.: *La masonería y... Op. Cit.,* pp. 229-284.

[193] *Supra,* nota 191.

típico ejemplo de ese hiramismo gallego que vino de allende el mar, como casi todos los miembros de aquella logia coruñesa fundada en 1935 y denominada *Renacimiento Masónico nº 18*[194]. Tanto la emigración ourensana del siglo XIX como la del XX, tiene un numeroso elenco de sujetos de su historia que, además de encontrar en América el futuro profesional y, en realidad, vital que su miserable terruño les había negado, hallaron en su experiencia migratoria la dieciochesca *lumiére* francmasónica que, en muchos casos, les abrió ciertas puertas profesionales, les dio una formación intelectual que no tenían y, en suma, les ayudó a integrarse en aquella nueva tierra. Uno de estos ejemplos, quizá el más masónicamente llamativo, nos lo ofrece el famoso filántropo ourensano José García Barbón, «simbólico» Candás, iniciado en el hiramismo el 5 de diciembre de 1866[195].

El «hermano» Nespereira nació, el 23 de junio de 1894, en Pena de Reádegos-Vilamarín[196]. A los 32 años es iniciado en la masonería cubana, en la logia habanera *Carlos Manuel de Céspedes* de la Gran Logia de la Isla de Cuba[197], ganando en este «taller» el grado 3º. En Ourense, se afiliará a la logia *Constancia nº 13* el día 19 de enero 1933, siendo el garante de paz y amistad en esta logia de la cubana de donde procedía. En la masonería española el «hermano» Padilla durará poco tiempo, dado que el «taller» ourensano le dará de «baja por falta de asistencia y pago» muy pronto[198]. Este modesto camarero debió de tener escasísima participación en la política local ourensana. Se afilió al sindicato de camareros de la U.G.T. motivado más bien –como

---

[194] *Vid.,* Valín Fernández, A. J. V.: *La masonería y... Op. Cit.,* pp. 249-263.

[195] Valín Fernández, A. J. V.: «Galicia y su emigración en la masonería cubana», en VV.AA. (José A. Ferrer Benimeli, coordinador): *Masonería Española y América,* I, Zaragoza, C.E.H.M.E., 1993, pp. 513-520.

[196] Ayuntamiento este tan importante para la emigración ourensana en Cuba.

[197] Entre la documentación conservada en el A.H.N. de S. de esta logia habanera (A.H.N. de S. *Masonería.* Leg. 385-A-2), donde equivocadamente, los funcionarios parapoliciales franquistas mezclaron los papeles de dos logias cubanas con este mismo nombre, la de La Habana y la que había en Yaguajay (Santa Clara), encontramos una «plancha» de fecha 27 de junio de 1933, dirigida a la logia ourensana *Constancia nº 13,* por la que se nombraba a Ramón Nespereira Dacoba garante de amistad, y se ofrecía a los ourensanos una terna de tres masones para que eligiesen a su vez a uno de ellos como garante en La Habana.

[198] Según el cuadro de bajas, sin fecha, de la G.L.R.NW.E. Cfr.: A.H.N. de S. *Masonería.* Leg. 738-A.

dirán sus represores franquistas– «para lograr colocación» laboral que por concienciación ideológica. En 1938, lo encontramos regentando el Bar la Bilbaína que, al parecer, era de su propiedad, y sin ser molestado seriamente por la máquina represora del «Nuevo Estado». La misma ficha del «Archivo Secreto de la Masonería», aclara en su párrafo final lo que sigue: «En la actualidad es vecino de Orense donde se encuentra al frente de un bar»[199].

Miembros conocidos del Partido Republicano Radical

Del ya viejo partido pequeñoburgués fundado, en 1908, por Alejandro Lerroux García[200], aquel líder político español que, por otro lado, tan bien había sabido recoger y fomentar, con su partido, aquella ya tradicional imbricación masónico-republicana surgida durante los cinco primeros lustros de la Restauración canovista, conocemos la militancia de seis francmasones del «triángulo»-logia ourensano. Sus nombres tendrán una enorme importancia con relación a la propia existencia organizativa de la masonería ourensana del siglo veinte: Abdón Vide, Hipólito Sinforiano Luengo, Fernández Fueyo, Leopoldo Arias, Enrique Roqueta y Jesús Prósper, cuyos números de orden en esta sociedad –es decir, el número correlativo por el cual fueron apareciendo históricamente en aquel inicial «triángulo» *Adelante*–, eran: primero, segundo, quinto, séptimo, octavo y noveno, respectivamente.

Del primero, Abdón Vide Villanueva, ya hemos adelantado bastantes datos de su biografía. Este tenedor de libros nacido en la villa pontevedresa y fronteriza de Arbo –de ahí su «simbólico»–, el 4 de agosto de 1884, descubre los «místicos secretos preliminares de la augusta orden francmasónica» en la lejana, y ya no española, Gran Antilla, el día 6 de diciembre de 1910; es decir, a los veintiséis años de edad. La logia donde se iniciará será la habanera *Mártires de la Libertad* de la Gran Logia de la Isla de Cuba. En este «ta-

---

[199] A.H.N. de S. *Masonería*. Leg. 192-20.

[200] Sobre este tema, *vid.*: Ruiz Manjón, O.: *El Partido Republicano Radical. 1908-1936*, Madrid, Tebas, 1976; Maurín: *Los hombres de la dictadura*, Barcelona, Anagrama, 1977; Culba, J. L.: *El republicanisme lerrouxista a Catalunya (1901-1923)*, Barcelona, Curial, 1987.

ller» habanero logrará, durante el primer trimestre del año 1911, los grados segundo y tercero[201]. A finales de ese año, debió Vide de retornar a España después de su primer y, obviamente fallido, ensayo migratorio, dado que, con fecha 11 de enero de 1912, lo encontramos afiliándose en la madrileña y prestigiosa logia del Grande Oriente Español, *Ibérica nº 7*, residiendo en la pontevedresa ciudad de Vigo. En este «taller» sería «aumentado de salario»; es decir, exaltado al grado cuarto. No durará mucho tiempo en España aquel inquieto «industrial»[202], puesto que, el 10 de junio de ese mismo año, escribe a Celiano Martín[203] una «plancha» desde su domicilio vigués, agradeciéndole unos libros recientemente recibidos de la logia madrileña, aprovechando la ocasión para solicitarle la correspondiente «plancha de quite», porque «(...) para los primeros días del mes de Julio» pensaba embarcar «para la provincia del Rosario, República Argentina». Lo que deseaba Vide era lo que solían hacer muchos futuros emigrantes en América: preparar su llegada a la nueva tierra yendo ya como masón; en este caso, como masón con situación «legal» regularizada. Al no obtener respuesta del hiramita Celiano Martín Benito, vuelve Vide a enviarle otra misiva, el 5 de julio de ese mismo año, encareciéndole ahora que la para él indudablemente importante «plancha de quite» se la enviasen a su nuevo domicilio americano –«República Argentina, Provincia del Rosario de Santa Fe, calle Mendoza 1247»– porque, según parece, el día 7 de ese mismo mes, pensaba embarcar para allá. Desconocemos si la logia *Ibérica* le envió la «plancha» que tan intensamente le solicitaba aquel masón gallego, lo que sí sabemos es que a aquel emigrante de Galicia no le resultaron las cosas en América como él esperaba, al volverle a escribir a Celiano Martín, esta vez con fecha 15 de septiembre, ya desde Rosario, justificándole el hecho de no haber podido ponerse «a plomo»

---

[201] Según diploma de este último grado citado, expedido por la Gran Logia de la Isla de Cuba, el 11 de marzo de 1911. *Supra,* nota 178. A.H.N. de S. *Masonería.* Leg. 77-A-2.

[202] Así aparece reseñado en la «plancha» impresa que la logia *Ibérica* envió, el 15 de enero de 1912, al Gran Consejo de la Orden para darle noticia de la afiliación del «hermano» Arbo. *Ibídem.*

[203] Sin duda se trata de Celiano Martín Benito, «simbólico» Ruiz Zorrilla, miembro del madrileño *Capítulo Esperanza.* Cfr.: VV.AA.: *La masonería en Madrid,* Madrid, Avapiés, 1987, p. 219.

con el «taller» madrileño –es decir, no haber podido pagar las deudas contraídas con esta logia– por dos razones: no haber tenido contestación de Madrid desde su última carta enviada desde Vigo, y

> (...) porque no me encontraba en condiciones de remitirle el dinero para amortizar las deudas que tengo contraídas con esa Respetable Logia, cosa que haré en cuanto me sea posible y espero de usted haga lo posible porque los demás hermanos del taller esperen que yo me encuentre en condiciones de poderme poner a plomo con el tesoro, pues las cosas no me han salido como yo esperaba»[204].

Como ya sabemos, en Argentina, Vide «trabajará» masónicamente en la logia de Villa Constitución *Fe, Esperanza y Caridad,* obteniendo en ella el grado decimoquinto. Ya en Ourense, en 1929, fundará el «triángulo» *Adelante,* siendo el *alma mater* de esta sociedad francmasónica hasta el brusco «abatimiento de sus columnas» en julio de 1936. En política, Vide fue miembro del Partido Republicano Radical, dándose de baja de este en 1934, de lo cual barruntamos que, dada la adhesión que debió de profesarle a su «gran maestre» Diego Martínez Barrio, su baja en el partido debió venir ocasionada por la dimisión del propio político y francmasón sevillano.

En el Ourense anterior a la Guerra Civil, el «hermano» Arbo tuvo, que sepamos, dos empleos. El primero, siendo tenedor de libros de un importante almacén de coloniales, después y posiblemente gracias a la intercesión de su «hermano» de logia y cofundador de la propia institución crediticia, Manuel Suárez, de contable de la Caja de Ahorros Provincial de Orense, dependiente, todavía en 1993, de la Diputación Provincial de Ourense. Sus conocimientos profesionales también los utilizó Vide para llevar las cuentas de la E.L.N.O., de la cual fue contador y, según cierta documentación, cofundador. Del 3 de febrero de 1933, se conserva en su expediente personal una carta firmada por el director del periódico *La Libertad,* dándole permiso para publicar dos artículos que este papel madrileño había incluido en sus hojas, si-

---

[204] *Supra,* nota 178.

guiendo, al parecer, una campaña en pro de la paz, realizada durante el otoño del año 32, y que tanto habían gustado a los masones ourensanos, como también contempla el acta de la tenida del día 17 de noviembre de 1932.

Otra de las facetas públicas de la vida social de Abdón Vide digna de reseñarse, fue la de ocupar la presidencia de la Junta Provincial de la Liga Española de los Derechos del Hombre, aquella añeja asociación fundada por el destacado francmasón español Luis Simarro, «simbólico» Franklin, siguiendo la constituida en la agitada Francia de 1898, por Ludovic Trarieux, a tenor del escandaloso –para nacionalistas y demás reaccionarios franceses– *affaire* Dreyfus. El Dr. Simarro establecerá la liga española, la Liga para la Defensa de los Derechos del Hombre y de los Pueblos, a raíz del asesinato estatal de Francisco Ferrer y Guardia, partiendo, como en el caso francés, de la idea de crear una fuerte e influyente organización de masas populares con unas directrices ideológicas de índole laicista, democrática y pacifista. Esta asociación, que irá languideciendo hasta su extinción a tenor de la persecución primorriverista, será ahora reorganizada, en pleno Bienio Progresista, por el empuje de varios miembros de la logia madrileña *La Unión,* encabezados por Carlos Malagarriga, partiendo, en esta ocasión, de la intención organizativa inicial de crear una asociación compuesta por las elites más sensibilizadas y responsabilizadas de cada provincia o rincón español; es decir, y siguiendo la redacción –presumimos que del propio Malagarriga– de la circular acordada en la sesión de 15 de junio de 1932:

> En vez de una Asociación, que sólo podría funcionar contando socios por millares, tratamos de formar una red de unos pocos hombres (por supuesto, también mujeres), la que cubra todo el territorio nacional, y que se erijan en fieles vigilantes de los derechos individuales, y acudan solícitos a la corrección de los abusos del Poder oficial –y aun de prepotencia meramente personal– que sean de reprimirse[205].

---

[205] *Boletín de la Liga Española... Op. Cit.,* pp. 25-26.

163

De esta reorganizada liga, de la que el propio Miguel de Unamuno y Jugo, fue el presidente honorario de la Junta Nacional constituida en marzo del 32[206], la Junta Provincial de Orense será la novena en orden de constitución, después de las de Madrid, Alicante, Almería, Ciudad Real, Pontevedra[207], Vizcaya, Valladolid y A Coruña[208].

A pesar de que, en puridad, lo desconocemos, conjeturamos que, detrás de esta reaparición de la Liga Española de los Derechos del Hombre estuviese la facción masónica lerrouxista centralizada en la logia madrileña *La Unión,* moviendo sus piezas y sus hilos en aquella pugna que, justo durante esos primeros meses de 1932, lidiaba con las tendencias más izquierdistas de la orden, a raíz de la política iniciación del mismísimo presidente del gobierno, Manuel Azaña Díaz, en la logia *Matritense,* el 5 de marzo de 1932, y del fuerte proceso de derechización del radicalismo, con el consiguiente fenómeno de desencanto – y paulatino descontento– de las bases masónicas españolas con respecto a sus «hermanos» diputados lerrouxistas. De ahí quizá que una buena parte de los «escogidos» miembros de esta liga –de esa selectiva «legión de patriotas»– sean destacados militantes de confianza del Partido Republicano Radical, como el propio Abdón Vide Villanueva.

Llegados los primeros días de la sublevación militar de julio de 1936, Vide será víctima de un registro policial de su vivienda en la calle Progreso, en el cual los represores hallarán una abundante e interesante documentación masónica, tanto de Ourense como del resto de Galicia. A partir de aquí, como el

---

[206] En la que, entre masones de cartel como Martínez Barrio, Eduardo Ortega y Gasset, Baldomero Blanco, Luis Jiménez de Asúa, Aselo Plaza, Balenchana, etcétera, encontraremos, como primer vocal de la misma, al francmasón gallego Gerardo Abad Conde.

[207] Presidente, Celestino López (fundador de la logia *Vicus* de Vigo); vicepresidente, Antonio Carballo («venerable» de esa logia viguesa); vocales: Fernando Tronco, Placeres Castellano, Enrique Vidal de Bustamente, Alfredo Novoa, Ramón García Núñez, Joaquín Jáudenes Barcia, y Juan Vidal y Vidal (también de la *Vicus*). *Supra,* nota 205, p. 31.

[208] Presidente, José Bus Caróu; secretario, Ramón Maseda; tesorero, Arsenio Cristóbal de la Fuente (miembro de la logia coruñesa *Pensamiento y Acción);* y, como vocales, Alfredo F. Ferrín, José Ramón Suárez, Germán Berguer Gómez, Álvaro Calvo Alfagema y los «hermanos» de logia de Cristóbal de la Fuente, José García Fernández, Salvador Etcheverría y Cesar Alvajar Álvarez. *Ibídem.*

lector podrá suponer, comenzará el largo y atribulado viacrucis de este republicano que, a pesar de los obvios y violentos interrogatorios que sufrió, tuvo un comportamiento ejemplar ante sus verdugos. Detenciones, «convenientes interrogatorios», pérdida definitiva del empleo, comparecencia en Madrid y prisión, durante algo más de 39 meses, desde el 12 de enero de 1937. El vergonzante tribunal presidido por el tristemente célebre general Saliquet –pomposamente denominado Tribunal Especial para la Represión de la Masonería y el Comunismo– le condenó, según la sentencia fallada el 7 de marzo de 1944, a la pena de dieciséis años de reclusión menor

> (...) y accesorias de inhabilitación absoluta perpetua para el ejercicio de cualquier cargo del Estado, Corporaciones públicas u Oficiales, Entidades Subvencionadas, Empresas concesionarias, Gerencias y Consejos de administración de empresas privadas, ni como cargos de confianza, mando y dirección de los mismos, separándole definitivamente de los aludidos cargos[209].

El segundo de los masones citados, con militancia lerrouxista constatada, es Hipólito S. Luengo, «simbólico» Rousseau. Con este «maestro laico» estamos ante otro ejemplo de emigrante, este de origen zamorano y de destino migratorio muy diferente a los dos anteriormente referenciados –el ugetista Nespereira Dacoba y el también lerrouxista Vide Villanueva–, dado que aquel joven zamorano nacido el 18 de septiembre de 1868 se ubicará, en su larga experiencia migratoria, en la homogénea comarca gerundense de encinas, alcornoques y enfitéuticas *rabassas* de El Gironés, y en su población de Llagostera, pequeña entidad entre payesa e industrial que, en el final del siglo XIX y, sobre todo, en los tres primeros lustros del siglo XX, gozó de un magnífico momento histórico con el auge que tuvieron sus conocidas fábricas de tapones de corcho, a raíz, predominantemente, de las primeras producciones industriales del vino champaña catalán del Alto Penedés. Allí, entre pequeñoburgueses, proletarios y payeses, Hipólito S. Luengo se fue introduciendo paulatinamente en aquella sociedad, casándose –al

---

[209] *Supra,* nota 178.

165

parecer– con la hija de una de estas familias proletarias de la industria corchera, aprendiendo la lengua catalana y llegando a hablarla como si fuera la vernácula. En su proceso de integración o asimilación en aquel tejido social de Llagostera, Luengo llegará a ser admitido en la reputada logia masónica de esta entidad de población intitulada *Luz de la Selva nº 140* del Gran Oriente Español, a principios del año 1897[210]. Desconocemos cómo se ganó la vida aquel joven zamorano de Sinforiano Luengo en el tranquilo lugar de su emigración, aunque no nos sorprendería nada hallarlo de maestro en la escuela laica llagosterense que, por lo menos en 1888, estaba en actividad y era sufragada por la logia citada. La *Luz de la Selva* fue un «taller» hiperactivo, además de sostener –y, seguramente, fundar– la escuela laica local, constituyó el llamado Casino Llagosterense, publicando el periódico anticaciquil *El Caudillo del Progreso* (1894)[211]. Su llamativo título distintivo resulta difícil de soslayar al hojear, por ejemplo, el *Boletín Oficial del Gran Oriente Español* de esos años.

En realidad, sabemos muy poco sobre el origen o motivo que ocasionó el traslado de Hipólito S. Luengo y su mujer Teresa Roqueta a la ciudad ourensana, a mediados del segundo lustro del siglo XX. La conjetura más plausible está en directa y estrecha relación con la sociedad librepensadora ourensana, la masonería catalana y la personalidad del incansable y combativo laicista ourensano Juan Manuel Amor. Seguramente, aquel viejo francmasón de Juan Manuel Amor Pereira, a la sazón presidente de aquella agrupación librepensadora de obreros y pequeñoburgueses, no había dejado de acariciar jamás la manida idea masónica del último tercio del diecinueve de constituir, en aquel «feudo» eclesiástico de su ciudad natal, la típica escuela laica[212]. De ahí quizá que, una vez con el beneplácito de la mayoría de sus miembros societarios, y habiendo recogido la idea promotora del desahogado emigrante ourensano en América Pablo Rodríguez Abad, se pusiese en contacto con escuelas laicas o logias masó-

---

[210] A.H.N. de S. *Masonería*. Leg. 804-78.

[211] Sánchez i Ferré, P.: *La maçoneria a Catalunya (1868-1931)*, Barcelona, Ajuntament de Barcelona-Edicions 62, 1990, pp. 38-39, 135, 203, 373.

[212] Como le había ocurrido a sus «hermanos» de Mondoñedo, Lugo, Santiago, etc., etc. *Vid. e. g.*: Valín Fernández, A. J. V.: *Galicia y la masonería... Op. Cit.*

nicas catalanas, con el fin de poder traer de allá al necesario maestro laico con experiencia, como ya había ocurrido en A Coruña en 1889, con Ventura León Enciso, maestro laico traído de Cuenca por la masonería coruñesa[213].

En la masonería ourensana del siglo veinte, Luengo, cofundador de la misma, tendrá siempre una relevante participación: secretario del «triángulo», tesorero de la logia y constante coordinador de masones «en sueños» desde su señera y llamativa situación de *mestre da Escola Laica*, blanco principal y favorito de las tenaces persecuciones que le dispensó hasta el final la clerecía y la sociedad «católica» ourensanas. En política, Luengo debió de ser el típico republicano zorrillista reciclado después por aquel astuto embaucador de obreros y republicanos históricos que fue Alejandro Lerroux. Llegado el año 1936, a Luengo y a su incansable y esforzada mujer les detendrán en A Coruña, ciudad donde veraneaban, al igual que sus alumnos, gracias a la ya estudiada mediación de su «hermano» de logia, el concejal José Fernández Pérez, ingresando en la prisión provincial hasta su traslado carcelario a la ciudad de Barcelona[214]. En la masonería, que sepamos, Luengo llegó a ostentar el grado tercero, ganándolo, según consta en el cuadro que la Gran Logia Regional del Noroeste de España envió al Gran Consejo Federal Simbólico de Madrid, a principios de 1930.

El tercero de los masones lerrouxistas en orden de registro o entrada en la masonería de la capital ourensana del siglo veinte, es Santos Fernández Fueyo, «simbólico» Benot, sin duda en honorífico recuerdo al viejo republicano histórico español Eduardo Benot y Rodríguez. Nacido en la asturiana villa de Pola de Lena el 1 de noviembre de 1876, de profesión viajante de comercio y con residencia en la zona nueva de la ciudad –Plaza del Parque de San Lázaro–, Santos Fernández debió pertenecer a la tendencia más derechizante del Partido Republicano Radical, llegando al extremo de aceptar, de manos de la autoridad gubernamental, el bastón de mando de la municipalidad ourensana, conformando entonces aquella corporación impuesta por el Gobierno Civil a raíz de los

---

[213] *Ibídem*, pp. 112-113, 518-520.
[214] Cid Fernández, X. M.: *Apuntes... Op. Cit.,* p.19.

sucesos de octubre del 34, y en la que no había ni un solo edil salido de las urnas el 14 de abril de 1931. Ocupará entonces Fernández Fueyo la alcaldía de esta ciudad de esta manera cien por cien antidemocrática desde el 18 de octubre de 1934 al 3 de enero de 1936. El acta de la sesión donde toma posesión como alcalde, va a presagiar por su estilo –la hoja en blanco preambular y los nombres de algunos concejales contemplados en ella– la que, el 23 de julio de 1936, levantará la denominada «Comisión Gestora nombrada por la Comandancia Militar de la Plaza», siendo en esta ocasión «elegido» como máxima autoridad municipal uno de los también «refrendados» concejales del alcalde Fernández Fueyo, el capitán de infantería Marcelino Mira Cecilia[215]. Durante su gestión como alcalde, Santos Fernández centró la mayor parte de su actuación en lograr la terminación de las obras del ferrocarril Zamora-Ourense-Santiago-A Coruña, originando con este motivo un gran número de cartas solicitando recomendaciones para conseguir este fin[216]. En la masonería, aquel cada vez mejor situado socialmente «agente comercial colegiado» –puede decirse que este típico y ambicioso pequeñoburgués de rural origen asturiano «conquistó» esta socialmente cerradísima ciudad en poco tiempo–, tuvo muy poca intervención. Fue iniciado en Ourense por la logia de Gijón *Jovellanos nº 1,* el 25 de abril de 1929, teniendo que desplazarse para este fin a la ciudad de As Burgas un miembro de la logia asturiana citada. Pocos días después, cofundará el «triángulo» *Adelante nº 7.* Sin embargo, en este «taller» no parece que estuviese muy a gusto el «hermano» Benot, dado que, muy educadamente, pidió la correspondiente «plancha de quite» en el verano de 1930, conservándose en Salamanca tanto la «plancha» de despedida como la «de quite» que le concedió el «taller» y la que, personalmente, le entregó el presidente del «triángulo» Abdón Vide, en una de las últimas tenidas a las que asistió Santos Fernández, a raíz de su solicitud de retirarse del cuadro[217]. Santos Fernández Fueyo, como casi todos los masones

---

[215] Véanse los libros de actas correspondientes, custodiados hoy en el Arquivo do Concello de Ourense.

[216] Cfr.: A.C.O. Leg. 82.

[217] A.H.N. de S. *Masonería.* Leg. 691-10.

organizados de Ourense, era socio protector de la E.L.N.O. Cuando llega el, para tantos, aciago verano del 36, a Santos Fernández parecen respetarle los nuevos dueños de la situación. Quizá en todo esto tuviese mucho que ver su pasado derechista como «hombre de orden», miembro principal de aquella corporación «dominada» virtualmente por los miembros ourensanos de la llamada Acción Popular y por su mismo parentesco, como suegro de un destacado militar sublevado.

El cuarto de los francmasones lerrouxistas referenciados, se trata de un militante destacado del reorganizado, a partir del año 31, Partido Republicano Radical ourensano: Leopoldo Arias Prada, neófito que, por nombre simbólico, elegirá el primer apellido del célebre periodista republicano José Nakens. Arias Prada va a ser de todos los masones del Ourense de este siglo el único que sea «irradiado» por su logia; es decir, oprobiosamente expulsado del «taller». Vendrá recogida esta noticia en el acta de la tenida celebrada por la logia *Constancia* el día 22 de septiembre de 1934, el fragmento de este documento histórico dice así:

> Respecto a los hermanos morosos, según acuerdo de la tenida última, el Venerable Maestro expone la situación del hermano Nakens que a más de moroso está incurso en delitos de orden vulgar.

El «hermano» Nakens, hasta este momento de su «irradiación» había participado asiduamente en los «trabajos», tanto del «triángulo» como de la logia. Aquel «representante de comercio» o también «agente de seguros», como consta en la documentación masónica conservada, nacido en Sobradelo (Ourense), el 21 de octubre de 1887, e iniciado en el «triángulo» *Adelante* el 8 de junio de 1929, parecía presumir de masón en lo que los hiramitas denominan «la vida profana»; por ejemplo, en una carta conservada en Salamanca y perteneciente a la documentación del Partido Republicano Radical-Provincial de Orense, cuya sede se ubicaba, en 1931, en la calle de Pereira, 3, principal, Leopoldo Arias, a la sazón secretario del comité, siempre dejaba en el cruce de la rúbrica de su firma el llamativo y distintivo triángulo de puntos de su filiación francmasónica.

169

El partido de Lerroux en la provincia ourensana se había vuelto a constituir, como ya hemos dicho, con el advenimiento de la Segunda República, dada su total desaparición como tal partido, durante la dictadura militar de Primo[218]. A partir del triunfo electoral de abril del 31 y en escasos meses –dos a lo sumo–, volvió a resurgir con gran fuerza esta vieja formación política realizando, el 14 de junio de ese año, una triunfalista y multitudinaria asamblea provincial en el popular Teatro Losada, con más de 73 organismos a nivel provincial representados en ella, además de las «comisiones numerosas de afiliados»[219]. En esa misma carta de fecha 16 de junio de 1931, que la directiva provincial presidida por el comerciante Pío Príncipe y por el secretario Leopoldo Arias enviaba a su «Distinguido y estimado Jefe» Alejandro Lerroux, los ourensanos le significaban que, a nivel provincial, el partido tenía más de 400 concejales «y gran número de jueces y fiscales de las últimas elecciones», confirmándole además que el cargo de representante provincial seguía ostentándolo Luis Fábrega Coello[220]. Acababa aquella carta con la noticia de la moción presentada en la citada asamblea por el exdiputado liberal ourensano Fernando Ramos, afiliado ahora al Partido Republicano Radical, y aprobada por la misma «sobre crédito limitado al campesino solvente para arrancarlo de la usura y por tanto del caciquismo».

El 8 de julio del mismo año, los radicales ourensanos le dirigieron a su «Respetable y admirado Jefe» otra carta, esta manuscrita por el propio secretario Leopoldo Arias, en la que, además de notificarle que

> (...) el vigoroso resurgimiento del Partido Radical en esta, con la arrolladora y brillante victoria del día 14 de abril pasado, nos forzó a proporcionarnos un gran local social, que será a la vez, centro de todas las agrupaciones de la provincia,

---

[218] Durante la dictadura militar del viejo espadón gaditano, los republicanos ourensanos se organizaron bajo la llamada Federación Republicana de Orense. *Vid.* e. g.: *¡Ahora!,* nº 11, año I, de 16 de marzo de 1930; o *Guión,* nº 10, año I, de 18 de mayo de 1930.

[219] A.H.N. de S. *Masonería.* Leg. 104-22.

[220] El regional lo desempeñaba el francmasón coruñés Abad Conde.

y que habían acordado, «por unanimidad», que figurara en el testero del salón de juntas el retrato del viejo Lerroux «en tamaño natural» para lo que le rogaban a don Alejandro les enviase una foto suya[221].

En otra misiva de fecha 20 de agosto del 31, firmada igual que las anteriores y también dirigida al «Querido e ilustre Jefe», por los lerrouxistas de Ourense, estos le solicitaban que, en su próximo viaje a Asturias, pasase por la capital ourensana para inaugurar el Centro Republicano Radical, alegando que, además de tener Ourense cuatro diputados radicales, «(...) nada alienta más a la idea que la presencia del Caudillo, y los que aquí dejamos pasar la juventud esperando y en lucha por el triunfo veríamos coronado el éxito con el colofón de su presencia»[222].

Siempre, como decimos, todos estos documentos con la firma masónica –bien subrayada– de Leopoldo Arias. Parecía estar muy satisfecho de su hiramismo aquel activo radical de Sobradelo. Demuestra esta suposición el hecho de que, una vez conocida su expulsión del «taller», siguiese, vamos a decir, pidiendo perdón a la *Constancia* hasta el año 1935, haciendo siempre los miembros de esta logia caso omiso a sus aparentemente contritas peticiones. Leopoldo Arias Prada, fue también destacado protector de la E.L.N.O., desempeñando en su Junta Directiva el cargo de vocal. El terrorismo militar y fascista que, desde julio del 36, se abatió sobre Galicia, parece que no llegó con su violenta y cruel vesania al «hermano» Nakens, puesto que, según las fichas y referencias de índole policial conservadas, «murió de muerte natural» el 17 de octubre de 1936.

El penúltimo de los masones lerrouxistas que conocemos, se trata de un estudiante catalán, sobrino de la mujer de Hipólito S. Luengo y, como ella, ayudante de don Hipólito en las labores de su laico magisterio. Enrique Roqueta Dalmau «simbólico» Gauvain, nació en Gerona –presumimos que en Llagostera– el 18 de enero de 1910. Hijo de una humilde familia de aquellos obreros taponeros de la concentrada industria corchera llagosterense que, a raíz del crac sufrido por estas fábricas con ocasión de la Primera

---

[221] *Ibídem.*
[222] *Ibíd.*

Guerra Mundial, se vieron forzados a tener que emigrar a la vecina Francia, para así poder hallar un trabajo con que subvenir a sus necesidades vitales. Los Roqueta se instalarán –cuando Enrique contaba sólo con un lustro de vida– en la entidad de población gala de Poudenas, en Lot et Garonne, convirtiendo esta situación a este futuro perito mercantil en un joven políglota, al dominar con el catalán y el español, la lengua francesa, además de tener nociones, al parecer, de inglés.

Enrique Roqueta se iniciará en el «triángulo» de su tío político Hipólito S. Luengo, siendo todavía menor de edad, el 25 de junio de 1929, llevando, a pesar de su corta experiencia vital, una activa vida masónica a partir del mismo momento de su introducción en el hiramismo ourensano, desde su flamante cargo de vicesecretario o secretario adjunto del pequeño «taller». En su larga estancia francesa de más de diez años, el futuro «hermano» Gauvain, acabó los cursos del peritaje comercial, comenzando los estudios correspondientes al profesorado mercantil, teniendo que dejar estos incompletos a los dieciséis años, al dejar a su familia en Poudenas para residir en Ourense con sus tíos, ayudándolos, como ya hemos dicho, en las labores educativas de la E.L.N.O. En Ourense, Roqueta se afilió al partido de Lerroux, llegando a ocupar en él, en 1933, el puesto de secretario de la Vanguardia Radical de Orense.

En abril de 1933, el «taller» ourensano del cual ya era secretario, le otorga la «plancha de quite» al haberse tenido que desplazar, desde hacía unos meses, a Poudenas, debido a la gravedad que había contraído la enfermedad de su padre. Un poco antes, el 8 de octubre de 1932, la Comisaría de Policía ourensana le había expedido el correspondiente pasaporte para Francia. Desde su nueva residencia francesa, Enrique Roqueta enviará varias «planchas» a sus «hermanos» ourensanos, la primera, de fecha 14 de abril de 1933, para solicitarles la ya citada «plancha de quite», justificando esta petición por abrigar el deseo de querer afiliarse a una logia francesa –rogándoles al mismo tiempo que le enviasen la dirección de la logia de su vecina ciudad de Agen–, y, la segunda, de fecha 18 de abril del mismo año, para adjuntar al envío que les hacía de la renovación de promesas masónicas. Otra carta de las que escribirá el joven «hermano»

Gauvain desde Poudenas, va dirigida a su «Ilustre Jefe» político Alejandro Lerroux. La misiva en cuestión carece de fecha, aunque podemos datarla, aproximadamente, en la primavera o el verano del año 33. Firmada masónicamente, la carta a Lerroux era una angustiosa petición de trabajo de aquel joven radical que deseaba volver a vivir en España, en esta ocasión en Madrid:

> Crea que me es duro tener que dar este paso aunque sea V. mi jefe político. Pero compréndame: quiero trabajar, hacer algo y en esa gran urbe, donde creo será más fácil encontrar colocación, no conozco a nadie. Si mis fuerzas físicas me lo permitieran le díria aunque no sea más que de peón de albañil (...), no me importa ni la importancia del puesto que pueda ocupar ni el lugar en que se hallara, igual me daría en esa que en Fernando Póo, pongo por sitio[223].

El viejo y exvocinglero repúblico, puso en el final de esta carta con lápiz grueso, y obviamente para la atención de su secretario particular, las palabras «salir al paso». Esta última petición no debió de tener ningún eco positivo para el futuro profesional de Enrique Roqueta, dado que, por lo que podemos deducir, su futuro laboral y existencial, debió de ir parejo con el devenir histórico del país donde residió desde entonces: Francia.

El último masón que conocemos, afiliado al Partido Republicano Radical, de esta sociedad masónica de la capital provincial ourensana es Jesús Prósper Ros, «simbólico» Jaurés[224]. Ante este alto cargo de la ya histórica Compañía de Caminos de Hierro del Norte, nos hallamos con un francmasón al parecer raro en esta etapa tan politizada y crítica de la historia de la masonería española. Con el «hermano» Jaurés estamos ante el paradigma de lo que, en realidad y según los viejos estatutos tradicionales, debería ser un masón. A este acomodado[225] agente de investigaciones de una de las tres grandes compañías ferroviarias del momento,

---

[223] A.H.N. de S. *Masonería*. Leg. 189-14.

[224] Sin duda en honor al político socialista francés Jean Jaurés.

[225] En 1931, residiendo en Valladolid, tenía un hijo en la universidad y dos en el instituto.

no le hacía falta para medrar en su trabajo el ser hiramita, ni siquiera correspondía su personalidad con el tipo, tan corriente en el hiramismo de esta época, del ambicioso político. Llevaba Jesús Prósper su francmasonería, con la elegancia y la distinción del típico hiramita culto de clase media inglés o norteamericano. Creía el buen «hermano» Jaurés en la hermosa utopía francmasónica, sabiendo excluirla, con la consiguiente delicadeza, de su propio credo político entre republicano y socialista. Las «planchas» que este masón dirigirá a su logia ourensana, estarán preñadas de un candoroso y nostálgico sentimiento de amistosa querencia, como si a una bondadosa y cariñosa familia se refiriera[226]. Eterno «hermano visitador» de un sinfín de logias españolas, debido a su errante cometido profesional como inspector de esa fuerte y poderosa compañía ferroviaria, siempre se presentará en las mismas, con un ostentoso y sano orgullo, de ser miembro activo de la sociedad ourensana.

En política, Prósper Ros fue, según todos los indicios, miembro del partido lerrouxista hasta el año 32, en el que, al parecer, ingresó en el Partido Republicano Radical-Socialista, acabando, igual que este partido, por pertenecer a la recién fundada Izquierda Republicana. En la masonería ourensana Prósper logró el grado tercero en el mes de mayo de 1933. El alzamiento militar de julio del 36 le cogió en Zaragoza, desapareciendo de esta ciudad el día 24 de ese mismo mes «(...) sin que se pueda precisar si fue debido a su fallecimiento», añadió de Ulibarri, o algún empleado bajo su dirección, en la ficha que este requeté –y hombre de confianza de Francisco Franco– catalogó, con fecha de 15 de diciembre de 1938, para su «Archivo Secreto de la Masonería» en relación con este honesto masón. A pesar de la búsqueda realizada, su nombre no volvemos a encontrarlo en ninguna relación de referencias onomásticas conocidas, ni entre los masones zaragozanos fusilados por la barbarie fascista, o como «hermano visitador» de alguna logia de la Zaragoza de la época[227], ni en las ya citadas listas de masones españoles en el exi-

---

[226] *Vid.*: A.H.N. de S. *Masonería*. Leg. 628-14.
[227] Ferrer Benimeli, J. A.: *La masonería en Aragón*, 3 vols., Zaragoza, Librería General, 1979.

174

lio ayudados por la masonería francesa, ni, por último, en la casi interminable lista de republicanos españoles muertos por la locura nacionalista alemana, en el campo de concentración y exterminio de Mauthausen, entre 1940 y 1945[228].

Hiramitas de esta sociedad militantes de Izquierda Republicana

Cuatro son los masones de este «taller», de los cuales sabemos con certeza que fueron militantes de aquel partido «coctelera» surgido a raíz del gran descalabro electoral, político y hasta masónico, que una gran parte de la denominada izquierda liberal o burguesa española sufrió, desde noviembre de 1933[229] hasta bien entrado 1935, y creado, como se recordará, en los primeros meses de 1934, por la fusión, en un principio, de los partidos que capitaneaban dos célebres masones del momento: Manuel Azaña Díaz, «simbólico» Plutarco (Acción Republicana) y Marcelino Domingo Sanjuán, «simbólico» Uno; poco más tarde, se le añadiría el francmasón gallego Santiago Casares Quiroga, «simbólico» Saint Just, y su O.R.G.A y, en abril de 1935, con un año más o menos de existencia, Izquierda Republicana firmaría un pacto de cooperación con otro hiramita español célebre, el dimisionario «gran maestre» del Grande Oriente Español, Diego Martínez Barrio, «simbólico» Vergniaud, y su Unión Republicana.

Seguramente, a esos cuatro masones de la logia ourensana que sabemos militaron en Izquierda Republicana, habría que añadirles otros masones ya estudiados como el propio Vide y Jesús Prósper Ros[230], pero al no haber podido comprobar estos extremos, tenemos que ceñirnos a los francmasones constatados como militantes o simpatizantes de este partido, como: Pedro Martínez Ruano, Benito Cancela Rodríguez, Higinio Rodríguez Mármol, y Luis Nicolás Pérez Álvarez.

---

[228] Razola, M., Campo, M. C.: *Triángulo azul. Los republicanos españoles en Mauthausen, 1940-1945*, Barcelona, Península, 1979.

[229] Pasando por su pueril, inmaduro y desgraciadamente traumático ensayo anticonstitucional de octubre del 34.

[230] Además del último gobernador civil del Ourense de la Segunda República, el ya citado Gonzalo Martín March que, a pesar de no pertenecer a esta logia ourensana, fue un hiramita destacado de la historia contemporánea gallega.

Pedro Martínez Ruano, «simbólico» Almansa, nació en la ciudad albaceteña de Almansa –de ahí su nombre simbólico–, el 26 de diciembre de 1893. De profesión, como tantos «hermanos» de su logia, representante de comercio –en el ramo del calzado–, fue iniciado en el hiramismo en la viguesa y políticamente radical logia *Vicus,* corriendo el verano de 1931. Para poder «aplomarlo» la logia de Vigo pidió información al «triángulo» Adelante, dado que, por esas fechas, Martínez ya residía en Ourense[231]. Este famoso «taller» vigués le concederá «plancha de quite», con fecha 20 de noviembre de 1931, pidiendo entonces afiliación en la por aquel tiempo diminuta sociedad masónica ourensana el 27 de febrero de 1932, siendo acogido por el «triángulo» *Adelante nº 7,* el 10 de abril del 32, donde desempeñará el cargo de «primer experto», ganando su correspondiente «aumento de salario»; es decir, su exaltación o ascenso al grado segundo, en octubre de 1932. Martínez Ruano, a pesar de su absorbente y viajera profesión, fue un individuo de amplia actividad político-social: vocal de la Junta Provincial de la Liga de los Derechos del Hombre de Orense[232] –de ahí nuestra sospecha de una afiliación anterior suya al partido lerrouxista–, socio protector de la E.L.N.O. y presidente del Consejo Local ourensano de Izquierda Republicana. En julio del 36, Martínez Ruano se trasladó a Vigo, donde, al parecer, logró salvar la feroz e incontrolada represión desarrollada en esta ciudad gallega, en la que el terror derechista de los primeros meses tomó, después del que sufrió la ciudad de Ferrol y estudiaron, excelentemente, Bernardo Máiz y Xosé Manuel Suárez, el cariz más sanguinario de todas las urbes de esta tierra. Desconocemos cómo Pedro Martínez Ruano libró su vida de un trágico final en las tapias del Cementerio de Pereiró o en alguna de las cunetas de las carreteras pontevedresas, como, en cambio, les sucedió a sus «hermanos» de la logia viguesa *Vicus:* Antonio Carballo Vázquez y Segundo Echegaray y García, fusilado el primero y «paseado» el segundo. Carballo, según dice el, metodológicamente, inefable y nada serio escritor coruñés Carlos Fernández, por ser masón, y Echegaray,

---

[231] A.H.N. de S. *Masonería.* Leg. 717-18.
[232] *Supra,* nota 205, p. 32.

por sospecharse que «tenía amigos masones»[233], aunque sabemos que estos hiramitas fueron asesinados por el terror fascista más por su adscripción y militancia políticas que por su filiación en la discreta sociedad masónica. En septiembre de 1937, la Comandancia de la Guardia Civil de Orense ignoraba su paradero, pero, al año siguiente, la máquina represora del nuevo y totalitario Estado ya lo tenía controlado en Vigo, trabajando, al parecer, en la zapatería de Gat y Chaves. El «hermano» Almansa hará la obligada «declaración-retractación», residiendo en el proletario barrio vigués de Lavadores –siendo de nuevo viajante de comercio–, el 22 de abril de 1940.

Benito Cancela Rodríguez, «simbólico» Curros Enríquez, va a ser de esos masones gallegos iniciados allende el mar, en su económicamente fructífera experiencia de emigrante del rural ourensano en Cuba. Nacido, como descubrió en su excelente trabajo sobre la biografía de este indiano gallego Pablo Sánchez Martínez,[234] en Lampaza-Rairiz de Veiga, el 22 de agosto de 1892, este francmasón de escasa formación cultural –puede decirse que, prácticamente, era un semianalfabeto o analfabeto funcional–, va a ofrecerle a la historia reciente de la villa de Celanova, un admirable ejemplo de honestidad, tolerancia y sabia prudencia que, sin duda, tendrá bastante que ver con el aprendizaje humanístico adquirido por aquel próspero comerciante gallego[235], al ser admitido en la logia *Manzanillo* de la población homónima del Oriente cubano y de la federación masónica de la Gran Logia de la Isla de Cuba.

---

[233] Fernández, C.: *Op. Cit.,* pp. 316, 319. Afirmaciones las de este escritor aficionado coruñés cien por cien pueriles bajo cualquier punto de vista. Sería ridículo o en verdad inaudito en un verdadero historiador carecer de la mínima madurez para «creer» que un sujeto en aquellas circunstancias podía ser fusilado por el mero hecho de sospecharse que «tenía amigos masones».

[234] Para cualquier ampliación, aclaración y rectificación de los datos e informaciones aquí contenidos sobre la vida y obra de esta sobresaliente figura histórica celanovense que, todavía, espera el correspondiente y merecidísimo recuerdo en forma de homenaje realizado por parte del ayuntamiento celanovés, la diputación ourensana o la Xunta de Galicia, remito al lector al excelente libro de mi buen amigo y colega Pablo Sánchez. Cfr.: Sánchez Martínez, P.: *Masonería e república en Celanova. Benito Cancela Rodríguez (1892-1973), o alcalde que salvou o Mosteiro de San Rosendo* (S. l.: Oviedo), Instituto de Estudios Masónicos de Galicia, 2017 (Editorial Masónica).

[235] Llegado a Cuba con sólo 15 años, y establecido en la población camagüeyana de Francisco, municipio de Santa Cruz del Sur.

Una vez retornado, más o menos al año del advenimiento de la Segunda República, Benito Cancela se establecerá en la villa de Celanova, regentando una empresa hostelera ubicada en la carretera de la Encarnación, el denominado Bar y Hotel «Cuba». Como masón seguía dependiendo –y cotizando– de su logia madre *Manzanillo,* hasta que, conocido por él, gracias a la mediación de un probable francmasón llamado Daniel L. Coñi, que el maestro laico de Ourense era masón, le escribió a Hipólito S. Luengo, con fecha 22 de marzo de 1933, una carta identificándose como hiramita: «Devido ahesta causa yo pertenezco tanviem, Pero me encuentro solo en esta villa, ni savia que en hesa uviera tenplo ni conpañeros que yo pudiera comunicarme con hellos»[236]; pidiéndole a continuación ser aceptado por el «taller» ourensano:

> Asies que yo espero de Vd. que perteneciendo Vd. ala Orden me pondera en comunicacion con el Gran Maestro de hese tenplo para en su hoportunidad yo poderme me presentar comotal y si fuera posible asta abandonar ami querida madre logia para ingresar en la de Vdes. con el fin de ayudarles alos trabagos que sobre Vd. pesan por viem dela fraternidad[237].

La sociedad ourensana aceptó de muy buen grado al modesto «hermano» Curros Enríquez, después de que este solicitase a su logia cubana la correspondiente «plancha de quite» o «certificado de retiro», obteniendo este documento con fecha 21 de abril de 1933 y pidiendo entonces, el 19 de mayo del mismo año, la afiliación en la *Constancia nº 13.* El día de su primera tenida en la logia ourensana, Cancela les leyó a sus nuevos «hermanos» un discurso escrito por él en el que, a pesar de su enorme dificultad con la ortografía de aquel idioma que, indudablemente, conoció por primera vez allá en Cuba, refleja paradigmáticamente la hombría de bien de este, tan sencillo –que no simple– como solidario, maestro masón[238]:

---

[236] A.H.N. de S. *Masonería.* Leg. 714-5.

[237] *Ibídem.*

[238] Muy posiblemente, dado su escaso nivel cultural, jamás en logia española este masón llegaría a ostentar este grado.

(...) pero yo doy gracias al gran arquiteuto del uniberso que quiso que despues de tanto tienpo que yo encontrase los demi familia que son los higos dela Gran logia la Costancia bajo los aspicios del Gran Oriente Español (...). Yo queridos hermanos me Ofrezco aheleborar juntamente contados bosotros en todo lo que este ami alcance. Ahora me queda Ofrecermele atodos los queridos hermanos que en los Valles de Celanova pueden disponer de una casa hoy Hotel cuba y de un hermano para lo que gusten mandar que es el servidor de todos Vdes.[239].

Parecía irle bien a este exemigrante cubano con aquella empresa hostelera, a pesar de haber perdido casi toda la fortuna –aproximadamente 12.000 dólares– que le había quedado en Santa Cruz del Sur, a causa del huracán que, el 9 de noviembre de 1933, arrasó esta zona de la Gran Antilla, hasta que las tradicionales «fuerzas vivas» de la vieja y rancia villa de Celanova se percataron de que era francmasón, boicoteándole el establecimiento por medio de una tenaz persecución, recordando en todo ello los ya conocidos casos históricos de: el clero mindoniense vs. Leiras Pulpeiro; el obispo Aguirre vs. Manuel Castro López; el clero de Vigo vs. Ricardo Miser y Viriato; la clerecía pontevedresa vs. Indalecio Armesto; el obispo Cesáreo vs. Curros Enríquez; el abad Leirós vs. Gabriel Salgado de Guevara; y un larguímo etcétera[240].

Según cuenta el mismo Cancela y hemos podido comprobar, a lo largo del año 35, alrededor de este masón y –deducimos– aprovechando el cómodo lugar de encuentro que representaba el salón del bar que regentaba, se fueron reuniendo sus convecinos republicanos de la comarca, llegando a consolidar, ya a finales de ese año y bajo la presidencia del propio Cancela, el correspondiente Comité Local de Izquierda Republicana. A partir de aquí, la persecución contra «el cubano» arreció de tal manera que

---

[239] *Ibídem.*

[240] Véase: Valín Fernández, A. J. V.: *La masonería y la... Op. Cit.* Véase también del mismo autor la nueva edición ampliada de su libro: *Galicia y la masonería en el siglo XIX*, Ribadeo, EOditorial Publicaciones, 2024, pp. 254-261, 342-347, 355-357, 396-404, 436-442.

(...) asta los Curas an padricado en los altares que nadie besitase mi casa, Tanto asido que barios viagantes que benian acasa los comerciantes les amenazan con no comprarles si se hospedaban en mi casa. hosea en el Hotel Cuba; Los Señores Viagantes que Remedio les queda sino acetar los consegos que lesdan estos buenos Sres.[241].

Este acoso político-clerical y seglar sufrido por Cancela Rodríguez, le llevó al extremo de pedirle política y masónicamente trabajo –asesorado tal vez por sus propios «hermanos» de «taller»– a Diego Martínez Barrio. La carta que solicitaba el humildísimo empleo de peón caminero «ho cual quier otro enpleo mas inferior que el Estado Tenga disponible para unciudadano que creo tener derecho», llevaba fecha del 3 de febrero de 1936, e iba acompañada de otra con el membrete impreso –para asuntos particulares– de «El Alcalde de Celanova», de fecha 3 de junio del mismo año, redactada con todos los requisitos estilísticos, comerciales o burocráticos al uso y perfectamente mecanografiada, sin duda alguna, por algún funcionario de aquel ayuntamiento que, en esa última fecha consignada, presidía ya como alcalde electo el propio Benito Cancela. La respuesta de don Diego no se hizo esperar, dado que tiene fecha del 5 de junio, pero esta contestación tuvo que dejar desilusionado y perplejo al pobre «hermano» Curros Enríquez, y cuyo contenido a continuación transcribimos:

Sr. Don B. Cancela CELANOVA (Orense) Muy señor mío:
Recibo su atenta 3 del corriente, con escrito que me acompaña y cuyo asunto desconozco.
Pueden proceder como mejor estimen, y sin otro motivo, saludo afectuosamente[242].

Como se puede apreciar, Martínez Barrio también había sentido perplejidad al no poder entender nada de lo que se le solicitaba en aquellas dos curiosas misivas: la que mal escribía, el 3 de

---

[241] *Supra,* nota 236.
[242] *Ibídem.*

febrero, Cancela, y no firmaba –simplemente por olvido o, tal vez, en la inocente creencia de que don Diego sabría que era él, el alcalde por Izquierda Republicana de Celanova el que la había escrito– y aquella otra, escueta, pulcramente oficial, bien mecanografiada y firmada por él, como alcalde, al final de la misma. De ahí, como decimos, la contestación del que había sido «gran maestre» sevillano, sea un sí es no lo es recelosa o cauta. La carta que acompañaba a la que había redactado y dactilografiado el propio Cancela nos puede abrir alguna luz en todo este llamativo embrollo, al deducir, por su estilo, concisión y hasta por su misma presencia, que aquel humilde y casi analfabeto alcalde de Celanova, se manifestase desconfiado o tímidamente retraído o arredrado, ante sus –intuimos– tan estirados como reaccionarios funcionarios locales, engolados quizás por un conscientemente mal disimulado y pequeñoburgués prurito clasista ante aquel, para ellos, tosco patán, el típico *paiolo* que, además de parecerles un burdo indiano ignorante al que había que enseñarle, constantemente, cómo tenían que «hacerse» administrativamente las cosas, compendiaba en su persona todas las miserias y demonios de la estrecha mentalidad de aquellos encorbatados «señoritos» de villa, al ser francmasón y rojo.

En realidad, aquel arruinado, humilde y sencillo hombre, llamado Benito Cancela Rodríguez, le dará a aquella despreciativa, intransigente y derechizada «gente bien» de la villa de Celanova, un ejemplo moral de honradez y humanitarismo que, todavía hoy, muchos celanovenses no han podido olvidar; sobre todo cuando, una vez llegada a aquellas tierras la noticia de la sublevación militar del 18 de julio, dirija Cancela el comité popular que, inmediatamente, se va a organizar con una buena porción de los izquierdistas de los alrededores –muchos de ellos comunistas– tratando siempre, durante aquellas largas horas de evidente crispación y peligro para los elementos derechistas de la villa, de controlar las acciones y apaciguar los exasperados ánimos de sus compañeros, dándoles largas a sus acuciantes y «revolucionarias» reivindicaciones, y salvando de esta manera, con su valiente y carismático comportamiento, no sólo la integridad física de algún que otro cacique seglar y clerical, sino también –y como llegan a explicar, sorprendentemente, algunos documentos oficiales de los mismos represores franquistas–, el propio edificio del convento que había en aquella «(...) población cuando las turbas de extremistas –añade su ficha masónica de fecha 15 de diciembre de 1938– se proponían asaltarlo»[243].

Benito Cancela no pudo huir de Celanova, como nosotros apuntamos erróneamente en 1993 y como descubrimos, posteriormente con mis colegas, amigos y discípulos Domingo Rodríguez Teijeiro[244] y, sobre todo, por lo magistralmente estudiado por el conocido y reconocido historiador celanovés Pablo Sánchez Martínez. Una vez le entregó el poder popular que poseía al teniente de la Guardia Civil sublevado que, como jefe del puesto local, fue, con la armada compañía de los correspondientes «números» a su cargo, a requerírselo[245], recordándonos un poco todo esto a lo que, por aquellos mismos días, también le sucedió a otro francmasón gallego –este con poder políticoadministrativo más elevado–, al lograr escapar del territorio nacionalista ayudado por un militar faccioso, al que, previamente, cuando era gobernador civil de la provincia de Soria , le había salvado la vida, al controlar las ansias revolucionarias de sus propios compañeros del Frente Popular[246].

El «hermano» Curros Enríquez logró salvarse, escondiéndose durante mucho tiempo en una especie de oculto zulo, de aquella fría y asesina locura que, en su villa de Celanova, organizaron a partir de aquellos momentos los falangistas, la Guardia Civil y toda la amoral caterva de inhumanos instrumentos –así vistiesen de guerrera, de camisa o de sotana– de aquella bien engrasada máquina de represión y muerte, que había convertido al viejo monasterio celanovense en terrorífica checa, denominada por los pobres desgraciados que en ella caían como la «villa de la muerte», donde eran cruelmente apaleados, «(...) y nos hacían confe-

---

[243] *Ibíd.*

[244] Valín Fernández, A. J. V., Domínguez Teijeiro, D.: «Aproximación biográfica a Benito Cancela Rodríguez: un masón en la alcaldía de Celanova bajo el Frente Popular», en VV.AA. (José A, Ferrer Benimeli, coord.): *La Masonería en la España del siglo XX*, Toledo, Centro de Estudios Históricos de la Masonería Española, 1996, pp. 245-255. *Supra*, nota 234.

[245] Fernández, C.: *El alzamiento... Op. Cit.*, p. 246.

[246] Valín Fernández, A. J. V.: *La masonería... Op. Cit.*, pp. 240, 320.

sar –como relataron ante la prensa de Madrid algunos de los que pudieron escapar–, comulgar y llevar escapularios»[247]. Como ya hemos dicho anteriormente, gracias al esclarecedor y excelente libro de Pablo Sánchez, *Masonería e república en Celanova. Benito Cancela Rodríguez (1892-1973), o alcalde que salvou o Mosteiro de San Rosendo*, sabemos por fin cómo llevó y sufrió la represión este entrañable y honestísimo personaje histórico y su propia familia. Don Benito Cancela Rodríguez, de nombre simbólico Curros Enríquez, no fue, como habíamos creído en 1993, cuando redactamos este libro, un *fuxido* como tantos que hubo en aquellos aciagos años en Galicia[248], Cancela logró eludir, en un principio, la feroz represión fascista y militar, escondiéndose, primeramente, en la casa aldeana de su cuñada, mientras en su edificio celanovés le construían una especie de oculto y reducido departamento donde pasaría escondido largos y claustrofóbicos meses. Al mismo tiempo, su familia hacía correr por la villa la especie –bulo que, por cierto, también llegaron a creerse las nuevas y crueles «autoridades»– de que Cancela había conseguido volver a Cuba, salvando de esta manera su vida. Más tarde, caería sobre él la represión franquista como, por medio de una excelente manera –por su escrupulosa y perfecta metodología, amén de un ameno estilo literario– nos relata en su conocido y ya citado libro sobre este paradigmático masón, el historiador celanovés citado, nuestro amigo y colega Pablo Sánchez Martínez.

Higinio Rodríguez Mármol, de sobrenombre masónico Martí, es otro emigrante retornado de Cuba que vuelve a su tierra natal por estos años de la Gran Depresión. Su «simbólico», como se colegirá fácilmente, nos habla de la fuerte y agradecida sugestión cubanista de este indiano que elige, en el momento de afiliarse en la logia *Constancia,* el apellido del conocido poeta, francmasón y héroe de la independencia nacional de aquella isla, José Julián Martí. Nació Higinio Rodríguez Mármol en Torre-A Por-

---

[247] Sobre la participación del clero ourensano, sin duda permitida y, seguramente, dirigida por el propio Florencio Cerviño, en aquellos infaustos sucesos, tenemos numerosos testimonios. Véase por ejemplo del citado libro de C. Fernández, el contenido de la página 241.

[248] Gonzalo Fresco, M.: *Memoria dun fuxido. 1936* (Edición preparada por Víctor F. Freixanes), Vigo (Pontevedra) Edicións Xerais, 1984 (3ª edición), p. 47. Sánchez Martínez, P.: *Masonería e república en Celanova. Op. Cit.*

queira –municipio muy próximo al de Xinzo de Limia–, en 1885. Su lugar de ubicación cubana, como emigrante, fue el importante centro urbano, comercial e industrial de Morón en la provincia de Camagüey, siendo allí iniciado en la francmasonería en el año 1917, en la logia denominada *Obreros de Morón* de la Gran Logia de la Isla de Cuba. A su regreso, fijó su residencia en la entidad de población de Ganade, en el municipio de Xinzo, teniendo la profesión de «industrial». El 25 de junio de 1933, firma la solicitud de afiliación para ser admitido en la *Constancia nº 13,* siendo aceptado por este «taller» al año siguiente, debido este retraso a un problema burocrático por tener Rodríguez caducada su «plancha de quite», perteneciendo desde entonces a la logia ourensana hasta el mes de julio del 36[249]. En Xinzo, al parecer –y como solían hacer los masones indianos–, manifestaba públicamente su filiación hiramita, llevando en el ojal de la solapa de su americana la correspondiente insignia masónica.

En política, Higinio Rodríguez, al igual que su «hermano» Benito Cancela, militó en Izquierda Republicana, llegando a ostentar, interinamente, la responsabilidad máxima municipal del concejo de Xinzo, desde las elecciones de febrero del 36 hasta el mes de su destitución como alcalde, ocurrida esta, extrañamente, el 5 de agosto de aquel año. Más tarde, el 21 de noviembre, sería detenido e interrogado, puesto en libertad meses después, detenido de nuevo, encarcelado durante varios años, siendo procesado por el Tribunal Especial para la Represión de la Masonería y el Comunismo, y obligado a hacer la consabida declaración-retractación.

El último de los miembros conocidos de la sociedad masónica ourensana afiliado a Izquierda Republicana tendrá también mucha relación con la emigración gallega en Cuba, puesto que será un cubano de nación y de nacionalidad. Se trata de Luis Nicolás Pérez Álvarez, «simbólico» Dumas, nacido en la portuaria Caibarién, en la provincia central de Las Villas, el 10 de septiembre de 1906. En la masonería, Pérez Álvarez solicita ser iniciado, el 10 de octubre de 1932, en la logia ourensana –en ese momento en proceso de instalación– *Constancia nº 13,* apoyado para este fin

---

[249] Según refleja el hecho de haber pagado el recibo correspondiente al mes de junio de ese año. Cfr.: A.H.N. de S. *Masonería.* Leg. 357-5.

por el miembro del «taller», y emigrante retornado de Cuba Benigno Salgado Hermida[250], siendo iniciado por esta logia en la tenida celebrada el 17 de febrero de 1933, responsabilizándose, durante ese mismo año, de la secretaría de esta sociedad.

Luis Nicolás Pérez, era propietario, con su mujer, de una abacería; es decir, de la típica tienda de comestibles de uno de los barrios proletarios de Ourense, O Couto. Militante de Izquierda Republicana, la vida política del «hermano» Dumas fue, al parecer, muy activa, llevando, por ejemplo, la presidencia de la Sociedad de Inquilinos de Orense[251], siendo él, curiosamente, propietario de su casa –vivienda y bajo comercial–. Llegado el momento propicio, y según se puede deducir de la documentación existente, esta militancia o sus consecuentes relaciones sociales, le obsequiarán con un cómodo empleo en la administración del Estado: el de portero de la Audiencia Provincial de Orense.

Llegado el aciago final del mes de julio de 1936, el «hermano» Dumas se convierte en uno de los muchos *fuxidos* de la cruel persecución derechista, logrando retornar, según parece, a su nación de origen.

Masones independientes o de militancias partidarias desconocidas

Del resto de los hiramitas de este «taller» ourensano, no hemos podido comprobar, con la suficiente holgura de certidumbre, su militancia o afecciones políticas, aunque, huelga decir, que todos simpatizaron con el régimen republicano. Se trata de ocho francmasones: Alfredo Álvarez, Eduardo Carón, José Galán, Buenaventura Iglesias, Alberto Plasencia, Manuel Rodríguez, Heriberto Rodríguez y J. Benigno Salgado. Un camarero, un sastre, un labrador, un maestro nacional, un mancebo de botica, y tres oficiales del ejército. De todos ellos, cuatro; es decir, justamente la mitad, con el fuerte recuerdo en su mente de una reciente, y en la mayoría de los casos larga, experiencia americana.

---

[250] Cfr.: A.H.N. de S. *Masonería*. Leg. 719-27.
[251] *Ibídem*.

185

Alfredo Álvarez Grava, «simbólico» Cadete, nació en Vilaso-broso-Mondariz (Pontevedra), en 1899. De profesión camarero, Álvarez fue iniciado en el hiramismo por la logia *Constancia nº 13* el 22 de abril de 1933. En 1941 la represión policial franquista lo mantenía controlado en la ciudad de Sevilla, de camarero en la Casa Gándara de la calle Toneleros.

Eduardo Carón Alcázar, «simbólico» Ecar[252], es uno de esos tres militares de la sociedad masónica ourensana, y pertenecerá, como el resto de sus colegas, a esa amplia porción de la milicia española iniciada en la francmasonería estimulada por tres grandes y generales motivos: cumplir un viejo rito familiar o ambiental como militar liberal, siguiendo la todavía existente tradición castrense decimonónica[253] –como pudo haber sido el caso del célebre militar ferrolano Ramón Franco Bahamonde[254]–; esperar la consabida y logrera protección que podía ofrecer esta sociedad secreta, tan bien introducida en casi todos los círculos castrenses españoles, debido a la arribista acucia por alcanzar, gracias a su mediación, los correspondientes ascensos o destinos –como fueron los casos conocidos de los miembros de la logia *Constancia*, Carón y Galán–; y, por último, buscar en el «taller», además del cándido y tópico perfeccionamiento interior en base a sus particulares y místicos discursos, el abrigo «familiar» y el obligado entretenimiento semanal de encontrar en ella nuevas amistades y de cubrir, periódicamente, un exótico tiempo de ocio –como pudo haber sido el caso del hiramita Plasencia Gómez y el de tantos y tantos militares españoles destinados, durante el primer tercio del siglo, en las problemáticas colonias africanas. El teniente de infantería Carón –capitán en 1936–, nació en Madrid el 16 de mayo de 1903, estaba en Ourense destinado en el Segundo Batallón del Regimiento de Infantería «Zaragoza nº12», aquel que tenía su sede en la ciudad de Lugo. De estado soltero, Carón se inició en la maso-

---

[252] Posible anagrama confeccionado a partir de las dos primeras iniciales de su nombre y primer apellido, más la primera y última letra del segundo.

[253] Aquella que tiene su origen en las logias españolas del principio del Sexenio Negro, o en los Depósitos de militares españoles prisioneros en Francia. *Vid.*: Valín Fernández, A. J. V.: *Galicia y la masonería... Op. Cit.* De este mismo autor ver también su libro *Masonería y conspiración liberal en España*, Oviedo (Asturias), Editorial Masónica, 2024.

[254] A.H.N. de S. *Masonería*. Leg. 23-A-9.

nería en la logia viguesa *Vicus,* el 27 de marzo de 1931, siendo exaltado al grado segundo el 30 de junio de ese mismo año, otorgándole este «taller» la correspondiente «plancha de quite» con fecha 31 de julio de 1931. El 21 de febrero del año siguiente, pide su afiliación al «triángulo» ourensano, siendo admitido por dicha sociedad el día 10 del mes siguiente. Tanto en el «triángulo» como en la logia *Constancia,* Carón desempeñó (1932-1933) el cargo o dignidad de secretario. Sus «filias» políticas debieron ser profundamente republicanas, aunque su encuadre partidario lo desconocemos. La documentación conservada en el archivo salmantino sobre este individuo[255], es una de las más profusas en cartas o «planchas» de recomendación y sobrinazgo que conocemos de toda la historia de la masonería gallega.

Lo solicitado por el teniente Carón fue un cambio de cuerpo y, seguramente, también de destino, y cuya gestión, como también le sucedió a su «hermano» de logia Izquierdo Balbuena, se realizó en dos etapas o intentos. El primero de ellos fallido, debido quizá a la coyuntura política y masónica de los críticos años 1933-34, y el segundo positivo, con la obtención de lo que se requería, a partir del triunfo frentepopulista de febrero de 1936.

Lo que deseaba el «hermano» Ecar, era pasar al «Cuerpo de Seguridad dependiente del Ministerio de la Gobernación y de la Dirección General de Seguridad», cosa que, después de un buen gasto en tintas, papeles y sellos por parte de su logia, su gran logia regional, del Gran Consejo Federal Simbólico, de la secretaría particular y de la propia pluma estilográfica de Diego Martínez Barrio, llegó a lograr, estando ya, al parecer, destinado en Madrid –con el empleo de capitán– corriendo los agitados días de prerrevolución y preguerra.

Recién afiliado al «triángulo» *Adelante nº 7*, Carón Alcázar hizo «la ratificación de promesas» masónicas que tuvieron que hacer por aquellas fechas los masones españoles en activo, a raíz del gran descontento que, en los medios hiramitas –sobre todo en una porción de las logias «de provincias»–, había ocasionado el talante excesivamente contemporizador y, en ocasiones, palma-

---

[255] A.H.N. de S. *Masonería.* Leg. 148-A-11.

riamente moderado o «derechizante» de algunos masones de destacado relieve político, como, por ejemplo, la «blandura» laicista manifestada por ciertos diputados lerrouxistas en los debates de Las Cortes Constituyentes, y que tanto enfurecerían a las bases francmasónicas españolas.

El texto de esta «ratificación de promesas» que, puede decirse, fue idéntico en todas las logias confederadas bajo la obediencia del Grande Oriente Español, nos puede ofrecer, subliminalmente, referencias de otro posible motivo de descontento que, esa misma «colectividad» masónica, manifestó –indudablemente por otros conductos mucho más discretos que los políticos más arriba citados– al denunciar la posible indiferencia, silencio epistolar o desconsiderada displicencia, reflejada por Lerroux y otros capitostes de la política y de la masonería del momento, con relación a las típicas y abundantísimas solicitudes de recomendación dirigidas a ellos por aquellos «necesitados» masones, debidamente respaldados por logias y grandes logias regionales, ofreciéndose además, humildemente, a sus «admirados jefes y queridos hermanos», como fieles y leales clientes de su discreta red caciquil. De ahí, quizás, esa curiosa referencia, veladamente contemplada en el principio del texto de la ratificación –y en probable y directa relación con esa curiosa forma de entender la fraternidad que tenían estos masones republicanos–, cuando recuerda que el masón deberá ser fiel a todas las viejas promesas realizadas, «amando a todos sus hermanos», y debiendo practicar con ellos «una sincera fraternidad». Esta posible manera de entender «enchufísticamente» la práctica masónica de la fraternidad, nos recuerda lo que en la misma documentación del expediente personal de Carón se conserva, en una carta manuscrita con la singular caligrafía de Martínez Barrio, y que explica, refiriéndose a la recomendación requerida por el militar, «(...) que nos será muy grato auxiliarle en el porvenir, no solo por que (sic) ese es *nuestro deber de fraternidad,* (...)»[256].

La «ratificación de promesas» de Carón Alcázar, estaba redactada de la siguiente forma:

---

[256] *Ibídem*. El subrayado es nuestro.

A.L.G.D.G.A.D.U. S.F.U.

Yo, Eduardo Carón Alcázar, simbólico Ecar, obrero del Respetable[257] Adelante nº 7, de los valles de Orense, empiezo por renovar solemnemente todas las promesas que tengo prestadas. Fiel a ellas, me esforzaré en amar a todos mis hermanos practicando una sincera fraternidad, consecuencia y razón de la tolerancia que defiendo. Reconociendo que nuestra Augusta orden busca y ansía el perfeccionamiento moral de la Humanidad, prometo inspirar todos mis actos en este ideal, reconociendo, autoridad y prestigio a la colectividad para controlar mi actuación y estando siempre dispuesto a comparecer ante quien corresponda para explicar y justificar la rectitud de mi conciencia masónica, único modo de sentir, si lo hubiera menester, el freno de una Institución orientada hacia el Bien; pero asimismo de recabar su ardorosa defensa ante especies calumniosas que, con mi desprestigio, redunden en desprestigio de la colectividad masónica en la que, expontáneamente (sic) ingresé y en la que por libre albedrío permanezco.

Valles de Orense a 15 de Mayo de 1932. Eduardo Carón[258].

A Carón la guerra le debió de coger en su nuevo destino madrileño, escapando de esta forma, en un principio, a la represión y consiguiente depuración de la España sublevada. Al terminar la contienda, este militar probablemente consiguió el exilio. De todas formas, pasada la Guerra Civil y la postguerra, Carón Alcázar retornó a España, porque en años tan próximos a nosotros como 1954 y 1955, la policía franquista consiguió identificarlo, residiendo por aquel tiempo en Gijón, dado que la Dirección General de Seguridad, por medio de su División de Investigación Social, solicitó al archivo salmantino –mediante los típicos oficios impresos «COPIA de cuantos antecedentes existan en los archivos de esa Delegación de su digno cargo (...)» Desconocemos qué fue de este exmilitar madrileño desde estas últimas fechas.

El próximo francmasón también tenía por oficio la «defensa armada de la nación», y, como Carón, empezará igualmente en el

---

[257] Aquí aparece inexplicablemente la referencia «(en sueños)», aunque por la fecha del documento, Carón ya se había afiliado al «taller» ourensano.

[258] *Ibíd.*

hiramismo con el empleo de teniente. Nos referimos al caso del ferrolano José Galán Fontenla, «simbólico» Bauer[259]. Nacido el 20 de mayo de 1907 en la ciudad departamental, Galán va a ser el típico masón de interesadas circunstancias y conveniencias, a pesar de sus aparentemente exaltadas y radicalizadas manifestaciones –y acciones– de índole política. A este oficial no le acuciará ningún traslado a su ciudad natal, ni tampoco un cambio de cuerpo. Este teniente de infantería que prestaba sus servicios en Ourense en el Cuerpo de Seguridad, casado y con residencia en el conocido Hostal La Bilbaína[260], solicitará su ingreso en el hiramismo para intentar solucionar, por medio de sus influencias, un serio problema que, como oficial del destacamento local de la Guardia de Asalto, tenía con el poder judicial orensano, a raíz de un probable enfrentamiento que había mantenido con un juez de instrucción a causa de unas manifestaciones que este magistrado hizo en un juicio contra la Guardia de Asalto. Galán, entonces, elevó una queja a la Audiencia Provincial, y, seguramente por gestión de algún miembro de este tribunal –al parecer, por el propio presidente de la Audiencia– la Dirección General de Seguridad ordenó una «información» sobre el asunto. Por miedo a que acabase perdiendo en este *affaire* político local, y al no estar respaldado por ningún partido, sindicato o «capilla» política con influencias en Madrid, Galán optó –quizá, como adelantamos, por recomendación del propio camarero de La Bilbaína, aunque su solicitud de iniciación la respaldó el concejal socialista José Fernández– por hacerse

---

[259] Dada la probable superficialidad de la formación y hasta de la misma personalidad de este joven y, sin duda, intemperantemente entusiasta izquierdista, nos inclinamos más por la idea de que, con este «simbólico», Galán quisiera honrar la personalidad histórica del, por aquel tiempo viejo líder de la social-democracia austríaca Otto Bauer, y no la del profundo filósofo y exégeta germano, discípulo, como Marx y Stirner, de Hegel, y radical negador de cualquier tipo de interpretación religiosa del cristianismo y hasta de la misma teología: Bruno Bauer.

[260] Recordemos que en este Bar y Hostal la Bilbaína, trabajaba como camarero, el también simpatizante socialista, y «hermano» del «taller», Nespereira Dacoba, posible gancho proselitista en la masonería del propio Galán. No olvidemos también que el bar y la terraza de esta empresa hostelera solían ser punto de reunión y tertulia para muchos individuos de pensamiento izquierdista y que, fue aquí donde, el 9 de junio de 1936, varios jóvenes «señoritos» falangistas, como Luis García Acebal, se acercaron posiblemente con el propósito de provocar una pelea, provocación aquella que acabaría con el asesinato, por parte del fascista citado, de dos trabajadores: José Novoa y Julio Nevases, y que ocasionaría una huelga general. Cfr.: Fernández, C.: *El Alzamiento de 1936... Op. Cit.,* p. 230.

masón y solicitar de este grupo de presión el correspondiente apoyo. La masonería le concedió todo lo solicitado, corriendo, a partir del mismo momento de su iniciación, de Ourense a Gijón, de esta ciudad asturiana a Madrid, y viceversa, toda una serie de extensas «planchas» explicativas del asunto para que los «hermanos» con responsabilidad política, como el diputado Carlos Esplá Rizo, «simbólico» Gorky, influyesen «cerca de la Inspección General de Seguridad, a fin de que sea tratado con justa benevolencia el H. GALÁN»[261].

Parece ser que Galán salió bastante bien parado de aquel apurado evento, no teniendo más problemas hasta que llegaron a Ourense los sucesos de la huelga general de octubre de 1934, en los que, según todo parece apuntar y debido a su indudable parcialidad en las cuestiones de índole ideológica o política con respecto al desempeño de su cargo policial, fue suavemente represaliado con un repentino traslado a Bilbao y, posteriormente, a la 82 Compañía de Asalto con sede en A Coruña, destino este último, donde permanecería Galán hasta que, debido al primer decreto franquista de reorganización de las estructuras de la seguridad del Estado de 1939 –echando por tierra con él, como se recordará, el profundo reajuste realizado por la república en 1931, con aquella sección de guardias de asalto creada por ella y adscrita al correspondiente cuerpo de seguridad– se reintegraría al cuerpo de infantería. A partir de aquí, Galán debió de trasladar su residencia a la ciudad de Lugo, al haber ganado el destino en esta urbe como «Capitán Habilitado para Comte. [comandante], con destino en la P.M. [¿plana mayor?] de la 81 División»[262]. El porqué no fue represaliado y depurado Galán, una vez controlaron Galicia las fuerzas rebeldes nacionalistas, no lo sabemos y, obviamente, nos deja plenamente sorprendidos. Es indudable que Galán Fontenla se encontraba protegido por alguna favorable situación, tanto de carácter azaroso como de origen personal, familiar y, obviamente corporativo, además de haberse adherido al llamado Alzamiento Nacional desde un principio.

---

[261] A.H.N. de S. *Masonería*. Leg. 715-15; *vid.,* también, el legajo 359-A-29.
[262] *Ibídem.*

191

La suerte le siguió sonriendo al capitán Galán en su, presumimos, tranquilo y flamante destino lucense hasta que, en enero de 1940, uno de los funcionarios que, bajo la dirección del hombre de confianza de Franco, Marcelino de Ulibarri, trabajaban en el archivo secreto de la masonería –denominado oficialmente por aquel tiempo como la Delegación de Asuntos Especiales–, ubicado en esos momentos en las dependencias eclesiásticas de la salmantina Clerecía, debió de exclamar alguna singular o popular interjección de satisfacción, al apreciar en su aburrido y cotidiano cometido de buscar masones en los diarios y boletines oficiales del nuevo Estado, cómo el nombre y apellidos de un recién destinado capitán del ejército, coincidían con los datos correspondientes a la filiación de uno de los expedientes personales positivos de los fondos documentales allí custodiados. El capitán era José Galán Fontenla, y la página del boletín en cuestión la 145, correspondiente al número 11 del *Diario Oficial del Ministerio del Ejército,* del día 16 de enero de ese mismo año, según consta en el oficio que, el propio delegado, Marcelino de Ulibarri, envió con fecha 31 de enero de 1940, al titular de la cartera del Ministerio del Ejército, al subsecretario de ese mismo ministerio y al mismo alto cargo del Ministerio de la Gobernación. Contra todo pronóstico y según lo contemplado en la documentación conservada de este francmasón, Galán, gracias irrefutablemente a la excelente protección que debió tener dentro del propio ejército, y, quizá, en alguna otra esfera del poder estatal, salió indemne de todo el «inquisitorial» proceso que se le abrió a partir de aquel 31 de enero. No hay duda de que los compañeros de armas le defendieron hasta el último momento, cosa que nos llena de perplejidad, dado que desconocíamos el hecho de que, en plena etapa fascista de la Dictadura de Franco, el propio ejército pudiese moverse con tanta independencia con relación a ciertas instituciones poderosamente represivas como la salmantina Delegación del Estado para la Recuperación de Documentos en su sección antimasónica de Servicios Especiales, o el Tribunal Especial para la Represión de la Masonería y el Comunismo. José Galán Fontenla, de nombre simbólico, Bauer, aquel joven y exaltado simpatizante socialista, protegido durante la república por la masonería y, después, por el corporativismo de sus colegas y la indudable amistad o simpatía de algún poderoso e influyente alto cargo, se libró de una depuración obligada, amén del correspondiente proceso y fallo condenador del temido tribunal citado. ¿Qué fue lo que le sucedió? Que sepamos –sobre todo gracias a la copia de un oficio que, con membrete del Ministerio del Ejército y fecha de 15 de abril de 1943, envió el subsecretario de dicho ministerio, el conocido militar (también ferrolano como Galán y como el mismo Franco) Camilo Alonso Vega[263], al presidente del poderoso Tribunal Especial para la Represión de la Masonería y el Comunismo–, nada; es decir, que al capitán Galán, a pesar de su abultado currículum de masón y de radicalizado izquierdista, no le sucedió nada de nada.

Por otro lado, no abrigamos sospecha alguna de que ese mismo escrito de Alonso Vega, redactado con aquella arrojada, dura y terminante energía que siempre le caracterizó, cerró para siempre la causa represiva abierta a José Galán Fontenla. Militar este que, por otro lado, siguió prestando sus servicios como si nada hubiese sucedido, después de haber sido absuelto por el tribunal de honor correspondiente[264] –compuesto por sus propios colegas destinados en Lugo–, que le juzgó el 20 de febrero de 1941. A esta altura del discurso histórico que le estamos ofreciendo al lector, debemos señalarle que, hasta ahora (1993), no conocíamos en toda la historia de la masonería española un caso semejante, a pesar de poseer varias noticias –todas de índole oral– sobre acontecimientos similares, dados también dentro de la milicia franquista, y ocurridos en Asturias y Galicia.

La carta del general Alonso Vega, decía lo que sigue:

MINISTERIO DEL EJÉRCITO COPIA
Excmo. Señor;
Recibido en la Secretaría de este Consejo Superior procedente de ese Tribunal Especial, expediente masónico correspondiente al Comandante de infantería D. JOSE GALÁN FONTENLA, tengo el honor de participar a V.E. que este Jefe fue juzgado por

---

[263] Futuro titular, como se recordará, de la cartera de Gobernación (1957-1969).

[264] «Tribunal de Honor del Regimiento Mixto de Caballería nº18», que dirigió y organizó como «Comandante Presidente» Eleuterio Velasco Joaquín. Estos tribunales de honor para el estricto y exclusivo fuero militar estaban contemplados en la Ley de Represión de la Masonería y el Comunismo de uno de marzo de 1940.

Tribunal de Honor de la Plaza de Lugo el día 20 de febrero de 1941, recayendo fallo absolutorio, acta que fue aprobada por el Consejo Superior del Ejército en sesión celebrada en el mes de julio de 1941. Como quiera que en los antecedentes recibidos no aparece dato alguno que no haya sido tenido en cuenta anteriormente, se procede al archivo de expediente del mismo.

Dios guarde a V.E. muchos años.

Madrid 15 de abril de 1943.

EL GENERAL SUBSECRETARIO

Firmado-Camilo Alonso Vega-Rubricado.

Excmo. Sr. Presidente del Tribunal Especial para la Represión de la Masonería y del Comunismo. MADRID[265].

Del sastre Buenaventura Iglesias Castro, de nombre simbólico Orense, tenemos muy poca información. Procedente de la logia habanera *José Antonio Saco,* donde había obtenido el grado tercero, la logia *Constancia* tendrá que volver a iniciarlo, «(...) dadas las irregularidades de la masonería cubana», celebrando el «taller» ourensano esta ceremonia el 10 de marzo de 1933. Durará poco, de todas maneras, aquel humilde sastre de la calle Lamas Carvajal, en el cuadro de miembros activos de esta sociedad masónica, puesto que fallecerá a finales del mes de diciembre de ese mismo año.

Alberto Plasencia Gómez, es el tercer militar de este «taller». Este teniente del Segundo Batallón del histórico Regimiento Zaragoza 12 –aquel que, dirigido por el célebre comandante Solís, en el Lugo de 1846, se había levantado contra el gobierno–, había nacido en la cacereña población de Cañaveral, el 11 de noviembre de 1907, siendo iniciado en la logia *Constancia,* en la tenida extraordinaria celebrada el domingo 16 de abril de 1933. En aquella asamblea, el joven y soltero oficial cacereño Plasencia Gómez, tomará el nombre simbólico de Justicia. El «triángulo de aplomación» que investigó sobre su vida pública y privada –además de indagar sobre su pensamiento ideológico–, compuesto por José Fernández, Luis Izquierdo y J. Benigno Salgado, coincidió en afirmar que el teniente Plasencia era un «hombre honorable por todos

---

[265] *Supra,* nota 182.

conceptos y de grandes inquietudes espirituales[266] (...), liberal y de buenas costumbres, lleva dignamente el uniforme del ejército y creo que será un buen masón»[267].

Curiosamente, el domicilio ourensano de este masón, coincidirá con el que tenía en aquel momento el «hermano» –ya en aquel tiempo «en sueños»– Santos Fernández Fueyo; es decir, que vivían en la misma casa de la Plaza de San Lázaro, desconociendo si esta coincidencia tuvo algo que ver a la hora de influir en su ingreso en la masonería.

Llegado el alzamiento militar del 36 y a raíz de la publicación en el diario católico local *La Región,* de una lista de los masones de la *Constancia,* confeccionada a partir de la documentación masónica encontrada en el domicilio de Abdón Vide, Plasencia, al ver su nombre en ella, escribió al director de este periódico, con el ruego de publicación, una curiosa aclaración –entre sincera e interesada– que *La Región* sacó días después, manifestando «que se había dado de baja en la masonería mucho antes del Movimiento»[268], como contempla la ficha de «masonería-antimarxismo» de la Sección Cuarta del Servicio Nacional de Seguridad de fecha 15 de diciembre de 1938. Poco tiempo después de sucedido esto, Plasencia marchó al frente de Asturias, destinado en el Regimiento de Infantería nº 30, permaneciendo, a lo largo de toda la Guerra Civil, en este cuerpo del ejército sublevado.

Desconocemos si este oficial fue depurado al final de la contienda, lo que sí sabemos es que el «hermano» Justicia fue un fiel miembro activo de la logia ourensana, sin faltar a sus tenidas, salvo en raras ocasiones, desde su iniciación hasta la junta que el «taller» celebró el día 17 de noviembre de 1933, última reunión a la que asistió defraudado, tal vez, por la indudablemente poca –o ninguna– espiritualidad que podía encontrarse entre aquellas politizadas «columnas» de la *Constancia.* Posiblemente, y siguiendo la

---

[266] Esta apreciación debe explicar correctamente el porqué de la iniciación de este joven militar en la masonería. Nada más entrar en ella, el «hermano» *Justicia* regaló al resto de sus «hermanos» con un discurso o «pieza de arquitectura» sobre las religiones y los conceptos religiosos. *Vid.*: Libro de Actas, tenida del 5 de mayo de 1933. *Infra,* nota 103.

[267] A.H.N. de S. *Masonería.* Leg. 717-22.

[268] *Ibídem.*

documentación conservada, el «hermano» Justicia ni siquiera solicitó del «taller» la correspondiente «plancha de quite», dándole la logia de baja, seguramente, por falta de asistencia y pago. En la masonería, este oficial del ejército no debió alcanzar más grados que el de aprendiz. Seguramente, este militar que se sumó al llamado «Alzamiento Nacional» desde el inicio de este, pasó, más tarde, por el correspondiente «tribunal de honor», siendo absuelto.

A pesar de todo ello, ya en plena guerra, la máquina represora del nuevo Estado no olvidó al teniente Plasencia, al aparecer su nombre en la Causa nº 155 de 1937 de Galicia y Asturias de la VIII Región Militar, abierta por el juez especial Ángel Colmeiro. La Comisaría General de Información de la Dirección General de Seguridad –Sección Cuarta– también le abrió expediente «secreto» recopilando informaciones sobre él. De todas formas, la persecución policial realizada sobre este militar parece cesar justo al final del año 1940.

El francmasón Manuel Rodríguez es otro exemigrante americano retornado. También era analfabeto funcional como, más o menos le ocurría a su «hermano» de logia Benito Cancela. Hijo natural –como tantos y tantos gallegos del rural de aquellos tiempos–, «Manuel Rodríguez sin segudo (sic)»[269], así él mismo se definió, humilde e inocentemente, cuando escribió su solicitud, cubriendo de esta sincera manera el formulario impreso para pedir la afiliación en la logia *Constancia*. Nació este hiramita en la entidad de población ourensana de As Quintas, el 2 de abril de 1882. En su, presumimos larga estadía cubana se inició en la masonería de la Gran Logia de la Isla de Cuba en su «taller» habanero *Mártires de la Libertad*, obteniendo en ella el grado segundo. En la *Constancia* pidió afiliación el 14 de mayo de 1934, siendo «admitida en principio» en la tenida del 18 de ese mismo mes. Quizá debido a la larga «suspensión de los trabajos del taller» que esta logia sufrió a partir de los sucesos de octubre del 34, la filiación de este labrador no se pudo realizar. De todas formas, y dada la falta de documentación de esta logia durante los años 1935 y 1936, desconocemos si Rodríguez pasó a ser un miembro activo del «taller» ourensano o siguió siendo un francmasón «en sueños».

---

[269] A.H.N. de S. *Masonería*. Leg. 359-7.

El penúltimo de los miembros conocidos del cuadro de esta sociedad masónica ourensana se trata de un maestro nacional. Posiblemente, de uno de aquellos combativos maestros que, al calor del fuerte y radicalizado movimiento sindicalista de cariz socialista organizado en la conocida, a nivel gallego, A.T.E.O.; es decir, Asociación de Trabajadores de la Enseñanza de Orense, y que, al igual que tantas agrupaciones societarias españolas y extranjeras, poseía un sello distintivo de forma y símbolos de influjo llamativamente francmasónico.

Heriberto Rodríguez Ozores, «simbólico» Renato, nació en la parroquia ourensana de San Adrián de Vieite, municipio de Leiro, el 18 de enero de 1901. De joven, como tantos ourensanos, Rodríguez Ozores sintió la necesidad o la costista sugestión americana, y ensayó su personal experiencia en tierras mejicanas del Estado de Tamaulipas. Allí, en la ciudad de Tampico, donde existían logias masónicas con raigambre y fama a nivel americano, como la *Constelación nº 2,* la *Justicia nº 3,* la *Hijos de la Luz nº 8,* la *Obreros del Silencio nº 11,* o la *Victrix nº 1*[270], se iniciará en los misterios masónicos. Sucederá esto en la última de las sociedades hiramitas referenciadas, la *Victrix nº1,* fundada el 30 de mayo de 1900, donde Rodríguez alcanzará el grado segundo. Ya en su retorno de América, el 1 de septiembre de 1931, este «taller» mejicano le concederá la «plancha de quite», con el fin de que Heriberto Rodríguez pudiera solicitar su afiliación en el «taller» ourensano, cosa que realizará el 30 de enero de 1933, auspiciándole en este trámite el socialista José Fernández Pérez. Su ingreso en la *Constancia,* se hará oficial en la tenida celebrada el 10 de febrero de 1933, cuando el «hermano» Renato era, según todo parece apuntar, maestro nacional en el ayuntamiento ourensano de Maside. Entre 1934 y 1935, la logia dirigida por Abdón Vide dio de baja «por falta de asistencia y pago» a Rodríguez Ozores. En puridad, desconocemos cuál fue el motivo que ocasionó que este maestro olvidase sus deberes para con su logia, si su no del todo alejada residencia en Maside; si el coste de la cotización mensual; o si el prurito o escrúpulo que, como posible militante comunista, Heriberto R. Ozores pudo haber tenido por este

---

[270] Después número 6, según el folleto que, en 1938, publicó sobre sus cuadros, la poderosa logia de Monterrey *Juárez nº 8.* Cfr.: A.H.N. de S. *Masonería.* Leg. 787-A-32.

tiempo con relación al hiramismo, a tenor del conocimiento de lo que el marxismoleninismo pensaba acerca de esta sociedad secreta, y que, por otro lado, ya había taxativamente anatemizado por medio de las conclusiones del tercer congreso de la Tercera Internacional, celebrado, como se recordará, del 22 de junio al 12 de julio del año 21, y debido todo ello fundamentalmente a la moción presentada por León Trotsky[271]; a saber, que «por sus estatutos, su administración y la manera como son escogidos sus miembros, la Masonería no representa otra cosa que un proceso de infiltración de la pequeña burguesía en todas las capas sociales», que, «la solidaridad, principio básico de la Masonería constituía un serio obstáculo para la acción proletaria»; que «la libertad, reivindicada por la Masonería, era una libertad de concepción burguesa, opuesta a la de la dictadura del proletariado»; que «la Masonería, por sus ritos, recuerda las costumbres religiosas, y se sabe que toda religión sojuzga al pueblo»; y que, por último, «la Masonería representaba una gran fuerza social y por lo secreto de sus sesiones, y la discreción absoluta de sus miembros, era una especie de Estado dentro del Estado»[272]

La probable militancia comunista de Rodríguez Ozores en algún «radio» local ourensano del PCE, no hemos podido comprobarla por culpa de lo mal que se realizó el traslado de los fondos documentales –debido al ilegal y obviamente alevoso expurgo realizado– del Gobierno Civil de Ourense al Archivo Histórico Provincial de la misma ciudad, según la información que nos ha ofrecido la actual directora en funciones (1993) de esta institución.

No sabemos cuál fue el motivo de este alejamiento de la masonería por parte de aquel maestro de escuela ourensano, lo que

---

[271] Llama poderosamente la atención del investigador, cómo Vladímir Ilich Uliánov parece guardar un extraño silencio, en todas sus abundantes obras, en relación con el hiramismo. ¿Sería cierto lo vertido por varios autores, como Juan-Simeón Vidarte, al afirmar que Lenin había sido masón en una logia de Basilea y que esta logia le había costeado la publicación de sus primeras obras? Vidarte, J. S.: *El bienio negro... Op. Cit.*, p. 145. Sorprende de todas formas que «trabajara» masónicamente en un «taller» basiliense, residiendo a lo largo de su estadía suiza (mayo de 1895 a abril de 1917), en ciudades si no alejadas sí distintas a la de Basilea, como Ginebra, Berna o Zurich. Cfr.: [Pianzola, M.] *Lénine en Suisse*, Ginebra, Agencia de Prensa Novosti-Association Suisse-URSS, 1970.

[272] *Manifestes, thèses, résolutions des quatre premiers Congrées mondiaux de l'International Communiste, 1919-1923* (textes compléts), París, Bibliothéque Communiste, 1934, pp. 197-198. Citado por: Ferrer Benimeli, J. A.: «La masonería española y la cuestión social», en *Estudios de Historia Social,* nº 40-41, enero-junio 1987, p. 40.

sí sabemos es que, sorprendentemente, el 9 de julio de 1936 aquel masón envió a la logia de Vide una humildísima y arrepentidísima misiva, solicitando de nuevo el retorno a los «trabajos». El texto de este documento, redactado y manuscrito por el propio «hermano» Renato, dice lo que sigue:

> Respetable Logia Constancia nº 13
>
> Venerable maestro y Queridos Hermanos, informado de mi baja en el taller he visto con gran dolor que por negligencia haya llegado a esa situación violenta. Venerable Maestro y Queridos Hermanos os parecerá absurdo, pero yo desconocía cómo proceden los masones en épocas de persecución; pues como sabéis me he formado en un Oriente en que la Orden tiene amplio dominio. Hoy conocedor de la conducta a seguir por los hermanos masones, en aquellas circunstancias, me avergüenzo de mi ignorancia y siento mayor cariño por nuestra querida institución que en todo momento ha sabido subyugarme.
>
> Por todo lo cual, Venerable Maestro y Queridos Hermanos, os pido el más sincero perdón y os suplico me recibáis entre vosotros, con el afecto con que siempre lo habéis hecho, después de mi gustoso sometimiento a las sanciones que tengáis a bien aplicarme; en la inteligencia que sabré aportar mi humilde grano de arena a la construcción, que el Gran Arquitecto nos ha encomendado. y mientras tanto recibid, Venerable Maestro y Queridos Hermanos el 3x3 [triple] abrazo fraternal del último de vuestros hermanos.
>
> Valles de Maside, a 9 de Julio de 1936 (era vulgar)
>
> H. R. Ozores
>
> Posdata. Mis señas en Maside H. Portabales; en Orense Galán, nº 15-2º.
>
> Heriberto R. Ozores.[273]

Heriberto R. Ozores tuvo la fortuna de poder salvar la vida y no correr la suerte de otros muchos colegas, y posibles correligionarios suyos como aquel joven honesto –y sensible poeta– llamado Manuel Gómez del Valle, fusilado el 11 de agosto de

---

[273] A.H.N. de S. *Masonería*. Leg. 722-22.

1936[274]. En septiembre de 1937, aquel «gran propagandista co-munista» –según decía de él el informe que la Comandancia de la Guardia Civil de Orense envió, el día 2 de ese mismo mes, al archivo salmantino–, se encontraba policialmente en «ignorado paradero». De todas formas, aquel acosado francmasón no pudo seguir eludiendo la persecución por mucho tiempo, siendo dete-nido el 22 de enero de 1938, e ingresando en la Prisión Provin-cial de Orense hasta el día 29 de junio de ese mismo año, en que, al haber firmado la ficha confeccionada en Ourense para aquellos «canjes de prisioneros», fue trasladado a Irún, quedando allí «a disposición del Comandante Militar de Irún al expresado objeto», como dice su ficha de la Sección Cuarta del Servicio Nacional de Seguridad, de fecha 15 de diciembre de 1938.

Como es de suponer, de su empleo como maestro nacional en Maside fue «separado»; es decir, depurado, según consta en la «Relación de mestres distituidos durante a Guerra Civil na provin-cia de Ourense», confeccionado por el profesor Cid Fernández[275].

El último de los masones que sabemos perteneció al cuadro de este «taller» es J. Benigno Salgado Hermida, «simbólico» Zola. Este ourensano nacido en la ribereña entidad de población de Prado Lonia –hoy auténtico barrio de la ciudad de Ourense–, el 11 de noviembre de 1885, fue, como tantos cientos de miles de gallegos de estos dos últimos siglos y como muchos miembros de esta sociedad masónica, un «emigrante americano». Llegado a la Gran Antilla a los dieciséis años, justo cuando esta isla comen-zaba su historia como nación más o menos independiente, Sal-gado tardó muchos años en iniciarse en el hiramismo, haciéndo-

---

[274] Como es sabido, los fascistas no quedarían satisfechos con el vil asesinato que hicieron en esta familia ourensana, fusilando más tarde a su madre. Cfr.: Fernández, C.: *El Alzamiento de 1936... Op. Cit.*, pp. 566-567. Por fiables referencias orales de índole clerical, supimos, pero nos olvidarnos de incluirlo en el discurso de la edi-ción de 1993, que, el por aquel tiempo sacerdote, el Dr. Quiroga Palacios, interce-dió ante su obispo Florencio Cerviño, llegando a arrodillarse ante él suplicándole para que mediase e impidiese, por medio de su fuerte influencia con las autoridades sublevadas, el fusilamiento de la madre de este joven comunista ourensano, no consiguiendo «mover» o conmover el espíritu misericordioso o la cristiana piedad de su superior.

[275] Cid Fernández, X. M.: *Educación e Ideoloxía en Ourense na IIª República. (Or-ganización e acción socioeducativa do Maxisterio Primario)*, Santiago (A Coruña), Universidade de Santiago, 1989, p. 162.

lo por fin el 11 de junio de 1929[276] en la logia habanera *Minerva*, dependiente de la Gran Logia de la Isla de Cuba. En este «taller» llegará a obtener el grado de maestro masón el día 16 de abril de 1930. Como muchos otros indianos de su país, Salgado retornará a España en el año del advenimiento de la Segunda República, fijando su domicilio en la ciudad ourensana. Muy pronto, a los pocos meses de su retorno, solicitará de su logia madre el correspondiente «certificado de retiro», con el fin de poder afiliarse al «taller» ourensano. La logia habanera *Minerva* le concederá lo solicitado con fecha 11 de abril de 1932, cubriendo entonces el formulario impreso del Grande Oriente Español para las afiliaciones, con fecha 20 de junio de 1932[277]. Este ingreso en el «triángulo» *Adelante* será aceptado por el «taller» ourensano el 7 de julio de 1932, convirtiéndose desde entonces el «hermano» Zola en un activo miembro de la masonería ourensana; por ejemplo, en noviembre de ese mismo año, cuando ya el «triángulo» se convierta en logia, Salgado Hermida será elegido «primer vigilante» de esta flamante sociedad masónica.

Llegados los terribles días de la sublevación militar de julio, Benigno Salgado no será de los masones optimistas que crean que toda aquella vocinglería fascistoide de bandos, discursos y saludos a la romana no era más que una efímera «sanjurjada» o un nuevo golpe a lo Primo de Rivera, ya que el «hermano» Zola huirá del país, volviendo a La Habana, embarcándose para allá en los primeros días del alzamiento.

Francmasones y profanos perseguidos policialmente, a partir de julio del 36, por el delito de pertenecer a la sociedad masónica de Ourense

A partir del registro policial[278] realizado en el domicilio de Abdón Vide Villanueva, a los pocos días de la sublevación de

---

[276] Siendo de estado civil soltero y de profesión «práctico de farmacia»; o sea, mancebo de botica, como se decía en la vieja metrópoli.

[277] A.H.N. de S. *Masonería*. Leg. 762-22.

[278] Primero que, en cuanto a cuestiones de índole antimasónica, se lleva a cabo en Galicia.

julio –27 de julio–, y de la gran cantidad de documentación masónica ourensana, del resto de Galicia, y hasta asturiana que allí encontró la policía, se desencadenó la persecución de la masonería en el Ourense de aquellas dramáticas fechas. Para el nuevo orden, todos los nombres citados en aquella documentación eran francmasones, tanto en aquellos iniciales momentos de la Guerra Civil como después en los largos años del pleno ejercicio de sus funciones de la denominada Delegación Nacional de Servicios Especiales de la Secretaría Particular del Generalísimo; es decir, que para aquellos represores, desde 1936 hasta 1963, todas las personas –o casi todas– que aparecían referenciadas en aquellos extraños papelotes salidos de las secretarías de las logias y grandes logias eran masones. Así, en las primeras listas policiales confeccionadas aparecían, como hiramitas ourensanos, tanto algunos de los francmasones referenciados cuya única relación con la logia ourensana fue la de ser meros «hermanos visitadores» como algunos de los profanos que solicitaron iniciarse en esta sociedad masónica y, finalmente, por diversos motivos, no lo realizaron.

De esta manera, a la relación hasta ahora realizada por nosotros de los masones del «triángulo» Adelante y de la logia Constancia, los represores le sumaron la correspondiente a la de otras personas, algunas de las cuales se iniciaron en realidad en el hiramismo, pero otras resultaron completamente ajenas a sus «misterios». De unas y de otras pasaremos a hablar a continuación, insertándolas en el discurso por orden alfabético.

Dimas Calzón Alonso, va a ser uno de esos profanos que cubran los formularios para solicitar ser iniciados y que, por razones que desconocemos, no efectuaron su ingreso en el «taller». Este dependiente de comercio o agente comercial –de las dos formas viene reseñado en la documentación–, nacido en San Esteban de Nogales (León), el 16 de noviembre de 1903, firmará la solicitud de iniciación –respaldada por Benigno Salgado– el 28 de julio de 1933. El «triángulo» que lo «aplomó», estuvo formado por el socialista José Fernández, que dijo de él que «es cumplidor de su deber, moral en el orden familiar. Su manera de ser; la impresión que yo puedo dar, es de un hombre sin gran inteligencia y efecto de esto, un poco inconsecuente con los demás»;

Hipólito S. Luengo, que, sobre él sólo dijo que era «hombre honrado y de buena conducta y creo puede ser aceptado en nuestra orden»; y, por último, el propio «venerable» Abdón Vide, que dijo en relación con Calzón Alonso que «no hay tacha moral que pueda ser obstáculo para ser admitido, su temperamento debido, creo yo al ambiente en que vive es algo irreflexivo, pero entiendo es susceptible de modificación»[279]. Dimas Calzón fue represaliado como masón, sufriendo la correspondiente persecución hasta 1951. Este viajante de comercio ourensano fue, como tantos liberales de esta ciudad, socio protector de la E.L.N.O.

Juan Castellanos Fernández, nació con el siglo en la población malagueña de Junquera, siendo también, como el anterior personaje referenciado, agente comercial. Castellanos, destacado militante de Izquierda Republicana, fue amigo personal de Martín March, gobernador civil de Ourense, como se recordará, durante la trunca legislatura que había ganado, en las elecciones de febrero del 36, el Frente Popular. A pesar de no haber sido iniciado, la máquina represora del franquismo convertirá a este viajante malagueño en un completo francmasón, seguramente debido a que en su persona coincidían para ella dos hechos profundamente sintomáticos: ser un «elemento muy destacado de izquierdas y dirigente de las mismas», y, además, un «gran propagandista de las doctrinas marxistas (sic) y [una] persona de gran influencia cerca del gobernador civil del nefasto Frente Popular»[280]. Este socio protector de la E.L.N.O., cumplimentó su solicitud de iniciación en la logia Constancia el 7 de marzo de 1934. Al igual que Dimas Calzón, Castellanos sufrirá también la cruel revancha de la España derechista, siendo detenido en Ourense el 23 de julio del 36, permaneciendo en la Prisión Provincial hasta el 14 de septiembre del mismo año, día en que sería puesto en libertad. Más tarde, el 27 de febrero del año siguiente, sería detenido de nuevo, esta vez en Medina del Campo (Valladolid), siendo puesto en esta ocasión bajo la autoridad militar que lo tenía reclamado –seguramente desde la ciudad de Ourense–, condenándolo aquella, por medio del correspondiente con-

---

[279] A.H.N. de S. Masonería. Leg. 192-22.
[280] A.H.N. de S. Masonería. Leg. 639-9.

sejo de guerra, a la última pena. Estando a la espera del cumplimiento de la misma, que sepamos, en diciembre de 1938[281].

Del también agente comercial Luis Durán sabemos muy poco, su nombre apareció en una de las primeras listas de «las personas que pertenecieron a la logia *Adelante nº 7* (sic), la Constancia (G.O.E.), y la Democracia (G.L.E.), que se hallaban establecidas en esta Capital», realizada el 30 de abril de 1937 por la Comandancia de la Guardia Civil de Orense. Su domicilio, según se desprende de lo consignado en dicha relación, estaba en Melilla.

Otro expediente masónico erróneamente catalogado como positivo en el archivo salmantino, es el que corresponde a Ildefonso Fernández Herrero. Con él empezaremos a referenciar una serie de personas del municipio de Laza y alrededores que fueron atraídos hacia la logia *Constancia* por un francmasón, seguramente de la comarca y que, por otro lado, nunca fue miembro activo del «taller», aunque sí «hermano visitador». Nos estamos refiriendo a Rodolfo Augusto Rodríguez, posible emigrante gallego en América que, en su temporada o temporadas de vacaciones, aprovechaba estas para practicar el proselitismo masónico, intentando iniciar o afiliar a varios profanos y, quizás, a algunos masones «en sueños», de esta zona del rural ourensano. Ildefonso Fernández, exemigrante en América y chófer de profesión, había nacido en Laza a finales del siglo pasado, solicitando ser iniciado en la logia ourensana *Constancia* el día 10 de octubre de 1933[282]. Políticamente, Fernández Herrero llegó a ser concejal del por aquel tiempo denominado Ayuntamiento de Laza por el Partido Republicano Radical-Socialista.

Manuel González Roca, francmasón, al parecer, de alguna logia asturiana –quizás de la gijonense *Jovellanos nº 1*–, también apareció en aquellas iniciales listas de la represión de la España nacionalista.

---

[281] Julio Prada Rodríguez da a entender que fue fusilado, al ubicar en una de sus casillas del «Anexo nº 15» de su libro ya citado la palabra *morte*. *Supra*, nota 189.

[282] A.H.N. de S. *Masonería*. Leg. 636-11.

A Ramón Martínez Cue, le sucedió lo mismo que al anterior, y, posiblemente, también perteneció como él a la logia de Gijón anteriormente citada.

Antonio Requejo Blanco fue víctima de una curiosa confusión por parte de la policía franquista, dado que estos represores le creyeron de Toro (Zamora), porque en su solicitud de iniciación en la *Constancia,* puso que era natural de «Toro provincia de Orense», es decir, de la parroquia de San Lourenzo de Touro del Municipio de Laza. Este comerciante de 37 años en octubre de 1933, año en el que pidió el ingreso en el «taller» ourensano, fue avalado ante la *Constancia* por aquel incansable hiramita de Rodolfo Augusto Rodríguez[283].

Del labrador lazano Rodolfo Augusto Rodríguez, sabemos que fue francmasón, como ya hemos dicho y que perteneció a alguna logia brasileña, actuando en varias tenidas del «taller» de Vide, durante el año 1933, como «hermano visitador».

Jaime Rodríguez Francisco, uno de los empleados del concesionario ourensano de la casa Ford va a ser, para esta historia, un «profano» que nos va a ofrecer, posiblemente, un ejemplo más de hasta dónde llegaba la –a todas luces desquiciada– imbricación de la ideología política y el sectarismo partidario en la masonería española de la Segunda República. Natural del municipio vecino del de Abdón Vide, As Neves, Rodríguez Francisco, cuando solicitó, teniendo 29 años, su iniciación en la logia ourensana, debió ser víctima de un curioso rechazo de esta sociedad, originado en un principio por el escrúpulo, seguramente político, de un miembro del «taller». La información de este extraño *affaire* masónico la tenemos que sacar del «Libro de Arquitectura» del «taller», dado que por lo que se ve, Abdón Vide, en el archivo que tenía en su casa, no había conservado el expediente de este despreciado o infravalorado aspirante a francmasón[284].

Jaime Rodríguez debió de presentar la solicitud de iniciación –respaldado, probablemente por el propio Vide– a principios de año 33, justo cuando en las logias españolas se generalizaba aquel descontento político del que ya hemos hablado, con res-

---

[283] A.H.N. de S. *Masonería.* Leg. 636-22.
[284] *Vid.*: A.H.N. de S. *Masonería.* Leg. 636-34, Leg. 434-A-2.

pecto a las posturas derechizantes de muchos diputados hiramitas en el Congreso. La primera vez que la logia vote su admisión será en la tenida del 24 de marzo de 1933, en la que Jaime Rodríguez, con los también candidatos Alberto Plasencia y Alfredo A. Grava, saldrá del secreto balotaje, igual que el resto de sus compañeros, «puro y sin mancha». En la tenida siguiente, la del 31 de marzo, se vuelve a votar en logia la admisión de estos tres aspirantes, añadiendo el «taller» la afiliación-iniciación del viejo sastre, y retornado emigrante de Cuba, Buenaventura Iglesias, resultando todos de nuevo «puros y sin mancha». En la próxima tenida celebrada el 7 de abril, sólo realizará la logia el tercer escrutinio sobre la iniciación de Alfredo A. Grava, que, por otro lado, resultará de nuevo «puro y sin mancha», acordándose también en esa misma sesión «convocar al profano Alberto Plasencia para iniciación»; es decir, que del profano Jaime Rodríguez, las actas guardan un curioso silencio. En la siguiente reunión oficial, la del 14 de abril, se realiza el último balotaje sobre el «hermano» –ya iniciado en Cuba– Buenaventura Iglesias, saliendo de él, «justo y perfecto», entrando en el templo a continuación el viejo sastre, prestando el juramento de ritual y eligiendo el «simbólico» de Orense. Después de esta sencilla ceremonia y de alguna que otra cosa típica de las actividades de una tenida en «cámara de aprendices», se pasa de nuevo el balotaje sobre la admisión de la persona de Jaime Rodríguez que, en esta ocasión dará, entre el resto de las bolas blancas una negra, creyendo el «venerable» que lo de la bola oscura y censuradora pudiera haberse debido a un error en la elección de esta por cualquiera de sus «hermanos», repitió la votación y salió de nuevo la esfera negra. Sin duda sorprendido, Vide Villanueva trasladó el asunto a la próxima tenida, la cual tuvo lugar el domingo 16 de abril. En esta reunión, donde se iniciará al profano Alberto Plasencia, no se hablará sin embargo del feo asunto de la bola negra de Jaime Rodríguez. Será en la siguiente asamblea, la del día 21 de abril, en donde el «venerable» explique al «taller» las razones que el «hermano» que votó con bola negra, le había ofrecido, volviendo a votar entonces la logia sobre la admisión del controvertido candidato Rodríguez Francisco, saliendo ahora del escrutinio «puro y sin mancha»; es decir, con todas las esferas de la caja de balotaje blancas, siendo esto motivo de júbilo para todos los componentes del «taller» que, alborozados, dieron entonces una «triple batería de alegría». De todas formas y contra todo pronóstico, la logia no preparará la iniciación de Jaime Rodríguez Francisco en las tenidas sucesivas, hasta que, medio año más tarde, llegue por fin la que, en su orden del día, contenga la ceremonia de su ingreso en el hiramismo. Se celebrará esta reunión el 6 de octubre, y algo muy extraño va a suceder en el templo de la *Constancia* cuando esta logia tenga que «examinar» y votar las contestaciones y el «testamento» que el candidato, encerrado en la oscura y tétrica «cámara de reflexiones», había escrito como marca el ritual. No sabemos qué fue lo que Rodríguez Francisco escribió en aquellos papeles, lo que sí sabemos es que debió de disgustar sobremanera a la mayoría de los hiramitas presentes, sobre todo después de la discusión que ocasionó lo allí manifestado y la, intuimos, nueva recordación de los escrúpulos mantenidos anteriormente, realizada por aquel «hermano» que, seis meses antes, había dejado dos veces su bola negra en la caja de escrutinios. Una vez tranquilizados los ánimos, fueron puestas a votación, una a una, las contestaciones del profano, saliendo en aquella ocasión catorce bolas negras –también votaron los seis «hermanos visitadores» que asistieron a aquella tenida– y una blanca, «absteniéndose de votar el hermano Almansa por no haber asistido a la discusión de que fue precedida la votación». Como queda dicho, la razón de este rechazo la desconocemos, dado que el acta levantada de aquella sesión nada dice sobre el respecto, aunque barruntamos la posibilidad, como ya hemos adelantado, de que este extraño asunto fuese motivado por el paulatino proceso de derechización del pensamiento y, quizás, de la propia conducta política, de aquel moderado lerrouxista que, llegadas las últimas elecciones de la República, «trabajó la candidatura de derechas» como expresaba la ficha policial de la Sección Cuarta del Servicio Nacional de Seguridad[285].

Ricardo Rúa Salgado y Antonio Salgado Romero, ambos –según nuestras informaciones tanto de índole oral como documental– pa-

---

[285] *Ibídem.*

rientes, vecinos de la misma villa ourensana de Laza y acercados a la logia *Constancia* por el mismo francmasón, el incansable indiano de Rodolfo Augusto Rodríguez, serán los últimos personajes de esta historia en ser referenciados. De ambos, en puridad, guardamos serias dudas en relación con si ya eran conocedores de los «misterios» del hiramismo a raíz de sus posibles y respectivas vivencias americanas[286], por dos motivos principales: el de tener esta sociedad masónica la pésima costumbre burocrática de no levantar, con la suficiente claridad, las actas correspondientes a sus tenidas –sobre todo en esta época de las iniciaciones o afiliaciones de estos dos parientes lazanos, en que el secretario del «taller» era el maestro nacional Heriberto Rodríguez Ozores–, al expresarse el documento en cuestión –el acta de la tenida del 27 de octubre de 1933– contradictoriamente sobre el ingreso de estas dos personas, veámoslo: «se da lectura a las solicitudes de afiliación de los profanos Ricardo Rúa Salgado y Antonio Salgado Romero: son admitidas»; es decir, que si las solicitudes son de profanos, tendrían por fuerza que ser de iniciación y no de afiliación. Y, por último, el sospechar que con estas extrañas iniciaciones los de la *Constancia,* estuviesen intentando afiliar a dos masones «en sueños» de origen americano, volviéndolos a iniciar entonces, por medio de un simple juramento ante el altar del templo –como ya habían hecho con Buenaventura Iglesias–, para evitar que se repitiese el largo proceso de convalidación masónica que solía llevar a cabo la gran logia de Gijón, como había sucedido con el «hermano» Higinio Rodríguez Mármol.

Ricardo Rúa Salgado, desahogado labrador del feraz Val de Laza, llegaría a ser políticamente concejal por Izquierda Republicana en las elecciones de febrero del 36. Llegado el verano de ese mismo año, Ricardo Rúa va a ser de aquellos optimistas liberales gallegos que, en vez de huir, traten de capear aquello que juzgaban como un pasajero temporal político como había sido la «sanjurjada», cuando, en realidad, lo que se les echó encima fue un oscuro y desolador diluvio de cuarenta años de duración. Intentó de todas formas salir al paso, consiguiéndolo al final, a través de la onerosa contribución con sus bienes en aquellas publi-

---

[286] Debemos señalar que, en el caso de Rúa Salgado, no hemos podido comprobar fehacientemente esta noticia de su posible emigración a tierras americanas.

citarias «suscripciones patrióticas», tratando de demostrar su, obviamente forzada, «adhesión al glorioso Movimiento Nacional». Sin embargo, la represora y casi infalible máquina policial del franquismo, no dejó de molestarle hasta 1943[287].

De Antonio Salgado Romero poco más sabemos que no hayamos dicho líneas atrás. Su lugar de emigración en América fue Nueva York y, al parecer, las molestias que le ocasionaron las nuevas autoridades salidas de aquella generalizada cuartelada del 36, fueron similares a las de su pariente y amigo Ricardo Rúa Salgado.

Otros profanos solicitaron también ser admitidos en esta sociedad, aunque la policía, según todo parece indicar, se olvidó sorprendentemente de ellos. Son los casos de Santiago García Rey, rechazado por la logia «por la avanzada edad del aspirante» en la tenida del 2 de marzo de 1934, o el de Gil Álvarez, cuya solicitud quedó «bajo mallete»; es decir, en la discreta expectativa de la decisión del «venerable», en la misma tenida que se rechazó el ingreso del anterior. Y los de varios «hermanos visitadores» como Fermín Prieto Gómez de procedencia cubana; Mariano Paniello, como «primer vigilante» de la Gran Logia Regional del Centro de España; Delfín Colmenar, «simbólico» Tolstoi; un tal Casanueva «del gran oriente costarricense» y los masones portugueses Joâo Barreto, Saries, S. Lens, Nuno Cerquiera, B. L. Pereia y un largo etcétera.

Composición sociológica de este «taller» ourensano

Llegado el lector a esta altura de nuestro discurso, suponemos que, habiendo visto las rápidas y gruesas pinceladas biográficas de los 24 miembros de este «taller» que hemos ofrecido, se habrá hecho ya una idea general en relación con la estructura socioprofesional que poseía esta sociedad hiramita; es decir, que en este secreto grupo de francmasones ourensanos dominó una especie de clase media-baja o, dicho de otra manera, una suerte de pequeñoburguesía provinciana de ideología más o menos radicalizada y de mentalidad prototípica, con un origen rural, tanto

---

[287] A.H.N. de S. *Masonería*. Leg. 636-23.

aldeano o lugareño como de villa, muy reciente –a lo sumo con dos generaciones urbanas en sus respectivos haberes familiares–, y una excesivamente pronunciada aspiración –gravada cual llamativa y mal disimulada impronta en sus personalidades y tan típica, por otro lado, en la historia de la masonería española[288]– concerniente a la posesión de una honda ambición vital por prosperar, medrar o mejorar lo antes posible de situación o estatus social. De ahí, sin duda, las engañosas y «aparentonas» referencias profesionales que algunos de estos masones quisieron que constasen en los documentos gestionados por su secretaría con respecto a su realidad sociolaboral, verbigracia: los «comercio», «comerciante» o hasta «farmacéutico» de los masones socialistas Ramiro Pérez Serrano y José Fernández Pérez, siendo realmente en esos momentos, el primero, dependiente de la Ferretería Perille, y el segundo, mancebo o auxiliar de la Farmacia y Droguería Fábrega.

Un teórico cuadro profesional de este «taller» podría confeccionarse de esta manera: cuatro viajantes de comercio, que vendrían a representar, como dijimos, el grupo profesional mayoritario en esta sociedad, con el 17 por cien del total; con tres miembros, o sea, el 12,5 por cien, los oficiales del ejército, los dependientes de comercio y los «industriales» o pequeños empresarios comerciales; con dos miembros, los funcionarios del Estado –el oficial de correos y el maestro nacional–, y los dos camareros, con un porcentaje aproximado para estos dos últimos grupos del 0,5 por cien; después vendrían el empleado de los ferrocarriles, el bancario, el contable, el maestro laico, el estudiante, el sastre y el labrador.

El problema planteado en la *Constancia nº 13* por la aspiración autonomista de la logia *Vicus*, y la reivindicación política a favor de los llamados «maestros laicos»

Habiendo nacido la logia *Constancia nº 13* gracias al «taller» que, en puridad, llevaba la responsabilidad y dirigía la Gran Logia

---

[288] *Vid. e. g.*: Valín Fernández, A. J. V.: *Galicia y la masonería... Op. Cit.*, pp. 489-490.

210

Regional del Noroeste de España, la sociedad masónica gijonense *Jovellanos nº 1,* la logia ourensana también mantenía lazos muy estrechos –tal vez más por cuestiones de afinidad política y étnica que por las propiamente masónicas– con otras logias de esta obediencia plurirregional como la *Lucus nº 5,* donde la ourensana llegaría a iniciar a varios de sus miembros; la pontevedresa *Helenes nº 7*, «taller» al que, incluso, llegaría a ayudar económicamente para costear los gastos de la «construcción» –léase decoración y sostenimiento– de su templo; y, sobre todo, la *Vicus nº 8,* logia viguesa con la que, a lo largo de la Segunda República, llegaría a vincularse muy ceñida y activamente, ocasionándole esta estrecha relación con Vigo, cierta apurada situación con relación a Gijón, a raíz del intento llevado a cabo por la *Vicus* de formar una gran logia regional que aglutinase, solamente, a la masonería gallega.

La logia viguesa, fundada como «triángulo» por Celestino López y López, el 11 de abril de 1929 y en la que «trabajaron» personajes de la vida local viguesa como José Almoina, Antonio Carballo, Martín Echegaray, Castor Ricón, etc., además de ser la logia cuantitativamente más numerosa de toda Galicia[289] fue, posiblemente, la sociedad masónica española con aspiraciones políticas más radicalmente sectaristas de todas sus contemporáneas. Su conocida carta en tres folios mecanografiados «ser, o no ser», donde, con pasmosa claridad, el firmante «grupo de maestros masones» que la redactó, a finales del año 1933, expondrá toda una serie de politizadas y hasta militarizantes pautas a seguir por la masonería española del momento, con relación, tanto a aquellos «hermanos» que pertenecían «(...) a cualquiera de los partidos que, en alguna forma, han pactado con los representantes de la política internacional de Roma»[290] como para la, para ellos, necesaria reestructuración de su propia organización interna, mediante la cual la política proyección externa del hiramismo sería por fin un conjunto de homogéneas y prácticas realidades, gracias a la obligada o militarizada función de los masones con responsabilidades políticas o político-administrativas. O aquella otra proposición, esta más alucinantemente «revolucionaria», también redactada y mecanogra-

---

[289] Por ella llegaron a pasar más de setenta masones.
[290] A.H.N. de S. *Masonería.* Leg. 728-A-12.

fiada por medio de tres folios, fechada el 17 de marzo de 1936, y firmada en esta ocasión por los dignatarios máximos de este «taller» vigués. En ella, los de la *Vicus,* pasándose por encima –como solían acostumbrar– a su propia obediencia «regional» asturiana, le daban a conocer al «ilustre hermano» Ángel Rizo Bayona sus aspiraciones de convertir a la masonería, en aquellos momentos de efervescente triunfo frente-populista y de auténtico miedo a un revanchista golpe de la derecha, en una secreta policía política o un politizado y masónico servicio de inteligencia.

La *Vicus,* como vemos, fue un «taller» muy activo y por ello, muy lejos de parecerse, por ejemplo, a la elitista logia coruñesa de Santiago Casares Quiroga, la *Suevia nº 4.* Antes de que transcurriera un año desde su fundación como «triángulo» ya se había convertido en logia y, al final del año 31, su cuadro logial poseía ya las cuatro decenas de miembros activos y cotizantes. No es de extrañar entonces que, en 1933, se decidiese por quitarse de encima la obviamente molesta dependencia económica y jerárquica de los «hermanos» asturianos[291], tratando de constituir entonces una obediencia regional exclusivamente gallega, la denominada «Gran Logia Regional Galaica». Con este fin y gracias al trabajo de coordinación –al parecer plenamente satisfactorio[292]– que, uno de sus miembros –posiblemente Eduardo Font Martín– realizó por todas las logias gallegas, los masones vigueses decidieron celebrar una asamblea con el fin de conocer la verdadera opinión de los delegados de los «talleres» gallegos por ellos representados, para poder constituir –siempre y cuando diesen su voto afirmativo, según los vigueses siguen diciendo en la antecitada «plancha»[293], cinco o más sociedades– la ansiada «Gran Logia Regional Galaica». Era por aquel tiempo el «venerable» de la *Vicus,* Antonio Carballo Vázquez, «simbólico» Gibara[294], aquel comerciante y concejal,

---

[291] Máxime conociendo que, con el dinero de las cotizaciones de los masones bajo su dependencia, Gijón había construido un estupendo edificio en un solar de su propiedad para que fuese sede oficial de la obediencia.

[292] Según da a entender la «plancha» que, el 17 de abril de 1933, la *Vicus* le dirigió a la *Constancia.*

[293] *Ibídem.*

[294] Sin duda en recuerdo a la población cubana de ese nombre. González Fresco, M.: *Memoria dun fuxido... Op. Cit.,* pp. 46-47.

por Izquierda Republicana, del concejo vigués que, cuatro años más tarde, huiría a Portugal, sería devuelto por la P.I.D.E. en Extremadura, andaría escondido y, al volver a Vigo en 1937, detenido, acusado de francmasón y fusilado en O Castro[295].

La idea de volver a fundar una obediencia gallega[296], debió de conmocionar los ambientes masónicos federados bajo la Gran Logia Regional del Noroeste de España. Para la *Constancia* tuvo que ser uno de esos problemas de índole institucional curiosos de seguir –obviamente, si fuese posible– por el investigador, dado que le podría ofrecer a este los quides fundamentales masónicos y políticos de las tres logias inmersas en este indudable juego de poder: la *Constancia,* la *Vicus* y la *Jovellanos.* Por lo que parece, salió airosa de este largo *affaire* la logia de Gijón, desconocemos si por cuestiones estrictamente internas; es decir, que, en realidad, a la mayoría de las logias gallegas bajo su influencia les interesó más seguir dependiendo de los asturianos que comenzar un desconocido periplo bajo el influjo de la radicalizada logia viguesa; o por razones de índole externa; o sea, que en todo este lío competencial, acabase pesando más el crédito de los masones asturianos ante el Gran Consejo Federal Simbólico de Madrid que el de los «hermanos» de la *Vicus* y sus posibles seguidores.

Lo que sí sabemos, es que para la *Constancia* fue un verdadero aprieto conseguir un satisfactorio ten con ten con ambas logias. Tanto la documentación de correspondencia como la del libro de actas, reflejan con profusión este problema que mantendrá ocupados a los ourensanos desde el 10 de marzo del año 1933, en que reciben la «plancha» de la *Vicus* informándoles de

---

[295] Recordemos que si, en realidad, se hubiese consolidado la aspiración de los masones vigueses, esta «Gran Logia Regional Galaica» sería la tercera obediencia masónica gallega de la historia. Después, obviamente, de su homónima, la fundada en 1889 por masones como Braulio F. Reino y Segundo Moreno Barcia; y la llamada Federación de Logias Independientes Galaicas, constituida también con sede santiaguesa como la anterior, en 1893, por el conocido fotógrafo Ernesto Carrero Goyanes. Valín Fernández, A. J. V.: *Galicia y la masonería... Op. Cit.,* pp. 302-308, 310, 315-321. Castelao, C.: *As orixes da fotografía en Galicia. Estudios composteláns do XIX,* Santiago de Compostela (A Coruña), Alvarellos Editora, 2018, pp. 224-241. Como el lector podrá comprobar, excluimos de estos verdaderos ensayos históricos de masonería gallega independiente a aquellas estrambóticas: *Gran logia Regional Galaica nº 2, Gran Logia Regional de Asturias y Galicia nº 2* y al *Areópago Regional de Asturias y Galicia nº 4.*

[296] *Ibídem,* pp. 104-119, 214-226.

la idea y comunicándoles la próxima visita del «hermano» Font para explicársela, hasta el 16 de mayo de ese mismo año, en que los ourensanos no tendrán más remedio que decantarse por fin por el «partido» de los gijonenses, enviándole a la *Vicus* –como refleja el libro de «Registro de salida de correspondencia»– una «plancha» en la que, entre largas maneras de diplomático afecto, se negaban a acudir a la asamblea convocada por los vigueses, alegando –seguimos ahora el borrador de la «plancha» que se conserva en Salamanca– por haber tomado

> (...) en principio el acuerdo, por aclamación, que ya os manifestamos, de creer prematura esa constitución dada la poca consistencia y antigüedad de los Talleres de la indicada región[297].

Otro punto verdaderamente mucho más importante que el anterior y que también mantuvo ocupada –aunque este con una extensión temporal mucho más dilatada– a la sociedad masónica ourensana, fue el concerniente al hecho de intentar hacer realidad la asimilación, al escalafón pertinente del funcionariado del Estado republicano, de los denominados «maestros laicos». La cuestión no sólo era masónica –dado que, muy posiblemente, la mayoría de los viejos «maestros laicos» eran o habían sido francmasones– sino que, ante todo y sobre todo, para las logias que, como la ourensana, sostuvieron estas aspiraciones, la problemática estaba englobada en una reivindicación primordial: el exigido agradecimiento que el nuevo régimen debía dispensarle a aquellos viejos docentes que, desde sus humildes «cátedras», habían contribuido fundamentalmente en la labor de «hacer» republicanas a las últimas generaciones españolas, llegando hasta el punto de dar a entender, en ocasiones, que el mismo triunfo de las elecciones del 14 de abril de 1931, era obra que, indiscutiblemente, deberían compartir por un igual estos modestos maestros. Obviamente, la realidad de todas estas afirmaciones no nos resulta tan diáfanamente clara como, al parecer, le resultaba, como decimos, tanto a una amplia zona de la masonería española de la Segunda República como a una nada escasa porción del

---

[297] A.H.N. de S. *Masonería*. Legs. 434-A-2 y 434-A-3.

clero y de la derecha española más reaccionaria[298], si bien hay que decir en su favor que las llamadas «escuelas laicas», nacidas tímidamente, como ya hemos dicho, en la primera etapa de la Restauración y arropadas por el canónico ejemplo que les ofrecía a todas la Institución Libre de Enseñanza, habían jugado un relevante papel de alfabetización ideológica en las ciudades, villas y hasta aldeas, de muchas regiones españolas como Cataluña, Galicia, Asturias, etc. Bien claro lo había anunciado, por medio de una parabólica crítica negativa, el apasionado pedagogo internacionalista Francisco Ferrer y Guardia en su célebre obra *La Escuela Moderna*[299].

Por la enorme importancia que contrae la honda preocupación que mantuvo esta sociedad masónica ourensana desde –que sepamos– el 14 de octubre de 1932, cuando, siendo todavía «triángulo», envió a la Gran Logia Regional del Noroeste de España la primera «plancha» en relación con este motivo, volveremos a estudiar este tema en el capítulo segundo concerniente a la Escuela Laica Neutral de Orense.

Índice onomástico de los masones conocidos de la logia *Constancia nº 13* (noviembre 1932 - julio 1936)

ÁLVAREZ GROVA, Alfredo. *Cadete*. (1933-1935). Gr. 1º. «Camarero».

ARIAS PRADA, Leopoldo. *Nakens*. (1932-1934). «Guarda templo» (1932). Gr. 2º. «Representante de comercio/agente de seguros».

CANCELA RODRÍGUEZ, Benito. *Curros Enríquez*. (1933-¿1936?). Gr. 3º. «Industrial».

CARÓN ALCÁZAR, Eduardo. *Ecar*. (1932-1933-¿1934?). Gr. 3º. «Teniente de infantería».

---

[298] Sobre este tema, las fuentes que tenemos son muy profusas, tanto periodísticas como orales y documentales. De estas últimas recordamos aquí el informe que, sobre la escuela laica de la Sociedad Instructiva Redes-Caamouco hizo el cura ecónomo de San Vicente de Caamouco, el 2 de enero de 1940, cuando dijo que «desde su fundación venía dándose a los niños enseñanza laica, cuyos frutos se han cosechado tan tristemente en esta parroquia».

[299] FERRER y GUARDIA, F.: *La Escuela Moderna*, Bilbao, Zero, 1979, p. 14. Citado por: VALÍN FERNÁNDEZ, A. J. V.: *Galicia y la masonería... Op. Cit.*, p. 515.

FERNÁNDEZ FUEYO, Santos. *Benot* (1929-1930). Gr.1º «Comisionista de comercio».

FERNÁNDEZ PÉREZ, José. *Augusto Bebel.* (1932-1935-¿1936?). Tesorero (1931). «Segundo vigilante» (1932, [?],1934). Gr. 3º. «Dependiente de farmacia».

GALÁN FONTENLA, José. *Bauer.* (1932-1934-¿1936?). Secretario (1934). Gr 2º. «Militar».

IGLESIAS CASTRO, Buenaventura. *Orense.* (1933). Gr. 1º. [en Cuba: gr.3º]. «Sastre».

IZQUIERDO BALBUENA, Luis. *Víctor Hugo.* (1932-1935-¿1936?). Orador (1932-1934). Gr. 3º [¿gr. 4º? en 1934]. «Oficial de Correos».

LUENGO, Hipólito S. *Rousseau.* (1932-1935-¿1936?). Tesorero (1932, ¿1933?, 1934). Gr. 3º. «Maestro laico».

MARTÍNEZ RUANO, Pedro. *Almansa.* (1932-1934-¿1936?). «Experto» (1932, 1934). Gr. 3º. «Agente comercial».

MOURE REY, Eladio. *Marx.* (1934-1935-¿1936?). Secretario (1934-1935). Gr. 2º. «Empleado del Banco Hispano Americano».

NESPEREIRA DACOBA, Ramón. *Padilla.* (1933-1934). Gr. 3º. «Camarero».

PÉREZ ÁLVAREZ, Luis Nicolás. *Dumas.* (1933-1935-¿1936?). Secretario adjunto (1933). [¿Gr.1?]. «Comercio».

PÉREZ SERRANO, Ramiro. *Pablo Iglesias.* (1932-1936). Hospitalario (1932, ¿1933?, 1934). Gr. 2º. «Comercio».

PLASENCIA GÓMEZ, Alberto. *Justicia.* (1933-¿1934?). Gr. 1º. «Teniente del Ejército».

PROSPER ROS, Jesús. *Jaurés.* (¿1932-1934-?). Maestro de Ceremonias (1932). Gr. 3º. «Empleado ferrocarril».

RODRÍGUEZ, Manuel. (¿1934-?). Gr. 2º. «Labrador».

RODRÍGUEZ MÁRMOL, Higinio. *Martí.* (1934-1936). Gr. 3º. «Industrial».

RODRÍGUEZ OZORES, Heriberto. *Renato.* (¿1933-1934-?). Secretario adjunto (1933, 1934). Gr. 2º. «Maestro nacional».

ROQUETA DALMAU, Enrique. *Gauvain.* (1932-1933). Secretario adjunto (19321933). Gr. 1º «Estudiante».

SALGADO HERMIDA, J. Benigno. *Zola.* (¿1932-1934-?). «Primer vigilante» (1932, ¿1933?, 1934). Gr. 3º. «Comercio».

SUÁREZ CASTRO, Manuel. *Jaime Vera.* (1932-1934). Gr.1º. «Comisionista».
VIDE VILLANUEVA, Abdón. *Arbo.* (1932-1936). «Venerable maestro». Gr. 15º. «Contable».

El extraño caso de la logia *Democracia* (1932)

Durante la Segunda República, la otra obediencia de ámbito nacional, la intitulada Gran Logia Española, aquella masonería salida de la decimonónica Gran Logia Simbólica Regional Catalana-Balear, llevará a cabo, por medio de uno de sus miembros, el «hermano» J. Bonet, una especie de gira proselitista por varias poblaciones de Galicia con el fin de conseguir establecer algunas sociedades masónicas bajo su influencia. El francmasón J. Bonet, denominado en el *Boletín Oficial de la Gran Logia Española* como «el querido hermano Delegado»[300], consiguió su propósito en ciudades y villas como Betanzos, Viveiro, Santiago y Ourense, intentándolo en otras poblaciones como, por ejemplo, Ortigueira. En esta última entidad de población, contactó con un individuo apellidado: García, según nos comunica el boletín mensual de La Gran Logia Española de abril-mayo de 1932[301].

El «hermano» Bonet consolidó los «triángulos» *Fraternidad Humana nº 75* de Viveiro, donde «trabajaron» masones como el emigrante retornado Bonifacio González Pedre, iniciado ya en la masonería cubana, Álvaro Franco Fernández, Alberto Riveira Fernández y Nicolás Blanco López; el santiagués *Agarimo,* donde se reunirían masones como el destacado dirigente del Partido Comunista Jesús Parrado Bahamonde, el socialista Enrique Gippine Escoda, Rafael Fernández Casas y Luis Canosa González; y, por último, el «triángulo» betancero *Ronsel,* donde encontraremos al célebre político socialista Ramón Beade Méndez, entre otros masones como Agustín Lodos Fernández, José Iglesias Fernández, etc.

En Ourense, según todo parece indicar, Bonet tomó contacto con un individuo llamado Antonio García que, muy probablemen-

---

[300] *Vid. e. g.: G.L.E.B.M.* nº 2, junio 31, enero-febrero 32.
[301] *G.L.E.B.M.* abril-mayo de 1932, p. 4.

te, se trate de Antonio García Martínez, iniciado y exaltado a los grados segundo y tercero durante el mismo mes de marzo de 1932, en el recién fundado «triángulo» santiagués *Agarimo* [302], y cuyo domicilio ourensano era el del «Chalet Losada». De la denominada logia *Democracia,* cuyos únicos miembros conocidos son, hasta ahora, además del citado Antonio García: Cayo Vecino Martín y Secundino Couto Soya, tenemos muy poca información.

Uno de los escasos datos que poseemos sobre este intento de establecimiento masónico de vinculación barcelonesa, nos llama poderosamente la atención, dado que, si se trata –como creemos– de la misma logia *Democracia,* viene a ofrecer un magnífico ejemplo del talante que poseían los miembros del todavía «triángulo» *Adelante,* al responder solidaria o «fraternalmente» a una petición de socorro realizada tal vez ante ellos por el propio Antonio García. El acta de la tenida que el «triángulo» ourensano celebró el 22 de septiembre de 1932, lo refleja de la siguiente forma:

> Otra [plancha] de la Respetable logia Democracia, de otra obediencia masónica, solicitando socorro para el hermano D. Fernando Antonio Carneiro, de nacionalidad portuguesa, emigrado de su patria por la persecución de que son objeto toda persona abanzada (sic) por el gobierno dictador. Se acuerda darle 30 pts.

Llegada la Guerra Civil española, Antonio García sufrirá la correspondiente persecución policial por parte de las nuevas autoridades ourensanas, si bien parece ser que estas no pudieron dar con su paradero.

Prosopografía conocida de la intitulada logia
Democracia (1932-1933)

COUTO SOYA, Secundino.
GARCÍA MARTÍNEZ, Antonio. Gr.3º.
VECINO MARTÍN, Cayo.

---

[302] *G.L.E.B.M.* marzo de 1932, pp.10-11.

El «triángulo» *Marchesi nº 12* de O Barco de Valdeorras (1933-1936)

La villa de O Barco de Valdeorras es de esas entidades poblacionales del medio rural gallego que, ya en el siglo XIX, cobijaron entre sus casas a la discreta asociación francmasónica. De 1894 a 1898, tenemos constatada la existencia de una sociedad masónica que, primero en el reducido estadio «triangular» y después en el de logia, tuvo su existir con el título distintivo de *El Brillante*[303] y en la que la personalidad posiblemente más descollante fue su «venerable» Claudio Martínez, «simbólico» Rodripradaguer.

La segunda etapa de la modesta historia de la masonería valdeorresa, va a tener una cronología muy alejada de la anterior y, además, carecerá, que sepamos, de cualquier nexo con ella. Va a ser una masonería de procedencia geográfica muy distante, al depender los masones que la fundaron de la logia madrileña *Concordia nº 14.*

El 10 de diciembre de 1933, se constituye en O Barco el «triángulo» *Marchesi nº 12* [304]. Los cuatro miembros fundadores de esta diminuta sociedad masónica fueron un «maestro masón», el confitero Virgilio González Martínez, «simbólico» Diderot y tres «aprendices»: Eulogio García, Francisco Vidal y Luciano Paradelo. Los cuatro, con domicilio en la propia villa de O Barco. La Gran Logia Regional del Noroeste de España concede a este «triángulo» valdeorrés la carta constitutiva con esa fecha antes citada –la del 10 de diciembre–, comunicándoselo, como era preceptivo, al Gran Consejo Federal Simbólico de Madrid mediante «plancha», con «cuadro lógico» anejo, de fecha 18 de ese mismo mes[305], contestándole con suma rapidez el alto organismo madrileño con fecha del 26 y aprovechando la ocasión para felicitar a los de Gijón por haber aumentado su «Columna Federal».

---

[303] *Vid.*: Valín Fernández, A. J. V.: *Galicia y la masonería... Op. Cit.*, pp. 436-437.

[304] La denominacion de este «taller» debió elegirla su propio presidente Virgilio González, haciendo con ella un reverente y cariñoso recuerdo al que había sido su «venerable» en la *Concordia*, José Marchesi, «simbólico» Justicia. Cfr.: Gómez Molleda, M. D.: *La masonería... Op. Cit.*, p. 274.

[305] A.H.N. de S. *Masonería*. Leg. 434-A-7.

El día 17 de ese mes de diciembre, los recién instalados masones valdeorreses se darán a conocer protocolariamente, mediante «plancha» mecanografiada, a la logia *Constancia nº 13,* reiterándoles a los miembros de este «taller» la invitación que oralmente les habían hecho con anterioridad, de visitar la nueva sociedad de O Barco[306].

La vida de este «taller» debió de alargarse en el tiempo –siempre precariamente– hasta julio de 1936, dado que en el expediente personal de su presidente hallamos correspondencia masónica, pretendidamente oficial –dados sus sellos y los cargos de sus firmas– hasta ese año citado.

Dramatis personae de esta pequeña sociedad masónica

Políticamente, de los cinco miembros conocidos de este «taller», tres eran militantes de Izquierda Republicana, a saber: el presidente Virgilio González, el orador Francisco Vidal y el secretario Eulogio García; de los restantes miembros, uno, Luciano Paradelo Paradelo, fue, hasta julio del 36, un destacado sindicalista de la U.G.T., y del último de los miembros constatados, José Manuel García Martínez, desconocemos su militancia partidaria, aunque sospechamos que estuviese encuadrado también en las filas de Izquierda Republicana. Veamos a continuación, por medio de unos rápidos trazos biográficos, los datos personales más llamativos de estos sujetos históricos.

Virgilio González Martínez, nació en O Barco el 11 de octubre de 1895, de estado civil casado, y de profesión propietario. El lugar de iniciación del «hermano» Diderot, lo desconocemos, encontrándolo en 1931, afiliado al recién instalado «taller» madrileño *Concordia nº* 14 –aquel que dirigía el también propietario José Marchesi–, donde, en el mes de octubre, y ya con residencia en O Barco, ostentaba el grado tercero. Para la reducida masonería valdeorresa del siglo veinte, Virgilio González, fue el

---

[306] A.H.N. de S. *Masonería.* Leg. 434-A-8.

verdadero factótum, llevando la responsabilidad y gestiones del «taller» desde su constitución hasta 1936.

Profesionalmente el «hermano» Diderot debió ser el propietario –o uno de los copropietarios– de una antigua confitería-chocolatería valdeorresa, la denominada «Hijos de M. Martínez Rey», fundada al parecer en el año 1812. Políticamente González Martínez fue un personaje con bastante influjo en la comarca. A partir de las elecciones de abril de 1931, ocupará el cargo edilicio de segundo teniente de alcalde del por aquel tiempo titulado Ayuntamiento de El Barco, tratando de desempeñar la típica función del clientelismo político-caciquil –en clave, eso sí, republicana– llegando al extremo de utilizar su filiación masónica para estos fines. Por ejemplo, con fecha 25 de octubre de 1931 y con el «dulce» membrete impreso del viejo establecimiento citado[307], le dirigió una petición al mismísimo ministro de Instrucción Pública –a la sazón primer vicepresidente del Consejo Federal Simbólico del Grande Oriente Español y jefe fundador de su mismo partido–, justo cuando, en esos momentos, Marcelino Domingo Sanjuán dejaba esta cartera en manos de otro célebre masón español, Fernando de los Ríos Urruti, pasando Marcelino Domingo a desempeñar la de Agricultura. La solicitud del valdeorrés estaba escrita en clave masónica, como si de una «plancha» oficial se tratase. Después del S. F. U. (Salud. Fuerza. Unión.) de ritual y el correspondiente Q. H. (Querido Hermano), Virgilio González le trasladaba a Domingo un problema educacional creado en la parroquia de Éntoma, dependiente de su ayuntamiento, a raíz de la masificación escolar existente en la escuela mixta de esta localidad –más de 125 niños y niñas–, pidiéndole que el ministerio concediese el desdoblamiento de dicho centro –ya acordado tanto por la Junta Local de Primera Enseñanza como por la corporación municipal–, dejándole las

---

[307] «Confitería, ultramarinos y cerería. Fábrica de chocolates elaborados a brazo». Resulta, curiosa y anecdótica suposición, el hecho de pensar que aquella chocolatería metida ahora en francmasónicas danzas, había surtido de «fino y caliente chocolate» de nuestras, todavía, colonias ultramarinas, a aquella torre de comuneros que el célebre José Antonio Ruiz de Padrón había establecido en Valdeorras –a los diez años de fundada la confitería–, siendo abad de la parroquia de San Xurxo de Vilamartín de Valdeorras. Cfr.: Ferro Couselo, J.: «Constitucionales y Realistas. Los comuneros de Valdeorras», en *Boletín de la Comisión de Monumentos de Orense, nº* XIV, de 1943-1944.

niñas a la maestra allí destinada y creando un nuevo plantel para los niños, nuevo plantel cuyo material los propios parroquianos de Entorna se comprometían a suministrar. Firmaba al final el «hermano» Diderot, de forma, vamos a decir, «retejativa», es decir, identificándose exhaustivamente como grado tercero, ofreciendo el «simbólico» y su afiliación francmasónica «(...) a la logia *Concordia nº 14* del Grande Oriente Español de Madrid»[308].

El propio Marcelino Domingo o su secretario, apuntaron en la cabecera de esta carta a lapicero la siguiente frase: «se tendrá en cuenta en las próximas creaciones. Pasar volante».

Con fecha 3 de noviembre de 1931, el ministro dimisionario contestó a la «plancha» de Virgilio González con una escueta y nada masónica carta, confirmándole que, «en las próximas creaciones de escuelas que se hagan», iba a procurar que ese desdoblamiento solicitado se realizase como deseaban en O Barco[309].

Más tarde, cuando ya González Martínez estaba a punto de constituir el «triángulo» *Marchesi,* vuelve a escribirle a Marcelino Domingo, satisfecho sin duda por el logro del desdoblamiento escolar pedido en 1931. Ahora, el favor que el concejal y francmasón Virgilio González va a solicitar de su «querido hermano», será de índole indudablemente nepótica. El problema en esta ocasión estará en que, lo solicitado no había obtenido respuesta positiva, al haberse valido el «hermano» Diderot para requerirlo, posiblemente, de algún miembro de su logia madrileña y este intermediario no debió trasladar la recomendación al, por aquel entonces, ministro de Agricultura, Comercio e Industria, Marcelino Domingo Sanjuán, «simbólico» Uno. De ahí que, con fecha 28 de agosto de 1933, el masón valdeorrés, en vista de que su primo se había quedado sin la plaza solicitada en el Ministerio de Agricultura, se decida por dirigirse personalmente al ministro en la optimista creencia de que este, habiéndose enterado del «enchufista» intento realizado, no juzgase de confianza ideológica al recomendado. La «plancha» en cuestión, dice lo siguiente:

---

[308] A.H.N. de S. *Masonería.* Leg. 258-35.
[309] *Ibídem.*

Mi Querido Hermano:

Como V. sabe, el opositor a una plaza de Auxiliares de Agricultura José Manuel Martínez García, natural de este pueblo y primo mio (sic), ha sido suspendido. Cosa esperada. Este, republicano entusiasta, de los de 'antes del 14 de Abril', fue el ciudadano honrado que denunció al honorable Presidente del Tribunal Belda Soriano de [¿Martínez?]

Agradecerá (sic) a V. mucho me informe de la marcha del proceso de ese Señor y si han señalado día para la vista, para acompañar a mi primo, que desea aclarar algunos extremos, que creo de interés.

Su seguro servidor y hermano Virgilio González m/m [maestro masón] de la *Concordia nº 14* de los Valles de Madrid[310].

Marcelino Domingo no debió entender nada de lo que se le comunicaba, contestándole al valdeorrés, con fecha 30 de agosto de ese año, que no estaba enterado del asunto del que se le hablaba «(...) por ser asunto que solamente interesa a la autoridad judicial, pero si acaso las tuviera se le comunicará»[311].

Ya en febrero de 1936, volvemos a hallar una «plancha» firmada por González, hablando de nuevo del *affaire* Belda Soriano, dirigida en esta ocasión a su «querido hermano» Augusto Barcia Trelles. La «plancha» en cuestión iba acompañada de un suelto periodístico que no se ha conservado y que hacía relación al fallo absolutorio del juicio que se le había hecho a Belda Soriano, quedando entonces su primo y «hermano» de «taller» José Manuel García Martínez, de calumniador ante la opinión pública, motivo este último por el que González pedía al futuro ministro de Estado del gobierno de Casares Quiroga, que se interesase «por remediar esta injusticia»[312].

Cuando llegó el alzamiento militar del 36 a la comarca valdeorresa –con sus secuelas de cruel represión–, Virgilio González salió –como, según parece, les ocurrió a todos los miembros de su «triángulo»– bastante bien parado de aquellos aciagos suce-

---

[310] *Ibídem.*
[311] *Ibíd.*
[312] *Ibíd.*

223

sos, a pesar de ser un masón de elevado grado, de hacer «intensa labor de captación para la secta», y de encontrársele el mandil ritual en uno de los registros que sufrió su domicilio. Pese a su vieja militancia en el Partido Republicano Radical-Socialista, como concejal y primer y segundo teniente de alcalde de O Barco; desempeñar en esta corporación una llamativa gestión sonadamente radical y escandalosamente criticada[313], como aquella petición que elevó al pleno del 14 de julio de 1931, para que este se sumase a la exigencia de la expulsión de las órdenes religiosas y la separación de la iglesia católica del Estado español; su sobresaliente militancia comarcal o provincial como vocal de Izquierda Republicana; y un largo y comprometido etcétera. A pesar de todos estos agravantes, y de

> (...) hacer intensa propaganda de estas doctrinas en la peña de un estanco de un familiar suyo, punto al que no podía entrar ninguna persona de orden –como reza el expediente policial que se le abrió a partir de 1936– sin que se le insinuara, condenándola en su ideología,

al «hermano» Diderot, sólo se le impuso una multa de 500 pesetas. Posiblemente, sus muchas influencias de familia y de amistad y la probable ayuda de uno de sus «hermanos» de «taller» y compañero de partido –ideológicamente «reconvertido», en el verano del 36, con suma y acelerada rapidez, al pasar de ser un convencido y activo izquierdista republicano a un exaltado y leal joseantoniano–, le salvaron de un casi seguro «paseo» en las empinadas carreteras de la zona. No olvidemos que la represión en esta comarca de la provincia ourensana fue de las más salvajes que se conocieron en toda Galicia, dado, sobre todo, al fuerte contingente de militantes del Partido Comunista de España que poseía y al «eficaz» terrorismo típico del fascista «esquadrismo» (*squadre d'azione*) desarrollado en aquellas montañosas tierras por los nuevos *fasci* de la Falange Española.

---

[313] Agradecemos desde aquí las solidarias informaciones que, sobre los fondos custodiados en el Archivo Municipal de O Barco, y en las noticias contenidas por el periódico *El Correo Gallego,* hemos recibido de Joaquín Miranda González.

Con Francisco Vidal Nogueira, «simbólico» Curros Enríquez, nacido en O Barco el 19 de junio de 1893, nos hallamos ante el típico y contradictorio pequeñoburgués por oficio, por posición social, por adscripción francmasónica y por ideología política. Pero tengamos cuidado al tratar de calibrar social e ideológicamente, y con la exigida exactitud, a este curioso sujeto. Reparemos en que hemos dicho típico y no prototípico, dado que la *contradictio* que, sin duda tristemente, representa para nosotros[314], no contrae, en puridad, esa liviana o intrascendente oposición –en ocasiones más estética que propiamente ética– habida en el característico conductualismo del pequeñoburgués sociológicamente común; es decir, aquella antinomia que, soportada dentro de una determinada estructura mental, y alienada por aquella época y por el mal entramado tejido social de aquella nación, se extendía entre las bipolares y generalizadoras posturas socio-ideológicas del inamovible conservadurismo a ultranza, representado por la burguesía y la aristocracia –sin olvidar una buena porción de la llamada clase media–, contumaz en su aletargada ignorancia y cruel por su clasista desenvolvimiento social y sus políticas «medidas prácticas»; y el altruista, cándidamente utópico y, en ocasiones, alucinante y puerilmente radicalizado izquierdismo, sostenido por una buena parte del proletariado, una zona –amplia según países o regiones– del campesinado, y la propia clase media baja o pequeña burguesía española.

Francisco Vidal, agente comercial, presumimos que colegiado, solicita recibir la iniciación francmasónica en Madrid, en la logia *Concordia nº 14,* en el mes de febrero de 1932, siendo iniciado en este «taller» pocos días después. El 10 de diciembre de ese mismo año cofunda el «triángulo» *Marchesi nº 12,* siendo su orador, con el grado de «aprendiz». En política, Vidal será un aparentemente convencido republicano, militando en los últimos años de la Segunda República en el partido Izquierda Republicana, del cual, en el comité local de O Barco, será el tesorero[315].

---

[314] E infausta y tristemente debió representar para las atribuladas existencias que tuvieron la desgracia de coincidir, encrucijadamente, con la suya, a partir de la sublevación militar del 36.

[315] *El Pueblo Gallego,* del 31-8-35.

Durante los últimos diez días del mes de julio de 1936 Francisco Vidal Nogueira, como también había hecho otro hasta cierto punto contradictorio político ourensano –este, además, conocido por su obra publicística, nos referimos al reaccionario intelectual diletante y remilgado hidalgüelo hipercatólico Vicente Martínez-Risco y Agüero– cambió su grisácea indumentaria de viajante de comercio por la «agresiva camisa azul», por aquel «traje totalitario» que definiría grandilocuentemente, en julio del 37, el falangista Ernesto Giménez Caballero[316]. Y para que sea el lector el que se haga una sencilla composición de lugar y de los hechos que, desde ese final de julio, van a caracterizar la conducta de este francmasón, transcribiremos textualmente lo que sus propios compañeros y camaradas de represión dirán de él, y refleja la ficha policial «masónica» que le abrió, el 16 de diciembre de 1938, la Sección Cuarta del Servicio Nacional de Seguridad:

A la iniciación del Movimiento Nacional se alistó en las milicias hoy de segunda línea de F.E.T. y de las J.O.N.S. *en donde presta todos cuantos servicios le son encomendados a entera satisfacción de sus Jefes, demostrando desmedido entusiasmo y simpatía por la Causa Nacional* [317].

A pesar de su entusiasta fervor de converso y de su incondicional fidelidad al nuevo régimen demostrada, según parece, con excesiva prodigalidad por medio de las sabidas y «heroicas» acciones de retaguardia, la España de Franco no debió de confiar excesivamente en este individuo dado que, corriendo ya el año de 1953, la Comisaría General Político-Social de la Dirección General de Seguridad solicitaba a Marcelino de Ulibarri «cuantos antecedentes masónicos existan en los archivos de esa Delegación de su mando», referentes a aquel agente comercial valdeorrés de 58 años[318].

---

[316] Fernández, C.: *Antología de 40 años (1936-1975)*, Sada (A Coruña), Ediciós do Castro, 1983, p.45.

[317] El subrayado –de obvias y escalofriantes connotaciones– es nuestro.

[318] Oficio de fecha 12 de febrero de 1953. *Ibídem.*

Eulogio García Vega «simbólico» D'Alembert, también perteneció al mismo partido político que los dos masones anteriormente estudiados. De profesión industrial, nació García Vega, como el resto de los miembros del cuadro del *Marchesi*, en la última década del siglo pasado –el 10 de octubre de 1895–. Secretario del «taller» valdeorrés, el «hermano» D'Alembert también comenzó su andadura masónica en la madrileña logia *Concordia nº 14*.

Luciano Paradelo Paradelo, «simbólico» Rizal, de profesión propietario, nació el 20 de abril de 1890 en la entidad poblacional valdeorresa de Vilariño. Emigrante gallego en la isla de Cuba, donde se inició en la secreta sociedad de la acacia en la logia *Hijos del Templo*. Políticamente, Paradelo Paradelo fue un socialista, el único del cuadro de la sociedad masónica valdeorresa, Su labor como concejal del Ayuntamiento de O Barco, desde abril del 31 hasta, que sepamos, el 23 de junio de 1934, fue muy activa[319] y, cien por cien comprometida con el pensamiento y las posturas políticas que, a niveles generales, el Grande Oriente Español fue tomando a lo largo del devenir del primer y segundo bienios. Por ejemplo, una vez conocida la aprobación de la Ley de Congregaciones, Paradelo firma una felicitación enviada por este motivo al ministro de Justicia, reivindicando que se cumpliese completamente el artículo 26 de la Constitución. El 9 de abril del 34, sorprendido como la mayoría de los masones activos españoles por la derechista y proclerical política del gobierno lerrouxista, eleva una protesta por el proyecto de concesión de haberes al clero, considerando que resultaba mucho «más importante solucionar la miseria de miles de familias», manifestando, más tarde, otra protesta similar, pero esta vez contra la pena de muerte.

Su culta y responsable postura laicista como masón y socialista contrasta, por ejemplo, con el siempre popular y visceral anticlericalismo de un posible pariente suyo, un tal Paradelo Parrete, incansable y reconocido chocarrero de la comarca[320], de esos

---

[319] Fue miembro de la Comisión de Trabajo (1931), de la de Abastos (1932) y de la de Policía Rural.

[320] Como aquel tierno personaje chantadino, digno de cualquiera de las buenas novelas de Dña. Emilia o de don Miguel María –y del cual en este momento no recordamos su nombre–, célebre por sus «coñeros» e inofensivos gritos, que decía, escondiéndose, en el zaguán del Cuartel de la Guardia Civil de Chantada: ¡Viva la República!, cuando la Dictadura de Primo; y los correspondientes ¡Viva la Monar-

típicos chuzones que tanto abundan en la natural y tradicional convivencia del rural que, entre otras muchas cafradas o bufonadas, como apedrear en 1932 la iglesia de Viloira cuando en este templo se celebraba la misa –acción por la cual fue detenido–; hizo, con otros amigos, una carnavalesca parodia de procesión católica –cuando estos actos litúrgicos, como se recordará, estaban prohibidos por ley– durante la semana santa de 1933 en la que, además de llevar atado a una cruz a uno de sus «correligionarios» –si no fue él mismo el «crucificado»–, él y sus cofrades de *choqueirada*, convirtieron aquella chirigota en una auténtica manifestación callejera anticlerical[321].

Luciano Paradelo, tesorero del *Marchesi nº 12 y* grado primero en el largo escalafón del Rito Escocés Antiguo y Aceptado que, como el lector ya sabrá, llega hasta el trigésimo tercero fue, a pesar de sus propiedades, un inquieto y combativo sindicalista de la U.G.T., integrado en la Sociedad de Oficios Varios de esta agrupación sindical, desempeñando su labor en defensa de los intereses proletarios como vocal obrero en el Jurado Mixto ourensano.

Durante la Guerra Civil, Paradelo Paradelo, a pesar de su destacada militancia socialista y de su filiación francmasónica, sólo fue represaliado, que sepamos, con la pena económica de una elevada multa de 5.000 pesetas, impuesta por el Juzgado de Incautación de Bienes, y que, por su causa, le ocasionó el embargo de sus propiedades[322].

Del último de los miembros conocidos de este «triángulo» valdeorrés tenemos muy pocas noticias. José Manuel García Martínez era primo, como se recordará, del presidente de este «taller», debió ser iniciado por su propio pariente, corriendo el año 1935 o en el mismo 1936. La única referencia que demuestra su integración como miembro de este «triángulo» es la «plancha» oficializada por la impronta del sello de caucho del *Marchesi* y la

---

quía!, cuando llegó la Segunda República. Llegado el «silencioso» y malhumorado régimen franquista, dicen que a aquel pobre desgraciado –quizá un sí es no lo es bordelín– lo enmudecieron los falangistas de una feroz paliza.

[321] Curiosa noticia esta encontrada por el ya citado investigador Joaquín Miranda González, en los libros de actas del Ayuntamiento de O Barco.

[322] A.H.N. de S. *Masonería*. Leg. 258-34.

firma de su presidente, que este envió a Augusto Barcia el 23 de febrero de 1936.

Relación nominal, por orden alfabético, de los miembros del «triángulo» *Marchesi nº 12* (diciembre 1933 - julio 1936)

GARCÍA MARTÍNEZ, José Manuel. (1936). Gr. 1º

GARCÍA VEGA, Eulogio. (¿GAVELA VEGA?). *D'Alembert.* (1933-¿1936?). Secretaría. Gr. 1º

GONZÁLEZ MARTÍNEZ, Virgilio. *Diderot.* (1933-1936). Presidente. Gr. 3º. «Propietario».

PARADELO PARADELO, Luciano. *Rizal.* (1933-¿1936?). Tesorero. Gr. 1º «Propietario».

VIDAL NOGUEIRA, Francisco. *Curros Enríquez.* (1933-¿1936?). Orador. [¿Gr. 2º?]. «Comisionista».

La masonería ourensana del exterior

En este último apartado que dedicamos a la historia del hiramismo de la provincia de Ourense vamos a tocar, brevemente, los datos biográficos de ciertos ourensanos de los que hemos podido constatar su filiación francmasónica. Se trata de, en algunos casos, individuos célebres como, por ejemplo, la adscripción a la masonería argentina de Eduardo Blanco Amor que, durante un tiempo, «trabajó» masónicamente en la logia exclusivamente de componente gallego de Buenos Aires, *Antolín Faraldo* y, en otros casos, de personajes de proyección vital desconocida hasta ahora por la historia. De otros ourensanos ilustres como, por ejemplo, Pablo Rodríguez Abad y Alberto Vilanova Rodríguez si bien seguimos sospechando que en algún momento de su vida pudieron haber pertenecido a esta discreta sociedad, no podemos incluirlos, obviamente, en este, hasta hoy, reducido elenco de ourensanos que se iniciaron y «trabajaron» en masonerías de ámbito de influencia y ubicación exterior al de su país de origen. En cuanto a los hiramitas que sabemos que pertenecieron a logias masónicas del siglo XIX en su larga estancia migratoria en América, recordaremos de nuevo al célebre indiano José García Barbón, «simbólico» Candás, miembro de la logia habanera *Unión y Concordia nº 121* del Grande Oriente Nacional de España. Este célebre filántropo gallego, fue iniciado en la masonería el 6 de diciembre del año 1866, siendo afiliado a dicho «taller» cubano el 19 de septiembre de 1882. A 31 de diciembre de 1884, teniendo ya 43 años, hallamos a García Barbón en la *Unión y Concordia* con el grado 5º, residiendo en El Cano, de profesión «comercio» y de estado civil casado. En esta misma logia «trabajarían» por estos años otros gallegos como José Fontela Leal, «simbólico» Murguía, promotor y cofundador de la Real Academia Gallega[323] o aquel humilde escogedor de tabacos que, con el tiempo, llegaría a ser uno de los fundadores de la primera sociedad de instrucción gallega en América, Antonio Bugallo, «simbólico» Ares, presidente interino, en mayo de 1905, de la junta ejecutiva en La Habana de la Alianza Aresana de Instrucción.

Como es bien conocido, García Barbón fue, con los hermanos García Naveira, los también hermanos Prieto Pereira, Pedro Murias Rodríguez, Fernando Blanco de Lema, Gumersindo Busto, Ramón Nieto Otero, José Carrera Fábregas, Ramón González Fernández y un larguísimo etcétera, uno de tantos emigrantes gallegos enriquecidos en su larga experiencia americana que donó parte de su fortuna en aras de ofrecerle a su tierra natal un útil y benéfico servicio. José García Barbón construyó en las angostas tierras de la comarca ourensana donde nació carreteras, puentes, iglesias[324], estableció escuelas, un balneario, creó becas y la Biblioteca Barbón, costeó la construcción en Vigo (Pontevedra) de la primera Escuela de Artes y Oficios de España –cuyo diseño curricular era completamente «laico»–, también en Vigo edificó el hermoso edificio del llamado Teatro Rosalía de Castro, etc.

Otros emigrantes ourensanos que formaron parte del hiramismo americano fueron: José González Blanco, «simbólico» Orense, miembro, en 1879, con la profesión de «comercio», de las logias *Lazo de Unión nº 126* de Regla, población donde residía, *Antonio Pío nº 26* de la misma localidad cubana y de la ha-

---

[323] Sixirei Paredes, C. A.: *Emigración,* Vigo (Pontevedra), Galaxia, 1988, pp. 104-105.

[324] No se extrañe el lector por este hecho, también otro masón de origen gallego como fue Antonio Romero Ortiz sufragó la construcción de las iglesias parroquiales coruñesas de Ordes y Santa Uxía de Ribeira. A.H.N. de S. *Masonería.* Leg. 785-A-17.

banera ya citada *Unión y Concordia nº 121*[325]; el empleado Ignacio Vázquez, «simbólico» Ebro, «venerable maestro», en 1888, de la logia habanera *Padilla*[326].

En esta última logia citada, encontramos a otros cuatro ourensanos, el también empleado Elías Rodríguez, «simbólico» Celanova, los probablemente empleados de comercio José Rodríguez Pedroso, «simbólico» Rouzós, e Ignacio Fernández, Cervantes, y, por último, el médico Manuel Vázquez, «simbólico» Orense[327]. Otros masones ourensanos en tierras americanas fueron Antonio Fernández Rodríguez, aprendiz masón, en 1924, en la logia habanera *Perseverancia*[328]; José Rodríguez Rodríguez, miembro activo, en 1889, de la logia puertorriqueña *Borinquen 81* de Mayagüez[329]; Luis Carneado Moreira, «simbólico» Orense, «del comercio», y grado 18º en 1887, en la logia de Cienfuegos (Cuba) *Obreros del Progreso*[330]; Juan Portajero Pérez, «simbólico» Laza, empleado, con el grado 1º, en la misma logia y el mismo año que el anterior[331]; etc.

Dentro de la masonería madrileña tendremos dos casos muy conocidos: el ya estudiado del escritor e historiador Arturo Vázquez Núñez, Aníbal[332] y, ya en el siglo veinte, el personaje sin duda más llamativo, por su búsqueda de la coherencia ideológica y su instintivo sentimiento por buscar y defender, fuese donde fuese, la auténtica justicia social, el polifacético escritor inconformista y revolucionario de claro origen político republicanofederal y, después, con sinceras simpatías y militancias dentro del criterio libertario Eduardo Barriobero y Herrán que, sin ser ourensano de nacimiento, dado que, al parecer, nació el 31 de julio de

---

[325] «Taller» donde es muy posible que sus «columnas» acogieran al «hermano» Manuel Curros Enríquez.

[326] Cfr.: A.H.N. de S. *Masonería*. Leg 785-A-15.

[327] *Ibídem*.

[328] *Perseverancia. Revista Masónica Quincenal. Órgano Oficial y Propiedad de la Logia Perseverancia*, nº 63, año 3º, de 1 de agosto de 1924, p. 3.

[329] Cfr.: Paz Sánchez, M. A. de.: «Españolismo versus separatismo en la masonería puertorriqueña: La Logia Borinquen nº 81 de Mayagüez (1889-1897)», en *Boletín Millares Carló*, Madrid, Vol. IV, nº 7 y 8, 1985, pp. 199-227.

[330] A.H.N. de S. *Masonería*. Leg. 783-A-27.

[331] *Ibídem*.

[332] *Vid.*: Valín Fernández, A. J. V.: *Galicia y la masonería... Op. Cit.*, p. 425.

1879[333] en la población riojana de Torrecilla en Cameros, su nombre y proyección personal tuvo gran resonancia en Ourense –y, por ello, hasta algún escritor lo ha creído ourensano de nación– por su conexión con el agrarismo sostenido por el sacerdote gallego Basilio Álvarez –quizá, como decía José Antonio Durán, cuando era diputado conjuncionista por Madrid, aunque esta relación entre el republicanofederal y el párroco de Beiro se constata ya documentalmente en 1917, «Cuando Basilio Álvarez elige a Barriovero (sic) como abogado acusador de los caciques de Riós»[334]–, siendo ya este abogado camerano un destacadísimo, «ilustre y poderoso» francmasón del Grande Oriente Español. Este proceso anticaciquil, que ganará Barriobero, le hará enormemente famoso en la provincia ourensana, llegando a ganarse un sonado y público homenaje[335]. Al año siguiente, el cura y el abogado francmasón se asociarán, convirtiendo *El Parlamentario* en diario republicano, siendo Barriobero su director y Álvarez gerente y redactor jefe del mismo. En 1920, los agraristas de Basilio Álvarez lo elegirán candidato a Cortes, perdiendo aquellas elecciones[336].

Barriobero y Herrán, «simbólico» Alcibíades, sobresalió en su vida profesional como célebre abogado defensor ante los jueces de proletarios y campesinos concienciados, llegando a ejercer su profesión en 38 provincias, «(...) pues siempre ha sido mi norma de conducta la de no permanecer allí donde no puedo ser útil»[337], decía este tenaz y solidario camerano en el libro que, en 1935, publicaría en defensa de la masonería –y, al parecer, por

---

[333] Otros autores como, por ejemplo, Julián Tomás Bravo Vega dan por fecha de su nacimiento el 29 de junio de 1875. Recomendamos la lectura de la biografía de este inefable y relevante personaje heterodoxo de nuestra historia contemporánea realizada por el Dr. Bravo Vega, en la sección de biografías de la página web de la Real Academia de la Historia. Cfr.: Eduardo Barriobero y Herrán | Real Academia de la Historia (rah.es).

[334] Cfr.: G.E.G. Tomo 3, p. 113.

[335] *Ibídem.*

[336] *Ibíd.*

[337] Cfr.: Barriobero y Herrán, E.: *La francmasonería, sus apologistas y sus detractores. Infundios, desmentidos y secretos revelados*, Madrid, Imp. de Galo Sáenz, 1935, p. 325. Citado por: Gómez Molleda, M. O.: *La masonería en... Op. Cit.*, p. 349.

encargo de ella– bajo el título de *La francmasonería, sus apologistas y sus detractores*[338].

La vida masónica de Barriobero no deja de ser a la vez de fructífera –dado que alcanzó el grado 33º, «paso a paso»[339]–, paradójica y polémica, puesto que se enfrentó a muchos de sus «ilustres y poderosos hermanos», criticándolos abiertamente, al intentar revolucionar las actuaciones internas y externas –como veremos en el capítulo tercero de esta obra– del Grande Oriente Español en 1918. «Trabajó» el «hermano» Alcibíades siempre en la logia madrileña *Catoniana nº 2/nº 336,* llegando a ser, según parece, su «venerable». En 1921, este «taller» le concede «licencia ilimitada»; es decir, «plancha de quite», no volviendo a desear estar en activo masónicamente hasta 1932, año en que, solicitó afiliación en la logia *Perfección nº 21* de Madrid, siendo rechazada aquella –con fecha 21 de enero de 1936 por considerarlo «MASÓN IRREGULAR», permitiéndole, eso sí, solicitar la regulación pertinente[340].

Llegada la Guerra Civil, este activo y combativo abogado laboralista, intelectual de altura[341], auténtico «francotirador» *outsider*, periodista polémico y denunciador, y coherente y representativo político de aquella postura definida por el profesor Juliá Díaz, como el «radicalismo de clase media»[342], aquel famoso e indomable «jabalí» de la cámara legislativa de la Segunda República será nombrado para los siguientes cargos: primero, para la jefatura de la Oficina Jurídica de Cataluña y, después, como titular de la Fiscalía General de la República, volviendo entonces a pensar en una nueva afiliación al hiramismo, de ahí la carta oficial, solicitando información masónica sobre él, que la Gran Lo-

---

[338] Y que tantos problemas le daría al tener que distribuirlo él mismo, ayudado de ciertos masones como el americano Carranza Trujillo. Sobre este tema, *Infra*, nota 343.

[339] Como explicaba, el 31 de enero de 1936, a los «Sres. de la Gran Logia Regional del Centro de España», después de recibir la contestación –¡con cuatro años de retraso!– a la solicitud que les había hecho de afiliación. *Ibídem.*

[340] *Ibíd.*

[341] Además del libro citado, escribió también *Un tribunal revolucionario* y varias novelas, así como fue, editor y traductor de obras de Balzac, Voltaire, Hegel, etc.

[342] Juliá, S.: *Madrid, 1931-1934. De la fiesta popular a la lucha de clases,* Madrid, Siglo XXI, 1984.

gia Regional del Nordeste de España envió al Gran Consejo Federal Simbólico, el 11 de marzo de 1937[343].

Detenido y encarcelado en la Barcelona todavía republicana, «con motivo de la toma por la Policía del edificio de los Escolapios», según comunica confusamente la Oficina de Información de la Secretaría General de S.E. el Jefe de Estado al delegado de los Servicios Especiales de Salamanca, con fecha 15 de noviembre de 1937[344]; en realidad, como aclara Bravo Vega, a causa de una «falsa acusación de malversación de capitales» realizada contra él por las autoridades catalanistas y, por ello, burguesas y republicanas que no olvidaban su impecable y acrisolada filiación y militancia cenetista y su honesta, congruente y constante lucha por la justicia y la verdad. Liberado por fin de esta vergonzosa, por injusta, persecución y después de más de un año de encarcelamiento y el posterior ingreso en un hospital, Barriobero será, al no querer huir a Francia, de las primeras víctimas en ser masacradas por el terror fascista del franquismo nada más este tome la ciudad de Barcelona, siendo fusilado en esta capital catalana, el siete de febrero de 1939[345]. Su admirable y consecuente praxis revolucionaria siempre en defensa del explotado y del perseguido y siempre contumaz en la persecución de la Justicia y de la Verdad le costó la persecución, tanto del lado oscuro del demagógico republicanismo de los repugnantes sucesos de auténtico terrorismo de Estado de Casas Viejas y de las duras persecuciones en contra del movimiento libertario español como del terror fascista que también le tocó sufrir al final de su paradigmática vida.

---

[343] *Expediente personal de Barriobero y Herrán.* Cfr.: A.H.N. de S. *Masonería.* Leg. 118-A-1.

[344] *Ibídem.*

[345] *Ídem.*

Capítulo II. La escuela laica neutral de Orense: masonería, librepensamiento y educación, en la crisis española del siglo XX

No sólo debe excluirse la enseñanza confesional o dogmática de las escuelas del Estado, sino aún de las privadas, con una diferencia muy natural, a saber: que de aquellas ha de alejarlas la ley; de estas el buen sentido de sus fundadores y maestros

Francisco Giner de los Ríos

La secta [masónica] tiene grande interés en la multiplicación de estas escuelas [laicas o neutras] que le facilitan medios para dilatar su dominio y combatir con más fuerza a la santa Iglesia católica. De aquí su empeño en que el Estado sea docente, o se encargue de las escuelas, porque en ello ve un medio eficaz de corromper a la juventud

Obispo de Tortosa

Preliminar

Si buscásemos los precedentes más remotos de lo que, durante la segunda mitad del siglo XIX y los primeros decenios del siglo XX, se vino en llamar la «escuela laica», los hallaríamos quizás ubicados cronológicamente en el siglo XIV, en aquellas escuelas de capacitación artesanal denominadas «escuelas de escritura» o «escuelas alemanas» y que tuvieron su existir geográfico en países eminentemente artesanales como Brabante, Flandes, y algunos Estados de la Italia septentrional. Estas escuelas de diseño curricular fundamentalmente práctico, carecían –como nos dice, citando a Clausse, Antonio Santoni[346]– de disciplinas religiosas, siendo su composición discente, sociológicamente, popular, hijos sobre todo del *populo piccolo* o *minuto*.

¿Qué entendemos entonces por las llamadas «escuelas laicas» o el denominado laicismo escolar?

Intentando simplificar la definición, podemos entender por tales centros instructivos aquellos que, eludiendo de principio toda inclinación o tendencia confesionalmente preceptual, regulada y exclusivista[347], pretendían su integración en el medio socioprofesional donde iban a estar ubicados, adecuando para ello su racionalista y experimental oferta docente a las necesidades, posi-

---

[346] Santoni Rugiu, A.: *Historia social de la educación I. Reforma de la escuela*, Barcelona, Reforma de la Escuela, 1981, p.148.

[347] Esto no quiere decir que su diseño curricular careciese de disciplinas de índole religiosa como, por ejemplo, Historia Sagrada.

bilidades y aspiraciones poseídas por los sujetos que, a título individual o en representación de cualquier institución protectora[348], componían sus respectivos patronatos gestores. La «escuela laica», «neutra», «neutral» o «cívica» es, entonces, más que un sistema pedagógico, una zona, una etapa o un proceso de la historia del desarrollo pedagógico universal. Más que un método fue una postura o un talante de corte ideológico liberal, sostenido y reivindicado por la heterodoxa *intelligentsia* fundamentalmente provinciana de la Europa de la segunda mitad del siglo diecinueve, ante la incompetencia y la intolerancia de los sistemas educativos tradicionales. Una elástica actitud o un modelo ideológico de alfabetización, escasamente uniforme –como también ha comprendido Teódulo García Regidor[349]– por su variada y profusa heterogeneidad curricular, creado y sostenido por la propia cultura burguesa, como un, tal vez tardío, brote de la superestructura de su formación social[350]. Un, por lo general precario, prototipo de aparato ideologizador, reproductor de los valores más genuinos del *ethos* burgués en medios sociales predominantemente proletarioartesanales y pequeñoburgueses.

El camino para que la humanidad llegase a crear este particular paradigma pedagógico fue, obviamente, muy largo y tortuoso. No olvidemos que aquella idea de Agustín de Hipona, contenida en su *De magistro,* de negarle al elemento docente su intrínseca y potencial posibilidad de educar, al afirmar que nadie podía enseñar algo que Dios no lo desease, siguió vigente en las ortodoxas y neoescolásticas estructuras pedagógicas europeas hasta el siglo XIX donde, como es bien sabido, el verbo «instruir» se confundía, alevosamente, con el de «catequizar».

Tuvieron que pasar muchos siglos y muchas vidas de pedagogos, pensadores y políticos para que esta visión laicista del relevante mundo de la educación cuajase por fin en la forma de una

---

[348] Entiéndase aquí no el consiguiente «patronato» o «junta directiva», sino la logia o logias masónicas, sociedad de librepensadores, comité local de cualquier partido republicano, sociedad o círculo obrerista, ayuntamiento o caja de ahorros, etc.

[349] García Regidor, T.: *La polémica sobre la secularización de la enseñanza en España (1902-1914),* Madrid, Fundación Santa María, 1985, pp. 186-198.

[350] Las citadas «escuelas alemanas» sí pueden interpretarse, con total seguridad, como auténtica manifestación de los brotes de la superestructura de la formación social futura en pleno modo de producción feudal.

verdadera experiencia histórica. Dos intelectuales de la edad moderna serán los precursores: Jan Amos Komensky con su *Didáctica Magna* (1657), donde se contemplará por primera vez en la historia la labor del educador como la de un «servidor de la naturaleza», y Jean Jacques Rousseau con su famoso y polémico *Emile ou De l'education* (1762) en el que, como el lector recordará, se reivindicará, a lo largo de sus páginas, una pedagogía experimental en total y armonioso acuerdo con la naturaleza, lejos del memorístico, represivo y autoritario sistema de las escuelas por aquel tiempo al uso, tolerantemente deísta en asuntos religiosos y vigilantemente respetuosa con el derecho a la libertad de conciencia del elemento discente. Después del husita Comenius y del calvinista Rousseau, el discurso pedagógico moderno se irá fortaleciendo al calor del pensamiento ilustrado y de lo que este va a generar. En Francia, de cuya revolución saldrá la ya vieja concepción burguesa universal del «Estado docente», sus revolucionarios ensayos sobre la educación, tanto publicísticos como experimentales, como las célebres *Cinq mémoires sur l'instruction publique* del marqués de Condorcet, dejarán establecida la reivindicación pedagógica de una instrucción y educación laica y republicana. En España, por ejemplo, tenemos a intelectuales como Benito Jerónimo Feijoo, vindicando desde su obra publicística la necesaria segregación entre ciencia y autoridad teológicoeclesiástica; o aquel francés de nacimiento, naturalizado español –y, ya al final de su vida, español afrancesado–, de Francisco Cabarrús, cuando solicitaba para la España del penúltimo lustro del Siglo de las Luces, una instrucción estatal, obligatoria, laica y sin distinción de clases o estamentos, en aquellas *Cartas sobre los obstáculos que la naturaleza, la opinión y las leyes oponen a la felicidad pública* que, como ya hemos visto en la introducción, dirigió a su amigo Jovellanos –y no publicó hasta el año 1808– y en las que el pálpito laicista con respecto al tema de la enseñanza es completamente rotundo[351]. Otros pensadores con preocupaciones afines a las de estos dos españoles citados fueron, por

---

[351] *Supra,* el apartado «El lento y tortuoso proceso de secularización en España» de la introducción de esta obra.

ejemplo, los italianos Gian Rinaldo Carli y el famoso físico Alessandro Volta.

Quizá el primer gran seguidor o discípulo de Rousseau en el ámbito educativo sea Johann Heinrich Pestalozzi –si, conscientemente, olvidamos aquí la tolerante y revolucionaria experiencia de la llamada «filantropía pedagógica» de Johann Bernhard Basedow[352]–, su deísta enfoque en su experimental e intuitiva práctica y teórica pedagógicas, correrá parejo con las obvias posturas de tolerancia religiosa de algunas escuelas alemanas sostenidas, por aquel tiempo, por varias logias francmasónicas. Sin embargo, mucho más interesante para el tema que nos ocupa será la experiencia pedagógica de uno de los muchos personajes contemporáneos de Pestalozzi que, admirando su obra, llegaron a visitar el plantel de Burg-dorf, como también harían Andrew Bell y Friedrich Fröbel[353], nos referimos al utópico milenarista galés Robert Owen. Este infatigable protosocialista, ofrecerá a la historia de la humanidad el, que sepamos –y a pesar de su curiosa particularidad de oferta plurirreligiosa–, primer ejemplo de experiencia de laicismo pedagógico, con aquella guardería infantil –indudable precedente de los célebres *Kindergarten* froebelianos– y aquella escuela para niños y adultos que, en 1816, estableció en su utópico ensayo socioproductivo de New-Lanark. Su obra publicística, plasmadora de su laicista y ateísta reivindicación de la reeducación del ser humano, también representa un cualitativo salto histórico en el lento *Werden* de la ciencia educativa en su, obviamente necesario, proceso secularizador. Sin embargo, aquel centro que Robert Owen establece en New-Lanark con el nombre de Nueva Institución para la Formación del Carácter, será un sorprendente paradigma de enseñanza laica a partir de una previa postura profundamente tolerante en temas de índole religiosa –muy en la línea pedagógica del interconfesionalismo de Basedow–, portadora de un pensamiento laicista auténticamente multiconfesional y pluralista, debido a su constante y vital preocupación por extirpar de la sociedad humana

---

[352] Sobre esta interesante experiencia de indudable pedagogía secularista, *vid. e. g.*: Larroyo, F.: *Historia general de la pedagogía*, Méjico, Porrúa, 1986 (1ª reimpresión de la 20ª edición), pp. 439-445.

[353] Bowen, J.: *Historia de la educación occidental. Tomo III. El occidente moderno. Europa y el Nuevo Mundo. Siglos XVIII-XX*, Barcelona, Herder, 1985, p. 293.

todo sectarismo religioso. Veamos lo que, sobre esta indudablemente revolucionaria experiencia pedagógica dice el profesor Capitán Díaz:

> Su funcionamiento, relativamente original, respondía con frecuencia a sentimientos de filantropía más que a exigencias propiamente educativas, si bien sendos aspectos se contemplaron a la vez en algunos momentos de esplendor de la escuela. En su concepción se aprecian doctrinas pedagógicas de la Didáctica Magna de Comenius, los Pensamientos sobre educación de Locke, el Emilio de Rousseau (...). El 'currículum' de la escuela de New-Lanark estaba integrado por las materias básicas –lectura, escritura, cálculo, historia, geografía, música, educación física, gimnasia, canto, danza...–, por la iniciación profesional y trabajo, y por la doctrina moral y práctica religiosa, según la confesionalidad de cada uno[354].

Un poco más tarde, y en plena Rusia tardofeudal de mediados de siglo, Liev Nikoláievich Tolstói, radical y místico seguidor de la obra de Rousseau, emprenderá su libertaria experiencia pedagógica en Yásnaia Poliana, difundiéndola por medio de su conocida revista.

Otra vía, hasta cierto punto distinta –pero jamás distante– a la iniciada por la obra rusoniana, pero con las mismas raíces ilustradas, y muy dentro de aquella reivindicación de «escuela laica» que Immanuel Kant dejará establecida en libros como *La religión dentro de los límites de la mera razón (Die Religion Innerhalb der Grenzen der blossen Vernunft,* 1793) *y,* sobre todo, en su *[Reflexiones] Sobre la Educación (Über Pädagogik),* recopilación hecha y publicada en 1803 por su discípulo Theodor Rink, de las lecciones que Kant dictó sobre esta cuestión en los años 1776-1777 y 1786-1787[355], parece tener como centro

---

[354] Capitán Díaz, A.: *Historia del pensamiento pedagógico en Europa. II. Pedagogía contemporánea,* Madrid, Dykinson, 1986, pp. 348-349. Sobre este tema, *vid.,* también: Dupuis, S.: *Robert Owen. Socialiste utopique 1771-1858,* París, Centre National de la Recherche Scientifique, 1991, pp. 117-124,168-171.

[355] Sobre este interesante tema, *vid. e. g.:* Bowen, J.: *Historia de... Op. Cit.,* pp. 273-286; Snyders, G., León, A., Vial, J.: *Historia de la Pedagogía,* II, Barcelona, Oikos Tau, 1974, pp. 73-76.

irradiador la Alemania de entre siglos. En este fenómeno de amplias y pretenciosas connotaciones educacionales, se van a mixturar los pensamientos individuales y los credos colectivos, tanto de un viejo y casi tradicional rescoldo todavía no apagado del iluminismo y del propio –y místico– ideario francmasónico como de las no del todo diferentes pulsaciones de claro ideal humanísticopedagógico de los respectivos discursos de filósofos masones postilustrados como Goethe, Lessing y Herder, y que se plasmarán, más o menos sintetizados, en las obras de pensadores y pedagogos como el también francmasón –amén de masonólogo– Karl Christian Friedrich Krause, y su amigo y polemizador, el célebre autor de *La Educación del Hombre (Die Menschenerziehung),* Fiedrich Fröbel[356].

A partir de aquí, lo que ya conocemos: experiencias pedagógicas y laicistas como las de los gobiernos liberales belgas desde 1831; la creación –como ya subrayamos en la introducción de esta obra– de la Universidad Libre de Bruselas en 1834; publicística variada como, por ejemplo, la del francmasón Bakunin cuando escribió en el periódico internacionalista *L'Egalité*, en 1869, cómo entendía la llamada «instrucción integral»[357]; los escritos del también anarquista y masón de Paul Robin sobre la educación integral. Aquel hermoso y tolerante, por libertario, principio de la búsqueda de la *integridad* en la función docente que, más o menos, venía a recoger aquella vieja antorcha krausista sobre la complementariedad de los términos educación e instrucción –el completo y globalizador *educar* en todas las facetas de la personalidad humana–, en puridad, la vieja reivindicación contemplada, ya en 1844, por el inolvidable filósofo posthegeliano de Johann Caspar Schmidt en su *El Único y su Propiedad,* cuando aclaraba aquello de que

---

[356] Ureña, E. M.: «Orígenes del Krausofröebelismo y masonería», en *Historia de la Educación,* nº 9 (enero-diciembre de 1990), pp. 43-62.

[357] Véase en español la edición prologada y traducida por Claudio Lozano: Bakunin, M.: *La Instrucción Integral*, Barcelona, José de Olañeta, 1979. Sobre una introducción al estudio de la preocupación pedagógica por el socialismo libertario, *vid.*: García Moriyón, F.: *Del socialismo utópico al anarquismo. Madrid,* Cincel, 1990, pp. 107-125; Tiana Ferrer, A.: «La idea de enseñanza integral en el movimiento obrero internacionalista español (1868-1881)», en *Historia de la Educación,* nº 2, (enero-diciembre de 1983), pp. 113-121.

(...) si el impulso que guía nuestro tiempo, una vez conquistada la *libertad del pensamiento*, es su consecución hasta aquella plenitud en la que ella se convierte en libertad de la voluntad, el objetivo último de nuestra educación ya no puede ser, para cumplir esta libre voluntad, el simple saber, sino el querer que se engendra del saber; y la expresión explícita de aquello a lo que esta educación debe aspirar es: el hombre personal o libre»[358].

Ácratas o protoácratas pensamientos pedagógicos éstos como el que contempla aquella cita –recordada por el profesor Capitán Díaz[359]– de Pierre-Joseph Proudhon, cuando dijo:

Qué puede importarte, lector, mi humilde individualidad: He nacido como tú, en un siglo en que la razón no se somete sino al hecho y a la demostración; mi nombre, lo mismo que el tuyo, es *investigador de la verdad*; mi misión está consignada en estas palabras de la ley: *Habla sin odio y sin miedo; di lo que sepas*. La obra de la humanidad consiste en construir el templo de la ciencia y esta ciencia comprende al hombre y a la Naturaleza. Pero la verdad se revela a todos, hoy a Newton y a Pascal, mañana al pastor en el valle, al obrero en el taller[360].

Después de estas y otras experiencias revolucionarias, como aquella combativa *Ligue de l'Enseignement* belga y la fuerte labor propagandística de su boletín durante el bienio 1865-1866, la conocida *Loi Ferry* de 1882, la misma experiencia de la española Institución Libre de Enseñanza, etc., vendrían los intentos de superación de todas estas posturas pedagógicas con los sistemas neorrusonianos de la conocida feminista Ellen Key o el del célebre francmasón y libertario español Francisco Ferrer y Guardia. Un poco más tarde, el mundo conocerá la colosal –aunque llena de enormes lagunas formativas sobre todo en el primordial ámbito humanístico y de los lógicos problemas de hiperburocratiza-

---

[358] Stirner, M.: *El único y su propiedad, el falso principio de nuestra educación o humanismo y realismo*, Barcelona, Labor, 1974, p. 267.

[359] Capitán Díaz, A.: *Historia del pensamiento... Op. Cit.*, p. 351.

[360] Proudhon, P. J.: *¿Qué es la propiedad?*, Barcelona, Tusquets 1975 (primera edición: 1840), pp. 32-33.

ción que tuvo y tendrá siempre el sistema leninista– experiencia pedagógica, laicista y antiteísta salida de la revolución soviética y del Estado bolchevique, desde el confuso y experimental comisariado Lunacharsky, los revolucionarios ensayos pedagógicos «ideologizantes» de Anton Makarenko, hasta el primer plan quinquenal estalinista, iniciado en 1928, en el que uno de los tres lemas a reproducir y conquistar, como se recordará, fue el de la destrucción de cualquier atisbo o influencia religiosa. Ya en el inacabado trienio 1936-1939, el mundo de la educación volvería a sorprenderse con una nueva experiencia revolucionaria, será la culminación de la ya vieja tradición –originariamente española– de docencia racionalista, modernista o libertaria, desarrollada en plena Revolución Social española y sus conocidos y graves problemas «doctrinarios» por «educar» al niño de sus escuelas de guerra en una suerte de «educación cien por cien bélica de corte antifascista»[361].

La Escuela Laica Neutral de Orense (1909-1936)

Aproximación historiográfica

Historiográficamente, el ensayo pedagógico y laicista de la E.L.N.O. o de la E.L.N., como solía ser citada por los propios socios protectores la denominada Escuela Laica Neutral de Orense es, hoy por hoy, un terreno que se presenta ante los ojos del investigador con la barbechada apariencia de un abandonado yermo. Seguramente, el primer trabajo publicado, intentando ofrecer una somera historia de esta interesante y larga experiencia de secularismo docente sea el que Eulogio Vázquez –por aquel tiempo presidente de la llamada Sociedad Protectora de la E.L.N.O.– publicó al final de la Dictadura de Primo de Rivera en el semanario republicano *La República,* órgano oficial de la Federación Republicana de Orense. Cronológicamente anterior a este resumen histórico y propagandístico firmado por Eulogio Vázquez, el historiador se encuentra con los doce folios manus-

---

[361] Véase, sobre este interesante tema: Tiana Ferrer, A.: *Educación libertaria y revolución social (España, 1936-1939),* Madrid, U.N.E.D., 1987.

critos que, en diciembre de 1926, el director pedagógico de este plantel, Hipólito Sinforiano Luengo envió, utilizando el papel timbrado para la correspondencia de la Unión Provincial Orensana, a esta misma sociedad mutual e instructiva de emigrantes ourensanos en Argentina, cuya sede estaba ubicada en Buenos Aires y que nos facilitó solidariamente, en fotocopias, nuestro buen amigo y colega Xavier Castro Pérez. Más tarde, hallamos más referencias en relación con la historia de este centro docente en el acta de la tenida que celebró el «triángulo» masónico *Adelante nº 7* el día 21 de abril de 1932, en cierta documentación de índole municipal y, ya en clave literaria, en la novela que, principiado el decenio de los años setenta, publicó el francmasón Eduardo Blanco Amor bajo el título de *Xente ao Lonxe*.

En cuanto a la historiografía reciente y de factura universitaria, esta, salvo una comunicación congresual hecha por Xosé Manuel Cid Fernández, comienza con breves referencias a la realidad histórica de esta escuela en trabajos publicísticos salidos de la estampa alrededor del año 1989. Sin duda el primer estudio sobre la experiencia pedagógicolaicista de la E.L.N.O., se trata de la comunicación presentada por el citado profesor Cid, en el V Coloquio Nacional de Historia de la Educación, celebrado en Sevilla del 12 al 16 de septiembre de 1988 y publicado por la Universidad de Sevilla en ese mismo año[362]. Como meras referencias, cronológicamente anteriores o posteriores a este trabajo, cabe señalar las realizadas por los profesores Antón Costa Rico[363] y Alberto Valín Fernández[364]. En 1989, sale de las prensas tipográficas ourensanas del diario *La Región* la primera obra en directa relación con el estudio histórico-educativo de esta escuela laica[365]. Después de esta publicación aparecerán de nuevo

---

[362] Cid Fernández, X. M.: «La Escuela Laica Neutral de Ourense en el marco de las relaciones educativas de los emigrantes gallegos (1909-1936)», en VV.AA.: *Hª. de las Relaciones Educativas entre España y América*, Sevilla, Universidad de Sevilla, 1988, pp. 346-355.

[363] *Vid. e. g.:* Costa Rico, A.: *Escolas e mestres. A Educación en Galicia: da Restauración á IIª República*, Santiago (A Coruña), Xunta de Galicia, 1989, p. 219.

[364] Valín Fernández, A. J. V.: «Masonería, *Clero y enseñanza...*», *Op. Cit.*, p. 464. Comunicación leída, y posteriormente publicada, en el III Symposium de Metodología Aplicada a la Historia de la Masonería Española, celebrado en junio de 1987.

[365] Cid Fernández, X. M.: *Apuntes da nosa... Op. Cit.*

trabajos conteniendo referencias en relación con la presencia histórica de este curioso centro docente como, por ejemplo, el comentario publicado en 1992, en relación con la conferencia que, sobre la E.L.N.O., dictó el profesor Xavier Castro Pérez en las VI Xornadas de Historia de Galicia celebradas en Ourense, corriendo el mes de diciembre de 1988[366].

La pedagogía de aconfesionalidad religiosa en la historia de España

Como ya hemos podido apreciar, a niveles obviamente generales, el pensamiento o reflexión en relación con el hecho de ver completamente necesaria la segregación o desvinculación entre el mundo de la educación y el estamento eclesiástico, más o menos único amo y señor de aquel en las formaciones sociales del Antiguo Régimen, gozó de un lento pero progresivo proceso desde el siglo XVIII hasta los lustros iniciales de la denominada baja edad contemporánea; es decir, los años que tienen su transcurrir entre, aproximadamente, 1865 y 1895.

En España, esta reivindicación, esta lucha por el control de la enseñanza entre la burguesía del diecinueve y las fuerzas reaccionarias aglutinadas por el clero católico, «no es –como ya aclararon Peset, Garma y Pérez Garzón– un nuevo reflejo de la lucha de clases, sino *un lugar* de lucha donde convergen las fuerzas sociales antagónicas»[367]. La idea o paradigma pedagógico de la «escuela laica» va a manifestarse como revolucionaria aspiración y directa alternativa a la precaria situación de la enseñanza de la Restauración, siendo sostenida por amplios sectores de la pequeñoburguesía, burguesía y proletariado revolucionarios.

Será una suerte de revisionista y pragmática decisión ante la generalizada fatiga sufrida en estas desencantadas fuerzas sociales –visceralmente radicalizadas e ideológicamente subversivas– con las todavía recias estructuras de corte feudal o tardofeudal,

---

[366] VV.AA. (Xavier Castro y Jesús de Juana, editores): *Mentalidades colectivas e ideoloxías,* Ourense, Deputación Provincial de Ourense, 1992, pp. 283-285.

[367] Peset, J. L., Garma, S., Pérez Garzón, J. S.: *Ciencias y enseñanza en la revolución burguesa,* Madrid, Siglo XXI, 1978, p. 5. El subrayado es del texto.

ante el descalabro sufrido a raíz del golpe de Estado llevado a cabo por el tándem Pavía-Cánovas y el retorno de la, para ellas, indeseable restauración de la corona borbónica. La intención más o menos oculta de esta fuerte –y aparentemente profunda– reivindicación educativa, no fue otra que la de divulgar el criterio político liberal por medio del mejor órgano difusor posible: la escuela. Esta institución de obvias potencialidades de control ideológico será una de las metas a lograr por parte de aquella desvencijada izquierda liberal española del postsexenio democrático. Aquellos decepcionados y, en cierta manera, desilusionados republicanos, nada más comience la Restauración alfonsina pondrán a la «escuela laica» como auténtica niña de sus ojos, con el utópico fin de poder alcanzar la mayor expansión de su radical ideario liberal en las sucesivas generaciones españolas, a tenor de este ideologizador vehículo de alfabetización. Esta clara aspiración ideologizadora o concienciadora con respecto a la escolarización laica o laicista, la dejará claramente definida un desencantado zorrillista de la primera generación postsesentaiocho del diecinueve, el ya citado francmasón y pedagogo Francisco Ferrer y Guardia cuando, hablando de su trayectoria vital y acercando el ascua en esta ocasión más a su «escuela racionalista» y a su flamante ideario ácrata que a las propias «escuelas laicas» y al republicanismo subsiguiente, diga aquellas palabras, ya recordadas parcialmente en el apartado del capítulo primero de esta obra, donde estudiamos aquella reivindicación política que la logia *Constancia* hizo a favor de los «maestros laicos»:

> Imagínese lo que sería la presente generación si el partido republicano español (...), se hubiera dedicado a fundar escuelas racionalistas al lado de cada comité, de cada núcleo librepensador o de cada logia masónica (...); ¡cuánto se hubiera adelantado durante treinta años en las escuelas diurnas para niños y en las nocturnas para adultos! ¿Se contentaría en ese caso el pueblo enviando diputados al Parlamento que aceptan una Ley de asociaciones presentada por los monárquicos? ¿Se limitaría el pueblo a promover motines por la subida del precio del pan, sin rebelarse contra las privaciones impuestas al trabajador a causa de la abundancia de lo superfluo de que gozan los enriquecidos con el trabajo ajeno? ¿Haría el pueblo raquíticos motines contra

los consumos en vez de organizarse para la supresión de todo privilegio tiránico?[368].

Sin duda la institución de educación e instrucción laica o liberal con más resonancia en España fue la celebérrima Institución Libre de Enseñanza, aquella que, ya desde su fundación en el inicio de la Restauración, se definiría como «un establecimiento de enseñanza laica»[369] y que entendería el laicismo, siguiendo en esto lo que una buena zona de su escogido claustro dejaría aclarado, como «sinónimo de neutralidad y no de agresividad anticlerical»[370].

A esta Institución Libre de Enseñanza que, por otro lado, tanto había bebido de las paradigmáticas fuentes de la experiencia liberal y masónica de la Universidad Libre de Bruselas, le antecedieron otros ensayos –obviamente más humildes– establecidos ya, al parecer, durante el Sexenio Democrático por asociaciones librepensadoras, ateneos y partidos republicanos[371], y le siguieron un buen número de escuelas de primera y hasta segunda enseñanza desperdigadas por gran parte de la geografía española de metodología, didáctica y currículo aconfesionalmente religiosos o, mejor dicho, laicistas y, en raras ocasiones, auténticamente neutrales en cuestiones de esa índole.

¿Quiénes fundaban y patrocinaban estos centros docentes? Es indudable que, en un principio, las dos asociaciones punteras en esta obra ideológica y pedagógica fueron la masonería y las sociedades de librepensadores. La escasa historiografía reciente hasta el año 1993 en que se escribió este libro y que aborda este tema, suele soslayar a la primera de estas sociedades, debido al imperdonable olvido que la metodología de sus autores manifiesta con relación a la consulta del interesantísimo –y en estos temas fundamental– fondo documental masónico del Archivo Histórico Nacional, «Sección Guerra Civil» de Salamanca. Ideológicamente,

---

[368] *Supra,* nota 299.

[369] Véase el *Boletín de la Institución Libre de Enseñanza,* 1877, p. 65. Citado por: García Regidor, T.: *La polémica sobre... Op. Cit.,* p. 187.

[370] Turin, Y.: *La educación y... Op. Cit.,* p. 215.

[371] Según las informaciones que, gentilmente, nos ha ofrecido el profesor Álvarez Lázaro.

los individuos sustentadores de este proyecto pedagógico rebasan el horizonte político republicano, sucediendo más o menos lo mismo que había ocurrido con los fundadores y accionistas de la I.L.E. De todas formas, es muy posible que la porción mayoritaria del colectivo fundador y protector de estos planteles de escolarización liberal fuese políticamente zorrillista. Al analizar este curioso fenómeno de pedagogía alternativa y sopesar el porqué parece radicar en las logias y en ciertas sociedades librepensadoras esta responsabilidad –y no, fundamentalmente, en los comités de las agrupaciones republicanas–, deducimos la probable conjetura de que resultaba más lógico que, por su propia idiosincrasia de institución «pedagógica» y filantrópica o benéfica –y de concepciones suprapolíticas y suprarreligiosas–, fuese la masonería la que amalgamase en aquella aspiración a los variados colectivos de laicistas españoles de la primera etapa de la Restauración a la hora de llevar a cabo y sostener este tipo de necesarios planteles.

Los ejemplos de escuelas laicas constituidas y subvencionadas por una o varias logias masónicas, amén de un grupo de liberales independientes de la localidad respectiva, son muy abundantes, y cada vez mejor conocidos, gracias a su obvio redescubrimiento por parte de la historiografía coordinada, directa o inducidamente, por el Centro de Estudios Históricos de la Masonería Española cuya sede se hayaba, desde su fundación en 1984, en el Departamento de Historia Moderna y Contemporánea de la Universidad de Zaragoza. Trabajos como los realizados por los profesores: Juan Carlos Gay Armenteros[372], Pedro Fermín Álvarez Lázaro[373], Pere Sánchez i Ferré[374], José Antonio Ferrer Benimeli[375], Alberto Valín Fernández[376], Francisco López Casimiro[377], Luis M. Lázaro Lorente[378], etcétera.

---

[372] Gayarmenteros, J. C.: «Penuria y ...», pp. 303-390.

[373] Álvarez Lázaro, P.: «Masonería y enseñanza laica durante la Restauración española», en *Historia de la Educación*, nº 2, (enero-diciembre de 1938), pp. 345-352; «La Institución Libre de Enseñanza y el universalismo», en *Revista de Occidente*, nº 101, de octubre de 1989, pp. 88-106.

[374] Sánchez Ferré, P.: «Maçoneria i educació a Catalunya», en VV.AA.: *Maçoneria i educació a Espanya*, Barcelona, Fundació Caixa de Pensions, 1986, pp. 157-195; *La lógia Lealtad... Op. Cit.*, pp. 68-72; *La maçoneria a... Op. Cit.*, pp. 131-140.

[375] Ferrer Benimeli, J. A.: «La escuela laica lugar de enfrentamiento entre la Masonería y la Iglesia en España (1868-1930)», en VV.AA.: *Ecole et Eglise en Espagne et*

Galicia y la laicidad escolar

No queriendo abundar demasiado en lo ya vertido, sobre este asunto, en la parte final de la introducción de este libro, trataremos de recordar, interpretar y, si cabe, completar, los datos allí contemplados con lo que a continuación exponemos.

En lo que respecta a Galicia, la historia hasta ahora conocida de la pedagogía secularista va a poseer dos vertientes diferenciadas, la de los intentos de fundación de planteles con este pálpito ideológico y la correspondiente a las auténticas realizaciones de efímera o longeva existencia, que se dieron en suelo galaico desde el siglo XIX hasta la última guerra civil española.

En cuanto a la primera de esas vertientes, la de las tentativas de constitución de centros docentes laicos, la historia comienza en Vigo en el año 1880, será el llamado Colegio de Comellas. Un centro de segunda enseñanza seguidor, al parecer, del ejemplo madrileño de la I. L. E. y que, según ha estudiado el profesor Porto Ucha, no logró consolidarse y funcionar como tal[379].

El segundo intento de establecer una escuela laica en Galicia va a situarse en A Coruña, será aquel Centro Democrático de la Coruña, fundado, en 1882, por los francmasones Antonio Prieto Puga (presidente interino), Saturnino Villelga (vicepresidente), Manuel Martínez (secretario interino) y, entre los vocales, el también hiramita Juan Domenech Rato. Este denominado Centro Democrático, en el título primero de su *Reglamento del Centro Democrático de la Coruña* ya explicaba que dicha entidad: «(...) procurará el establecimiento de escuelas de enseñanza laica con la extensión que lo vayan permitiendo los recursos de la Sociedad»[380].

en *Amerique latine (Aspects idéologiques et institucionels)*, Tours, Université de Tours, 1988, pp. 195-221.

[376] Valín Fernández, A. J. V.: «Masonería, Clero y...» *Op. Cit.*; «El laicismo, la...» *Op. Cit.*; *Galicia y la masonería ... Op. Cit.*, pp. 515-522.

[377] López Casimiro, F.: «Enseñanza Laica y Masonería en Badajoz durante la Restauración», en VV.AA.: *Masonería, política y sociedad... Op. Cit.*, pp. 429-447.

[378] Lázaro Lorente, L. M.: «Blasco Ibáñez: Masonería, Librepensamiento, Republicanismo y Educación», en VV.AA. (J. A. Ferrer Benimeli, coordinador): *Masonería, revolución y reacción*, I, Alicante, Instituto de Cultura Juan Gil-Albert, 1990, pp. 213-225.

[379] Porto Ucha, A. S.: *La Institución Libre de Enseñanza en Galicia*, Sada (A Coruña) Ediciós do Castro, 1986, pp. 259-264.

[380] *Reglamento del Centro Democrático de la Coruña*, A Coruña, Est. Tipográfico de La Voz, 1882, p. 6. Sobre esta sociedad o ateneo criptomasónico coruñés, véase su

El tercer conato de implantación en Galicia de una entidad de escolarización laica volverá a tener lugar en la portuaria y burguesa ciudad de Vigo y también será estudiado por el Dr. Porto Ucha, se tratará de aquella idea sostenida por el que fuera alcalde de esta ciudad Jacobo Domínguez, de establecer, en 1884, un centro de primera y segunda enseñanza, siguiendo los planes de estudio de la I. L. E. y los consejos personales del propio profesor Giner[381].

Otros ensayos de este tipo los encontramos, ya en medios estrictamente francmasónicos, en ciudades como Lugo y Mondoñedo. El lucense, correrá a cargo de la logia *Moreto nº 230* que, ya en sus momentos fundacionales, sostenía la idea de la creación en Lugo de «escuelas laicas, Cementerios Civiles u otra cosa conveniente que la logia acuerde»[382]. El mindoniense tendrá más consistencia, aunque también quedará en la historia como una mera intención de fundación de un establecimiento docente sin contenido religioso. Se trata de aquel proyecto de constitución de un colegio laico de primera y segunda enseñanzas que la logia que presidía el célebre poeta Manuel Leiras Pulpeiro intentó establecer en esta misma villa lucense –sede de un obispado, con su correspondiente seminario–, con el apoyo económico de la Gran Logia Regional Galaica, corriendo los años de 1889 y 1890[383].

Referente a la segunda de las vertientes antecitadas, la de las auténticas realizaciones de esa pedagogía liberal, diremos que, probablemente, la primera escuela laica de Galicia en funcionar como tal fue la que, en 1888, estableció en Ferrol la denominada Sociedad Anticlerical de Libre-pensadores «Martín Lutero», también denominada Grupo Libre-pensador Martín Lutero. Presidía esta sociedad de librepensadores el comerciante, por aquel tiempo recién iniciado en la masonería ferrolana, Pedro Maristany y

---

expediente en el Archivo Municipal de A Coruña, Cfr.: A.M.C. Legajo «Fundación de Sociedades (varios años)». Fondo no catalogado en 1993.

[381] *Supra,* nota 379.

[382] Según rezan las observaciones del presupuesto que estos masones lucenses enviaron a Madrid nada más constituirse, a finales de septiembre de 1887. Cfr. A.H.N. de S. *Masonería.* Leg. 761A-3. Citado por: Valín Fernández, A. J. V.: *Galicia y la masonería ... Op. Cit.,* p. 352.

[383] *Boletín de la Gran Logia Regional Galaica,* nº 8, año 2º, del 1 de agosto de 1890, p. 116; del mismo boletín, *vid.,* también, el número 9, año 2º, de 1 de septiembre de 1890, pp. 130-131. Citado por Valín Fernández, A. J. V.: *Galicia y la masonería ... Op. Cit.,* pp. 520-521.

Maristany, «simbólico» Milton. El segundo ejemplo data de 1889, va a estar ubicado geográficamente en la ciudad de A Coruña, se llamará Escuela Laica de la Coruña, auspiciada por el patronato privado denominado Asociación Benéfica «Miguel Servet», aquel que dirigía el célebre republicano y francmasón gallego Segundo Moreno Barcia, ayudado en dicho patronato por otros dos gestores, Toribio Rodríguez y Rodríguez, y Manuel Fernández López, ambos también miembros destacados de la masonería coruñesa. La tercera institución docente de estas características será el denominado Colegio Laico de Vigo, aquel que, en 1892, fundó el atribulado francmasón Ricardo Miser y Viriato, «simbólico» Salomón[384]. Más tarde, aparecerán ya instituciones pedagógicas menos efímeras, algunas, como la que sigue, de larga vida pedagógico-laicista, se trata de la Escuela Laica de la «sociedad de actos civiles» La Antorcha Galaica del Libre Pensamiento, también llamada, que sepamos, durante el problemático año de 1909, Colegio Laico Froebel. Fundada en 1896, esta escuela y su sociedad patrocinadora, llegará en su larga y fructífera vida hasta el mismo año de 1936[385].

Ya en el siglo veinte, la pedagogía aconfesional gozará en Galicia de un auténtico auge en su desarrollo. Después de la gran crisis finisecular de la masonería española (1896-1898), aquella antorcha de la *lumiére* laicista pasará de manos casi exclusivamente masónicas a un variado tipo de personas y sociedades. Ahora sostendrán aquella liberal idea docente, desde las callosas y fuertes manos de los obreros concienciados y asociados en sindicatos –o de los casi analfabetos campesinos y emigrantes retornados pertenecientes a las juntas de las sociedades de instrucción americanas–, hasta las finas y delicadas manos de los profesionales liberales, los contables y los dependientes de comercio, organizados en las provincianas agrupaciones librepensadoras y republicanas de principio de siglo.

---

[384] Valín Fernández, A. J. V.: *Galicia y la masonería...*, *Op. Cit.*, p. 400.

[385] Ya en su inicio, expresaba al cubrir el formulario para acogerse a la Ley de Asociaciones ante el Gobierno Civil, que sus fines eran «favorecer el desarrollo de las ideas librepensadoras, difundiendo la instrucción intelectual y laica». Arquivo do Reino de Galicia. Gobierno Civil. Libro L-292, 60.

¿Qué clase de docencia se ofertaba en estas escuelas de primera enseñanza? La respuesta es sencilla y a la vez complicada. Sencilla, porque en todos sus diseños curriculares hay un punto fundamentalmente coincidente: no se estudia la religión católica, y decíamos complicada, porque cada escuela es un auténtico mundo singularizado del resto de los centros de esta índole por sus intrínsecas posibilidades, tanto personales como materiales. De todas formas, el plan de estudios solía tener casi siempre las siguientes disciplinas: Gramática Castellana, Escritura, Lectura, Aritmética y Geometría, Historia de España, Nociones de Física, Historia Natural, Geografía, Reglas de Higiene y Fisiología, Prácticas de Gimnasia, en algunos casos, Agricultura, Mecanografía y hasta Código Morse, a veces Moral, Conocimiento de Moral, y en raras ocasiones, Historia Sagrada o Instrucción Moral y Religiosa.

Así irán apareciendo por toda la geografía gallega escuelas con constante o temporal oferta docente de currículum laico. De pálpito obrerista tomemos por ejemplos, a la Escuela de Enseñanza Elemental sostenida por el Centro Obrero de Vigo, fundada en 1912, sostenida por el Comité Local del Centro de Sociedades Obreras de Vigo –presidido por Jerónimo Alonso Ortega–, y cuyo maestro, por estos años iniciales, fue el bachiller José Quintas da Vila. Esta escuela, situada en la viguesa calle del Circo, debió de poseer un diseño curricular típicamente ferrerista, de ahí lo que decía el segundo párrafo del artículo segundo de su denominado *Reglamento del Comité local del Centro de Sociedades Obreras de Vigo*: «La enseñanza científica y racional para los obreros y sus hijos». Y, por último, el, posiblemente también anarquista, Centro Obrero de Cultura y Beneficencia de Ferrol, fundado en 1919, y cuyo maestro fue Gabino Tuero y Gueto, el horario de esta institución ubicada en la calle Canalejas número 188 era nocturno, impartiendo clases tanto a los niños como a los adultos. En su currículum no había ninguna asignatura de tinte religioso, sólo una vez por semana el profesor dictaba una conferencia de «moral general»[386].

---

[386] Cfr.: A.H.U.S. *Serie Histórica*. Leg. 233. Sucesor, posiblemente, de aquel Centro de Estudios Sociales «Floreal» que tuvo su existir en el Ferrol de 1907-1909. Cfr.: A.R.G. *Gobierno Civil*. Libro L-292,10. Por estos años la ya citada escuela de La Antorcha Galaica del Libre Pensamiento coruñesa llevaba tiempo teniendo un ex-

De índole emigrante, tenemos casi un sinfín de pequeños y de grandes centros pedagógicos con esta tendencia ideológico-docente laicista, se tratará de las escuelas sostenidas por las denominadas «sociedades de instrucción». La primera institución de este tipo constituida en suelo gallego[387], será la denominada Alianza Aresana de Instrucción que, si bien comenzó su andadura en 1904[388], con un proyecto de currículum donde se impartiría Religión-Doctrina Cristiana, a tenor, seguramente, de la variada heterogeneidad ideológica de sus miembros fundadores, a pesar de que el promotor inicial de la idea, Antonio Bugallo Grenet, «simbólico» Ares, era masón de antiguo, desde el 16 de septiembre de 1886, fecha de su iniciación –cuando, profesionalmente, no era más que un humilde escogedor de tabacos– en la logia, todavía habanera, *Unión y concordia nº 121*[389], «taller» donde trabajarían masones gallegos de tanta relevancia para la historia de su país como su mismo fundador, el marino Manuel Deschamps, «simbólico» Méndez Núñez, el litógrafo ya citado José Fontenla Leal y el también citado José García Barbón. De todas formas, el laicismo llegará a dominar esta sociedad de instrucción y recreo –no sin ser causa de auténticas polémicas y serios conflictos dentro de la misma– a partir del curso 1915-1916. Otro ejemplo de los muchos que proliferaron en la Galicia rural y urbana y que conforman el importante fenómeno pedagógico y laicista de la emigración gallega en América, nos lo ofrece el plantel de la Sociedad Instructiva de Redes-Caamouco[390], poblaciones estas muy próximas a Ares y pertenecientes a la territorialidad de su municipio. Esta escuela nacerá ya como laica, el ar-

---

clusivo pálpito ideológico genuinamente anarquista, dirigida por su hoy conocido maestro, el escritor libertario Constancio Romero Lasarte. Cfr.: Pereira Martínez, C., Romero Masiá, A.: «Constancio Romero Lasarte (1852-1917): un mestre laico na Coruña», en *Anuario Brigantino*, 2009, nº 32, pp. 225-252.

[387] No podemos soslayar que se podría entender como primera, a la habanera Sociedad de Instrucción y Recreo del Centro Gallego.

[388] La escuela comienza sus funciones docentes en edificios alquilados, en ese mismo curso.

[389] A.H.N. de S. *Masonería*. Leg. 783-A-18. Su nombre aparece frecuentemente citado en los periódicos de la comarca ferrolana. Véase, por ejemplo, el interesante artículo «Los gallegos en Cuba», de Antón Villar Ponte en los números 116 y 117 (diciembre de 1913 y enero de 1914) del semanario mugardés *Democracia*. Fondo hemerográfico del Concello de Mugardos.

[390] Fundada el 9 de julio de 1912.

tículo sexto de su primer *Reglamento* (1912), no daba oportunidad a que en su plan de estudios cupiese la posibilidad de introducir alguna materia de tinte religioso, dado que su «plan de enseñanza» estaría «sujeto a las materias siguientes: Lectura, Escritura, Gramática, Aritmética, Agricultura, Historia, Geografía, Geometría, Contabilidad Mercantil, y labores propias de la mujer en la clase de niñas»[391].

Más casos conocidos de estas características, cien por cien paradigmáticos por su propia singularidad, serán las escuelas fundadas por la Sociedad de Instrucción Naturales del Ayuntamiento de Fene, fundada también en La Habana, el 6 de noviembre de 1910, y creadora de dos bien proyectadas escuelas: el Grupo Escolar «Curros Enríquez» de Maniños (1916) y el denominado «Concepción Arenal» de Chamoso-Fene (1916). En estos centros, emulando sin duda el plan laico de los estudios de la Francia republicana de Jules Ferry, se dejaba el jueves como día de asueto, coincidiendo con el hecho de que, en las iglesias del ayuntamiento, los curas impartían la catequesis ese mismo día por la tarde. Para no explayarnos demasiado en esta clase de escuelas laicas de los «americanos» de las que, además, la misma Escuela Laica Neutral de Orense vendría a ser un ejemplo más de este tipo de planteles, recordaremos simplemente de pasada algunos de los centros de estas curiosas características que, por su resonancia local y hasta provincial, destacaron entre esa enorme proliferación de pequeñas escuelas: la Sociedad de Instrucción y Recreo de la Juventud de Cecebre, única de entre todas las escuelas de este tipo por dos motivos fundamentales, tener su sede en suelo gallego y no americano, y sostener un auténtico y creemos que único sistema coeducativo; la Unión Mugardesa de Instrucción y Beneficencia, también denominada vulgarmente «A Escola Laica de Catro Camiños»; la Sociedad de Instrucción y apoyo «Sada y sus Contornos», fundada en Nueva York en 1913; su, en cierta manera homónima –amén de vecina–, Centro de Instrucción y Recreo «Bergondo y sus Contornos»; y, por último, la Sociedad de Instrucción y Recreo «La Devesana», fundada en La Habana en 1907, y de las pocas

---

[391] A.R.G. *Gobierno Civil*. Leg. 2.557.

que incluyeron una expresa «confesión» laicista desde el artículo primero de su reglamento:

> Tendrá por objeto exclusivo, el fomentar y propagar la enseñanza gratuita entre las clases pobres y menos acomodadas de San Sebastián de los Devesos y demás Parroquias colindantes por medio de una Escuela Laica de Instrucción Elemental (...) [392].

Otro tipo de escuela laica que, obviamente, es muy difícil de conocer y seguir históricamente es aquel que, constituido casi en precario por un maestro no titulado, va a ir mal sobreviviendo, curso tras curso, proyectando su diminuta *lumiére* en su oscura incrustación arrabalera, callejera o rural. Sabemos que en Galicia hubo algunas escuelas laicas de precario existir de este tipo, quizá aquella humilde academia que regentaban el francmasón Pedro Alejandro Auber y su esposa, al principio del Trienio Constitucional, en la coruñesa calle de la Trompeta nº 1, 2º, fue la primera escuela, más o menos laica, de la historia de la educación gallega. Aquella fuerte personalidad del culto autodidacta rusoniano, padre de la novelista Virginia Felicia Auber, tuvo que imprimir su acrisolada ideología liberal en la variada oferta docente de aquella escuelilla coruñesa[393] que, posiblemente, vino a ser algo similar al ensayo docente, vamos a definir «protolaico», que desarrolló en Valencia el maestro Cayetano Ripoll – auténtico «santo laico», mártir de la más feroz y cruel represión clerical de la «década ominosa»– ajusticiado el 31 de julio de 1826[394]. Otro plantel de este tipo mucho más próximo ya a nuestra realidad salva históricamente su circunstancial estar vigués, gracias a un artículo deliberadamente supratitulado «Para la Historia», del semanario ourensano *La República*. El artículo, titulado «Sobre la clausura de una escuela en Vigo» y firmado

---

[392] *Reglamento de la Sociedad de Instrucción y Recreo «La Devesana»*, La Habana, Imp. de Martínez y la Rosa, 1909, p. 8.

[393] Cfr.: Ruiz Apilánez, I.: «Existencia coruñesa de Pedro Alejandro Auber», en *Revista del Instituto «José Comide»*, nº 13-16, 1977-1980, pp. 67-81.

[394] Cfr.: Canes Garrido, F.: «El maestro Cayetano Ripoll (1778-1826), precursor del laicismo escolar en Valencia», en VV.AA. (G. Ossenbach, M. de Puelles, editores): *La Revolución Francesa y su influencia en la educación en España*, Madrid, U.N.E.D. Universidad Complutense, 1990, pp. 275-290.

por Agustín Rivas, denuncia el *affaire* clerical típico de la oscurantista dictadura primorriverista del acoso y derribo efectuado por la alcaldía de Vigo de una humilde escuela laica sostenida por el esfuerzo de su único maestro y director, el venezolano David Ayala. La escuela, establecida en 1926, en la calle viguesa de O Romil, era laica y su maestro un convencido librepensador –y, posiblemente, masón en Venezuela– que vivía con su compañera y sus cuatro hijos. En este centro docente que, según la citada noticia periodística, llegó a tener hasta 80 alumnos, no se enseñaba el catecismo. Estos últimos datos que ofrecemos fueron la causa que originaría el cierre de esta institución por parte del Ayuntamiento de Vigo en 1930, dado que todo comenzó –según relata Agustín Rivas en su artículo– cuando visitó la escuela un fraile franciscano que atendía y era conocido por el zarzuelero remoquete de «Padre Pedro»[395]. Este fraile, «movido de una gran fe religiosa» –como sigue diciendo el periodista republicano– le exigió al pobre de Ayala que bautizase a sus hijos y que enseñase el catecismo,

> y a partir de aquí se acentuó la labor sorda, de zapa, de congregaciones y frailes, hasta conseguir hace unos dos años que interviniese el gobernador civil, siendo detenida la acción de este por una comunicación del ministro de Venezuela en Madrid, en que le aseguraba que David Ayala era un apóstol de la enseñanza digno de protección[396].

A lo largo del siglo, como ya se ha dicho anteriormente, la bandera laicista será ondeada en Galicia, al igual que en el resto de España, por un abundante colectivo de asociaciones, sindicatos, partidos políticos republicanos y socialistas, hasta la apoteosis secularista de la Segunda República, recogiendo entonces todos estos individuos y entidades, aquella tradicional antorcha

---

[395] Que tan bien viene a recordarnos un caso muy similar acontecido hacía treinta y un años en la misma ciudad y por el mismo motivo, a causa del placaje que un tal «Padre Conde» le había hecho al ya citado Ricardo Miser y Viriato, periodista, masón y director y fundador del Colegio Laico de Vigo, allá por el año 1893. Cfr.: Valín Fernández, A. J. V.: *Galicia y la masonería ... Op. Cit.*, pp. 258, 457-458, 520-521.

[396] *La República*, nº 23, año 1, de 18 de octubre de 1930.

librepensadora que, sobre este tenor, habían encendido y mantenido, durante el último tercio del diecinueve, las sociedades francmasónicas y librepensadoras. Hasta un partido criptoconservador –contumaz ancestralista en su folclórico y «racista» apologismo de la rusticidad de su país– como fue aquel ambiguo y contradictorio partido coctelera denominado Partido Galeguista en su primera etapa y que, a niveles sociales e ideológicos, estaba compuesto por un aparentemente mayoritario colectivo de reaccionarios y clericales hidalgüelos –o pseudohidalgüelos– como Martínez-Risco, Otero Pedrayo, Filgueira Valverde, etc., tenía en su seno, curiosamente, su particular y permitida tendencia laicista, sostenida por mesocráticos elementos de la Galicia «vilega» y urbana como: Ánxel Casal, Bóveda, Vilar Ponte –a partir de su integración en el partido en 1934–, Fraguas, Suárez Picallo, y hasta el mismo Castelao[397].

Intentaremos ahora hacer un aproximativo intento de clasificación de las diferentes etapas, y hasta tipos, de laicidad escolar en Galicia. En todo ello y a vuela pluma podemos decir que, en esta historia, se pueden apreciar tres amplias etapas. La primera, puede decirse que va desde el 1 de febrero de 1888 –fecha de fundación de la ferrolana Escuela Laica de la Sociedad Anticlerical de Librepensadores Martín Lutero[398]– hasta el segundo lustro del primer decenio del siglo veinte. Se va a tratar, como ya hemos visto, de pequeñas escuelas o colegios –obviamente de titularidad privada–, fundados y auspiciados, tanto por el concurso de sociedades librepensadoras o societarias como por el de algunas logias masónicas[399]; la segunda etapa o estadio, está en es-

---

[397] Sobre este curioso tema de la historia política gallega, *vid.*: González Beramendi, J.: *Vicente Risco no nacionalismo galego*, Santiago (A Coruña), do Cerne, 1981, 2 vols.; Juana, J. de: *Aproximación al pensamiento e ideología de Vicente Risco (1884-1963)*, Ourense, Diputación Provincial de Orense, 1985; Castro, X.: *O Galegismo na encrucillada*, Ourense, Diputación Provincial de Orense, 1985, 2 vols.; G.E.G. Tomo 24, pp. 50-52.

[398] Archivo Municipal de Ferrol. Fondo no catalogado. Citado por: Palomares Ibáñez, J. M., Fernández Casanova, M. C.: *La Comisión de Reformas Sociales y la Cuestión Social en Ferrol (1884-1903)*, Santiago (A Coruña), Universidad de Santiago, 1984, p.58.

[399] Sin olvidar el aislado caso pontevedrés de la «escuela de la calle Andrés Muruais» (nº 6), aquella escuela laica fundada, en 1903, y regentada por el médico republicano –posiblemente francmasón–, llamado Celestino Poza Cobas, y sufragada por el Comité Local del Partido Republicano. Cfr.: A.H.U.S. *Serie Histórica.* Leg.

trecha relación con la fructífera experiencia de las sociedades de instrucción y recreo de la emigración gallega en América, ocupando cronológicamente desde esos años iniciales del siglo veinte hasta, por lo general, el advenimiento de la Segunda República y, en algunos casos, hasta el final de la misma. La tercera fase de este proceso histórico de secularización pedagógica vendrá ya conducida por las normas y estipulaciones legales del nuevo Estado republicano y se tratará, entonces, del fenómeno laicizador, estatalizador y unificador de la experiencia pedagógica de la Segunda República española.

La E.L.N.O., historia de una escuela laica ubicada en una ciudad episcopal de plena influencia clericalista

Siguiendo la clasificación cronotipológica del proceso histórico de escolarizacón laica en Galicia, como quedó aclarado al final del apartado anterior, la denominada Escuela Laica Neutral de Orense se encuentra a caballo entre las dos primeras etapas enunciadas; es decir que, por un lado, va a seguir la tónica originariamente estructural típica de las escuelas laicas del siglo XIX, al haber sido creada y sufragada por una sociedad local de librepensadores –presidida, además, por el francmasón de francmasones de la historia ourensana– y, por otro lado, va a imbricarse fácilmente en el tipo de plantel laico de las llamadas «escuelas de emigrantes» por el apoyo económico que recibirá de América, canalizado este por las sociedades de emigrantes ourensanos en el Nuevo Mundo, denominadas Unión Orensana De Cuba y Unión Provincial Orensana de Buenos Aires[400].

La ciudad ourensana de aquellos tiempos, a pesar de su tipicidad como tranquila y «estamentalizada» urbe provinciana de la Restauración, con su «principesco» obispo, sus «considerados» y lustrosos curas; sus consabidos caciques políticos –tanto locales como «distritales»–; sus poderosos banqueros y comerciantes de

---

466. O la coruñesa escuela laica que, en 1909, regentaba Gerardo Abad Conde con el título de Colegio Minerva. Cfr.: A.H.U.S. *Serie Histórica*. Leg. 461.

[400] Hay que señalar que, en Brasil y Estados Unidos de Norteamérica, llegaron a realizarse campañas en pro de la recaudación de fondos para el sostenimiento y construcción del anhelado edificio de la escuela ourensana. Cid Fernández, X. M.: *Apuntes da nosa... Op. Cit.*, p. 13.

humilde y trashumante origen castellano; sus blasonadas casas y palacios; sus acogedores cafés de selecta sociabilidad e indudablemente culta concurrencia –como la que, cotidianamente, tertuliaba en el Café Royalty–; su decadente, remilgada y romántica hidalguía, otrora poderosa –por las relaciones de producción tardofeudales del sistema foral– y ahora cada vez más empobrecida, políticamente entre conservadora y carlista, y reuniéndose en sus reducidas y exclusivistas sociedades de ocio llamadas Círculo Conservador y Círculo Tradicionalista; su culta y «selecta» pequeñoburguesía, reunida alrededor del Liceo-Recreo y del Círculo Liberal;... A pesar, decimos, de este ambiente que podríamos intentar definir como prototípicamente cerrado, la ciudad de As Burgas tendrá una atmósfera muy distinta a la que tenían ciudades similares, como su vecina Lugo o, posiblemente, sus no del todo distintos ejemplos castellanos de Zamora, León o Palencia. Aquí, y a pesar del omnipresente interventor de las vidas, pensamientos, palabras, obras y «omisiones» de esta población, como pretendía ser –y en la mayoría de las ocasiones solía conseguir– su «Señor Obispo», se daba un curioso y particularísimo microclima de sano y aperturista talante receptivo hacia las nuevas corrientes ideológicas, filosóficas y hasta estéticas, que corrían por Europa. Quizá esta rara tendencia cosmopolita del ambiente urbano ourensano fue otorgada por su misma situación de encrucijada entre dos ejes económicos de comunicación fundamentales como fueron el camino real Castilla-Pontevedra/ Vigo, aumentado, a partir del penúltimo decenio del siglo XIX, por la vía ferroviaria Vigo-Ourense, y la obvia y estrecha relación de proximidad que esta ciudad tuvo siempre con la vecina nación portuguesa, gracias a la facilidad de poder realizar controlados –o más bien incontrolados– intercambios entre ambas, facilitados por la denominada *raia seca*.

La situación pedagógica de aquel Ourense de principios de siglo era de total penuria. Como dice Hipólito S. Luengo en 1926, en aquella ciudad

> no había, no hay aún, otras escuelas municipales que las llamadas normales (graduadas) de ambos sexos y en las que no pueden admitir más alunos (sic) que los fijados por la ley, quedando en la ca-

lle más del 80% del censo infantil sin recibir la instrucción precisa para su ingreso en la edad del aprendizaje de un oficio[401].

La anterior apreciación del maestro Luengo no debe ser nada exagerada. Según lo contemplado en las cifras que el *Censo de la Población de España* de 1900, ofrece de la ciudad de Ourense, esta urbe poseía, a diciembre de ese año, una población de 15.194 habitantes, de los cuales 6.808 eran varones y 8.386 mujeres; del total inicial, sabían sólo leer –lo que hoy llamaríamos semianalfabetos o, quizás, «analfabetos funcionales» 909 personas –de las que 621 eran mujeres y 288 hombres–, sabían leer y escribir 7.005 –de las que 4.081 eran hombres y sólo 2.924 mujeres–, y no sabían leer; es decir, lo que se entiende por población completamente analfabeta, la friolera de 7.280 ourensanos –de los que 4.841 eran mujeres y 2.439 hombres[402]. Resumiendo lo anteriormente expuesto, concluiríamos que, de un total de 15.194 habitantes, más de la mitad de su población; es decir, 8.189, era analfabeta[403]. Tomando como edades prototípicas las correspondientes al período que abarca desde los 5 a los 15 años[404], para tratar de confeccionar la población en edad escolar de aquel Ourense, nos quedarían unas cifras totales de 1.739 niños y 1.851 niñas, de los que sólo sabían leer y escribir 847 niños y 697 niñas. Si ahora redujésemos el país de ese abanico demográfico, a las edades máximas de 5 a 10 años, las cifras resultarían, si cabe, mucho más escalofriantes: aparecerían entonces unos totales de 966 niños y 1.065 niñas, de los que sólo esta-

---

[401] «Fundación de la Escuela Laica Neutral de Orense». Relato manuscrito fechado en diciembre de 1926, y escrito por H. S. Luengo. Archivo del Centro Galicia de Buenos Aires. Como ya hemos dicho páginas arriba, las fotocopias de este documento nos han sido gentilmente facilitadas por nuestro amigo y colega Xavier Castro Pérez. Para ver transcripción *in extenso* de este documento, véase el apéndice B-1 de esta misma obra.

[402] Sobre este concepto y la relevancia del llamado «semianalfabetismo», *vid. e. g.*: Vilanova Ribas, M., Moreno Julia, X.: *Atlas de la evolución del analfabetismo en España de 1887 a 1981*, Madrid, Mº de Educación y Ciencia, 1992, pp. 108-110.

[403] Ministerio de Instrucción Pública y Bellas Artes: *Censo de la población de España según el empadronamiento hecho en la península e islas adyacentes el 31 de diciembre de 1900*, III, Madrid, Imprenta de la Dirección General del Instituto Geográfico y Estadístico, 1907, pp. 202-203.

[404] Al sumar semianalfabetos y analfabetos –o analfabetos funcionales y totales–, siguiendo la lógica anterior de la obra de los profesores Vilanova y Moreno. *Supra,* nota 402, p.118. *Ibídem*, pp. 105-106.

rían alfabetizados 300 de los primeros y 275 de los segundos. Y si ampliásemos estos parámetros a nivel provincial, los resultados de este sencillo análisis rebasarían cualquier teórico mínimum impuesto por el más optimista de los razonamientos lógicos posibles, puesto que, para unas poblaciones infantiles en edad escolar (de 5 a 10 años) de 29.945 niños y 29.972 niñas, habían estado o estaban escolarizadas –queriendo utópicamente entender aquí escolarización por alfabetización, sabiendo, obviamente, que no es lo mismo– 3.693 niños y 2.105 niñas. Para aproximarnos lo más posible al número de niños/niñas que habían pasado por un mínimo proceso de escolarización, aumentemos estas últimas cifras con la población infantil que, según los datos de este censo, sabían «sólo leer», quedando entonces para las mismas cifras de población total, un cómputo de 3.050 niños y 2.684 niñas que, sumados a los anteriores, darían un total de 6.643 niños más o menos escolarizados para un total poblacional, recordemos, de 29.945; y un total de 4.789 niñas para un total poblacional de 29.972. Globalizando, por último, esta población infantil, quedarían las cifras provinciales de la forma que sigue: para un total de 59.917 niños ourensanos entre los 5 y 10 años, sólo 11.532 pasaban en algún momento de su vida por el proceso escolarizador; es decir, que sólo el 19,2 por cien del total de la población infantil de la provincia ourensana a principios de siglo, comprendidos en los límites de edad mencionados, habían podido gozar de un mínimo proceso de alfabetización[405]. O

---

[405] Esta abandonada situación pedagógica de las escuelas públicas nos recuerda a aquellas políticas y exageradas palabras dichas en el Congreso por aquel francmasón gallego, exdirector general de instrucción, apoyando la idea de que las escuelas públicas dejasen de depender de los ayuntamientos para pasar a pertenecer, directamente, del Estado, cuando se discutió el proyecto de ley de administración local. Las palabras de Eduardo Vincenti a las que hacemos referencia decían: «¿Cuántos niños de la edad escolar diríais que hay en Madrid? 60.000. ¿Y en Barcelona? 74.000 ¿Cuántos van a las escuelas públicas en Madrid? 12. ¿Y en Barcelona? 15. El resto va á escuelas laicas o católicas; luego sigue la enseñanza primaria en poder de todos menos del Estado». Transcrito en *La Escuela Moderna (L.E.M)*, nº 2, tomo XXXI, de febrero de 1909, p. 140. Como muestra de cómo era la situación escolar en una ciudad como la Barcelona de 1917 recogemos aquí las cifras, siempre estimativas, que nuestro amigo y colega Pere Solá i Gussinger tomó de *L'ensenyanment popular a Catalunya.* De una población escolar de 127.000 niños, estaban sin escolarizar 30.400, estudiaban en «escuelas de congregaciones y particulares 82.000, en escuelas municipales solo había matriculados 200 y las escuelas del Estado acogían un total de 14.400». Cfr.: Solá, P.: *Las escuelas racionalistas en Cataluña (1909-1939)*, Barcelona, Tusquets, 1978, p. 150.

sea que, como sigue relatando, por medio de una rápida caligrafía inglesa, Hipólito S. Luengo en su escrito,

> en Orense no asistían a las escuelas municipales más [que] unos pocos niños o niñas, y los que [no] podían entrar en estos centros docentes tenían que ingresar en los colegios particulares de pago. Los que carecían del dinero necesario para pagar sendas mensualidades quedaban en la calle como aprendices de golfos y rateruelos[406].

Sobre la situación de esas escasas escuelas «graduadas» dependientes de aquel Ayuntamiento de Orense, el archivo municipal posee una buena y profusa documentación, tanto en sus libros de actas como, sobre todo, en las decenas de oficios, peticiones e informaciones, en relación con la exigüidad del material y a la precariedad, en ocasiones casi ruina, que ofrecían los locales alquilados a particulares donde tenían su establecimiento[407].

En esta precaria situación va a constituirse, no sin enormes –y siempre artificiales– problemas creados por el dominante ambiente reaccionario y clerical ourensano, la Escuela Laica Neutral de Orense. Si siguiésemos a pies juntillas lo relatado por el maestro Luengo en sus doce folios manuscritos, creeríamos que la gran participación en la idea y la acción fundacional de este humilde, pero, histórica y pedagógicamente, relevante plantel, fue de dos emigrantes ourensanos en la República Argentina, los hermanos Pablo y Antonio Rodríguez Abad. En realidad, la participación de estos dos filántropos, si bien tuvo que ser decisiva – por conseguir el rápido respaldo de los librepensadores del Ourense del momento–, no fue tan exclusiva como quiere dar a entender, quizá interesado por dar a su relato esa tendencia, el maestro y francmasón de origen zamorano Hipólito Sinforiano Luengo. Es obvio que, si no fuese por el concurso de un viejo y combativo francmasón como Juan Manuel Amor Pereira, «simbólico» Assi, a la sazón, presidente de la Agrupación Librepensado-

---

[406] *Supra,* nota 401.

[407] Cristales rotos de sus ventanas, inexistencia de retretes, tarima podrida de sus suelos, desconchaduras del techo y paredes, etcétera. Cfr.: A.C.O. Legajos varios de «Educación». Fondos no catalogados en 1993.

ra de Orense, la idea del establecimiento del plantel laico jamás llegaría a plasmarse en aquella realidad urbana tan cerrada y dominada por el principesco, omnímodo y cruel personaje histórico del obispo Eustaquio Ilundain y Esteban.

Al «hermano» Assi –sin duda el literariamente «proletarizado» Aser de la novela de Eduardo Blanco Amor[408]– debió entusiasmarle la idea que, seguramente, le transmitió aquel enriquecido emigrante en una de las muchas estadías vacacionales que Pablo Rodríguez Abad pasaba en su ciudad natal. No hay duda de que, con aquella aspiración del indiano, volvieron a la mente de aquel histórico republicano gallego, sus encallecidas utopías francmasónicas y laicistas, tan en boga cuando desempeñaba la «veneratura» de aquella primera logia de la historia ourensana titulada *Auria,* veinticinco años atrás. Amor Pereira fue de aquellos masones y librepensadores gallegos que no abandonó jamás la lucha política e ideológica a tenor del descalabro sufrido por la orden hiramita en su crisis finisecular del diecinueve, desarrollando su personal y vital combate progresista hasta el final de sus días.

Si seguimos el ya citado relato del maestro Luengo, los librepensadores ourensanos tomaron la idea fundacional de la E.L.N.O. como un excelente campo de batalla donde librar un combate más de su constante enfrentamiento contra el clerical caciquismo conservador de su ciudad. Según parece, aquella sociedad de librepensadores amalgamaba en su sede, tanto a los viejos republicanos de la cuerda de Amor Pereira como a los miembros de aquel movimiento, que despuntaba con el siglo en la ciudad, de obreros socialistas. Aquellos laicistas ourensanos iniciaron sus pasos para constituir su alternativa pedagógica, tratando de movilizar, para conseguir el máximo apoyo, al mayor número de personas. Para ello, como nos sigue diciendo el «hermano» Rousseau; es decir, el maestro Luengo, «después de haber pulsado la opinión de los elementos abanzados (sic) de la localidad, contestaron afir-

---

[408] *Vid.*: Blanco Amor, E.: *Xente ao lonxe*, Vigo (Pontevedra), Galaxia (8ª edición), 1991, pp. 169, 177, 221,... Recordemos aquí que, entre este escritor y el célebre bibliotecario ourensano, existían vínculos de parentesco. Al parecer, cuando Eduardo Blanco Amor tuvo que abandonar escandalosamente su, sin duda, querido «corral de vacas gobernado polo clero» (*Ibídem*, p. 225), quien le sufragó el viaje a América fue su primo tercero Emilio Amor Rolán. Hijo este del viejo republicano. Informaciones amablemente ofrecidas por Ángeles Fernández Pérez.

mativamente y, al efecto, acordaron la celebración de un acto público por medio del cual se consultase el pensamiento del pueblo a este respecto. Como que se trataba del elemento abanzado (sic) de la población, escribieron a la propagandista librepensadora Da. [Dña.] Belén Sárraga de Ferro[409] si tendería (sic) a bien venir a Orense a celebrar un acto de propaganda para la creación de una Escuela laica destinada a recoger en sus aulas a unos niños, a los que pudiese, que no podían obtener en las escuelas del pueblo la instrución (sic) que sus padres querían recibiesen»[410].

Era esperado que las reaccionarias «fuerzas vivas» de la ciudad ourensana, tratasen de boicotear no sólo el acto laicista –tan típico, como hemos visto, en estos años del primer decenio del siglo–, sino también la idea del establecimiento de este centro docente. Desde el palacio episcopal salieron todo tipo de órdenes, recomendaciones, «consejos» y escritos en contra de esta reivindicación que el progresismo de aquella provinciana urbe sostenía en aquel momento.

Conspiración clerical y primeros pasos de la E.L.N.O.

El primer aldabazo público del obispo Ilundain a esta laicista idea de los librepensadores de la capital de su diócesis, poseerá

---

[409] La «famosa anarquista, contradictoria, epifánicamente chamada Belén Sárraga», aquella oradora que en el «acto de propaganda» organizado, dijo «que había que destruir a Catedral, queimar os conventos e mandar a Ceuta a todos os gobernantes e burgueses». Palabras que, en la prosa de Blanco Amor recuerdan aquel evento que el mismo escritor, debió ver de niño. Allegue, G.: *Eduardo Blanco Amor. Diante dun Xuíz ausente*, Coruxo-Vigo (Pontevedra), Nigra, 1993, p.37. Belén Sárraga era, por estos años iniciales del siglo, líder del movimiento agrario anarquista de la provincia malagueña. *Cfr.*: García Delgado, J. L., Sánchez Giménez, J., Tuñón de Lara, M.: *Los comienzos del siglo. La población, la economía, la sociedad (1898-1931)*, tomo XXXVII de la *Historia de España*, dirigida por José María Jover Zamora), Madrid, Espasa-Calpe, 1984, p. 511.

[410] *Supra,* nota 401 de este capítulo. Lo mismo harían los librepensadores de la ciudad asturiana de Gijón cuando, en 1911, inauguraron su Escuela Neutra Graduada, el acto –como recoge Ramón Álvarez, citando el periódico *El Noroeste*– se celebró en el Cine de los Campos Elíseos, teniendo la participación de otra librepensadora de la España de entresiglos, esta quizá de más renombre que Belén Sárraga, dado que se trataba de la francmasona Rosario de Acuña quien, con el concurso de Melquíades Álvarez, presidió el político acto inaugural. Cfr.: Álvarez, R.: *Eleuterio Quintanilla (Vida y Obra del Maestro). Contribución a la Historia del Sindicalismo Revolucionario en Asturias*, Méjico, Editores Mexicanos Unidos, 1973, pp. 78-79. *Vid.*, también: Hidalgo, V.: «Masonería asturiana contemporánea. Breve síntesis histórica», en VV.AA.: *Historia General de Asturias. Represión, Guerrillas y Exilio (19371952)*, Fascículo 152, tomo 11, Gijón, Silverio Cañada, 1978-1985, p. 126.

la extensión de nada menos que 19 páginas de su boletín oficial[411]. Se trata de una carta pastoral, de fecha 23 de enero de 1907, cuyo *leitmotiv* es el laicismo; el estilo, el de siempre:

> En el ambiente formado con emanaciones deletéreas desprendidas de los consejos satánicos flota una bandera, la bandera del laicismo ó laicalismo, la cual no es otra cosa que el ropaje externo con que se encubre el ateísmo práctico[412].

Es indudable que Eustaquio Ilundain se dirigía con aquellas diecinueve páginas de su periódico –preñadas de «Satanes» «Tentadores», «Dioses», «Santas leyes», etc., a la idea de la E.L.N.O. que, en aquellos momentos, estaba intentando plasmarse en realidad, a pesar de la completa labor de zapa contra ella y sus sustentadores, orquestada por el obispado. Amenazas del tenor de: «¡Como si Dios no hubiese dicho que es *fuerte y celoso en castigar las maldades de los padres en sus hijos!*»[413], jalonan el largo escrito que, ya al final de sus diatribas y alucinantes admoniciones, va a tener un único apartado o capítulo intitulado «El laicismo en la formación de la niñez y de la juventud», aquí se va a despachar a gusto el prelado Ilundain y Esteban, hablando ya directamente del «estado de alguna de las escuelas de esta Nuestra Diócesis», haciendo algo así como una particular crítica de la lamentable situación de la que hemos dado cuenta en páginas anteriores, pero justificando que esa misma situación no era razón para el establecimiento de la, veladamente referenciada, E.L.N.O., dado que, como él mismo explicaba «esta función de la enseñanza no puede, no debe sustraerse al influjo de la Religión y de sus ministros»[414].

Sin embargo, hay que señalar que a aquel obispo no le bastaba o satisfacía completamente el típico estilo ultramontano del largo preámbulo de su discurso antilaicista, de críticas, amenazas

---

[411] *Boletín Oficial de la Diócesis de Orense (B.O.D.O.)*, nº 1.671, año LXXV, de 4 de febrero de 1907, pp. 41-59.

[412] *Ibídem*, p. 43.

[413] *Ibídem*, p. 45.

[414] *Ibíd.*, p. 54.

y apocalípticos castigos, demostrando el Dr. Ilundain conocer mínimamente el mundo de la enseñanza secularista o secularizada, veámoslo:

> Asombra, Venerables Hermanos y amados Hijos, el asombro de los laicos ante las reivindicaciones de la Religión y de la Iglesia. Los laicos, defendiendo la institución libre de la enseñanza, pretenden nada menos que elevar a la práctica la divisa de J.J. Rousseau. Desterremos, dicen, á Dios de las escuelas primarias y de la segunda enseñanza (...) [415].

Llegando ya al final de la carta pastoral, Ilundain y Esteban parece crecer en su apasionada abominación en relación con la, hasta ese momento, más o menos disimulada entre líneas Escuela Laica Neutral, apuntando ya sin ambages retóricos su dialéctico cañón hacia ella cuando dice:

> Vanas y desbaratadas son las escuelas *laicas*, en que no se enseña á conocer a Dios. Vanas son las escuelas *laicas*, en que no se aprende la ciencia más importante de la vida, la ciencia de la Religión. Vanas son las escuelas *laicas*, en que no se inculca al discípulo otra moral que la llamada Moral universal, es decir, moral positivista sin el apoyo de la sanción divina, ó (sic) la que únicamente reprueba las acciones que se oponen al *altruismo*: como si toda la honradez del hombre se redujese á amarnos como se aman las bestias y nada más (...). ¡Cuán enorme se presenta el crimen de los que en interés del *laicalismo* sacrifican á este ídolo Moloc de las modernas sociedades las víctimas inocentes de la niñez y de la juventud, y para ello sepultan á Dios en el panteón del desprecio y ocultan á los ojos del niño todo cuanto le recuerde a su Dios, la imagen de Cristo crucificado, los grabados de la historia Sagrada y todo atributo religioso; y esto hacen precisamente en los años críticos, en los años decisivos del porvenir moral de los discípulos! Esta norma de educación escolar ¿es la que envidian en nuestra patria á los extranjeros? ¿Merece otra cosa que soberano desprecio la educación escolar laica? ¡Ah! Búscase el procedimiento de crear gene-

---

[415] *Ibíd.*, p. 55.

raciones ateas, y para conseguirlo principian nuestros astutos adversarios estableciendo los jalones de un porvenir ateo, abriendo escuelas laicas. Dios, en su infinita misericordia, se digne librarnos de tanta desgracia (...). Así ejercerán los padres el Sacerdocio doméstico. Pero si los padres descuidan dar á sus hijos enseñanza cristiana, ó los encomiendan á maestros laicos, valiera mejor no haberlos engendrado. ¿Es digno de la augusta aureola de la paternidad, ó es parricidio en el orden espiritual y sobrenatural, desviar del camino del cielo á los hijos?[416].

Rematará su discurso el obispo con unas severas y politizadas críticas a ciertos gobiernos franceses y españoles[417], y con unas aleccionadoras «observaciones», animando a sus sacerdotes y a las fuerzas vivas ourensanas, a que se unieran a él en el general complot o conspiración contra la idea de la creación de la E.L.N.O.: «Ahora y siempre negad vuestro apoyo á los partidarios del laicismo (...)»[418].

Esta salutación oficial del obispo Ilundain a la todavía no establecida E.L.N.O.[419], va a tener un fuerte eco y apoyo en aquella levítica ciudad de principios de siglo. Las medidas contra «la escuela atea» –como la tildarían siempre los clericalistas ourensanos– tanto a nivel de confesionario, de púlpito o coloquial como a nivel periodístico[420], se irían sucediendo, copando, como

---

[416] Ibíd., pp. 56-57.

[417] «Decidles que los Clemenceau y Combes que expulsan de sus casas á los Obispos, á los Curas, y á los Religiosos, cantan la palinodia y se retractan claramente de sus desatinos. Decidles que el jacobinismo de España, que se esfuerza en defender leyes de Asociaciones con la única finalidad de dificultar la enseñanza religiosa de la niñez, la educación cristiana de la juventud y la influencia que por la predicación, el ejemplo y el celo eclesiástico ejercen los Religiosos, es enemigo de la Iglesia, oprime la conciencia cristiana, contradice á la verdadera libertad y, poniéndose al servicio del laicismo impío, perturba la paz moral.» Ibíd., p.58.

[418] Ibíd., p. 59.

[419] Tan en la línea antiescolarización laica manifestada por los prelados españoles de entresiglos, como el contenido, por ejemplo, de los discursos, circulares, cartas pastorales, etc., de José Martín de Herrera y de la Iglesia. Cfr.: Cardenal Martín de Herrera: Pastorales, circulares y otros documentos del Emmmo. Sr... Santiago (A Coruña), Imp. y Ene. del Seminario Conciliar Central, 1903, pp. 195, 347, 481. Como muestra de la prolija obra publicística que, entre los círculos católicos, se gestó por esta época, consúltese la relación bibliográfica ofrecida por el profesor García Regidor. Vid. e. g.: García Regidor, T.: La polémica sobre... Op. Cit., pp. 404-407.

[420] Ruiz, R.: «La Escuela Atea y la Escuela Pía», en La Voz de Celanova, nº 21, año 1, de 22 de mayo de 1910, p. 2. La denominación «escuela atea» por «escuela laica» era

veremos, todos los ámbitos o niveles de la vida cotidiana de aquella ciudad.

El boicot a la idea de la escuela laica ourensana debió ser casi completo. Desde conseguir –gracias, según dice Luengo, a las mediaciones de las Damas Catequistas– que aquel acto inaugural, con la oratoria de la librepensadora y, al parecer, también masona Belén Sárraga de Ferro (Belén de Sárraga Hernández), no pudiese ser celebrado donde se quería, al no conseguir el alquiler del Teatro Principal, ni el correspondiente permiso del gobernador civil, teniendo que hacerlo en un descampado de las afueras de la ciudad[421], hasta lograr que casi todos los propietarios de inmuebles de la episcopal urbe gallega, se negasen a alquilarle a la comisión de la sociedad librepensadora ourensana el local correspondiente para poder instalar en él la escuela. Así recordaba, en 1926, este curioso suceso el maestro Luengo:

¡Aquí fue Troya! En este asunto sí que echaron el resto las catequistas orensanas. Ya trabajaba la comisión cuanto podía buscando y hablando a este, aquel y aquel otro propietario de fincas urbanas para que les alquilara un piso de los que tenían desalquilados; en cuanto lo sabían las Señoras de la Comisión Contraria, ya estaban puestas en movimiento para evitar que se alquilase el tal piso y evitar, también, instalar en él la Escuela Laica Neutral. = Y lo conseguían = Aunque ya estaba cerrado el compromiso y cobrado el alquiler por adelantado se desdecían, se desdecían y devolvían el dinero cobrado, suplicando mil excusas y pidiendo mil perdones pero, *que se vería con los demás pisos libres para siempre si un piso de su casa sirviera para la Escuela en proyecto*[422].

---

ya muy común por aquel tiempo en los medios de influencia clerical católica. Véase, como ejemplo de hasta dónde llegaba esta polémica ideológicopedagógica, los siguientes trabajos periodísticos publicados, durante 1909, en la revista *La Escuela Moderna:* Saucede Ceña, L.: «Educación religiosa en la escuela», en *L.E.M.*, nº 5, tomo XXXI, de mayo de 1909, pp. 350-353. CABRÉ Y ESTANY, J.: «La libertad de enseñanza», en *L.E.M.*, nº 10, tomo XXXI, de octubre de 1909, pp. 766-775.

[421] En la zona de As Lagoas, donde hoy se halla el campus universitario. *Supra,* nota 401.

[422] *Ibídem*. El subrayado es, como siempre, del texto.

Teniendo que ser uno de aquellos doscientos socios protectores, o de los sesenta y siete socios activos que poseía en aquellos momentos de 1908 la Agrupación Librepensadora de Orense, un tal Sr. Villamarín, el que

> puso a disposición de la comisión el primer piso de su casa que, aunque pequeño y no reunir las condiciones pedagógicas requeridas para el caso, ofrecía una seguridad de llegar a implantar en Orense la enseñanza laica[423].

Al pobre del librepensador Villamarín –alias «Callán»[424]–, propietario, al parecer, de una tienda de comestibles, la persecución clerical se cebó en su establecimiento comercial, dado que, como sigue relatando H. S. Luengo,

> le perjudicaron todo cuanto pudieron en su clientela. (El señor Villamarín tiene abacería abierta.) y lo consiguieron, sí, lo consiguieron: porque durante varios meses fueron muchas las criadas y mujeres de su casa que no se acercaron a comprar ni cinco céntimos de azafrán ni... nada absolutamente[425].

Blanco Amor recoge esta cruel persecución clerical y clericalista que las masculinas y femeninas «fuerzas vivas» ourensanas, capitaneadas por el obispo Ilundain, le hicieron a este humilde plantel liberal:

> Xa levan dous anos en A. (Auria) pro tal si estivesen nunha illa no meio do mar. Na rúa ou nos comercios, ou onde os atopen, non os trata ninguén, nin os mesmos que os trouxeron. Si a man ven, van algúns ao local da escola, pro ninguén os convida ás súas casas non sendo o abogado Quero; mais deixaron de ir porque á mitade do xantar xa estaba bébedo a caírse, e iles non beben, asegún parece, máis que auga. A xenreira dos 'neos', como lle chama o Mosquera aos clericáis, somella ter imitantes en todos nós (...). E

---

[423] *Ibíd.*

[424] Sin duda el Callán que recoge la prosa de Blanco Amor «-un herexe que comía xamón durante a procesión de Semana Santa...» *Supra,* nota 408.

[425] *Ibíd.*

foi un día que pasabamos pola rúa do Dous de Maio, era xoves á tarde, que polo visto tampouco iles tiñan o xoves escola, que viñamos do xardin do Posío eu e máis o Paquito da Vendolla, de xogar ao marro; e vimos o letreiro novo ESCUELA LAICA NEUTRAL, que era de ferro de fundición, que llo mandaran de Barcelona, pois os tallados en táboa escarallábanllos a cantazos os requetés, e aínda ao novo sendo de ferro, puxéranlle unha defensa de aramios sostida con listóns de madeira, que xa se vían encetados con trencha ou navalla, pesie a estar postos bastante acima, polo que se vía ben que non era somentes trastada de rapaces (...). –('Con que xa o sabe, Domitila, na miña parroquia non quero revoltosos nin herexes. Si o seu neto entra na Laica, vostede non ten máis a que vir eiquí. E si é necesario pra acabar con ista contaminación, contaréi o caso no púlpito con pelos e sináis. O que non podo consentir é que se me lisquen as almas como se vai a auga das maus, ¿entende?, que non quero perder a miña deixando aos demáis no risco de perder a súa. –Leva razón, don Venancio. Non me fai falla que ma dea... ¿Qué vida de escándalo é isa que levades? A súa filla pasando por amoreada ou amancebada con ise iscariote masón, e isas tres criaturas privadas dos sacramentos; e agora andades a provocar pra que boten ao rapaz que tedes nos irmáns franceses (salesianos), facendo como si a provocación viñese diles, pra quedar ben con Deus e o diaño e poder armar escándalo')[426].

Recordemos que, posiblemente, en aquellas Escuelas del Ave María, vecinas por su ubicación de la E.L.N.O., se obligaba a los alumnos a memorizar cánticos como aquel que, entre otras cosas, venía a decir: «Muera, muera, escuela laica,/ muera, muera la nación/que queremos ser amantes del Sagrado Corazón»[427], y que nos recuerda aquel otro cántico que, en el Santiago de estos mismos años obligaban a aprender y cantar a sus jóvenes catecúmenos los franciscanos santiagueses[428].

Al mes después de aquel primer aldabonazo contra la idea fundacional de la E.L.N.O., el boletín obispal comenzará una es-

---

[426] Blanco Amor, E.: *Xente ao... Op. Cit.,* pp. 156, 167, 174.

[427] Cid Fernández, X. M.: *Apuntes da nasa ... Op. Cit.,* p. 15.

[428] *Vid.*: Valín Fernández, A. J. V.: *Galicia y la masonería ... Op. Cit.,* p. 299-300.

pecie de solapada campaña antilaicista, intentando contestar al proyecto de la escuela laica con una sorprendente, por inusitada, preocupación por el precario estado de la escolarización en la «jurisdicción territorial» de su diócesis. En esta ocasión, la información del boletín quiere ser una especie de «aviso para navegantes» que Ilundain pretende ofrecer a «sus» laicistas o «laicalistas» ourensanos, al tratarse de la transcripción de la sentencia condenando a unos propagandistas librepensadores de Madrid, por repartir, a la salida de la Escuela Pía de San Fernando, folletos –u «hojas antirreligiosas» como dice la nota del periódico episcopal– de índole laicista[429]. En el número 1.683, de 20 de julio de 1907, se muestra esa extraña –por nueva– preocupación del señor obispo por el ámbito de la pedagogía, se trata en esta ocasión de una «Circular acerca de la instrucción de los niños» que va a inaugurar una serie de artículos de esta temática, donde se atacará, velada o directamente, al laicismo escolar. El tenor de este primer artículo va por los siguientes derroteros, tratando de animar a sus curas párrocos a que se preocupasen por la instrucción de los hijos de sus feligreses:

> Nos ha producido intensa satisfacción el aplauso que la M. I. Junta provincial de Instrucción pública tributa á varios Sres. Sacerdotes de Nuestra Diócesis por su celo desplegado en el fomento de la enseñanza de la niñez (...) [430].

Durante 1908, año en el que, según parece, se realizan por fin todos los preparativos para poder establecer esta escuela, el boletín episcopal guardará un extraño silencio en relación directa –o indirecta– a ella y a lo que venía a representar. Será al año siguiente, el año de la apertura oficial del plantel, y a raíz de los sucesos anticlericales de la Semana Trágica barcelonesa, cuando el periódico oficial del obispo Ilundain vuelva a dirigirse contra sus particulares y domésticos «demonios», será en el número correspondiente al 6 de octubre de 1909. El discurso antilaicista –dado que aprovecha la circunstancia para centrar

---

[429] *B.O.D.O.* nº 1.674, año LXXV, de 20 de marzo de 1907, pp. 120-122.
[430] *B.O.D.O.* nº 1.683, año LXXV, de 20 de julio de 1907, pp. 240-242.

su dura protesta en contra de las escuelas laicas– y antiobrerista, en esta ocasión llevará por título el de «Exposición protesta que el clero parroquial de Orense ha dirigido al presidente del Consejo de Ministros con motivo de los sucesos de Barcelona», estará datado el 10 de septiembre y firmado por una representación de los «setecientos curas de la diócesis de Orense». El tenor del mismo iba escrito en el siguiente estilo reivindicador:

> Que, enterados por la prensa de los horrores cometidos en varias poblaciones de Cataluña y principalmente en la capital del antiguo Condado por seres indignos, no sólo de pisar el hispano suelo, sino aun de pertenecer a la especie humana (...), esta protesta colectiva contra tamaños desafueros y los horrendos crímenes perpetrados en la referida Capital en julio último; protestas brotadas expontáneamente (sic) de unos corazones heridos en sus más delicadas (...), piden castigo con vigor (...), tan espantoso vandalismo (...). Y, siendo ya evidentes á todo el que no se obstine en cerrar los ojos del entendimiento las verdaderas causas de tanto mal, á saber: la propaganda anticatólica, y por lo tanto antisocial, hecha por escrito en periódicos, folletos y libros, y de palabra en mitins, sociedades obreras de carácter socialista y en las escuelas laicas, en gran número establecidas de pocos años acá, pedimos al Gobierno que V.E. preside, las quite de raíz, obligando á clausurar estas, prohibiendo la apertura de otras nuevas y negando a aquellos ese desenfrenado libertinaje, origen fecundo de tanto daño como todos experimentamos (...). Además, habiéndose esparcido ya tanta semilla de ideas disolventes en nuestra infortunada Patria, digna de mejor suerte, y siendo indispensable, para evitar que germinen y vuelvan á producir nuevos frutos, el que se aplique un enérgico correctivo, pedimos á ese Gobierno que, sin miedo pueril ni contemplaciones de ningún género á la gárrula y farsante oposición de los cooperadores positivos y negativos del terrorismo, se dicte una ley, perfecta en su género de represión y castigo severo, eficaz y ejemplar contra los terroristas y demás revolucionarios[431].

---

[431] *B.O.D.O.* nº 1.737, año LXXVII, de 6 de octubre de 1909, pp. 256-258.

Como el lector deducirá con facilidad, esta carta-exposición de viva protesta y reivindicación punitiva, dirigida al gabinete Maura estaba –más o menos veladamente– exigiendo la cabeza del desgraciado pedagogo laicista y libertario Francisco Ferrer y Guardia –en aquellos momentos a la espera del político, y a todas luces injusto, fallo del consejo de guerra que le llevaría a los fatídicos fosos de Montjuïc–, y solicitando al mismo tiempo, el cierre de todas las escuelas laicas de la nación y la persecución de sus maestros y protectores.

Esta acción eminentemente política del clero ourensano, dirigido, como es obvio, por su obispo, no fue, como fácilmente el lector imaginará, un caso aislado o individual, sino pensado y alevosamente colectivo por parte del clero español. Como es conocido, aquel escandaloso asesinato estatal realizado en la persona del conocido libertario catalán, supuso, para la historia de España, el ascenso de un crucial peldaño más en aquella aciaga escalera de radicalizaciones y apasionamientos: caída del gobierno de Antonio Maura, ruptura de aquella cordial entente entre los conservadores y liberales, etc. Puede decirse, sin miedo a caer en la exageración, que la crisis española del siglo veinte comienza aquí, para desembocar en el horroroso y genocida holocausto de la Guerra Civil.

Una vez conseguido el local, sacada a concurso la dirección pedagógica de la escuela, acordado el nombramiento del maestro[432] –como nos sigue relatando H.S. Luengo en su descripción histórica–, y tramitado el expediente de apertura, se abre el plantel oficialmente el día 18 de febrero de 1909[433], con un total de 32 alumnos.

---

[432] Al maestro Luengo lo debió de traer de Cataluña, por medio de sus influencias masónicas, Juan Manuel Amor. El lejano pariente de este, el masón Eduardo Modesto Blanco Amor en su novela ya citada *Xente ao lonxe,* dice sobre el respecto: «...e que o propio meu pai fora tratar o asunto a Barcelona que era de ónde viñan todas as escolas laicas do país». Cfr.: Blanco Amor, E.: *Xente ao ... Op. Cit.,* p. 155. Recordamos aquí aquel otro concurso público de méritos convocado por medios masónicoperiodísticos en 1889, para ocupar las plazas de la Escuela Laica de la Coruña, aquella que sufragaban varias logias de esa urbe gallega, y en el que ganara una de esas plazas el francmasón Ventura León Enciso. Cfr.: Valín Fernández, A. J. V.: *Galicia y la masonería ... Op. Cit.,* pp. 112, 518-520.

[433] Como recuerda el, por aquel tiempo, delegado de la Unión Provincial Ourensana de Buenos Aires y presidente de la Sociedad Protectora de la E.L.N.O., Eulogio Vázquez, en su artículo «La Escuela Laica en Orense. A propósito del XXII aniversa-

Y las *furias* se soliviantaron otra vez –añade a continuación Hipólito S. Luengo en su relato– pero con mayor saña y coraje que nunca. El Profesor no encontraba casa-habitación a su gusto, *(hoy, después de 18 años le pasa lo mismo)* y tenía que vivir donde podía y de cualquier manera. Hacían y siguen haciendo lo imposible para evitar que ninguna mujer se ofrezca para el serbicio (sic) doméstico (...) [434].

Eulogio Vázquez, tercer presidente de la Sociedad Protectora de la E.L.N.O., viene a decirnos lo mismo sobre esta persecución clerical del plantel laico orensano en aquel artículo que, en 1930, escribió para hacer campaña en pro del –ansiado y jamás logrado– edificio, y publicó en el semanario *La República,* diciendo:

Transcurridos 22 años de intestinas luchas fomentadas por la reacción clerical, tan predominante en España y desgraciada-mente en Orense, y sin que a pesar de todos los ataques y malas artes con que siempre fueron perseguidas, llegando en las grose-ras y viles maniobras, hasta el punto de perseguir y amenazar a los padres que mandaban sus hijos a educar a la Escuela, puesto que de otra decente carecía y puede decirse que carece la ciu-dad de Orense; con despedirles del taller donde trabajaban, qui-tándoles así todo medio de vida, cuando por medio de dádivas y ofrecimientos de todas clases no lograban vencer su entereza, 'ofrendas que en la mayoría de los casos provenían de fondos de instituciones fomentadas por el Estado, instituciones en las cuales las damas de Estropajosa de esta ciudad tienen tanta influencia' y si a esto añadimos los insultos soeces y envilecedores que contra nuestros profesores fueron dirigidos por la gentuza fanática e ig-norante de este pueblo y que sólo su férrea voluntad y su indómi-to entusiasmo pudo conseguir por parte de ellos el no hacerles desistir de la empresa, comprenderemos el inmenso caudal de afanes, energías y valor que aquellos hombres entusiastas de la enseñanza laica, costó para elevar nuestra institución al grado de

---

rio de su fundación». Cfr.: *La República*, nº 19, año 1, de 20 de septiembre de 1930, p. 3.
[434] *Supra,* nota 401.

respeto y consideración en que hoy se encuentra en el ánimo de todos los elementos sanos de la localidad[435].

Poco después de la fundación del plantel, en plena campaña internacional por el desgraciado *affaire* Ferrer, el boletín oficial del clero católico ourensano publicará la «Exposición que los Rvmos. Prelados de España han dirigido al Excelentísimo Sr. Presidente del Consejo de Ministros, contra la existencia de las llamadas escuelas laicas». Esta maniobra, ya clara y ostentosamente colectiva, del –por aquel tiempo satisfecho–clero español, dirigida por el que, unos lustros antes, había sido uno de los obispos antiliberales –y abiertamente antilaicistas– de la historia episcopal lucense, el ahora cardenal Aguirre y García, arzobispo de Toledo, pretenderá dar el carpetazo decisivo y permanente en su lucha contra las escuelas laicas españolas, aspiración esta que aquel reaccionario clero nacional no logrará –y jamás en su completa totalidad– hasta el advenimiento de la clericalista Dictadura de Primo de Rivera.

El texto de esta «exposición» publicada por el prelado Ilundain en su boletín del 3 de diciembre de 1909, será del siguiente tenor:

> llamando su muy ilustrada atención y la del Gobierno que dignamente preside acerca de los prejuicios que ocasiona permitir el funcionamiento de las escuelas *laicas* ó de las llamadas *neutras,* y suplicándole que en manera alguna consienta se abran las que fueron clausuradas por la autoridad después y con motivo de los horribles y nunca bastante execrados sucesos de Barcelona (...). Aunque tales escuelas alardeen de neutralidad en religión, son realmente y de un modo necesario irreligiosas. En la enseñanza es donde más palpablemente se observa la verdad de Cristo: 'El que no está conmigo, está contra mí'. El no hablar nunca de religión en la escuela hace que los alumnos deduzcan que las ideas religiosas inculcadas por sus padres y por los sacerdotes ó son anticientíficas y por consiguiente falsas, ó son indignas de que por ellas se rija el ciudadano fuera de la sociedad doméstica (...).

---

[435] Vázquez, E.: «La Escuela Laica...», en *La República, Op. Cit.*

Un maestro antirreligioso, aunque quiera permanecer neutral ante sus discípulos, no lo logrará por mucho tiempo; y los alumnos, que ven en él un ser superior cuya autoridad les merece todo respeto, no tardan en imitar su desprecio á toda religión positiva (...). Pero la neutralidad de las escuelas laicas, es un nombre vano, un pretexto para no alarmar y un lazo que se tiende á los padres de familia para que no se retraigan de enviar allá a los hijos (...). Aunque no fuesen contrarias á la religión, por faltar la religión en ellos (sic), no podrían ser morales semejantes centros de enseñanza. Enseñar la moral omitiendo la religión, equivale á querer construir un edificio sin base. Inclinando al hombre al mal necesita la creencia en un premio y en un castigo eternos para contenerse dentro de los estrechos límites del deber y caminar por los ásperos senderos de la virtud. Si no se enseña á respetar la autoridad de Dios, será en vano querer que respete autoridad ninguna cuando el respeto lleve aparejados sacrificios y privaciones (...). Así como de la neutralidad escolar se pasa al ateísmo, de este al socialismo no hay más que un paso (...). Si alguna duda hubiese podido caber sobre los funestísimos efectos de las escuelas de que venimos hablando, la disiparían, por manera bien triste y dolorosa, las espantosas escenas de que fue víctima la capital del Principado en la última semana de julio[436].

Terminan este alegato los prelados españoles con un soporte jurídicopolítico, recordándole al gobierno el artículo segundo del Concordato vigente: «la instrucción en las escuelas públicas ó privadas de cualquier clase será en todo conforme á la doctrina de la misma Religión Católica»[437], los artículos 295 y 296 de la, por aquel tiempo, vigente Ley de Instrucción pública, y al artículo decimoprimero de la Constitución.

En realidad, la recién fundada E.L.N.O. no sufrió el cierre de sus puertas a raíz de la profunda ola de represión estatal que se cernió sobre las escuelas laicas españolas en estos momentos[438],

---

[436] *B.O.D.O.* nº 1.740, año LXXVII, de 3 de diciembre de 1909, pp. 299-303.

[437] *Ibídem*, p. 303.

[438] En Galicia, por ejemplo, fue clausurada, el 2 de septiembre de 1909, por providencia del gobernador civil de A Coruña, la que sufragaba la, originariamente, sociedad obrera y pequeñoburguesa «La Antorcha Galaica del Libre Pensamiento».

todas tuvieron que pasar por una minuciosa «visita extraordinaria» del inspector provincial de enseñanza, ordenada a este por el rector de la universidad bajo cuyo distrito se encontraba cada escuela o por el propio gobernador civil, exigida a su vez a este último, mediante telegramas-circulares, datados todos durante el mes de octubre de 1909 y firmados por el propio ministro de la gobernación, Juan de la Cierva y Peñafiel. Los telegramas procedentes de este ministerio venían a decir lo que a continuación transcribimos:

> Sírvase enviarme Memoria sobre Escuelas laicas en su provincia, consiguiendo, consignando nombre todos Maestros, sus ideas políticas, tendencia enseñanza, los antecedentes de los maestros. Necesito conocerlos minuciosa é imparcialmente[439].

En lo que respecta a la escuela laica ourensana, este plantel fue visitado por el inspector provincial F. Carrillo, no encontrando ninguna objeción para que el gobierno pudiese clausurarla. Su oficio al rector santiagués se redactó de la siguiente forma:

> Según anuncié a V.I. mediante oficio nº 311, visité el día 30 del próximo pasado septiembre la 'Escuela laica neutral' a que en dicho oficio me refería. La apertura de esta escuela fue solicitada por Don Juan Manuel Amor y con fecha 16 de enero del corriente año se pidió el informe reglamentario a esta Inspección.
> Luego de haber visitado el local donde había de establecerse, emití un informe en el sentido de que reunía condiciones de capacidad para 28 alumnos como número máximo.
> Girada ahora la visita extraordinaria que V.S.I. se dignó ordenarme hallé reunidos en el local a 27 niños de los 31 que aparecen matriculados.
> Está al frente de la enseñanza D. Hipólito S. Luengo, acompañado de su Sra. Esta tiene a su cargo a los más pequeñitos y el

---

A.H.U.S. *Serie Histórica*. Leg. 460. En Barcelona, se cerraron 122 escuelas laicas, escuelas que no pudieron abrirse hasta el 5 de febrero de 1910, por las disposiciones de Romanones. Cfr.: Solá, P.: *Las escuelas racionalistas... Op. Cit.,* pp. 38-42.

[439] *Vid., e. g.*: A.H.U.S. *Serie Histórica.* Leg. 461. Expediente correspondiente a la Escuela Laica de «La Antorcha Galaica del Libre Pensamiento».

Sr. Luengo a los de mayor edad: ambos procuran que se cumplan las reglas de higiene.

La educación ética, en armonía con el carácter laico-neutral del Establecimiento se reduce a las enseñanzas y prácticas de moral universal, y la educación cívica al estudio rudimentario de la Constitución.

La escuela se sostiene con fondos de la sociedad obrera 'Agrupación Librepensadora de Orense'.

Es cuanto, cumpliendo su orden del 24 de septiembre tengo el honor de comunicar a V.S.I.

Dios guarde a V.S.I. ms as

Orense 2 de octubre de 1909.

El Inspector Provincial

F. Carrillo

Ilmo. Sr. Rector de la Universidad de Santiago[440].

Desde estos momentos iniciales de la historia de la experiencia docente de la E.L.N.O.[441] hasta la marcha a Sevilla, en 1921, de aquel obispo Ilundain[442] que, además de su principesca locura autoritaria que ocasionaría, utilizando su fuerte ascendente ante el gobernador civil, la tristemente conocida masacre de los nueve vecinos de Oseira del 12 de abril de 1909 y que, por otro lado, tanto había hecho por la fundación y sostenimiento de los llamados «sindicatos católicos»; por la construcción del edificio del Círculo Católico de Obreros; por la fundación del periódico católico diario *La Región*; etc.; pocas más serán las noticias que aquel cruel y despótico prelado –antecesor de Florencio Cerviño y González– haga constar, a propósito de la escuela laica, por medio de

---

[440] A.H.U.S. *Serie Histórica*. Leg. 460.

[441] En los que ya se dará a conocer en los laicistas ambientes nacionales, al enviar su adhesión al llamado Primer Congreso Librepensador Español (el primer intento de celebrar una convención de este estilo –en aquella ocasión universal, o sea, internacional– fue en 1892), celebrado en Barcelona en octubre de 1910. Cfr.: Solá, P.: *Las escuelas racionalistas ... Op. Cit.,* p. 44.

[442] Donde, además de dirigir el poderoso arzobispado, tendrá una destacada participación política, religiosa y eclesiástica a lo largo de la Segunda República y el primer año de la Guerra Civil, dado que morirá en esa capital andaluza –sanguinario feudo particular en aquellos aciagos momentos del militar y genocida Gonzalo Queipo de Llano y Sierra, el 10 de agosto de 1937, sucediéndole en el cargo el ex-primado de España, Pedro Segura y Sáenz. Garriga, R.: *El Cardenal Segura y el Nacional-Catolicismo,* Barcelona, Planeta, 1977, pp. 187, 215, 252.

su boletín eclesiástico. Sólo recordaremos, por ejemplo, aquel aviso, de abril de 1910, advirtiendo Ilundain a sus curas y feligreses que no se dejasen engañar por los librepensadores ourensanos que, por aquel tiempo, repartían públicamente las anticlericales *Hojitas piadosas* «que se dicen ser contra las escuelas laicas»[443], aquellos papeles, que tanta lata darían por estos años a los prelados españoles, no eran más que unos sencillos panfletos impresos, redactados por la satiricona pluma de José Nakens, y que imitaban a los que se solían divulgar por los integristas cauces del clericalismo. Y aquella publicación, intitulada como «Documento interesante», que aquel obispo de Ourense intercaló en su boletín del 7 de agosto de 1913, transcribiendo la politizada carta que el primado Aguirre y García le había dirigido, el 19 de junio de ese mismo año, sobre el problema que, en índole educativa, había provocado en medios clericales el gobierno del malogrado político ferrolano José Canalejas y Méndez[444].

Con el mandato de Florencio Cerviño González, el boletín oficial parece tomar nuevos y fortalecidos bríos, bien es cierto que muy pronto, a los veinte meses de su nombramiento como obispo ourensano, Cerviño saboreará las dulces mieles del clericalista gobierno del Directorio Militar. Muy pronto, en realidad, nada más reorganice a su gusto y necesidades su «señorío» episcopal, Florencio Cerviño hará notar su preocupación por la instrucción primaria y una excelente prueba de todo esto nos la ofrecen, por ejemplo, los números del boletín correspondientes al 20 de mayo de 1922[445], 20 de febrero de 1924[446], 10 de marzo de 1924[447], 20 de noviembre de 1925[448], etcétera.

Como ejemplo del estilo que contraerá ahora la redacción del periódico episcopal, valga el siguiente texto, fragmento de la circular que Florencio Cerviño publicó, el 15 de noviembre de 1923, en relación con el establecimiento de una capilla evangé-

---

[443] *B.O.D.O.* nº 1.749, año LXXVIII, de 26 de abril de 1910, p. 121

[444] *B.O.D.O.* nº 1.828, año LXXX, de 7 de agosto de 1913, pp. 232-238.

[445] «La Religión en la Escuela Primaria», *B.O.D.O.* nº 1.991, año LXXXIX, de 20 de mayo de 1922, pp. 175-176.

[446] *B.O.D.O.* nº 2, año XCI, de 20 de febrero de 1924, pp. 47-48.

[447] *B.O.D.O.* nº 3, año XCI, de 10 de marzo de 1924, pp. 49-50.

[448] *B.O.D.O.* nº 19, año XCII, de 20 de noviembre de 1925, pp. 346-348.

lica que, para más *inri* clerical, habían ubicado los protestantes en los bajos del edificio donde, en aquellos momentos, estaba enclavada la escuela laica[449]:

> Hemos sido advertidos de que entre nuestros amadísimos diocesanos se reparten con profusión revistas, libros y hojas sueltas, en los cuales se impugnan la existencia del purgatorio (...), no son otros que propagar los perniciosos errores del malhadado protestantismo, principio y fuente de todos los errores modernos (...). ¡No bastaban las escuelas laicas, fábricas infernales de irreligión e inconsciencia del deber, y todavía aparecen entre nosotros y se consienten esos nuevos antros de incredulidad y herejía![450].

Currículum, matrícula, maestros y avatares hasta 1930

Conocemos el amplio y ambicioso diseño curricular de la E.L.N.O. gracias a varias fuentes documentales y orales, quizá la más importante de las primeras sea la solicitud escrita con la inglesa caligrafía del maestro Luengo que, Pablo Rodríguez Abad, a la sazón presidente de la sociedad protectora de la «Escuela Neutral» –como reza el documento del expediente de seis folios conservado en el archivo municipal ourensano– hizo, el 24 de noviembre de 1915, ante el Ayuntamiento de Ourense. Esta petición de índole económica, dado que lo solicitado era que el concejo incluyese en el presupuesto del año 1916, una cantidad que su corporación estipulase conveniente «con destino a la protección y mejora de dicha escuela»[451], iba apoyada por las siguientes razones que, por su indudable valor informativo transcribimos *in extenso:*

> Primera. La *Escuela Neutral*[452] que lleva siete años de existencia, fue creada y está sostenida por las cuotas voluntarias que satis-

---

[449] Al parecer, después de este uso religioso, estos bajos fueron utilizados como gimnasio donde se entrenaba un célebre boxeador local, pasando más tarde a ser arrendados por los masones ourensanos, teniendo allí su sede la logia *Constancia nº 13.*

[450] *B.O.D.O.* nº 4, año XC, de 15 de marzo de 1923, pp. 53-55.

[451] A.C.O. Leg. 82. Fondo no catalogado en 1993.

[452] Llama la atención que, a lo largo de todo el documento, jamás se intercale en esta denominación, la sin duda polémica palabra «Laica».

facen los socios protectores vecinos de esta localidad, residentes buen número de ellos en América, para dar instrucción completamente gratuita a los niños de las clases obreras, fin que viene cumpliendo desde su creación, con un promedio de 50 alumnos, pero sin que le sea posible ampliar este número por carencia de recursos a pesar de las numerosas y constantes solicitudes.

Segunda. En Orense es la única escuela privada, no sólo gratuita, sino que además proporciona a los niños, tambien gratuitamente, toda clase de material; como quiera que la Escuela Graduada de esta Capital, única oficial que existe, aun contando con sus tres secciones, es completamente incapaz para atender a los niños menesterosos de una población de 20.000 habitantes aproximadamente, cumple una misión de la más alta importancia que podría abarcar un campo más amplio con el apoyo de las corporaciones oficiales, evitando queden tantos niños faltos de la instrucción más elemental por carencia de recursos.

Tercera y última. El amor a la enseñanza demostrado por esa corporación.»[453]

Después de estas tres razones que, entre otras cosas, nos vienen a explicar cómo funcionaba y se sufragaba el plantel ourensano; es decir, exactamente igual que cualquier escuela laica o confesional de las llamadas «sociedades de instrucción» de emigrantes gallegos en América, Pablo Rodríguez Abad terminará su escrito con una amplia justificación del porqué era laico el currículo que en él se impartía; cómo era el tipo de educación que allí se ofertaba, utilizando para ello la robiniana definición –de vastas tradiciones pedagógicas enciclopedistas y, obviamente krausistas, amén de libertarias– de integral; y recordando, además, la visita extraordinaria que el inspector provincial había girado en septiembre del año 1909 –y que hemos estudiado y consignado en páginas anteriores–, veámoslo:

La *Escuela Neutral* de Orense, a pesar de lo que pudiera creerse, no tiene carácter sectario de ninguna clase, limitándose

---

[453] Como ya hemos dicho en la nota anterior, sigue llamando la atención del investigador que no se mencione, nunca, la palabra laica en todo este escrito.

a la instrucción integral de los niños como lo demuestra la adjunta relación de las materias que en ella se enseñan, en la cual, si bien está excluida la Religión, por entender los organizadores de esta clase de escuelas que la enseñanza religiosa pertenece a la familia, se dá (sic) gran preponderancia a la Moral Universal; hallándose siempre a disposición de los organismos oficiales para ser visitada, y comprobados estos extremos, como yá (sic) lo fué por el inspector de 1ª enseñanza Sr. Carrillo, en 30 de Septiembre de 1909 quien informó hallarse completamente dentro de las condiciones legales. Las asignaturas que se enseñan son Lectura en sus diferentes grados, = Escritura. = Gramática Castellana y Análisis gramatical y lógico. = Moral Universal y Urbanidad. = Aritmética en todos sus grados. = Fisiología e Higiene. = Geografía. = Geometría. = Ciencias físico-naturales. = Agricultura. = Historia de España. = Canto. = Gimnasia sueca. = Esperanto (lengua internacional) y Trabajos manuales.

Como consecuencia de lo expuesto el que tiene el gusto de suscribir, en nombre de la sociedad de referencia con las debidas consideraciones a esa corporación.

Suplica se digne acordar la subvención de que queda hecho mérito a los efectos también mencionados.

Orense, 24 de noviembre de 1915.

El presidente Pablo Rodríguez

Excmo. Ayuntamiento de Orense[454].

Este tipo de peticiones económicas a los ayuntamientos por parte de las escuelas laicas no era cosa rara en la España de aquellos años[455]. Por ejemplo, en Galicia ya había sentado un precedente de este tipo con las subvenciones que, desde el año 1910, el por aquel tiempo denominado Ayuntamiento de La Coruña otorgaba anualmente a la Escuela Laica –también denominada Colegio Laico Froebel– sostenida por la sociedad «La Antorcha Galaica del

---

[454] *Supra,* nota 451.

[455] *Vid. e. g.*: Terrón Bañuelos, A.: *La enseñanza primaria en la zona industrial de Asturias (1898-1923),* Oviedo, Servicio Central de Publicaciones del Principado de Asturias, 1990, pp. 70-73.

Libre-Pensamiento»[456]. No obstante, debemos señalar que, veinte años antes, este mismo concejo de la ciudad herculina había negado la solicitud de subvención que el republicano y francmasón gallego Segundo Moreno Barcia había solicitado para «su» Escuela Laica o «civil», aquella que sostenía, aparentemente, la Sociedad Benéfica «Miguel Servet» y, en puridad, varias logias francmasónicas de la ciudad como la *Progreso* y la *Brigantina*[457].

Aquel Ayuntamiento de Orense denegó la petición de los laicistas. Los trámites burocráticos seguidos por el concejo fueron los siguientes: primero, la comisión correspondiente, obviamente la de hacienda, presentó ante la sesión de la corporación celebrada el 1 de diciembre «para estudio de los Sres. Concejales» el proyecto de presupuesto para el ejercicio del año 1916, con la solicitud de Pablo Rodríguez Abad; después, el concejo en esa sesión acordó sobre este asunto «que las comisiones de Instrucción Pública y Hacienda, presididas por el Sr. Alcalde» informasen al pleno en la próxima sesión sobre la petición solicitada. Con fecha 17 de diciembre, la comisión, presumimos que de hacienda, envió al alcalde su informe, negando dicha petición al considerar que este tipo de subvenciones se iban haciendo permanentes con el paso de los años como, al parecer, había sucedido con otras parecidas que ya se consignaban automáticamente en los presupuestos

---

[456] Manteniendo esta subvención, anualmente –y que sepamos hasta 1925–. A partir de 1921, se les añadió a este plantel el centro llamado Escuelas Parroquiales de Santa Lucía. Con la llegada de la clericalista Dictadura de Primo, en un principio, se le redujo la subvención a esta escuela laica de 1.000 a 250 pts., y se amplió esta ayuda municipal a los centros docentes clericales de las Escuelas de la Grande Obra de Atocha y a las Escuelas de los Padres Salesianos. Cfr.: A.M.C. Libro registro de Expedientes «Beneficencia, Sanidad, Instrucción Pública,... ». Este concejo gallego concedía subvenciones por la sección de «Beneficencia, Sanidad, Instrucción Pública, Actos Públicos, ...» a la Escuela Laica citada y a la católica Escuela Popular Gratuita –que ha sobrevivido hasta hoy (1993) en forma de guardería infantil–, fundada por el aristócrata coruñés Camilo Rodríguez y Losada con el concurso, entre otros, del senador Eduardo de Torres y Taboada, conde de Torre Penela, del conde de Canillas (Francisco Piñeiro) y del marqués de San Martín (Jaime Ozores). No hay duda que, ante la proliferación de las escuelas laicas, una zona de las reaccionarias y poderosas élites locales de poder de aquella atrasada España se esforzaron en hacerle la competencia docente y, obviamente, ideológica al laicismo escolar liberal y, más tarde, anarquista, fomentando y sosteniendo entonces, en las mismas calles y barrios obreros donde estaban establecidas las laicas, escuelas y colegios católicos con el fin de enfrentarse y así contrarrestar la influencia de ese laicismo escolar. En A Coruña y en Ourense este fenómeno es fácilmente observable por parte del investigador para que este pueda hacerle el correspondiente seguimiento.

[457] A.M.C. Leg. Instrucción Pública. Adquisición de libros. Material de escuelas. 1856-1910.

anuales. En la sesión del 28 de ese mismo mes, la junta municipal acordó lo que la comisión había dictaminado.

Más tarde, corriendo ya otros vientos políticos muy distintos en la corporación municipal, durante la Segunda República, la E.L.N.O. lograría por fin subvenciones y ayudas del concejo ourensano, de la diputación provincial y hasta del ministerio correspondiente (350 pts., del primero; 1.000 pts., de la segunda; y 2.000 pts. del tercero)[458].

A niveles curriculares, el plan de estudios de este centro de docencia laica, como ya hemos podido apreciar por lo contemplado en la antecitada solicitud, pretendía ser eminentemente globalizador para un elemento discente en su mayor parte urbano, pero probablemente, con una pequeña porción de alumnos de las aldeas o lugares cercanos –hoy ya auténticos barrios de esta urbe gallega–. De ahí esa Agricultura que, obviamente, llama curiosamente la atención en un plantel que, dada la estructura urbana del Ourense actual, imaginábamos fundamentalmente «citadino», expresión que emplearía cualquiera de aquellos socios protectores de la E.L.N.O., residentes en el Gran Buenos Aires, como es el caso del propio Rodríguez Abad.

El plan constaba de cuatro grados o cursos[459], desde el 4º que correspondía a los niños y niñas más pequeños (de 4 a 6-7 años) y cuyas clases eran impartidas por la compañera o esposa de Hipólito Luengo, la llagosterense Teresa Roqueta, hasta el 1º, el grado superior (de 11 a 12-13 años) llevados ya ,a nivel docente, por el propio director pedagógico del plantel, el maestro Luengo –y, en ocasiones, ayudado en estos menesteres por el sobrino de Teresa

---

[458] *Vid.*: Acta de la sesión de la junta general de la sociedad protectora. A.H.N. de S. *Masonería*. Leg. 343-A-12. En lo concerniente al ayuntamiento ourensano, hay que resaltar que, en un principio, este negó la subvención solicitada por la E.L.N.O., estando a punto de concedérsela, en aquella misma sesión (del 18 de diciembre de 1931), al «Semanario (sic) de Estudios Gallegos», que también había pedido ayuda económica, por mediación, sin duda, del reaccionario concejal galleguista González Salgado y que, al terciar polemizando el concejal socialista, francmasón y protector de la E.L.N.O., Fernández Pérez, por haber alegado el galleguista que la obra de su defendido seminario podía calificarse de benéfica, tuvo este que dar por retirada su petición. A.C.O. Libro de Actas (10 de junio de 1931 a 12 de diciembre del mismo año).

[459] Recordemos aquí que el de la Escuela Neutra Graduada de Gijón, constaba de tres grados distribuidos en tres aulas y, por tanto, tres maestros: «Rogelín el zapatero, don Senén y Eleuterio Quintanilla». Cfr.: Álvarez, R.: *Eleuterio Quintanilla... Op. Cit.,* p. 81.

Roqueta, el también natural de la villa de Llagostera, Enrique Roqueta Dalmau–. La coeducación era una auténtica realidad en la E.L.N.O., caso sino insólito, sí muy raro en los sistemas educativos de aquel tiempo, recordemos que en la mayoría de las «avanzadas» escuelas laicas gallegas, sufragadas por las llamadas «sociedades de instrucción», no existía coeducación, salvo en contados planteles como aquel que, fundado inusitadamente por gallegos residentes en la propia comarca –y sostenido después, tanto por ellos como por sus vecinos emigrados al Nuevo Mundo–, mantuvo su oferta de laicismo escolar en la entidad de población coruñesa de Frais-Cecebre, desde 1918 hasta 1936[460].

En la sistemática impuesta por el maestro Luengo, su elemento discente no repetía curso o grado bajo ningún concepto o justificación, entendiendo entonces aquel modesto zamorano –emigrado a final de siglo, a las industriosas tierras gerundenses de la comarca de El Gironés– su enseñanza, como un fenómeno globalizador y cíclico, en el que el alumno en su infantil «viaje» por la aprehensión gradual del conocimiento, no necesitaba para nada de la siempre, más punitiva que didácticamente operativa, repetición del correspondiente curso. En ocasiones, Luengo imponía en su centro cierto tipo de «enseñanza mutua» inglesa –a lo Andrew Bell y John Lancaster–, dejando que ciertos alumnos del primer grado instruyeran a los de grados inferiores. La disciplina cuasi militar que tenían que seguir los alumnos, todavía en 1993 era recordada por exalumnos de esta escuela como algo curioso y excesivo; hay que señalar que esta formal metodología pedagógica de corte militarista estaba muy en boga en las escuelas de esta época y Luengo en esto no se desvió un ápice de esta tónica general a la hora de introducir en su plantel estas típicas conductas colectivas como las disciplinadas filas, los «masticables» silencios, posturas marciales, ubicación del alumnado en sus respectivos pupitres en tres homogéneos tiempos, el mismo rito para salir del aula, etc. El competitivo sistema pedagógico de estímulos = acciones positivas, castigos = acciones condenables; los «deberes domiciliarios», en ocasiones tomados como punición; las prácticas mecánicas de formación cien por cien memorística; con-

---

[460] Cfr.: Archivo de la Sociedad de Instrucción y Recreo de la Juventud de Cebre. Fondos no catalogados en 1993.

formaban las características metodológicas de esta escuela laica, que no «moderna» o «ferrerista», como se ha apuntado en alguna que otra ocasión.

El diseño curricular quedaría distribuido de la siguiente manera: dos serían las disciplinas que se repetirían –según, obviamente, el nivel– en los cuatro grados, a saber, la Lectura, y la Aritmética. El resto; es decir, la Moral Universal y Urbanidad, la Fisiología e Higiene, la Gimnasia Sueca, el Esperanto, los Trabajos Manuales, la Escritura, la Gramática Castellana, el Análisis Gramatical y Lógico, la Geografía, la Geometría, las Ciencias Físico-naturales, la Historia de España, el Canto y la Agricultura, se repartían –desconocemos cómo– entre los cuatro distintos niveles o grados en que Luengo había seccionado su currículo[461].

De este currículo, llaman poderosamente la atención del lector curioso, las asignaturas: Moral Universal y Urbanidad, el Esperanto como «lengua internacional», el latiguillo de «Lógico» para ampliar la definición del Análisis Gramatical, y el Canto. Obviamente, ante ellas, el alumnado de este plantel se iba a encontrar con la zona curricular de mayor carga ideologizadora de todo el plan pedagógico que aquel francmasón y republicano radical de Hipólito Sinforiano Luengo había ideado. En la sin duda positiva y «evolucionísticamente» espenceriana[462] Moral Universal, el alumno de la E.L.N.O se hallaba con el combativo y laicista sucedáneo de la consabida Doctrina Cristiana de las escuelas confesionales al uso[463], y en su segunda categoría, la de Urbanidad, podemos entrever o entender al adoctrinario, democrático, jacobino o republicano «espíritu cívico o civil», tan reivindicado por la publicística y oratoria republicana española de entre siglos. Veamos cómo entendía, personalmente, el maestro Luengo este interesante tema:

---

[461] Viniendo a recordarnos, anecdóticamente, esta gradual distribución que aquel masón hacía con el plan de estudios de su escuela, a los cuatro grados masónicos de: aprendiz, compañero, maestro y maestro perfecto.

[462] Sobre este punto de la doctrina de Herbert Spencer, vid.: Capitán Díaz, A.: *Historia del pensamiento ... Op. Cit.*, pp. 59-67.

[463] Como las escuelas del Ave María, fundadas por el sacerdote Andrés Manjón y que el obispo Ilundain, a finales del segundo decenio del siglo, les ubicó a los laicistas en la vecina Praza da Trinidade, y, a partir de 1921, con soberbio edificio propio, en el mismo Posío, a la entrada misma de la calle donde estaba la E.L.N.O. Información amablemente facilitada por el profesor Xosé Manuel Cid Fernández.

Como que el fin que se propusieron los fundadores hermanos Abad Rodríguez (sic) era la diffusión (sic) de la enseñanza neutral, evitando en absoluto todo confesionalismo, y este mismo principio, es el que se sigue, no procede hacer ningún cambio en su manera de ser, ni en sus disciplinas, pues el libro *Compendio de Moral Universal que se lee y se estudia, y se comentan sus lecciones*[464] enseña al educando lo que es bueno y lo que es malo; lo que deve (sic) hacer y lo que debe evitar, aprendiendo también a distinguir lo útil y necesario de lo quimérico o aparente. –Orientación– Dada la guerra sorda y persistente que los obcecados sostienen y continúan haciendo contra la Escuela Neutral de Orense *no porque se enseñe mal, dicen, sino porque no se enseña Doctrina Cristiana,* sin tener en cuenta, incautos, que la mejor doctrina es la moral, ya quella [que aquella] se basa en esta, cabe y sería de justicia, apoyarla incondicionalmente para que su desarrollo sea completo pues de todos es sabido que allí donde entra la confesional se establece el odio, la envidia, y todos los malos instintos entre los alumnos de estas escuelas, contra los de las demás. Y si es verdad que la doctrina de Cristo predica y aconseja el amor de todos los hombres por considerarlos como hermanos, es incongruente su proceder para con nosotros; y a lo que habrían de dirigir sus esfuerzos, es a convencer y a atraer a su seno a los equivocados, no hacerse odiar y a separarse de ellos por sus mañas y malas artes. Su afán no debería ser otro que hacerles comprender lo cierto de sus doctrinas y lo factible, dentro de la ciencia, de las cosas sobrenaturales que nosotros no llegamos a comprender… ni ellos tampoco[465].

---

[464] Libro seguramente muy similar a aquel *Principios de Moral* que sintetizó, en 1898, de la obra espenceriana el profesor mejicano de la Escuela Nacional Preparativa Ezequiel A. Chávez, y que tanta difusión tendría en medios laicistas, liberales y societarios de las primeras décadas del siglo. Cfr.: Chávez, E. A.: *Resumen sintético de los Principios de Moral de Herbert Spencer,* París-Méjico, Librería de la Vda. de Ch. Bouret, 1913. Este mismo autor tenía también varios manuales para el 4º año de la instrucción primaria, como las *Nociones de Instrucción cívica.*

[465] *Supra,* nota 401. También el por aquel tiempo presidente de la junta directiva o sociedad protectora de la E.L.N.O., Eulogio Vázquez, en su ya citado artículo propagandístico sobre la historia del plantel, decía, en relación con el espíritu laico del centro, que este

En cuanto al Esperanto como asignatura de idioma internacional, baste señalar la preocupación que la escasa francmasonería española de estos años iniciales del siglo veinte manifestaba con relación a este utópico y cosmopolitista empeño que, desde 1887, divulgaba aquel polaco de origen judío llamado Ludwik Lejzer Zamenhof[466] y que, por los tiempos en que emprendía su historia la E.L.N.O, estaba tan de moda en los círculos progresistas españoles, recordemos que fue en la primera quincena del mes de septiembre de 1909 cuando el esperantismo internacional celebró su V Congreso Internacional de Esperanto en Barcelona, organizado por el esperantista español Pujolá y Vallés.

Sobre el latiguillo de «Lógico» utilizado para ampliar la definición de la disciplina Análisis Gramatical hay que explicar que, con él, Luengo justificaba las discusiones o públicos análisis que, entre sus alumnos –presumimos que de los grados primero y segundo–, provocaba a la hora de ejercitarlos en la racionalista experiencia deductiva de contrastar las opiniones contenidas en las correspondientes frases a analizar, en función de su intrínseca carga de racionalidad.

Por último, con la asignatura, de obvia índole musical, titulada Canto, Luengo y, como es lógico, la propia sociedad protectora de la escuela, iban a introducir en el currículo de la misma, la contribución ideológica quizá más poderosa de todo el sistema pedagógico de la E.L.N.O., dado que las clases prácticas de esta disciplina se iban a realizar por medio de las memorizadas canciones que el coro del centro, formado por todos los alumnos y alumnas del plantel –excluidos, como es obvio, los cuatro niños sordomudos que, desde 1909 hasta 1926, habían pasado por la

---

es el espíritu democrático de libre examen, el espíritu de independencia indómita, el espíritu democrático por excelencia que sin tener otras normas que las dictadas por la razón y por la independencia tiene por base firme la dignidad humana; Caracterizado por la independencia y en afectividad incesante del pensamiento, por la sinceridad, el respeto, la tolerancia, la fe en el progreso indefinido y la firme voluntad de ir siempre adelante en la persecución de un ideal de justicia y paz.

Supra, nota 435.

[466] Cfr.: Paz Sánchez, M. de: «Masonería canaria y esperanto; un proyecto de la logia *Afortunada nº 5* de Las Palmas (1903-1905)», en VV.AA.: *Serta Gratvlatoria in honorem Juan Régulo. Esperantismo,* La Laguna, Universidad de La Laguna, 1987, pp. 527-538.

escuela[467] tenía que interpretar. Las canciones e himnos eran de temas galleguistas o universales como Dous Amores, el Himno Gallego y Melancolía, y de ideología republicana y socialista, como La Marsellesa, El Sol en el Oriente, la Internacional, Adelante Camaradas, etcétera[468].

La ideologización laicista, republicana y socialista en esta escuela, debió ser una constante a lo largo de sus veintisiete años de existencia. Aún en los momentos verdaderamente difíciles de su historia, a lo largo, sobre todo, del segundo lustro del decenio de los años veinte, cuando la reaccionaria y clericalista política primorriverista cerró muchas escuelas laicas por no impartir en sus aulas docencia religiosa o por no colocar en la cabecera de las mismas, el obligado «crucifijo con dosel» o el retrato de «Su Majestad con marco y cristal»[469], el maestro Luengo y su mujer debieron seguir ideologizando, a pesar de haber tenido que hacer de

---

[467] Como dice en su *Relato* el propio maestro Luengo, el cual había enseñado a leer, escribir y contar a los cuatro alumnos con esta discapacidad, estando, en 1926, dos de ellos, perfeccionando su educación en el colegio santiagués Ponce de León. *Supra,* nota 401 de este capítulo. La introducción de la asignatura musical de Canto era ya una vieja tradición curricular de las escuelas laicas. Recordemos aquel llamado «Laïcisme folklòric» –estudiado por el profesor Solá y Gussinger– de aquel contradictorio exescolapio y francmasón, llamado Bartolomé Gabarró, furibundo anticlerical que, al final, volverá a abrazar la ortodoxia católica y que en las escuelas laicas bajo su influencia, los alumnos cantaban canciones, obviamente doctrinarias, como el texto del fragmento que sigue: «Así ennoblecemos/al pueblo siempre explotado;/sustraído le vemos al teócrata cuidado,/que el camino no le expide,/y la razón le comprime,/ encargando al aristócrata/en suerte del demócrata...» Sacado del periódico que Gabarró había fundado en 1883 con el título de *La Tronada.* Cfr.: Solá, P.: *Francesc Ferrer i Guardia i l'Escola Moderna,* Barcelona, Curial, 1978, p. 182. *Vid.,* tambíen: Sánchez i Ferré, P.: *La maçoneria a... Op. Cit.,* pp. 103-105.

[468] Cid Fernández, X. M.: *Apuntes da nosa... Op. Cit.,* p. 16.

[469] Como les sucedió, por ejemplo, a la ya citada Escuela Laica de Instrucción Elemental de la habanera Sociedad de Instrucción y Recreo «La Devesana», de San Sebastián de Devesos, parroquia del municipio coruñés de Ortigueira, cerrada en 1924, y confirmada esta clausura por la tristemente célebre Real Orden del 13 de octubre de 1925, «por el carácter laico y antipatriótico que exteriorizaba», como explicaba en su notificación el Jefe de la Comandancia de la Guardia Civil al gobernador civil con fecha 16 de abril de 1940 *(infra,* nota 476); o aquella oficial declaración de catolicismo que los representantes de la llamada Comisión Gestora de la neoyorquina Sociedad de Instrucción «Hijos de Palmeira», tuvieron que hacer, por orden del gobernador civil, en el acta de comparecencia, de fecha 15 de julio de 1930, ante el alcalde, contradiciéndose de pleno con lo que rezaba el artículo segundo del *Reglamento General de* la delegación: «Esta sociedad será ajena a todo credo político o religioso,...» (Cfr.: *Reglamento de la delegación en Palmeira de Los Hijos de Palmeira en New York,* Palmeira [A Coruña], Imp. Fernández [Ribeira], 1930), teniendo que declarar en aquella diligencia ante el edil de Santra Uxía de Ribeira, que las escuelas que querían establecer «serán siempre de carácter católico, Apostólico Romano y se establecerán con extricta (sic) sujección (sic) a las leyes del Reino, cuya Monarquía acatan...» (A.R.G. *Gobierno Civil.* Leg. 2.451).

tripas corazón y retirar de las paredes del aulario las «santas efigies» de Ferrer y Guardia, Figueras, Pi y Margal y demás santones laicos además de la alegoría de la República que presidía el aula, trocando todos esto combativos símbolos por los preceptivos crucifijo y retrato real, y teniendo que añadir a su estudiado currículo la impartición de la asignatura Doctrina Cristiana.

El adoctrinamiento político del elemento discente de estas escuelas, por muy «neutrales» que sus principios se anunciasen –o se creyesen de esa forma[470]–, era un hecho fácilmente demostrable y, en la mayoría de los casos conocidos, ostensible y públicamente manifestado[471]. Por algo los fundadores y sustentadores de las escuelas laicas no ignoraban el volitivo hecho de querer creer estos ensayos pedagógicos como una relevante parte o zona de su lucha ideológica contra lo que ellos entendían como el atenazador mundo tradicional, preñado de oscuras e influyentes sotanas y omnipresentes caciques; el atrasado, depauperado e inculto mundo que a ellos, los emigrantes, los había expulsado de su propia tierra para tener que buscar en la emigración el futuro que en ella se les negaba. Es decir, que, como el propio lector barruntará, estas escuelas laicas venían a encarnar o representar uno de los campos de combate –en este caso eminentemente ideológico– de aquella lucha de clases empezada a principios del siglo diecinueve en España y que en el reproductor elemento de la docencia había encontrado la encrucijada ideal para enfrentar las dos mentalidades antagónicas de esta lucha, la del democrático y laicista liberalismo radical y la del clerical, católico y caciquil conservadurismo. Aquella populachera pugna entre, por un lado, los «neos», «negros», «oscurantistas», «papahostias», «chupacirios», «cagavelas», «reaccionarios»,... Y, por el otro, los «anticristos», «masones»,

---

[470] Como también definían la enseñanza que deseaban se ofertase en su futuro centro docente, los emigrantes sadenses de la sociedad de emigrantes gallegos en Nueva York «Sada y sus Contornos», cuando en el artículo primero de su *Reglamento* decían que: «Esta sociedad tiene por objeto la fundación y sostenimiento de uno o varios centros de enseñanza absolutamente neutral...». Cfr.: *Reglamento de la Sociedad de Instrucción de Sada y sus contornos*, A Coruña, Tipografía Obrera Coruñesa, 1925.

[471] Como veremos unas páginas más adelante, el propio maestro Luengo firmará, como secretario del «taller», la carta reivindicando la situación política de los maestros laicos donde, diáfanamente, se manifestará sin escrúpulos de ninguna clase hasta dónde creían los masones ourensanos que había llegado en las generaciones coetáneas, el adoctrinamiento republicano llevado a cabo por las escuelas laicas.

«satanás», «comecuras», «herejes», «iscariotes», «nerones», «endemoniados», «sectarios», «impíos»,... Altisonantes y hasta escatológicos calificativos estos de los diferentes argots con que se solían regalar, mutua e incansablemente, ambos bandos.

La ideologización o adoctrinamiento liberal y socializante en la E.L.N.O. estaba a la orden del día y, como ya hemos dicho, fue una constante y machacona realidad en la oferta docente dictada por esta escuela ourensana. Además del laicista diseño curricular ya estudiado, de la alegoría de la República que presidía el aula principal del centro^{472} y de los retratos de «ilustres repúblicos» y del incuestionable mártir del librepensamiento que aquel aciago 13 de octubre de 1909 había creado el gobierno de Maura^{473}, todos los alumnos y alumnas de la E.L.N.O. tenían que ir en pública y laicista manifestación anual –al igual que ocurría en alguna que otra escuela laica gallega de estos años, como la de la ya citada «Juventud de Cecebre»–, coincidiendo con el 8 de julio, día del fallecimiento del copromotor y cofundador del plantel, el francmasón Juan Manuel Amor, al Cementerio Civil o «de Disidentes», ubicado en un pequeño extremo del Católico o de San Francisco, donde, en su singular tumba com-

---

^{472}Colgada encima del encerado, como recoge en su conocida novela *Xente ao lonxe* el escritor y francmasón ourensano Eduardo Blanco Amor:

> era unha dona, coa longa camisa branca recollida no van polo costado esquerdo cun cinguidoiro bermello, deixando ver a perna núa até moi enriba, e na testa un gorro que somellaba un gran pemento, tamén bermello; polo que se vía, acababa de crebar unhas cadeas que lle trababan os pulsos e os tobelos; aos pes había un lión deitado que tiña entre as pautas unha coroa de pedra escachada, como si a fose a roer. Na traseira de todo, por embaixo dun sol rechamante, aboiaba unha bandeira que somellaba a española pro cunha coor de máis (...) –ista é a imaxe da República, o que se di, una alegoría. O gorro frixio (colléu un punteiro e sinalóu o pemento) é un sím-bolo antigo do que hoxe entendemos por libertade; as cadeas crebadas queren decir a escravitú monárquica vencida, o mesmo esta coroa rota. O lión representa a soberanía e o valor español (...) –¿E a bandeira? –É a bandeira española, naturalmente. –¿Non lle sobra unha coor?, –especilóu o Paquito, coa súa vociña de pardán. –Non; é o morado, do primitivo pendón de Castela.

Blanco Amor, E.: *Xente ao ... Op. Cit.*, pp. 168-170.

^{473} «Iste é Pi e Margall (...), iste e Figueras, iste Castelar e iste Salmerón, grandes patriotas republicanos ... Iste é don Vicente (sic) Ferrer Guardia, fundador da Escuela moderna, que é o verdadeiro nome da escola laica... Está na cadea outra vez, suxeto a proceso militar. *Ibídem*, p. 170.

puesta por una especie de llamativo y elevado obelisco de granito, le tributaban una agradecida ofrenda floral[474].

La matrícula de este plantel gozó de una progresiva ampliación a medida que fueron pasando los años de su larga historia y, sobre todo, a tenor del cambio de domicilio, producido a raíz del traslado desde el local donde se ubicaba en la calle Dos de Mayo nº 4, a la calle contigua de Reina Victoria nº 31 –después de 1936 rebautizada como Julio Prieto Nespereira–. En un principio, y con una sola aula, la matrícula de las clases diurnas ascendía a 31 o 32 alumnos, después del cambio de domicilio –cuya fecha desconocemos–, y ya con dos aulas donde distribuir a sus alumnos. Estos en los cuatro grados sumaban, en 1926, un total de 105, con una lista de espera o «en espera de turno» –como decía el propio maestro Luengo–, de 30 niños. En las clases nocturnas que este centro, según parece, siempre impartió, al igual que casi todas las escuelas laicas –clases nocturnas para alfabetización y preparación complementaria de adultos–, en 1926 había un total de 75 personas. Estas cifras debieron de sostenerse hasta la gran crisis que sufrió la sociedad protectora y el propio plantel durante la Segunda República.

A niveles económicos, la Escuela Laica Neutral de Orense, como todas las sociedades de instrucción gallegas, se financiaba, teóricamente, con las cotizaciones pagadas con este fin por sus socios protectores –añadiendo a estas las mensualidades que los padres o tutores de los alumnos tenían que pagar–; decimos teóricamente, dado que, por lo que nos dice la carta que el 1 de julio de 1933, desde Buenos Aires, le envió el protector, promotor y cofundador de esta escuela, Pablo Rodríguez Abad, al maestro Luengo, en un principio la escolaridad ofertada a sus discentes por la E.L.N.O. era completamente gratuita, puesto que la subvencionaba de su propio bolsillo el magnánimo y enriquecido emigrante ourensano Pablo Rodríguez Abad: «(...) les dije ser cierto que cuando mi fortuna empezaba a torcerse se acordó que los padres que pudieran pagaran como lo hicieron de 3,50 (pesetas) - 2 - 1 - 0,50 y gratis»[475]; es decir que, en un principio, la

---

[474] Cid Fernández, X. M.: *Apuntes da nosa... Op. Cit.*, p. 14.
[475] A.H.N. de S. *Masonería*. Leg. 283-A-6.

E.L.N.O. ofertaba gratuitamente su docencia, como también ocurría en la escuela que la Sociedad Benéfica de Instrucción «San Adrián», de Santa Clara (Cuba), sostenía en San Adrián de Veiga-Ortigueira, según se desprende de su reglamento[476]; en el vecino plantel de la habanera Sociedad de Instrucción y Recreo «El Progreso del Yermo», de O Ermo (Ortigueira)[477]; o en el primer centro constituido de este tipo en Galicia, el célebre plantel de la sociedad habanera Alianza Aresana de Instrucción, donde, como rezaba su *Reglamento,*

> la enseñanza será gratuita y también se les facilitará a los alumnos los libros necesarios, los cuadernos de escritura, papel y tinta, no permitiéndosele al profesor admitir en lo absoluto ni siquiera a título de gratificación, dinero o cosa que lo valga de los padres o tutores de los alumnos[478].

Desconocemos cuándo fue ese aciago momento en que los negocios empezaron a irle mal a aquel comerciante bonaerense de origen ourensano, ocasionando que, ante el reducido y obviamente insuficiente monto obtenido a raíz de las cotizaciones de los socios protectores, la junta directiva decidiese recomendar el pago de recibos mensuales a los padres o tutores de los alumnos del plantel aunque, como se puede apreciar, para los niños de origen social más humilde siguió siendo gratuita su escolarización.

Referente al material escolar, tanto el de uso colectivo como el individual, es posible que, en un principio, fuese también gratuito, teniendo que costear el de uso individual el padre o tutor cuando al filántropo Rodríguez Abad empezaron a torcérsele los negocios. Por ejemplo, según lo contenido en el acta de la sesión que la junta directiva de la sociedad protectora de la escuela celebró el 6 de noviembre de 1932, los libros de uso estrictamente individual; o sea, los no contenidos en la biblioteca de la escuela, tenían que ser comprados por los alumnos, contemplando la junta la posibili-

---

[476] *Vid.*: A.R.G. *Gobierno Civil.* Leg. 2.277.

[477] *Ibídem.*

[478] Alianza Artesana de Instrucción: *Reglamento,* La Habana, Suárez, Carasa y Cía., 1919, p. 22.

dad de que estos pudieran optar por tres precios diferentes, el acta citada dice lo que sigue: «Se acuerda cobrar por las Morales de la nueva edición 2,25 y las viejas en buen estado a 1,50, y las usadas a peseta, dejando al profesor la distribución»[479]. Concerniente al material didáctico de uso colectivo, el plantel ourensano, como asimismo ocurría con los de las americanas sociedades de emigrantes, tenía lo que, obviamente, envidiarían el resto de las precarias escuelas públicas. Desde el propio fondo bibliográfico contenido en las librerías del centro, hasta la máquina cinematográfica, pasando por un laboratorio de Física y Química, mapas, láminas y una máquina de escribir[480], no existiendo en la E.L.N.O., como ocurría en alguno de estos planteles laicos, la sexualmente segregadora máquina de coser, seleccionadamente contrapuesta a la «masculina» máquina de escribir.

En lo que respecta a la biografía de los maestros de esta escuela ourensana, nada queda en el tintero que podamos añadir a lo que ya vertimos páginas atrás, cuando estudiamos las vidas masónicas y profanas del maestro Luengo y de su sobrino Enrique Roqueta. En relación con la maestra Roqueta, la risueña y afable «dona Monserrate» de la novela de Blanco Amor, poco sabemos, salvo lo ya dicho; es decir, que era ella la que llevaba a los niños y niñas de cuarto grado y que, además, compartía con su propio marido, las faenas de la conservación higiénica de las aulas, sin cobrar por todo ello un real hasta, según parece deducirse de la documentación conservada, el mes de marzo de 1933[481].

Una de las grandes aspiraciones que los promotores y cofundadores de la sociedad protectora de la E.L.N.O. tuvieron desde el mismo inicio de su historia, fue el de conseguir que la escuela tuviese un edificio propio, cosa que, como ya sabemos, jamás pudieron lograr. Para ello, fueron ahorrando poco a poco, mediante una cuenta bancaria en la que fueron depositando cuotas y donaciones hasta alcanzar cierta cantidad que invirtieron en la

---

[479] A.H.N. de S. *Masonería*. Leg. 434-A-12.

[480] *Supra,* nota 468.

[481] Por proposición del socialista Vicente Pérez, la junta directiva acordó llevar a la junta general del 1 de octubre de 1933, la idea de asignarle a doña Teresa la mensualidad de 50 pts. La junta general citada así lo aprobó –«después de amplia discusión»– abonándosela los atrasos desde el mes de marzo.

desafortunada compra de un solar en el mismo barrio de San Francisco que, años más tarde, sería ocupado en parte por el muro del ferrocarril[482].

Intentos de disolución y sostenimiento del plantel gracias a la masonería. La gran crisis de la E.L.N.O. de los años treinta

Como les sucedió también a tantas y tantas sociedades de instrucción americanas, primero a las cubanas[483] –por las profundas crisis de la dominada o supeditada estructura económica «semicolonial» de este país entre 1920-21 (colapso del valor internacional del azúcar) y 1926-29, al resto; es decir, a las argentinas, las norteamericanas y a sus respectivas delegaciones en Méjico, Brasil, Venezuela, etc., con la gran crisis mundial desatada a raíz del crack del 29, las sociedades de emigrantes que protegían a la E.L.N.O., comenzarán a sufrir un profundo declive que, además de acentuar las divisiones y enfrentamientos internos entre sus propios miembros, le hará pensar menos en la obra que realizaban en su lugar de origen y más en las gestiones que estas sociedades podían desenvolver en sus lugares de emigración, cara a mejorar sus precarias situaciones personales a nivel de sistemas de caución, sanidad y hasta enterramiento. De ahí que, una vez llegado el régimen republicano, muchos socios protectores de estas filantrópicas y, en muchos casos, laicistas sociedades, creyesen llegado el momento de desembarazarse de los planteles cariñosa y solidariamente fundados, sufragados y –en la mayoría de los casos– construidos y cederlos gratuitamente, y con muy pocas condiciones, al nuevo Estado español, al deducir, por la acucia que la precariedad del momento económico les imprimía y por la lógica resultante del obvio y encontrado paralelismo ideológico entre el pensamiento sociopedagógico del nuevo gobierno de la nación y sus propias ideas, que esta acción de esta-

---

[482] *Vid. exempli gratia.*: Actas del libro de sesiones de la junta directiva de la sociedad protectora de la E.L.N.O., de los días 1 de octubre de 1933, 28 de abril de 1935, *y* las de las juntas generales –en el mismo libro– de fecha 1 de abril de 1934 y de 12 de mayo de 1935. *Supra* nota 458.

[483] Riverend, LE. J.: *Historia económica de Cuba,* Barcelona, Ariel, 1972, pp. 218-235.

talización de sus escuelas era la solución más conveniente para garantizarles un futuro estable y, al mismo tiempo, cumplidor de las aspiraciones sociales, laicistas y pedagógicas que, tanto ellos como sus familiares, amigos y vecinos, habían contemplado por medio de la redacción de sus respectivos reglamentos.

Con las sociedades auspiciadoras de la E.L.N.O. que, ahora, despuntando el crítico y catártico decenio español de los años treinta va a ser, públicamente, la Unión Orensana de Cuba[484], la Unión Provincial Orensana de Buenos Aires y la Federación Local de Sociedades Obreras, heredera esta última de aquella inicial Agrupación Librepensadora de Orense y que, en estos momentos, se localizará en la Casa del Pueblo, va a suceder algo muy similar. Ya en el artículo periodístico de propaganda que el penúltimo presidente de la sociedad protectora –y delegado también de la Unión Provincial Orensana de Buenos Aires– el obrero socialista Eulogio Vázquez, publicó en *La República,* con el fin de conseguir que en aquel vigésimo segundo aniversario de la fundación de la escuela que se avecinaba, se pudiera colocar la primera piedra del edificio del plantel, se deja notar cierto ánimo de directa crítica a cierto sector ourensano perteneciente a la sociedad auspiciadora:

> No nos basta para ello con fiarlo todo en nuestros queridos compañeros residentes en América (como muchos creen) (...). Los discípulos de ayer tienen el inexcusable deber, los que ya no lo han hecho, de venir a nuestro lado a luchar, y contribuir con su óbolo a que podamos ver realizados nuestros proyectos[485].

Desconocemos si este artículo de Vázquez obedece a la sincera motivación de intentar aunar esfuerzos y allanar criterios en

---

[484] *Vida Gallega,* nº 7, año 1, de julio de 1909. Este número de la revista de Jaime Solá y Mestre ofrece las noticias correspondientes a, por un lado, la constitución de la Unión Orensana y, por otro, a la fiesta que esta sociedad de emigrantes gallegos ofreció en La Tropical. El acto de constitución se celebró en el salón de sesiones del Centro Gallego, y fue presidido por Modesto Hierro y Manuel Castro Bóveda. La directiva de esta asociación quedó de la siguiente forma: presidente, Celso González (de A Rúa-Petín); vicepresidente, Emilio Bouzo Novoa; tesorero, Constantino Añel González; vicetesorero, Jesús Alemparte; secretario, Manuel Vázquez Gutiérrez; *y* vicesecretario, Antonio Díaz Trabanca.

[485] *Supra,* nota 435.

pro de la edificación del anhelado pabellón o vino ocasionado por el descontento interno existente con relación a su gestión, por parte de cierta zona o facción de los socios protectores, quizá también conocedora de la probable expropiación que se avecinaba con los terrenos comprados para construir el edificio. Como el lector podrá estar pensando, la zona o facción a la que nos referimos es, indudablemente, la incipiente sociedad masónica ourensana que ya hemos estudiado en páginas anteriores de este mismo libro. Es obvio que esta gente recomendase prudencia ante la junta directiva presidida por Eulogio Vázquez a la hora de ponerse a obrar en el solar propiedad de la sociedad protectora, habida cuenta de las informaciones que sin duda recibían de su «hermano» de «triángulo», el inspector de los Ferrocarriles del Norte, Jesús Prósper Ros, en relación con la inevitable destrucción de una buena porción de la finca por el trayecto de la vía que seguiría el reactivado proyecto ferroviario. A todas estas causas podríamos añadir otras posibles variables para poder conjugar con exactitud la conducta de Eulogio Vázquez, tratando de salir de la probable polémica interna desatada en la sociedad, huyendo ciegamente hacia adelante, por dos motivos posibles: la aversión –podríamos decir ideológica– a sus compañeros socialistas del ala moderada que conformaban la sociedad hiramita, como Manuel Suárez, Ramiro Pérez y José Fernández y la probable desazón personal que le podía causar la idea de tener que perder el, local y ambientalmente importante, cargo de presidente de la junta directiva.

Es posible que fuese esta tendenciosa y personalista postura de Eulogio Vázquez la que obligó a los masones del «triángulo» *Adelante nº 7* en el que, además de los socialistas mencionados –como ya sabemos «trabajaban» personajes destacados en el devenir y en la misma realidad de la E.L.N.O., como su propio director pedagógico, el maestro Luengo, su ayudante y sobrino Enrique Roqueta, y uno de los fundadores de la sociedad protectora, el factótum del hiramismo ourensano del siglo veinte, Abdón Vide, a decidirse por lanzarse a la «conquista» de la junta directiva de la sociedad, con el fin principal de impedir que la que había se precipitase a la hora de despilfarrar las 8.000 pesetas ahorradas, edificando el pabellón en un lugar que sería, a corto o medio plazo, expropiado y, con el fin secundario –esto dicho a nivel cien por cien conjetural– de restarle a Eulogio Vázquez cierta fuerza o prestigio ante una buena porción de las directivas y bases de las sociedades obreras con sede en la Casa del Pueblo y de una amplia sección de los emigrados ourensanos en América que, según todos los indicios, poseía.

De ahí lo que contempla el último párrafo del acta levantada por el secretario del «triángulo» ourensano, a la sazón el mismo maestro Luengo, conservada en el «Libro de Arquitectura» de aquella sociedad masónica[486], de la sesión que celebró el día 25 de enero de 1930. El texto en cuestión de este documento reza de la siguiente y esclarecedora manera: «El Venerable propone la conveniencia de que algunos cargos de la Junta Administrativa de la Escuela L. Neutral sean ocupados por hermanos del taller para imprimirle un mayor desenvolvimiento si cabe en su marcha futura, tomándose en consideración»[487]. Esta colectiva decisión de los masones ourensanos cuajará en el hecho de la completa dominación por parte del «taller» de la junta directiva de la sociedad que protegía la E.L.N.O., a partir de 1932, no sin haber ocasionado este proceso una fuerte polémica y hondas –y serias– rupturas en los distanciados ambientes, tanto americanos como ourensanos, que patrocinaban el plantel. Estamos pues ante tres focos distintos pero entreverados de irradiación de problemas para la propia supervivencia de la E.L.N.O.: el fuerte desánimo de una buena parte de los socios cotizantes, debido a los motivos ya analizados; el interés por tomar las riendas de la sociedad protectora, manifestado por la masonería de la ciudad; y la defensa de su privilegiada posición presidencial manifestada por Eulogio Vázquez y la correspondiente zona de socios que simpatizaban personal e ideológicamente con él.

Los documentos que muestran al historiador esta enrarecida atmósfera de combates internos y de la manifiesta abulia o fatiga, no escasean. Por ejemplo, en el Archivo Histórico Nacional de Salamanca, y en su fondo de Masonería, encontramos en la carpeta del legajo 283-A-6 un buen número de cartas y hasta un recorte de prensa, reflejando excelentemente esta difícil y enmarañada situa-

---

[486] *Supra,* nota 103.
[487] *Ibídem.*

ción. Desde una sencilla aunque representativa comunicación manuscrita, de fecha 22 de septiembre de 1930, de un socio protector y padre de dos alumnos del plantel, dirigiéndose al presidente Eulogio Vázquez para decirle que «por razones de economía me es imposible continuar mandando a los niños José y Emilia Quintela a la escuela (...)», hasta la elocuente carta que un socio como Pablo Rodríguez Abad envió, el 1 de julio de 1933, al maestro Luengo, reflejando hasta dónde llegaba la irritación –y, quizá, las posibles maniobras boicoteadoras del destituido Eulogio Vázquez en el círculo asociativo bonaerense de la Unión Provincial Orensana–, pasando por otra misiva –esta oficial y en la que también el investigador deducirá fácilmente la complotista mano de Eulogio Vázquez– que la Sociedad de Albañiles de Orense envió, en enero de 1934, al «Sr. Presidente (sic) de la sociedad de la escuela laica», en aquel momento el francmasón socialista Ramiro Pérez Serrano, comunicándole que, en la reunión celebrada «por esta seución(sic) el dia 3 de Enero de 1934,» había decidido por unanimidad darse de baja como colectivo socio protector de la escuela, alegando que había recibido «quejas de barios (sic) socios donde pusieron ante la seución (sic) que no nos acia (sic) beneficio ninguno»[488]. Firmaban al final, como «presidente» Luis Doval y como secretario Eugenio Fernández.

En mayo de 1931, Eulogio Vázquez volverá a echar mano del semanario *La República,* para hacer propaganda en pro del plantel, habida cuenta de las peticiones de reducción de las cuotas y de las bajas que algunos socios le habían manifestado, reflejando al mismo tiempo la inquietante situación de esta escuela, ante su difícil ubicación en un momento político de exaltación laicista por parte del Estado y de su mismo gobierno:

> La directiva de esta Escuela se ve en la necesidad de dirigirse a sus socios protectores y familiares de los niños que asisten a ella, para poner en conocimiento que, a pesar de haberse operado el reciente cambio de régimen en España, hasta ahora el go-

---

[488] Obviamente, y pensando en las vespertinas clases de alfabetización de adultos que impartía la E.L.N.O., al lector le resultará aplastantemente paradójico, por llamativo, el prolijo racimo de faltas ortográficas del texto con esa, a todas luces inexcusable, justificación final esgrimida por estos trabajadores ourensanos.

bierno republicano no ha legislado nada en favor de las Escuelas laicas, y en cuanto no lo haga, que entendemos aun es algo prematuro, es necesario que continuemos laborando por su sostenimiento con el mismo entusiasmo e interés que hasta la fecha nos animó a todos[489].

Por estos mismos días, Eulogio Vázquez también se dirigirá al Ayuntamiento de Orense, pidiéndole una subvención, «una pensión hasta que el Estado se haga cargo, definitivamente, de esta clase de Centros docentes»[490]. Por esta petición podemos conocer el pálpito de la junta directiva que presidía Vázquez en lo que respecta al pensamiento sobre el futuro de la E.L.N.O. La idea sobre la misma no era otra que cederla lo antes posible al Estado republicano, dada la precariedad en la que, según se desprende de esta solicitud, se hallaba la escuela de don Hipólito:

> (...) hemos podido comprobar, con pena, que su situación no es nada halagüeña, pues debido a haber hecho opinión en una parte muy considerable de sus sostenedores, la idea de que el gobierno se había hecho cargo de estos organismos de enseñanza para someterlos al plan de la Escuela Unica, muchos de ellos se están dando de baja (...). Y ante el temor, fundadísimo, de que esta Sociedad pudiera ver comprometida su vida después de 22 años de constante y titánica labor de enseñanza, valiéndose de esas fuerzas que hoy empiezan a faltarle, luchando contra un régimen de perjuicios y tradiciones que no es necesario enumerar (...). No pedimos nada para la institución que tenemos el honor de dirigir, sino para ese puñado de niños que reciben enseñanza en esta Escuela, y a los que, por un sentimiento de justicia y de humanidad esa Corporación debe prestar su ayuda para que no les falten los materiales pedagógicos que necesitan para su enseñanza, ni a los profesores sus legítimos medios de vida, que a esta Sociedad le va a ser

---

[489] «Una carta. Por la Escuela Laica», en *La República*, nº 42, año 11, de 16 de mayo de 1931, p. 6.

[490] A.C.O. Fondo no catalogado. La solicitud en facsímil, la reproduce el profesor Cid Fernández. Cfr.: Cid Fernández, X. M.: *Apuntes da nosa... Op. Cit.*, p. 23.

difícil sostener, por la inesperada baja de cotizaciones que desde hace unos meses se vienen sucediendo[491].

Esta última observación sobre el incierto futuro económico de las vidas de los profesores puede estar retratándonos, en cierta forma, los probables rasgos de pasividad o despreocupación por parte de aquella junta directiva, con relación a la indudablemente difícil situación del maestro Luengo y su compañera, tanto si se cedía el plantel al Estado sin responsabilizarse este de los emolumentos o pensiones de retiro de sus docentes como si tenía que disolverse la sociedad protectora, clausurando entonces el plantel. Quizá ante esta conjeturable indiferencia con relación a la situación de los maestros por parte de la junta presidida por Eulogio Vázquez, nos encontramos con el quid que pueda explicarnos la enorme preocupación que, tanto la sociedad masónica como la última junta directiva que tuvo el patronato de la E.L.N.O., demostraron por la circunstancia profesional y, en realidad vital, del maestro y «hermano» Luengo.

Recordemos el relevante monto de cartas o «planchas», y de referencias en actas de tenidas que, tanto el «triángulo» *Adelante* como la logia *Constancia,* fueron realizando a lo largo de su historia. En cuanto a las «planchas», la documentación de este tipo comienza con aquella reivindicación, eminentemente política, que los hiramitas ourensanos elevaron a su cúpula gijonense de la Gran Logia Regional del Noroeste de España, el 14 de octubre de 1932, para que los asturianos la dirigieran, respaldada, al Gran Consejo Federal Simbólico de Madrid y que, por su relevancia, pasamos a transcribir:

> A. L. G. D. G. A. D. U.
> L. I. F.
> Respetable Triángulo Adelante nº 7 envía
> A la Gr. Log. Reg. del Noroeste de España Wall. de Gijón
> S. F. U.
> Wall. de Orense 14 de octubre de 1932 (e. v.)

---

[491] *Ibídem.*

304

Muy Ven. Gr. Maestro y muy VV. HH. En ten. celebrada por este Tall. el día de ayer, acordó elevar a ese alto organismo las siguientes consideraciones y proponerle que si las estiman oportunas, relaizar (sic) por esa Gr. Log. los trab. necesarios para que nuestras aspiraciones, que consideramos de justicia, se conviertan en realidad cuanto antes.

En el Congreso, y por la minoria (sic) socialista, se presentó un proyecto de Ley que tenia (sic) por objeto equiparar a los maestros laicos con los nacionales, por un escalafón a extinguir, denominado ESCALAFON LAICO.

La intencion (sic) de los diputados que presentaron el mencionado proyecto de Ley, era: atender, reconocer y recompensar los trabajos llevados a cabo en la juventud de los diferentes años de actuación de cada maestro laico, para la implantación de la República Española.

No cabe la menor duda que todos los niños, o en su inmensa mayoría que pasaron por las escuelas laicas son hoy hombres que están al servicio de la libertad, y profesan ideas avanzadas en las direrentes idelogias (sic).

Merecedores son, por su labor fecunda, de que la República premie a tan beneméritos obreros intelectuales, tanto mas (sic), cuanto que algunos de ellos han sido perseguidos y hasta sufrido de arrestos, motivados por el ejercicio de su profesión, contraria a las exigencias de la clerigalla dominante.

Pero, segun datos que tenemos a la vista, al diputado ponente, del informe, Sr. Sainz, de la Comisión de Instrucción pública, NO SOLO NO RECONOCE MERITO ALGUNO AL TRABAJO DE LA MENOSPRECIADA CLASE LAICA, SINO QUE LOS COLOCA EN UN PLANO MUY INFERIOR A LOS ULTIMOS NACIONALES.

A nuestro entender, no debe prevalecer el informe de quien demuestra no tener sentido de la justicia, ni numen suficiente para apreciar las resultantes de aquellas enseñanzas a la niñez de las escuelas laicas para en la actualidad.

Nosotros creemos que la semilla sembrada en las jóvenes inteligencias desde hace cerca de medio siglo por los maestros laicos, ha dado su fruto regenerando la política en general y que el 12 de abril del año 31 se recogió ya maduro.

Es por ello que nosotros dirigimos a esa Resp. G. L. por si cree legal y oportuna que obren en su favor los organismos superiores, y, remitiendo a ellos esta nuestra súplica, se la hagan suya y laboren con los que ostenten el cargo de diputados, para que, siendo reconocidos los trabajos de los maestros laicos en bien de la humanidad y de la libertad se les considere y cuente a cada uno de por si, los años de servicio, con mas (sic) merecimientos, si cabe, que los mismos maestros nacionales, ya que un respetable tanto por ciento de estos, no han atendido como debían, en sus respectivas escuelas como es bien notorio en casi todas las aldeas de la República, y que sean suficientes las certificaciones de los años de servicio para concederles el número correspondiente en el escalafón laico de creación especial para ellos.

Recibid Muy Ven. Gr. Maest. y V. HH. el ósculo de paz y el 3x3 abrazo fraternal.

El Presidente   El Secretario»[492].

La contestación a esta carta del «triángulo» *Adelante nº 7* por parte de los asturianos, tendrá fecha de 25 de octubre de ese año e irá redactada en los siguientes términos:

En cuanto a vuestra prop. sobre el caso de los maestros laicos, nos parece muy atinada y oportuna, precisamente, se ha de llevar a la próxima Gr. Asamblea Nacional, por nuestro Represent. que como sabéis está convocada pª. el 30 del actual en los Wall. de Madrid y asi (sic) resultará la acción más directa[493].

Obviamente, a los masones gijoneses también les interesaba «personalmente» el tema de los maestros laicos, por algo la ya citada Escuela Neutral Graduada de Gijón había sido fundada, y era en parte sufragada, por la logia *Jovellanos:* aquel importante «taller» gijonense al que pertenecerían célebres líderes políticos y societarios de la historia de España –y de Asturias en particular– como Melquíades Álvarez, Alberto de Lera, Teodomiro Menéndez y el célebre anarquista Eleuterio Quintanilla, este último,

---

[492] A.H.N. de S. *Masonería*. Leg. 434-A-2.
[493] A.H.N. de S. *Masonería*. Leg. 185-15.

como se recordará, uno de los maestros laicos del plantel gijonés y, por estas fechas, director del mismo[494].

Como es sabido, el Proyecto de Bases de la Enseñanza Primaria y Segunda Enseñanza estaba a punto de ser aprobado por el Consejo de ministros. Aquellas bases eran esperadas como agua de mayo por los maestros laicos, siempre y cuando contemplaran su inclusión dentro de un anhelado tercer escalafón general del magisterio español, aunque tuviese las características de ser «cerrado y a extinguir», cosa que, como es conocido, no sucedió[495].

El problema de la situación de los maestros laicos fue un tema que ocupó a los masones ourensanos y a los gijonenses durante muchos meses, de ahí que abunden profusamente en la documentación masónica consultada tantas referencias sobre el tema, veámoslo: el 22 de noviembre de 1932 vuelven los de Gijón a contestarle a los ourensanos, en esta ocasión para ponerles en antecedentes en relación con los acuerdos tomados en la Gran Asamblea Nacional:

> respecto a la prop. (proposición) q.(que) hicisteis (sobre) situación de los Maestros Laicos, esta hubo de llegar con algún retraso, lo cual no dió lugar a que, como debió hacerse, lo tomara en consideración esta gr. Log. pª (para) transformarla en proposición por escrito. Sin embargo, el asunto se planteó, á la par que otras pprop. que iban en la misma forma, todas las cuales fueron tomadas en consideración, y queda en encargo el nuevo Gr. Cons. Fed. Simb. pª. hacerlo en su dia, como petición al gobierno de la República[496].

Con fecha 23 de marzo de 1933, los de Gijón envían a la ourensana *Constancia* otra misiva oficial, comunicándoles exclusi-

---

[494] *Supra,* nota 401.

[495] En la base vigésima del proyecto ya aprobado y leído ante Las Cortes por el ministro y francmasón Fernando de los Ríos, el 9 de diciembre de 1932, sólo se reconocieron dos escalafones: «el primero, de maestros y maestras con plenitud de derechos, el segundo, que continuará dividido en dos secciones, una por cada sexo, estará formado por los maestros de derechos limitados...» Cfr.: Ministerio de Educación y Ciencia: *La educación durante la Segunda República y la Guerra Civil (1931-1939)*, Madrid, M º de Educación y Ciencia, 1991, p. 196.

[496] A.H.N. de S. *Masonería.* Leg. 715-15.

va y subrayadamente que el Gran Consejo Federal Simbólico, la cúpula rectora nacional –con sede en Madrid– del Grande Oriente de España,

> ha hecho constantemente gestiones en favor a la mejor situación de este asunto, cerca de los HH. (hermanos) cuya actuación podía ser de mayor eficacia, y a lo que parece, está en vías de ser resuelto convenientemente[497].

Al mes siguiente, otra carta similar a la anterior, con fecha del día 5 de abril, y en la que Gijón da a los masones de Ourense un acuse de recibo de la última comunicación que estos le habían dirigido explicándoles, una vez más y, al parecer, con un nuevo sesgo, la difícil situación de los maestros laicos[498].

Como el lector puede apreciar, no descansaban los hiramitas ourensanos en esta política a la vez que humana reivindicación. De todas formas debemos señalar que, a pesar de estas y otras ímprobas actuaciones y, que sepamos, hasta julio de 1936, el Estado republicano jamás llegó a asimilar a estos maestros dentro de los escalafones correspondientes al magisterio nacional.

El problema de la enseñanza fue un recurrente tema de preocupación por parte del «taller» ourensano. En realidad, toda España, tanto la clericalista y reaccionaria como la progresista –así fuese furibundamente anticlerical o tolerantemente laicista– estaba sensibilizada por esta cuestión. No olvidemos, por otro lado, que la francmasonería española llevaba más de medio siglo vibrando ante la, para ella, necesaria o fundamental laicización de la misma[499].

---

[497] A.H.N. de S. *Masonería*. Leg. 434-A-3.

[498] A.H.N. de S. *Masonería*. Leg. 148-A-11.

[499] Recordemos que, por ejemplo, será la masonería española la que, en la noche del 16 de febrero de 1933, constituya «bajo la presidencia del «hermano» Juan Manuel Iniesta –como reza su acta de instalación–, la Liga de la Educación y Enseñanza (la LE.Y.E), aquella agrupación de difusión laicista y presión política que, más tarde, en pleno Bienio Negro, tanto combatirá a la reaccionaria política del gobierno de la República. Cfr.: A.H.N. de S. *Masonería*. Leg. 360-A. Sobre este tema de la LE.Y.E., recordemos el hecho de que, a finales de 1933, pidió ayuda a la Gran Logia Regional del Noroeste de España, y los masones de Gijón se la negaron, notificándoselo por medio de una «plancha» oficial de fecha 28 de enero de 1934, alegando que tenían que auspiciar a la escuela laica que habían fundado hacía veinte años en Gijón. *Ibídem*.

Pero hagamos una breve dislocación de nuestro discurso sobre la historia de la E.L.N.O. en estos críticos momentos de su vida, para ofrecer una recordación al lector en relación con el empeño laicizador que, en el medio educativo, el nuevo gobierno salido del 14 de abril estaba decidido a emprender y de cómo se aceptaba en ciertos ambientes de la ciudad ourensana esta ambiciosa empresa políticopedagógica del llamado Gobierno Provisional. Una vez instaurado el régimen republicano, con él la vieja concepción burguesa del «Estado docente» parecía haberse establecido por fin en aquella atribulada y retrasada nación. Muy pronto, la «cuestión escolar» volvería a tornarse en el violento y «oportuno» campo de batalla entre las ya tópicas «dos Españas». Antes de promulgarse la laicista –y en algunos puntos, hasta anticlerical[500]– Constitución Española de 1931, y antes del decreto de 3 de junio de 1931 por el que se convocaba a Cortes Constituyentes, el nuevo gobierno, por medio de su titular de la cartera de Instrucción Pública y Bellas Artes, el influyente francmasón Marcelino Domingo Sanjuán, ayudado por su director general de Enseñanza Primaria, el también reputado y poderoso francmasón Rodolfo Llopis Ferrándiz, sacará las primeras disposiciones en materia de enseñanza. Se tratará de aquel decreto de 29 de abril de 1931 sobre el bilingüismo en las escuelas catalanas; el 5 de mayo sobre la reorganización del Consejo de Instrucción Pública; y el conocido decreto del día seis de ese mismo mes, el auténtico iniciador del polémico y agresivo *versus* entre el laicismo de aquella no ya tan «nueva España» y la ya anciana y tradicional reivindicación del trasnochado –y a todas luces antihistórico– clericalismo católico[501].

El decreto del 6 de mayo sobre la enseñanza de la religión que –como aclara el profesor Pérez Galán–, hasta «ese momento era obligatoria en todos los centros del país»[502], levantó airadas contestaciones y curiosos escándalos locales, como tendremos ocasión de estudiar. El texto de esta disposición jurídica, publi-

---

[500] Nos referimos al párrafo cuarto del artículo 26, aquel que iba dirigido, directamente, contra la Compañía de Jesús.

[501] Sobre este punto, *vid. e. g.*: Pérez Galán, M.: *La enseñanza en la Segunda República Española*, Madrid, Edicusa, 1975, p. 39.

[502] *Ibídem*.

cada oficialmente el día 9 y reflejada por los correspondientes boletines provinciales y demás órganos de la administración estatal a partir de ese día[503], comenzaba con un historicista exordio, entre europeísta y americanista, justificador de los cuatro artículos en que se distribuía su carga reglamentaria:

> Uno de los postulados de la República y, por consiguiente, de este Gobierno provisional, es la libertad religiosa. Con este derecho, España se sitúa en el plano moral y civil de las democracias de Europa y de aquellas democracias de América que, desprendidas de España, se anticiparon en la conquista de las instituciones que aquí acaban de estatuírse (sic)[504],

y seguía con un abreviado compendio de lo que venía a representar el laicista criterio que, sobre la enseñanza, venía sosteniendo, desde el Sexenio Democrático, el republicanismo español:

> Libertad religiosa es, en la Escuela, respeto a la conciencia del niño y del Maestro. El Gobierno provisional de la República, desertaría de sus compromisos si rápidamente no se inclinara ante este deber y lo cumpliera[505].

El articulado –ya estudiado por el citado trabajo del profesor Pérez Galán– abolía (artículo 1º) la obligatoriedad que los centros de primera enseñanza tenían de ofertar en sus *currícula* «instrucción religiosa», dejando a la decisión exclusiva de los padres el derecho a que sus hijos recibiesen ese tipo de instrucción (artículo 2º), para ello y previendo el supuesto de que el maestro se negase a impartir esa instrucción (artículo 3º) el decreto contemplaba la posibilidad de que los sacerdotes, «voluntaria y gratuitamente» se encargasen de la misma previo entendimiento con el correspondiente maestro. El cuarto artículo dejaba claro que, a partir de ese

---

[503] Por ejemplo, el Ayuntamiento de Orense envió, con fecha 13 de mayo y en forma de providencia, al boletín de la provincia donde se publicó el decreto, a todos los maestros nacionales de las escuelas municipales, «para su conocimiento y exacto cumplimiento». A.C.O. Leg. Instrucción Pública (1925-1950).

[504] Cfr.: *Boletín Oficial de la Provincia de Orense*, nº 106, año de 1931, de 13 de mayo, pp. 1-2.

[505] *Ibídem.*

momento, quedaban «abolidas todas las disposiciones vigentes que estén en pugna con el espíritu y letra de este Decreto»[506].

Como ya adelantamos, este decreto debió ocasionar un sinfín de polémicas como aquella que recoge en sus estudios Mariano Pérez Galán y que se entabló entre los periódicos *El Debate* y *El Socialista*[507], o como la que seguidamente pasamos a describir, y sucedió en el mismo término municipal ourensano. En la parroquia de Seixalbo, el maestro nacional, propietario de la plaza de la escuela graduada ubicada en esta entidad de población, Camilo Arturo González, ocasionó un político y escandaloso *affaire* a raíz de la publicación y difusión del decreto citado. El maestro, de ideología obviamente reaccionaria y antirrepublicana, quiso reinterpretar el decreto del 6 de mayo siguiendo su particular e ilegal criterio. Para ello –según dijo en su escrito, de fecha 6 de junio de 1931, dirigido al alcalde de Ourense y al alcalde de barrio de Seixalvo[508]– colocó en la puerta de la escuela municipal de esta pequeña población entre campesina y proletaria, un aviso en el que anunciaba que los padres o tutores de sus alumnos le solicitasen, por medio de la correspondiente instancia, la enseñanza del catecismo cristiano. Hasta aquí todo parecía ir siguiendo el curso legal emanado del susodicho decreto, pero aquel sorprendido maestro, al comprobar que, a pesar de repetir el contenido de su aviso en dos ocasiones en clase, todos los padres y tutores de aquellos niños habían hecho caso omiso al requerimiento o, mejor dicho, habían contestado a su requerimiento por medio de un clamoroso silencio que venía a aclararle a aquel maestro que lo que deseaban para sus hijos o pupilos era que su instrucción fuera laica como el propio gobierno provisional de la nación deseaba, Camilo Arturo González volvió el contenido de aquella oficial decisión ministerial en una particular y coaccionadora forma pasiva, haciendo entrega, el día dos de junio, a cada uno de sus discentes, de una especie de boleto confeccionado y escrito por él mismo y que decía lo que sigue: «El

---

[506] *Ibíd.*
[507] *Supra,* nota 501.
[508] *Idem.*

padre del alumno (...)[509], desea que el Profesor le enseñe el Catecismo Cristiano? Sejalvo, Junio, 1931. El padre tiene que firmarla y decir si o no, pues yo con ellas pago al superior»[510]. Exigiendo –como dice en su escrito el alcalde de barrio– la

> firma faborable (sic) (a) la enseñanza del Catecismo. Y como fueron varios los que no firmaron, hoy día de la fecha los mandó salir de la Escuela diciéndoles que se marchasen para sus casas, quedándose con el resto de los alumnos dentro del local Escuela, enseñandole (sic) el Catecismo Cristiano alas (sic) que le firmaron el escrito de rreferencia (sic) –sigue relatando el sorprendido y asustado alcalde de barrio–, faltando con este proceder alo (sic) dispuesto por el Gobierno Probisional (sic) de la República, y alarmados los padres de estos me lo inquiniron (sic), y que por fabor (sic) selo (sic) comunicara a V.S. para que este fuera castigado seberísimamente (sic). Pues delo (sic) contrario estos padres no sabrían contenerse, y darían por su mano el Castigo. lo (sic) que pongo en su conocimiento para los efectos de la Ley.

Estamos entonces ante un llamativo escándalo ocasionado por un maestro refractario al estatal proceso de laicización emprendido por la joven República española y que, además, obtendrá el público respaldo político del obispo ourensano[511], en estos momentos, el único de los cuatro «poderes» estrictamente locales ourensanos de ideología monárquica y profundamente antidemocrática, dado que el Gobierno Civil estaba dirigido por el célebre francmasón pontevedrés Joaquín Poza Juncal, hermano de sangre de otro masón muy conocido como fue Laureano Poza Juncal[512], el concejo estaba presidido, «en funcio-

---

[509] Aquí debió ubicar, uno por uno, todos los nombres de su matrícula

[510] Documento anejo a la petición del alcalde de barrio. *Supra,* nota 504.

[511] En el «Aviso interesantísimo» del *B.O.E.O.O.* nº 14, año XCVIII, de 16 de julio de 1931, pp. 243-244.

[512] Su nombre aparece reseñado en la hoja 7 de larga lista de masones refugiados en Francia, gracias a la masonería gala, al término de nuestra última guerra civil. Salvándose así, gracias a su filiación masónica, de acabar hacinado y enfermando en los terribles y crueles campos de concentración de la costa mediterránea francesa y, en realidad, puede decirse de exterminio, «preparados» para «albergar» a los refugiados españoles. Cfr.: «Familia Mas.·. Española en París» («*Liste spanischer Freimaurer 1939...*»). A.H.N. de S. *Masonería.* Leg. 227-A. (497-62). Sobre la reali-

nes», por el masón ourensano Manuel Suárez Castro, y la Diputación Provincial de Orense estaba presidida por el republicano Luis Fábrega Coello.

La idea que, por estos iniciales meses, tenía el gobierno sobre la escuela, la reflejó a través de un utópico y sencillo estilo literario en aquella orden ministerial del 12 de enero de 1932[513], publicada en la *Gaceta* del día 14, y que, a un masonólogo como el que esto escribe, le recuerda inconfundiblemente a cualquier fragmento de «plancha» o artículo periodístico masónicos sobre el mismo tenor de los muchos que se escribieron y publicaron durante el último tercio del siglo diecinueve, a saber:

> El Maestro ha de ser un educador. La Escuela ha de transformarse en el sentido de ser cada dia más hogar. Ha de ser la verdadera casa del niño. El niño ha de encontrar en ella aquel ambiente necesario para poder vivir plenamente su vida de niño (...). La Escuela no puede entorpecer por ningún motivo su natural desenvolvimiento. La Escuela no puede secar su infancia con preocupaciones prematuras que perturben su conciencia. El Maestro no olvidará nunca que si tiene ante sí, en cada niño, a un ser a quien ha de instruir, tiene, sobre todo, ante sí a un ser a quien ha de educar. Ha de llegar hasta el fondo íntimo de la personalidad infantil, favoreciendo, ayudando, contribuyendo a que esa personalidad alcance libremente su plenitud (...). La Escuela ha de ser laica. La Escuela, sobre todo, ha de respetar la conciencia del niño. La Escuela no puede ser dogmática ni puede ser sectaria. Toda propaganda política, social, filosófica y religiosa queda terminantemente prohibida en la Escuela. La Escuela no puede coaccionar las conciencias. Al contrario, ha de respetarlas. Ha de liberarlas. Ha de ser lugar neutral donde el niño viva, crezca y se desarrolle sin sojuzgamientos de esa índole. La Escuela, por imperativo del artículo 48 de la Constitución, ha de ser laica. Por tanto, no ostentará signo al-

---

dad de aquellos vergonzosos campos que la República francesa «preparó» para «almacenar», en auténticas condiciones infrahumanas, a los refugiados españoles véase, por ejemplo, el excelentemente escrito libro de Avel.li Artís-Gener; *La diáspora republicana*. Barcelona, Editorial Euros, 1975. Pp. 51-124.

[513] A raíz de la publicación de la flamante Constitución Española y de la correspondiente distribución de ejemplares de esta por las escuelas nacionales.

guno que implique confesionalidad, quedando igualmente suprimidas del horario y del programa escolares la enseñanza y las prácticas confesionales, la Escuela, en lo sucesivo, se inhibirá en los problemas religiosos[514].

Volviendo ya a la historia de la E.L.N.O., a medida que aquella se vaya introduciendo en el dificultoso devenir de la Segunda República, más difíciles se irán tornando los momentos de la existencia de este veterano centro docente. Una vez tome las riendas de la junta directiva de la sociedad patrocinadora del plantel el «taller» masónico que dirigía Abdón Vide[515], comenzará la escuela de don Hipólito a introducirse en un pronunciado y hondo declive, lleno de boicots y alevosos abandonos e indiferencias por parte, ya no de las clericales «fuerzas vivas» como había sucedido en aquel Ourense del final de la Restauración, sino de una parte considerable de sus propios socios protectores y hasta, posiblemente, de sus exdirigentes. De todas formas, el buen hacer de su última junta y la obvia protección que aquel humilde plantel laicista gozó por parte de la masonería de su ciudad[516], conjuraron aquellos momentos de auténtica zozobra, sosteniendo el existir de la E.L.N.O. hasta los aciagos días de aquel traumático y sangriento verano de 1936.

La nueva junta directiva que sucederá a la que, durante tantos años, había presidido Eulogio Vázquez, se mantendrá prácticamente con las mismas personas en los mismos cargos hasta, que sepamos, el 9 de junio de 1935, fecha del acta levantada en la sesión que este organismo rector celebró ese día y con la que termina el Libro de Actas de la Escuela Laica conservado en el

---

[514] Ministerio de Educación y Ciencia: *La educación durante... Op. Cit.,* pp. 163-165.

[515] Desconocemos cuándo tuvo lugar el nombramiento de la junta directiva que heredaría la gestión de la que presidió E. Vázquez, no obstante, creemos que este acontecimiento debió de tener su marco cronológico a finales del año 1932.

[516] Llevando los hiramitas ourensanos la administración de este centro docente, de una forma muy similar a la que seguían las masonerías americanas con los planteles que sostenían como, por ejemplo, aquella Escuela Moderna creada y sufragada por varias logias de la Gran Logia Oriental de Cuba de claro currículum laicista, con una matrícula de 148 alumnos, y con un claustro formado por varios doctores y maestros. Cfr.: «La Escuela Moderna. Orgullo de la masonería oriental», en *Los Masones de Oriente. Revista masónica,* Santiago de Cuba, número extraordinario, de julio de 1928, pp. 83-89; *Los Masones de Oriente,* nº 146, año VIII, de 28 de febrero de 1929, p. 25. Fondo hemerográfico del A.H.N. de S.

Archivo Histórico Nacional de Salamanca, hoy, como es sabido, denominado Centro Documental de la Memoria Histórica[517]; libro este que la policía golpista ourensana debió incautar en el registro que, el día 27 de julio de 1936, llevó a cabo en el domicilio de Abdón Vide Villanueva –secretario de dicha junta desde 1932 hasta 1935 y, seguramente, 1936–. Como es obvio, podemos colegir que la junta «masónica» de la E.L.N.O., siguió gestionando esta escuela hasta el mes de julio de 1936.

Presidió siempre la junta directiva durante esta última etapa de la historia de la escuela laica ourensana, aquel humilde francmasón y socialista llamado Ramiro Pérez Serrano, «simbólico» Pablo Iglesias, salvo en los meses que seguirán a octubre de 1934, dado que, por su participación en los sucesos de la trunca y anticonstitucional insurrección socialista, sería condenado al destierro. Debemos aclarar que por causa de la represión postoctubre, la junta directiva del patronato de la E.L.N.O., igual que haría la logia *Constancia,* no se volverá a reunir hasta bien entrado el año siguiente[518]. El cargo de vicepresidente lo ostentará, durante estos agitados años republicanos, otro francmasón y socialista ourensano, José Fernández Pérez, «simbólico» Augusto Bebel. El de secretario, como ya hemos visto, lo ocupó siempre el «venerable» de la logia, Abdón Vide Villanueva, «simbólico» Arbo[519] y el resto de los cargos se repartirán de la manera que sigue: el de tesorero, estará desempeñado por José María Suárez; el de contador por Adolfo Villanueva Pascual; como vocales actuarán Amador Cobas, Enrique Iglesias y Antonio R. Cota, en la

---

[517] A.H.N. de S. *Masonería.* Leg. 434-A-12.

[518] Mientras que este largo lapso de tiempo en el libro de actas de la logia, se «reflejará» por medio de un silencio que se extenderá desde el 22 de septiembre de 1934 hasta el 25 de abril de 1935. El libro de actas de la junta mostrará un silencio similar, dado que, desde la sesión de la junta directiva del 10 de septiembre del 34 y la de la junta general del 23 de septiembre del mismo año, no volverá el secretario a escribir otra acta hasta el 28 de abril de 1935.

[519] Resulta curioso comprobar cómo a este destacado francmasón ourensano se le va la mano, en ocasiones, al redactar y firmar las actas de esta junta directiva, poniendo los sintomáticos tres puntos en forma triangular en alguna abreviatura (acta de la junta general del 1 de abril de 1934), o en la rúbrica de su propia firma (actas de 6 de noviembre de 1932 y de 12 de marzo de 1933). Por otro lado, hay que señalar que la junta de Ramiro Pérez parece llevar la gestión de la sociedad como si de una logia masónica se tratase, nombrando comisiones de acercamiento a un socio moroso, y levantando las mismas actas igual que lo hacían con las del «taller».

junta elegida el 26 de marzo de 1933, y Arturo Rodríguez Cota, Amador Cobas y Francisco Paula en la de 1 de abril de 1934; como revisores de cuentas Pedro González, José Reverter y Francisco Paula por la salida de las elecciones de la junta general de 1933, y Pedro González, José Reverter y Benigno Raimúndez por la emanada en la sesión de la junta general de 1934. Como se puede apreciar no hay rastro de Eulogio Vázquez personaje este que, además, debió de aparentar o mostrar ante la nueva junta una total indiferencia por los asuntos de la E.L.N.O., después de su cese como presidente de la misma, dado que, por ejemplo, en la información contenida en la primera acta que refleja el, presumimos, *nuevo* libro de actas[520] ya citado, le ofrece al investigador una cierta atmósfera de desconcierto por parte de la, deducimos, recién elegida junta, debido seguramente, al hecho de haber encontrado revuelta y sin ciertos papeles fundamentales para su normal gestión a la secretaría de este organismo. Por ejemplo, en el acta de la sesión citada correspondiente al 6 de noviembre de 1932, apreciamos cómo, tras un lógico despiste burocrático y antes de que este se diese a conocer, ya corría el intencionado bulo de que la nueva junta directiva había dado de baja injustamente a un socio protector. Para tratar de esclarecer el asunto y cortar de raíz la obvia provocación de la persona o personas que habían corrido la falsa e infamante especie contra los miembros de la junta de Ramiro Pérez, esta convocó para aclarar el entuerto ante un probable revisor de cuentas, Francisco Paula, al socio que, según parece desprenderse de la no excesivamente bien redactada acta, había sufrido el error administrativo, «y al expresidente Eulogio Vázquez, quien no concurrió a la invitación», como aclara el documento a estudio.

Eulogio Vázquez no debió quedar satisfecho con su, suponemos, democrática eliminación de la presidencia de aquella especie de comité gestor de la sociedad que auspiciaba a la E.L.N.O. y, debido a esto, es muy probable que, como ya hemos adelantado, conspirase contra la nueva junta, aprovechando las simpa-

---

[520] Hasta es posible que E. Vázquez, al tener noticia de su cese, se quedase con documentos burocráticos importantes, tratando de boicotear así, de esta torticera manera, la próxima gestión de la junta directiva presidida por Ramiro Pérez.

tías y lazos ideológicos y de amistad que tenía en Ourense y en América. El momento quizá peor de la crisis de este centro de alfabetización liberal, llegaría en 1933, cuando la Unión Provincial Orensana de Buenos Aires decida, por medio de una vergonzosa y tumultuaria asamblea general celebrada el 28 de mayo de ese año, retirarle a la E.L.N.O. la ayuda económica. Es posible que detrás de esta, a todas luces, mezquina decisión, estuviese la negativa influencia de la persona que había sido –y posiblemente por estas fechas seguía siendo– delegado en Ourense de esta sociedad de emigrantes, Eulogio Vázquez. La decisión levantó airadas polémicas tanto tertulianas o coloquiales como publicísticas, máxime conociendo los socios y los no socios el penoso trato recibido en aquella asamblea por el dadivoso protector Pablo Rodríguez Abad. A pesar de todos estos atrancos, aquella junta directiva de la E.L.N.O. siguió manteniendo –no sin serios problemas– la trayectoria vital de este centro, hasta el momento del inicio de la gran crisis secular de la historia de España. Siempre, dirigida y protegida por la logia *Constancia,* «taller» que mantenía permanente y manifiestamente su preocupación o, mejor dicho, su cariño y mimo por este plantel y por sus alumnos[521], como reflejan las cartas y las propias actas de esta sociedad francmasónica[522]. Recordemos aquí, como cierre ya a

---

[521] Resulta completamente sintomático el hecho de que, cuando el «taller» recibió una carta de la Sociedad Benéfica «Amigos del Progreso» de Madrid, pidiendo ayuda económica «para el desarrollo de Escuelas laicas en dicha ciudad», como reza el acta de la tenida celebrada el 21 de abril de 1932, los masones ourensanos desestimaran esta solicitud –caso raro, dado que, en realidad, jamás negaron, salvo en esta actuación, la ayuda a quien se la pidió–, alegando «que en esta Ciudad existe, desde el año 1908, una Escuela Laica que necesita todo el apoyo tanto moral como material de los «hermanos» y hasta de los profanos para su sostenimiento».

[522] En puridad, lo mismo que hicieron tantas y tantas logias masónicas españolas durante esos dos tercios de centuria que van, aproximadamente, desde 1874 a 1939. Más o menos igual, por ejemplo, y por poner aquí un caso coetáneo, que lo que le sucedió a aquella cómoda y bien dotada Institución Cultural Pedagogium, escuela laica que aceptaba mediopensionistas; o sea, con cocina y comedores, que se ubicaba en un chalet o «torre», con jardines, de la barcelonesa calle Balmes, 292 y que auspiciaba la masonería de la región, como demuestra la «plancha» que la Gran Logia Regional del Nordeste de España, con fecha 28 de enero de 1934, envió a la logia ibicenca *Sol Naciente nº 22* para que sus «hermanos» ayudasen a este centro docente, enviando a él a sus hijos o a sus familiares. Cfr.: A.H.N. de S. *Masonería.* Leg. 360-A-13. Otro ejemplo similar lo hemos referenciado ya en páginas anteriores, nos referimos a aquel plantel gijonés, la Escuela Neutra Graduada, sufriendo también momentos de profunda crisis durante su etapa republicana, como explicaba el secretario Antonio López Villar y el «gran maestre» de la Gran Logia Regional del Noroeste de España en la «plancha», ya citada, que enviaron a la Liga de Educación y Enseñanza el 28 de

nuestro estudio sobre la historia de la Escuela Laica Neutral de Orense, las preocupaciones de índole fundamentalmente humanitaria que aquel «taller» ourensano dirigido por Abdón Vide, manifestó siempre por los niños y niñas del plantel laico para que, dada la cerrazón de la reaccionaria corporación municipal con respecto a que el alumnado de la E.L.N.O. gozase en verano, como hacían los alumnos de las escuelas municipales, de una quincena de vacaciones en la orilla del mar[523], en aquellas colonias ubicadas en la hoy desgraciadamente desaparecida playa coruñesa de Lazareto.

Llegado julio de 1936, al maestro Luengo y a su mujer, los hallará la policía sublevada –como ya hemos estudiado– en la ciudad de A Coruña donde veraneaban, teniendo a sus alumnos, gracias a la gestión de la corporación municipal, en las colonias escolares del Sanatorio de Oza, justo encima de aquella protegida y hermosa playa de Lazareto destruida por la codicia especulativa del final del franquismo.

El cambio, siempre violento, que va a sufrir la España «reconquistada» por la militar y clerical reacción, lo sufrirán también los maestros[524], los niños y las niñas de aquellas generaciones infantiles, amén de las que les sucederán hasta el final de la larga y oscura dictadura franquista. Régimen totalitario este que se caracterizará por sus sistemas pedagógicos «tradicionales»[525] y

---

enero de 1934, alegando que les era imposible ayudarla «puesto que sostenemos una Escuela Neutra fundada por nuestras Logias hace más de veinte años y nos vemos casi imposibilitados a sostenerla», abundando en su justificación, al explicar que «percibíamos del Ayuntamiento una subvención anual q.(que) nos ayudaba á (sic) los gastos, y hoy en tiempos de la República á (sic) tenido á bien suprimirla, así pues estamos impedidos, pª (para) contraer nuevos compromisos».

[523] Haciendo para ello, las correspondientes gestiones con la masonería coruñesa, para que esta terciase en su ayuda, informándose de los gastos que ocasionaría que, por lo menos algunos de los alumnos del centro del maestro Luengo, pasasen allí esos días de vacaciones y que, además, «alguno de los hermanos residentes en aquella ciudad se prestase para acompañarlos por la afueras o por los sitios de recreo, a fin de que los niños desarrollen sus sentimientos de amor a la Naturaleza y a la Sociedad». Acta del 8 de noviembre de 1930. *Vid.,* también, el acta de la tenida anterior, celebrada el 25 de octubre de 1930.

[524] Sobre este tema *vid. e. g.*: Cid Fernández, X. M.: *Educación e Ideoloxía... Op. Cit.,* pp. 1998; VV.AA.: *Purga de Maestros en la Guerra Civil. La depuración del magisterio nacional de la provincia de Burgos,* Valladolid, Ámbito, 1987. García Díaz, J. M.: *Docentes y masones. Depuraciones y represión en el noroeste de Galicia tras el golpe franquista* (S. l.: Oviedo), Instituto de Estudios Masónicos de Galicia, 2020.

[525] Valgan, como ejemplo, las siguientes palabras del falangista Alfonso García Valdecasas: «Queremos ante todo, maestros de España, acometer, consciente y decidi-

donde la religión dejará de ser una mera disciplina más del nuevo diseño curricular para convertirse en el verdadero *leitmotiv* de toda la realidad escolar. Transformando entonces la escuela en un templo católico más con sus vírgenes, crucifijos, «meses de María», salutaciones de «Ave María Purísima», rosarios, invocaciones, cánticos, rezos, humillantes arrodillamientos, meditaciones, ejercicios espirituales,...[526].

Como broche final de los oscuros nubarrones que, sobre el ámbito pedagógico, va a extenderse a partir de este momento, baste recordar el pensamiento que, sobre el laicismo y la educación laica, albergaba el complicado y contradictorio cerebro de Pedro Sáinz Rodríguez, aquel intelectual neotradicionalista fundador, con Ramiro de Maeztu, José Calvo Sotelo, José María Pemán, etc., de aquel reaccionario engendro denominado Acción Española[527], ministro de educación del primer gobierno franquista y autor de la primera ley de educación del nacionalcatolicismo español[528]. Veámoslo:

damente, la nueva ruta de la orientación filosófica de la enseñanza. Hemos padecido en el terreno de la enseñanza una concepción profundamente antihistórica, profundamente antitradicional, profundamente antihumana, que falseaba la formación del niño y el sentido mismo de la educación (...). Queremos, por consiguiente, restituir a España el empalme profundo con su Tradición auténtica, con esa tradición por la que quiso hacer la Falange Española la revolución, justamente para salvarse con ella». Ministerio de Educación Nacional: *Curso de Orientaciones nacionales de la Enseñanza Primaria*, Burgos, Hijos de Santiago Rodríguez, 1939, pp. 31-32. Citado por Gervilla Castillo, E.: *La escuela del Nacional-catolicismo. Ideología y educación religiosa*, Granada, Impredisur, 1990, pp. 135,155. Sobre esta vieja reivindicación de la España reaccionaria por la Tradición, anteponiéndola como eficaz fetiche «católico» a las novedades ideológicas «extranjerizantes» como, obviamente, resultaba para los fascistas españoles el liberalismo político –y tan recordada, por la verborrea oficial del nuevo régimen–, es menester recordar aquí las ya clásicas palabras del profesor Herrero en relación con el colosal fraude histórico cometido por la inamovible derecha clerical y autoritaria, en relación con ese mito ideológico de la «vieja y acrisolada tradición hispánica», dado el origen completamente foráneo del mismo. Cfr.: HERRERO, J.: *Los orígenes del pensamiento reaccionario español*, Madrid. Alianza, 1988 (1ª edición: 1971).

[526] Sobre este tema, *vid. e. g.*: la obra citada en la nota anterior del profesor Enrique Gervilla y los dos volúmenes del tomo quinto de la *Historia de la Educación en España*, que el Ministerio de Educación y Ciencia publicó en 1990.

[527] Sobre este tema, véase el reciente y esclarecedor trabajo de Alfonso Botti: Botti, A.: *Nazionalcattolicesimo e Spagna Nuova (1881-1975)*, Milán, FrancoAngeli, 1992, pp. 103-133.

[528] Después, estulto y arrepentido franquista e impenitente monárquico «donjuanista» en su largo y voluntario exilio portugués. Alted Vigil, A.: *Política del Nuevo Estado sobre el patrimonio cultural y la educación durante la Guerra Civil española*, Madrid, 1984, p. 161.

el laicismo es prácticamente una aberración desde todos los puntos de vista, desde el punto de vista religioso y filosófico, y para los españoles además desde el punto de vista patriótico. Y por eso es un deber del Estado nuevo el impedir, ya lo ha hecho, que se conserve ni una brizna de posibilidad de que el laicismo vuelva a tener beligerancia doctrinal en el ámbito del pensamiento y de la educación españoles[529].

[529] Citado por: VV.AA.: *Purga de Maestros...Op. Cit.,* pp. 210-211.

CAPÍTULO III.
A MODO DE EPÍLOGO

Mientras más sociológica se haga la historia, y más histórica se vuelva la sociología, mejor para ambas
Edward H. Carr

Y en lugar de perder el tiempo levantando nuevas banderas para inútiles querellas de escuela, dedicarlo a trabajar –en colaboración con otros cultivadores de las ciencias de la sociedad y la cultura, si conviene– en todo aquello que pueda servir para entender mejor, desde sus mentes y sus sentimientos, la trayectoria histórica de los hombres, y para ayudarles con ello, a comprender su presente y a resolver sus problemas
Josep Fontana Lázaro

Preliminar

Francmasonería, republicanismo, socialismo, escolarización laica... Al fin y al cabo, posturas, pensamientos o ideologías de pálpito social mediano o pequeñoburgués y hasta proletarioartesanal. Una especie de moderado –y hasta cierto punto prudente– *néosans-culottisme* de pantalón planchado y camisa almidonada, procedente de un visceral e intuitivo sentir y un cultural y concienciado pensar; es decir, populares sentimientos y trascendentales reflexiones que van a cabalgar en los cerebros de los sujetos históricos aquí estudiados entre la típica estructura mental urbana –preñada, como es conocido, de exigencias culturales o colectivos prejuicios como el urbano «código de decencia y moral», el tradicional y folclórico anticlericalismo[530], el propio principio democrático salido de las espontáneas juntas o «concejos» vecinales,...–, y las hasta cierto punto popularizadas «ideologías» políticofilosóficas divulgadas por medio de las, por lo general, pésimas y resumidas traducciones de obras de autores como Guizot, Voltaire, Rousseau, Marx, Spencer, Jaurés, etc., de sociedades librepensadoras, de escuelas laicas, de periódicos, de mítines, de tertulias de café, de logia, de centro americano de emigrantes,... Trocando o mixturando entonces aquel vulgarizado «código de decencia» por ciertas posturas o conductas de krausismo tardío, con su autoexigida, moralizante, y siempre estética

---

[530] Arrastrado, sin duda, por el inconsciente colectivo occidental desde el bajomedioevo.

325

–y, por ello, públicamente aparente– honradez «calvinista»; aquella popular y visceral aversión por todo lo clerical, con un politizado y radical discurso laicista; aquel viejo y artesanal principio democrático por los idearios políticos republicano y socialdemócrata.

Estamos, por tanto, ante una historia realizada por elementos pequeñoburgueses y proletarios cohesionados por medio de una sociedad secreta con un ideario de honda tradición gremial y, por ello, corporativista. Una sociedad secreta que, a nivel nacional, estará pasando por la etapa más politizada y radical de toda su historia empujada, seguramente, por el vecino ejemplo del hiramismo francés, completamente «ensamblado» con el devenir de la Tercera República y por el natural encrespamiento o enrarecimiento de la atmósfera política –e ideológica en general– de aquella formación social española del final de la Primera Restauración borbónica, abocada inexorablemente a un duro y directo enfrentamiento de sus clases antagónicas.

En este Ourense francmasónico del siglo veinte vamos a contemplar, con meridiana diafanidad, aquella «alianza del radicalismo de clase media y de la democracia artesana» recordado por el profesor Juliá Díaz en su estudio de historia local del Madrid de la Segunda República, citando las palabras de Gareth Stedman Jones[531]. De ahí que la composición de los «hermanos» de las sociedades masónicas ourensanas del siglo XX, se reparta, políticamente, entre republicanorradicales, socialistas del ala prietista o moderada del P.S.O.E., e izquierdistas republicanos; y, sociológicamente, entre una pequeña burguesía de cercano y humilde origen campesino o artesanal con grandes ambiciones por prosperar socialmente –tintadas con el amoral color del logrerismo– y un proletariado concienciado ideológicamente en el movimiento societario dominado por el marxismo histórico español, pero con aspiraciones y comportamientos vitales muy próximos –sino fueron, en puridad, los mismos– a los de sus «hermanos» pequeñoburgueses lerrouxistas y azañistas. Seguramente, de todas estas particula-

---

[531] Juliá Díaz, S.: *Madrid, 1931-1934... Op. Cit.,* pp. 21-22; Stedman Jones, G.: «Working-Class Culture and Working-Class Politics in London, 1870-1900: Notes on Remarking of a Working Class», en *Journal of Social History*, nº 7, de 1973-1974, pp. 460-508.

ridades se desprenda la otra realidad funcional de la masonería ourensana, la de haber convertido la logia en una especie de entidad de apoyo recíproco, cara a la promoción o colocación socioprofesional de sus asociados gracias, indudablemente, a lo que representó para la politizada masonería española el advenimiento del nuevo régimen republicano y, dentro de él, sobre todo sus dos períodos cronológicamente extremos y políticamente similares: la etapa del primer bienio y la última, la correspondiente al triunfo del Frente Popular, viniendo a desempeñar –o, más bien, a querer desempeñar– la francmasonería en estos politícamente «dulces» momentos para ella, una suerte de imprescindible e influyente grupo de presión generador, por un lado, de mutuos apoyos «incondicionales» con el nuevo Estado y sus gobiernos y, por otro, creador constante de opiniones favorables al republicanismo, amén de desempeñar para aquel flamante *establishment* una discreta y hasta parapolicial función como entidad receptora y difusora de informaciones de índole obviamente política[532].

Es decir que, como ya hemos dicho en el capítulo primero de esta obra, con las sociedades masónicas ourensanas estudiadas vamos a encontrarnos ante unos auténticos grupos de presión local, con sus correspondientes y anejos aparatos propagandísticos, de información y de colocación políticoprofesional[533], recogiendo entonces, paradójicamente, viejos y tradicionales usos y costumbres del clientelismo caciquil de la España de la Restaura-

---

[532] Como, por ejemplo, –y como ya hemos visto– cuando la logia *Constancia,* buscándole enchufe promocional para conseguirle el cargo de inspector provincial de Correos a su «hermano» Luis Izquierdo, llega a denunciar a varios funcionarios que optaban al mismo cargo pero con mejores méritos, tildándolos ante el mismísimo Martínez Barrio de *«monárquicos cien por cien,* pero uno sobre todo *fascista concentrado,* y los dos de filiación *reaccionaría en grado superlativo» (supra,* apartado: «Personajes destacados de esta sociedad masónica» del capítulo primero). O cuando denunciaron, en el verano de 1933, ante la Gran Logia Regional del Noroeste de España para que este organismo trasladase a su vez la delación al Gran Consejo Federal Simbólico –y este la presentase en el organismo pertinente del gobierno de la República–, la «(...) lenidad por parte del Gobierno –entiéndase Gobierno Civil de la provincia ourensana– en lo que atañe a manifestaciones públicas, de carácter religioso» –entiéndase: procesiones–, que, según parece, y como también sucedía en Gijón, se seguían celebrando por este tiempo en Ourense, a pesar de la prohibición legal que, sobre este tipo de celebraciones religiosas, existía.

[533] Sobre este punto, y en lo que respecta a la masonería coruñesa de estos momentos, *vid. e. g.:* Valín Fernández, A. J. V.: *La masonería y..., Op. Cit.,* p. 238. De este mismo autor, véase: *Masonería y conspiración liberal en España,* Oviedo, Editorial Masónica, 2024, p. 381.

ción. Aquella «España» que, por otro lado, los masones ourensanos tanto criticaban y denostadamente reprochaban.

En lo que concierne al centro de escolarización laica ourensano, lo más sobresaliente de él, históricamente, es sin duda su misma existencia en una ciudad como la episcopal y caciquil Ourense de principios de siglo, concursando, entonces, en su labor laicizadora, con otras escuelas laicas gallegas, como la que en Pontevedra dirigía el célebre médico republicano Celestino Poza o la que, en A Coruña, sostenía la sociedad La Antorcha Galaica del Libre Pensamiento. La E.L.N.O., típico centro de alfabetización e ideologización liberal –jamás libertario o ferrerista como se ha llegado a creer– de niños y adultos de extracción social fundamentalmente proletarioartesanal, representa para la historia de la educación gallega, un paradigmático ejemplo de típica escuela laica de corte decimonónico –por su clara influencia y hasta sostenimiento francmasónico, su indisimulada pulsación doctrinaria de republicanismo radical, etc.– creada y desarrollada en pleno siglo veinte.

Francmasones ourensanos del siglo XX, hombres, por lo general, de talante moderado aunque de, aparentemente, férreas convicciones republicanas o socialdemócratas que, como aquellos otros liberales que inauguraron, en el segundo decenio del siglo anterior, la historia de la masonería gallega[534], intentaron conseguir, por medio de sus individuales o colectivas intervenciones –y a pesar de las logreras conductas de algunos de ellos–, desde el laicista ambón de su humilde estrado de maestro o desde su responsabilidad partidaria o sindical, su concejalía o la misma alcal-

---

[534] Logrando hacer triunfar su primer ensayo subversivo de revolución burguesa en España, facilitando, con su planeada insurrección, el advenimiento del Trienio Constitucional. Sobre este tema, *vid. e. g.*: Valín Fernández, A. J. V.: «Revisión metodológica de la tradicional tesis de nuestra historiografía sobre la denominada conspiración masónica del Sexenio Negro», en *Minius. Revista do Departamento de Historia, Arte e Xeografía*, Ourense, nº 21, año 1, 1992, pp. 49-55. Del mismo autor, *vid.*: *Galicia y la masonería... Op. Cit.*, pp. 32-55; *La Coruña y la... Op. Cit.*, pp. 31-69; «Masonería y movimiento liberal en la sublevación coruñesa de 1820, en apoyo del pronunciamiento de Rafael del Riego», en VV.AA.: *Ejército, pueblo y Constitución. Homenaje al General Rafael del Riego* (Actas del Coloquio Internacional celebrado en la Facultad de Ciencias de la Información de la Universidad Complutense, abril de 1984), Madrid, Anejos a la *Revista Trienio*, 1987, pp. 157-179; *Masonería y conspiración liberal en España*, Oviedo (Asturias), Editorial Masónica, 2024; *Galicia y la masonería en el siglo XIX*, Ribadeo (Lugo), EOditorial Publicaciones, 2024.

día de su atrasada y «cerrada» ciudad[535] –y siempre sin gratuitas estridencias ni maximalistas banderas reivindicatorias–, una sociedad más democrática y moderna.

Composición sociológica e ideología política de la masonería ourensana del siglo XX

Sociológicamente, ya hemos apreciado, con verdadera pormenorización, el fuerte ascendente pequeñoburgués y, en cierta manera, proletario, de estas sociedades de la historia masonológica ourensana del siglo veinte. Por ejemplo, de los treinta masones conocidos de esta historia provincial, sólo de dos desconocemos su profesión: el miembro más destacado masónicamente de la pequeña logia *Democracia* y aquel «opositor» del «triángulo» valdeorrés *Marchesi nº 12*. El resto de los hiramitas ourensanos van a conformar dos amplios campos socioprofesionales que, en ocasiones, se imbricarán entre sí estrechamente: el primero, el que hemos denominado prototípicamente pequeñoburgués y que estará compuesto por veinte francmasones –es decir, el 71 por cien del total conocido– distribuidos de la siguiente forma, cuatro «industriales» –entre tenderos y hosteleros–, cuatro viajantes de comercio, tres oficiales del ejército, dos propietarios, un inspector de ferrocarriles, un oficial de Correos, un empleado de banca, un contable, un maestro nacional, un «maestro laico», y un estudiante; el segundo campo socioprofesional, podemos llamarlo –como ya hemos venido haciendo– proletarioartesanal, aunque debemos reseñar sus dos salvedades principales, la primera, la de haber incluido en él a un «exótico» labrador que muy bien pudiera integrarse, a lo mejor, entre los dos «propietarios» de la masonería valdeorresa y la segunda, la de integrar en esta sección al «cantero» Manuel Suárez Castro, conociendo el hecho de que, por las fechas aquí estudiadas, ya había dejado, desde hacía varios años, el oficio de la maza y el puntero. Quedaría, entonces, este segun-

---

[535] Aquella rancia, clasista y aletargada Ourense de viejos y depauperados hidalgüelos requetés, conservadores, galleguistas,... Con sus poderosos y, en principio, no muy bien aceptados burgueses del comercio, de la industria y del préstamo, con toda su mesocrática cohorte aneja. «Hombres de orden», de añejos y esclerotizados rictus, de presuntuosas y elitistas poses estéticas, de clericalistas y almidonados cerebros,...

do y último grupo globalizador, conformando el 29 por cien del total de masones ourensanos con profesión conocida, con dos mancebos de botica, dos camareros, un dependiente de comercio, un sastre, un cantero y un labrador.

Política e ideológicamente ya hemos visto cómo «respiraban» y actuaban esta especie de agentes locales del neocaciquismo masónico y republicano. De todos, salvo, quizás, del teniente Plasencia Gómez y del valdeorrés Francisco Vidal, podemos confirmar su profunda adhesión a aquel utópico crisol de esperanzas que venía a representar, para la historia española del momento, el advenimiento de la Segunda República. Sus mismos nombres simbólicos, tan sintomáticos por lo general de las inquietudes ideológicas personales de los masones portugueses y españoles –únicos hiramitas del mundo con esta particularidad ritual– nos lo confirman con claridad. Por ejemplo, de los 27 «simbólicos» conocidos –el 90 por cien del total de hiramitas de esta historia– 19, o sea, el 70 por cien, estarán en directa o indirecta relación con el mundo ideológico del progresismo en general, optando, en el momento de su iniciación, por apellidos –o nombres y apellidos– de célebres socialistas, o socialdemócratas, como: Otto Bauer, Jean Jaurès, Karl Marx, Herman August Bebel, Pablo Iglesias, Jaime Vera; apellidos de líderes clásicos o contemporáneos del pensamiento liberal en general, a saber: Juan de Padilla, Jean Jacques Rousseau, Denis Diderot, D'Alembert (Jean le Rond d'Alembert), José Nakens, Eduardo Benot y Rodríguez, José Martí, José Protasio Rizal-Mercado y Alonso; y los escritores con pensamientos afines, como Manuel Curros Enríquez, con dos masones con este sobrenombre, Víctor Hugo, Alexandre Dumas, sin duda el padre, y Emile Zola. Después vendrían los simbólicos típicos de los individuos que, lejos de su tierra o localidad natal, eligieron el toponímico de esta, como el Almansa, o los casos de los «hermanos» que, en su estadía de emigrantes en América, eligieron el Arbo o el Orense. Para acabar, habría que referenciar el anagramático Ecar, el reivindicativo Justicia, y los desconocidos de Gauvain, Cadete, y Renato.

En cuanto a la militancia partidaria constatada, hay que recordar aquellos cuatro bloques en que clasificamos a los francmasones ourensanos de esa época, quedando los dos primeros, el P.S.O.E.-U.G.T. por un lado, y el partido de Izquierda Republicana por otro, con siete miembros cada uno; después vendría un tercer bloque compuesto por seis o siete hiramitas, trabajando políticamente en el Partido Republicano Radical; y, por último, tendríamos el grupo de los masones de los cuales todavía no hemos podido comprobar –con la suficiente certeza– su filiación política aunque, de uno, el maestro nacional Heriberto Rodríguez Ozores, tenemos serias sospechas de que, en 1936, militase en el Partido Comunista de España, como aquel otro francmasón gallego del momento, Cándido Meilán Hortas, íntimo amigo al parecer de Dolores Ibárruri Gómez[536].

Estas militancias sindicales y partidarias, conseguirán encumbrar a una zona nada escasa de los cuadros de estas sociedades masónicas, en ciertos cargos de relieve político-administrativo –local y provincial–, como los casos de los alcaldes Manuel Suárez García, Benito Cancela Rodríguez, Higinio Rodríguez Mármol y Santos Fernández Fueyo; los diputados o «gestores» de la Diputación Provincial de Orense, como el primero y el último de los referenciados; y concejales como José Fernández Pérez, Virgilio González Martínez y Cayo Vecino Martín.

La masonería y su función como discreto grupo de presión neocaciquil de la Segunda República

La politización, ese fenómeno reticular tan introducido en todos los niveles masónicos de esta traumatizada España en plena crisis del siglo XX. Politización que, en toda sociedad secreta, vendrá acompañada por una variada profusión de sectarias posturas con su lógico contrapunto caciquil. Recordemos las nepóticas recomendaciones que la sociedad masónica ourensana ofrecerá a la historia, abrumadores exponentes de hasta dónde podía llegar un legalmente incontrolado grupo de presión como este[537]. Claros y llamativos ejemplos como los de los «hermanos» Carón, Izquierdo, Galán, los

---

[536] Valín Fernández, A. J. V.: *La masonería y ... Op. Cit.,* p. 256.

[537] Las sociedades masónicas ourensanas, como la inmensa mayoría de los «talleres» gallegos del siglo veinte de esta etapa, no legalizaron, que sepamos hasta ahora, su situación asociativa ante los correspondientes gobiernos civiles. Hasta ahora, sólo conocemos, legalizados, algunos casos como el de las logias ferrolanas *The Lodge of Saint John nº 1.102*, la *Francisco Suárez,* y el de la coruñesa *Curros Enríquez.*

intentos de Cancela y de Roqueta, el sospechoso y flamante empleo logrado, en plena República, por el «venerable» Vide en la Caja de Ahorros Provincial creada por la diputación. Nepotismo que tampoco se puede confundir con el fraternal auxilio masónico tan propio de esta internacional y secular sociedad de apoyo mutuo, como cuando la logia ourensana le buscó un empleo al «hermano» –en ese momento en paro– Pérez Serrano, o aquella solidaria intercesión que el mismo «taller» prestó a la viuda de un masón fallecido en Cuba. Politización dentro de la logia, auténtico «sacrilegio» para un masón ortodoxo o «regular», seguidor de los tradicionales y siempre vigentes, estatutos universales de la orden del bíblico maestro Hiram. Y politización sin disimulos ni secretos; es decir, que aquellos masones ourensanos del siglo veinte, no dejarán las discusiones de índole puramente política para la, documentalmente inexistente, «cámara del medio»; o sea, la parte de la tenida reservada sólo y exclusivamente a los maestros masones y de la cual no se levantaban –ni se levantan– las actas correspondientes.

¿Pero cómo quiere ser, cómo es y cómo va a actuar la masonería española del primer tercio del siglo veinte, a niveles generales y no ya exclusivamente ourensanos?

A la primera parte de esta pregunta nos puede responder, en un principio, aquella carta o «plancha» que el célebre abogado camerano, e influyente y, en aquel tiempo, respetado francmasón –y de cuyos rasgos biográficos ya hemos hecho anteriormente una breve semblanza–, Eduardo Barriobero y Herrán, dirigió al Gran Consejo del Grande Oriente Español, el 26 de enero de 1915, proponiendo a este alto cuerpo una completa reactivación de los «trabajos» masónicos, tratando de convertir a la masonería española en una especie de «militarizada», politizada y caciquil sociedad secreta e intentado depurar de paso a la obediencia creada por Morayta de

> (...) aquellos hermanos que se muestren reacios para cumplir los deberes reglamentarios, a fin de que nuestro censo sea siempre

de una fuerza y una organización efectiva y no nominales como en las sociedades profanas ocurre[538].

Para ello, Barriobero va a ofrecerle al Gran Consejo un curioso desiderátum que, *grosso modo*, va a coincidir con lo que una buena porción de los masones españoles del final de la Dictadura de Primo y de la Segunda República –como la mayoría de los masones ourensanos estudiados– van a desear como estructura fundamental o *modus operandi* ideal a seguir por su organización:

2º. Que se nombren dos triángulos de propaganda que recorran algunas regiones españolas. 3º Que se autorice especial y transitoriamente a estos triángulos para que puedan conferir hasta el grado de maestro en el tiempo que crean conveniente, con el fin de reunir los elementos necesarios para constituir una logia en el lugar que en sus viajes visiten. 4º Que a los maestros así nombrados no se les extienda título hasta un año después de su nombramiento y que durante este tiempo estén sometidos a la vigilancia y observación de los hermanos antiguos o del Oriente. 5º Que para con las logias así formadas se siga el mismo procedimiento no entregándoles la carta constitutiva hasta un año después de su fundación. 6º. Que a cada una de las logias constituidas hoy en territorio español se exija que, en el plazo de dos meses, remitan al Consejo una memoria sobre los siguientes extremos: A. Industrias implantadas en el término municipal. B. Industrias nuevas que convendría implantar. C. Vías de comunicación que existen. D. Vías de comunicación que convendría construir. E. Número de obreros que trabajan. F. Número de obreros sin trabajo. G. Industrias que hubo y que desaparecieron, indicando a ser posible las causas. H. Si está la propiedad dividida o no. I. Interés usual del dinero y forma de los préstamos. J. Número de conventos. K. Idem de sociedades civiles de beneficencia. L. Idem de centros políticos y su clasificación. LL. Si es buena o mala la administración municipal. M. Delincuencia. Embriaguez. Si son frecuentes. N. Enseñanza. Centros que hay y los que convendría implantar. O. Cementerios civiles que hay en

---

[538] *Supra,* nota 343.

la provincia. Pueblos que no lo tienen. P. Personas de posición económica poco adictas a la Iglesia. Sus nombres y domicilios. Q. Precios de los artículos que producen la agricultura y la industria. R. Número de viviendas; cómo son éstas. S. Estado de opinión de la población[539].

Como decíamos, serán muchos masones, tanto a título individual como colectivo, los que, llegados los años de lo que se ha venido en llamar la crisis española del siglo veinte, manifiesten o «piensen» a la masonería de la forma en que, ya en 1915, deseaba que se convirtiera Barriobero y Herrán.

En esta masonería española de los años treinta que se proclamará, entre los ambientes profanos que, más o menos, podía de alguna manera controlar o por lo menos influir, como autora o «arquitecta» del sorpresivo triunfo republicano del 14 de abril de 1931[540], se va a hablar de política, sin recato alguno, en su publicística, en la correspondencia, durante las tenidas ordinarias de sus logias –hasta en la «cámara de aprendices»–,... Politizados temas, como el que a continuación recogemos, estarán a la orden del día en una buena parte de las sociedades de esta organización:

> Consideraciones en torno al panorama nacional haciendo resaltar la regresión que significan ciertas alianzas que se observan en el orden político –indudablemente, por la fecha de la tenida donde se habló de este asunto, los masones, en este caso ourensanos, se referían al compadreo radicalconservador del nuevo gobierno–, y el peligro que encierran. Se debate ampliamente este asunto y se encarga al hermano Orador que, recogiendo el sentir unánime del taller, formule una plancha para elevar a quien corresponda[541].

---

[539] *Ibídem.*

[540] Sobre este tema, véase: Martín, L. P.: *Los arquitectos de la República. Los masones y la política en España, 1900-1936*, Madrid, Marcial Pons, 2007.

[541] Acta de la tenida celebrada por la logia *Constancia* el 22 de diciembre de 1933. A.H.N. de S. *Masonería*. Leg. 434-A-2.

Politización, nepotismo,... Viejas fórmulas de ya rancios procedimientos caciquiles que ahora se pretenderá reconstituir en una ansiosa y constante búsqueda de provechosas influencias. Por algo la ficha tipo individual de cada masón dependiente de la obediencia regional de Gijón –y presumimos que del resto de la masonería española bajo la confederación del Grande Oriente Español–, estaba estudiadamente distribuida de la siguiente y sintomática manera:

GRAN LOGIA REGIONAL DEL NOROESTE DE ESPAÑA[542]			
Resp. Log.:		Nº:	
Valles de:			
HISTORIAL DEL OBRERO Nº:			
Nombre y apellidos:			
Nombre simbólico:			
Profesión:			
TRABAJOS MASONICOS			
Cargos desempeñados:			
Servicios especiales en bien de la Orden:			
Observaciones:			
TRABAJOS PROFANOS			
OCUPACION ACTUAL:			
Cargos desempeñados: a) En departamentos oficiales: b) En empresas particulares:			
Motivos del cese:			
Observaciones:			

Más pruebas irrefutables de todo esto las hallamos, profusamente, en la documentación conservada en el otrora denominado Archivo Histórico Nacional de Salamanca, tanto en el caso ourensano como en la mayoría de las logias y «triángulos» del resto de

---

542 *Ibídem.*

España. Veamos a continuación, como mero ejemplo, los fragmentos más interesantes de aquella «plancha» o carta oficial que la logia viguesa *Vicus nº 8* envió, el 17 de marzo de 1936, al por aquel tiempo director general de Marina Mercante –y poderoso e influyente masón–, Ángel Rizo Bayona:

Entendiendo que las actuales circunstancias nos fuerzan en atención a causas múltiples a una decisiva actuación, tenemos el convencimiento de que sólo nuestra Orden está convenientemente preparada para una acción positiva que coopere eficazmente al asentamiento de aquellos principios indispensables a la vida de nuestro organismo.

Nosotros mejor que nadie, podemos precisar y situar en cada localidad, las personas o hechos que haya precisión de modificar o relevar, al mismo tiempo que neutralizar todo movimiento que pudiera resultar lesivo para esos mismos principios.

Por todo ello creemos debiera crearse en cada localidad una comisión que tuviera por finalidad los siguientes extremos.

ORGANIZAR en cada provincia un servicio de información y control al servicio de nuestras Autoridades para que estos los (sic) usen en su relación con las profanas que

INFORMAR de las facultades favorables o adversas que puedan concurrir en las personas designadas o a designar para cubrir en el mundo profano cargos, especialmente los de mando.

PROPONER Candidatos para los puestos vacantes.

FISCALIZAR la conducta de los nombrados.

ORGANOS de enlace entre los distintos cuerpos de la familia[543] (por provincias) que se comunicarán entre sí las circunstancias favorables o no de las personas de cada localidad que sean trasladadas en funciones de servicio público o de mando.

DENUNCIAR las actitudes o actividades de personas o colectividades que con su conducta puedan perturbar la tranquilidad del régimen.

NOMBRAR a personas de la Familia (de confianza absoluta) para delegados gubernativos o Agentes secretos del Ministerio de la Gobernación, que puedan realizar gestiones inmediatas en los

---

[543] Entiéndase por «familia» a los miembros que componen la organización masónica.

sectores profanos y que estén en contacto o formando parte de las citadas comisiones de enlace provinciales.

ACOPLAR en cuantos organismos del estado sea posible a hermanos que actuarán siempre bajo la inspiración de las comisiones. A este fin las personas deben ser propuestas por las comisiones mismas.

PROCURAR URGENTEMENTE que los pocos hermanos necesitados de los cuadros que se encuentren en situación económica difícil ocupen algún puesto público, la comisión señalará a estas personas así como sus aptitudes y necesidades

(...) Hemos de manifestaros que durante la visita del Querido Hermano Azaña a estos valles y ante el ofrecimiento que por hermanos del cuadro le fue hecho, manifestó que seguramente llegaría tiempo en que tendría que utilizarnos[544].

En realidad, y desde hacía varios años, muchas logias españolas venían desarrollando parcial o totalmente, las funciones aquí reivindicadas, habiéndose convertido entonces una buena parte de esta masonería –si, en puridad, no lo hizo al completo–, así fuese la confederada en el Grande Oriente Español como la dependiente de la Gran Logia Española, en un conjunto más o menos bien coordinado de entidades de ayuda recíproca y apoyo políticoadministrativo. Un curioso fenómeno –como ya hemos dicho–, completamente irregular dentro del corpus estatutario universal de la masonería que nos habla, constantemente, de esa función –quizá más manifiestamente deseada que prácticamente real– que llevó a cabo el hiramismo español, durante el segundo ensayo republicano, como discreto grupo de presión ideológica y política, de apoyo incondicional al régimen, y de relevante agencia del engranaje caciquil de aquel flamante Estado republicano salido de las elecciones municipales de 1931[545].

---

[544] A.H.N. de S. *Masonería*. Leg. 728-A-12.

[545] Demagógica y provechosamente entendidas por algunos como un auténtico plebiscito, aprovechándose de la coyuntura histórica que les ofrecía el también originariamente ilegal y, ya a esa altura de la historia caduco, corrupto y desvergonzadamente clasista y oligárquico régimen monárquico borbónico de la Primera Restauración.

La represión, el último y aciago capítulo de esta historia

Otro punto digno de reseñarse en esta breve recapitulación general es el de la represión que, sobre la masonería ourensana, la del resto del hiramismo gallego y, obviamente, la de la masonería española, se va a desatar a tenor de la sublevación militar y fascista de julio de 1936.

La historia de cómo fue llevada a cabo la persecución de la masonería española, tanto en los primeros años del denominado por Serrano Súñer «Estado campamental»[546] como por la institucionalizada y centralizada Dictadura de Franco está todavía por hacer[547], aunque, historiográficamente, tengamos ya algunos estudios realizados a nivel local, provincial o regional, como los trabajos de José Antonio Ferrer[548], Victoria Hidalgo[549], Alberto Valín[550], Francisco Moreno[551], Francisco Espinosa[552] y, a niveles generales, como los realizados por José A. Ferrer[553], Joan Carles Usó[554], José M. Delgado y Carlos Navajas[555] y, por último, Aldo A. Mola[556].

---

[546] Tusell, J.: *Franco en la Guerra Civil. Una biografía política*, Barcelona, Tusquets, 1992, p. 36.

[547] Nos referimos al momento en que redactamos este texto en 1993, cuando confeccionamos y tuvimos la suerte de dirigir, completamente, gracias a nuestros buenos amigos, el pintor, diseñador y dibujante Xosé Vizoso y el impresor Manuel Moret, la cuidada y exitosa edición de este libro. Aunque, historiográficamente, a día de hoy (2022), se han realizado ya nuevos e importantes aportes sobre este interesante tema, de todas formas dejamos aquí el texto íntegro; es decir, sin actualizar, que hicimos en ese año citado, el año que, como ya hemos dicho, confeccionamos y redactamos, en siete extenuantes meses, este libro.

[548] Ferrer Benimeli, J. A.: *La masonería en Aragón*, III, Zaragoza, Librería General, 1979.

[549] Hidalgo, V.: «Masonería asturiana contemporánea...», *Op. Cit.*, pp. 113-128.

[550] Valín Fernández, A. J. V.: *La masonería y...*, *Op. Cit.*, pp. 264-272.

[551] Moreno Gómez, F., Ortiz Villalba, J.: *La masonería en Córdoba*, Córdoba, Albolafia, 1985, pp. 253-277.

[552] Espinosa Maestre, F.: «Los masones onubenses ante el tribunal», en VV.AA. (J. A. Ferrer Benimeli, coordinador), Madrid, Instituto de Cultura Juan Gil-Albert, 1990, pp. 513-529.

[553] Ferrer Benimeli, J. A.: *Masonería española contemporánea... Op. Cit.*, pp.140-180; del mismo autor, *vid.: El Contubernio...* Op. Cit., pp. 273-333.

[554] Usó i Arnal, J. C.: «Nuevas aportaciones sobre la represión de la masonería española tras la Guerra Civil», en VV.AA. (J. A. Ferrer Benimeli, coordinador): *Masonería, política y sociedad*, Zaragoza, Centro de Estudios Históricos de la Masonería Española, 1989, pp. 599-647.

Como ya han apuntado los profesores Payne y Tusell[557], aquella militarada que, en un principio, parecía no sublevarse contra el régimen republicano, como atestigua aquella especie de premeditada o espontánea confusión de símbolos, declaraciones, condenas y manifiestas y públicas fobias lanzadas en exclusiva contra la funesta «bolchevización» –que no «masonización»[558]– de aquella España salida de las elecciones de febrero, como parecen apuntar, por un lado, la misma declaración-programa de la Junta de Defensa del 24 de julio y, por otro, el decreto nº 108 que esa misma junta publicó el 16 de septiembre en su burgalés *Boletín Oficial de la Junta de Defensa Nacional de España*, por el que, a partir de aquel momento, se situaban fuera de la ley todos los partidos y agrupaciones políticas o sociales que estuviesen coaligados en el Frente Popular; es decir, que en la primera etapa de ese llamado «Estado campamental», el tratamiento o, mejor dicho, el talante que va a ofrecer el alto mando de la sublevación militar hacia la masonería va a contraer cierto aire de permisividad, jugando para ello con la ambigüedad de sus discursos, a pesar de que, en esos momentos, conocía sobradamente los hechos resultantes de la fuerte y cruel campaña represiva que, sobre esta discreta asociación había desplegado, desde los primeros días del alzamiento, la Falange en la zona de España que, teóricamente, tenía bajo su completo control. Tampoco se hará notar, institucionalmente, por parte de la llamada Junta de Defensa, esta directa animadversión por el hiramismo, cuando se incorpore a ella el general Franco, aquel militar que, ya en 1935, cuando había sido nombrado jefe del Estado Mayor Central del Ejército, nada más sentarse en su flamante y poderoso despacho, comenzó a firmar los fulminantes ceses de los genera-

---

[555] Delgado Idarreta, J. M., Navajas Zubeldia, C.: «Fuentes para el estudio de la reacción franquista antimasónica», en VV.AA.: *Masonería, revolución y reacción, Op. Cit.*, pp. 947-958.

[556] Mola, A. A.: «La Masonería y la Guerra Civil de España en la prensa italiana», en VV.AA.: *Masonería, revolución y reacción, Op Cit.*., pp. 745-770.

[557] *Vid., e.g.:* Payne, S. G.: *Franco. El perfil de la historia*, Madrid, Espasa Calpe, 1992, p. 37; Tusell, J.: *Franco... Op. Cit.*, pp. 36-37.

[558] Debemos recordar que el presidente de la Junta de Defensa, Miguel Cabanellas y Ferrer, además de haber sido militante destacado del Partido Republicano Radical y elegido diputado en Las Cortes por este partido, había sido un celebrado y reconocido francmasón. Cfr.: Ruiz Manjón, O.: *El Partido... Op. Cit.*, pp. 405, 588.

les que habían sido denunciados por masones ante las Cortes, por el diputado independiente Cano López[559] y que, además, el 15 de septiembre del 36, había publicado, debido a su indiscreta y pulsional fobia personal antimasónica, como comandante en jefe de las Islas Canarias, el primer decreto antihiramita de la España sublevada[560]. Ni siquiera cuando, seis días después de la publicación de este decreto y a pesar de la directa oposición del presidente Cabanellas[561], Franco sea elegido comandante en jefe de la Junta de Defensa, volverá a repetir su imprudente, por prematuro, desliz antifrancmasónico, no volviendo a manifestar aquel astuto y reservado general gallego su profunda vesania por la francmasonería, sino que esperará, prudentemente, a exteriorizarla al momento en que crea tener bien asidas las riendas del mando y sepa, gracias al archivo secreto sobre la masonería española dependiente de su secretaría, que ya no estaba rodeado de ningún compañero de armas que hubiese pertenecido, en alguna circunstancia de su vida, a la orden del Gran Arquitecto del Universo. Hay que decir que el suspicaz general ferrolano llegó a sospechar de casi todos sus colegas de la milicia facciosa incluido, obviamente, el contradictorio, vocinglero y desequilibrado personaje histórico de Queipo de Llano al que también el archivo salmantino le abrió el correspondiente expediente personal masónico, curiosamente «positivo», no cambiando dicho expediente de lugar; es decir, ubicándolo en la sección de expedientes personales «negativos» jamás. A pesar de no haber encontrado el fiel servidor «personal» franquista de de Ulibarri ninguna referencia documental fiable de la adscripción de Queipo a la masonería. De ahí que, siendo ya «jefe del Gobierno del Estado español», su hombre de total confianza en el gobierno, el general Fidel Dávila –a la sazón presidente de la ahora denominada Junta Técnica del Estado–, firme aquella orden del 10 de enero de 1937, por la que se ampliaba o especificaba lo contemplado en el decreto nº 108 ya citado, volviendo a jugar con la ambigüedad en relación con la masonería, dado que en la larga retahíla de

---

[559] Ferrer Benimeli, J. A.: *El Contubernio... Op. Cit.,* pp. 287-293.

[560] *Ibídem*, pp. 293-294.

[561] Sobre este tema, cfr.: Payne, S. G.: *Franco... Op. Cit.,* pp. 43-47.

partidos, sindicatos y asociaciones prohibidos, para nada venía citada la discreta organización francmasónica.

A pesar de la auténtica monomanía personal –rayana indudablemente en la paranoia– que tenía el general Franco con relación al hiramismo, y que llegó a transmitir a los miembros de su gobierno como Serrano Súñer y Martínez Anido cuando, en agosto de 1938, llegaron a enviar a los delegados de Orden Público –como ha estudiado el profesor Tusell– sendas circulares en relación al tema represivo de la masonería[562], esperaba astutamente, como vemos, a iniciar su obra legislativa antimasónica mientras, desde mayo de 1937, la Delegación de Asuntos Especiales, dependiente exclusivamente de su Secretaría General, recopilaba y catalogaba, por expedientes personales, todas las informaciones contenidas en la documentación masónica que, desde el 18 de julio del 36, se había ido requisando en todas las poblaciones que paulatinamente fueron incorporándose a la denominada «zona nacional». Esta larga espera que, cronológicamente, se extiende desde su, sin duda «precipitado», decreto canario del 15 de septiembre de 1936 hasta el primer aldabazo gubernamental de la España nacionalista de índole antimasónica, que corresponderá al decreto del 21 de diciembre de 1938, por el que se ordenaba que todos los símbolos de carácter masónico –como recoge el profesor Ferrer– «fuesen destruidos y quitados de todos los cementerios de la zona nacional en un plazo de dos meses»[563], decreto este que abriría por fin la serie de prohibiciones antimasónicas como la Ley de Responsabilidades Políticas del 9 de febrero de 1939, en puridad, tercera y última fase del ya citado decreto nº 108 y donde, en esta ocasión, después de la ya típica enumeración de partidos y agrupaciones fuera de la ley, en vez de dejar el discurso en la ambigüedad de lo indefinido, se incluían también, como proscritas, las logias masónicas; y la conocida ley de la Jefatura del Estado para la represión de la Maso-

---

[562] Tusell, J.: *Franco... Op. Cit.*, p. 244.

[563] Ferrer Benimeli, J. A.: *El Contubernio... Op. Cit.*, p. 294. De ahí que siempre hayamos sospechado que detrás del verdadero origen de la orden de la total destrucción del histórico cementerio ferrolano de Canido que, por otro lado, debió tener un magnífico patrimonio funerario, tanto católico como, sobre todo, laico, protestante y masónico en su correspondiente sección de «disidentes», estuviese la personal voluntad de Francisco Franco Bahamonde.

nería, Comunismo y demás sociedades clandestinas, del 1 de marzo de 1940. Aquella ley redactada en un brillante, a la vez que decadente, estilo decimonónico –«Con ello se pone un valladar más firme a los últimos estertores de las fuerzas secretas extranjeras en nuestra Patria»– y donde Francisco Franco desatará por fin aquel ya incontenible deseo de satisfacer su personal «venganza» contra aquella «secta» que, como decía el inicio de su preámbulo, había sido el gran factor pernicioso de la decadencia de España.

En lo que respecta a Galicia, inmediata zona de retaguardia desde los primeros días de la Guerra Civil, la represión llevada a cabo contra el hiramismo por aquel nada bien definido «Nuevo Estado» salido del 18 de julio y que cada sublevado parecía entender de una manera diferente, va a desarrollarse muy pronto, en realidad, a los pocos días de conquistada la situación. Por ejemplo, en la ciudad de A Coruña, dirigió la primera etapa de la represión contra la masonería el tenientecoronel de la Guardia Civil y, según parece, en estos momentos iniciales de la rebelión, primer jefe de las milicias armadas de A Coruña, Benito de Haro Lumbreras, lúgubre personaje este que se especializaría en coordinar, con diligente saña y eficaz crueldad, las campañas represivas en varias provincias españolas, encontrándolo, por ejemplo, al final de 1936, de gobernador civil y militar de la provincia de Huelva[564]. De Haro, conocedor desde hacía tiempo del domicilio del templo donde se reunían las logias *Pensamiento y Acción* y *Renacimiento Masónico,* esperó más o menos un mes después del triunfo del alzamiento en la ciudad vigilando la calle y la puerta del edificio donde tenían su templo estas logias, con el fin de que, confiados, se reuniesen en él en cualquier momento los masones para así poder detenerlos en el lugar de sus tenidas. Pero al ver que esta treta no daba resultado, forzó la entrada de la sede donde se reunía la masonería en A Coruña –haciendo con todo ello un público alarde de logrera «heroicidad»–, mostrando, salvo la escasísima documentación allí hallada, todos los enseres y el mobiliario al público y a la prensa, siendo visitado aquel

---

[564] Espinosa Maestre, F.: «Los masones...», *Op. Cit.,* p. 514.

templo masónico durante aquellos días del verano de 1936, por una gran parte de la curiosa ciudadanía coruñesa[565]. Sin embargo, donde los sublevados hallaron el gran fondo documental que les permitió conseguir el mayor cúmulo de informaciones sobre los nombres y los domicilios de los masones gallegos de la Segunda República, fue en el domicilio particular del que había sido el «venerable maestro» de la logia ourensana *Constancia nº 13*, a raíz del registro policial de su domicilio el 27 de julio. A partir de estos momentos iniciales de la sublevación reaccionaria y como sucedió, *grosso modo*, en el resto de las poblaciones de la España atrapada por la rebelión, comenzó el largo calvario para aquellos, por lo general, humildes pequeñoburgueses y proletarios iniciados en los misterios masónicos, tanto en logias americanas como gallegas, madrileñas, etcétera.

Las conductas o respuestas que, ante el movimiento insurreccional, van a reflejar estos masones serán muy variadas, aunque, en un principio, la más común fue la de la paciente expectación, creyendo que todo acabaría como la «sanjurjada». De todas formas, y dadas las diferentes ideologías y militancias políticas de estos individuos, tendremos con ellos un extenso abanico de posturas. Desde las rápidas conversiones de varios hiramitas, pasándose a las filas de los insurrectos, por medio de los correspondientes alistamientos en la Falange Española, el somatén fascista Caballeros de La Coruña y en las filas del ejército sublevado, hasta las típicas huidas al país vecino de Portugal, a la misma ciudad de A Coruña o a Vigo, creyéndose amparados por la amplitud de estas urbes, o a la Asturias todavía republicana. También hubo casos, aunque escasísimos, de respuestas violentas, por medio de la lucha armada, contra las fuerzas de aquel «Nuevo Estado».

Los interrogatorios, por lo general llevados a cabo por miembros de Falange y de la Guardia Civil, se fueron sucediendo con ciertas particularidades de origen indudablemente clasista, al parecer traducirse de los mismos ciertas formas de tratamiento más o menos respetuoso dado por los torturadores a los masones de

---

[565] Más o menos, lo mismo que había sucedido con la llamativa sede de la logia de Santa Cruz de Tenerife *Añaza nº 1,* incautada por orden de Franco y cuya visita al público en general era cobrada por los falangistas, al nada módico precio de cincuenta céntimos. Cfr.: Ferrer Benimeli, J. A.: *Masonería española... Op. Cit.*, p. 141.

extracción social más elevada como abogados, médicos, etc.[566], y la ausencia de contemplaciones con los de origen más humilde, donde el inicio de las declaraciones solía estar encabezado por las sintomáticas palabras de «convenientemente interrogado» y finalizaba por la también sintomática zozobra de la caligrafía y rúbrica de sus firmas.

De todas formas, y a pesar de estos crueles interrogatorios, donde, como al parecer también sucedió en el resto de España, encontraremos a individuos denunciados por masones sin serlo en realidad, algo muy raro va a suceder en Galicia con respecto a cómo transcurrió esta represión. Puede decirse que, salvo varios casos no del todo bien conocidos, en realidad creemos que en Galicia no se fusilará a ningún hiramita por el único motivo de su filiación francmasónica. Serán fusilados algunos masones, sobre todo durante los titulados «primer y segundo años triunfales», como fueron los tristes casos de Manuel Suárez y José Fernández, pero no por su adscripción a la masonería sino por sus actuaciones en defensa del gobierno constitucional, por su destacada militancia en partidos y sindicatos socialistas, por haber ocupado ciertos cargos de relieve en la vida políticoadministrativa local o provincial, o por cuestiones de índole eminentemente personal. Esta rareza de la que hablamos va a estar personificada en la actuación, llamativamente humana, del juez instructor especial de la Auditoría de Guerra del 8º Cuerpo de Ejército, el alférez provisional Ángel Colmeiro Laforet. Este aristócrata gallego, con el concurso sobre todo del gobernador civil de A Coruña, «torpedeará» todas las actuaciones represivas realizadas por los falangistas con los masones gallegos, concediéndoles la libertad y facilitándoles además los correspondientes pasaportes para que, de esta manera, pudieran exiliarse. Por otro lado, Colmeiro Laforet mantuvo, hasta el final de la guerra, una curiosa y hasta cierto punto «juguetona» pugna –muy peligrosa, obviamente, para él– con el mismísimo delegado nacional de Asuntos Especiales, Marcelino de Ulibarri y Eguílaz, hombre, como ya hemos aclarado, de total confianza del gene-

---

[566] De militancias políticas, por lo general, pertenecientes a los partidos de la llamada «izquierda burguesa».

ral Franco y encargado por él, como ya hemos dicho, de recopilar toda la documentación y enseres expoliados a la masonería por las fuerzas rebeldes. Colmeiro se negó hasta el final de 1938 –a pesar de los múltiples requerimientos que le hizo de Ulibarri y de las denuncias que este realizó sobre su conducta al propio Franco–, a acceder a las peticiones del requeté navarro para que enviase la documentación masónica al secreto archivo que Franco había creado en Salamanca, costándole esta extraña conducta la destitución y el posible castigo, al «ganar», en 1940, el ostracista destino de registrador de la propiedad, oposición que, al parecer, ya tenía ganada antes de la guerra, de los territorios del Golfo de Guinea[567].

Insólita conducta la de este responsable máximo de la represión masónica en las regiones gallega y asturiana, que se puede sumar a aquella curiosísima protección que nada menos que el general Camilo Alonso Vega llevó a cabo con el militar, radicalizado izquierdista y francmasón ferrolano, José Galán Fontenla, miembro, como se recordará de la sociedad hiramita de Ourense capital, consiguiendo que el Tribunal Especial para la Represión de la Masonería y el Comunismo olvidase completamente el caso, a raíz de la determinante, dura y expeditiva comunicación que aquel general, también ferrolano, y subsecretario en aquellos momentos del Ministerio del Ejército, le envió con fecha del 15 de abril de 1943[568].

Cerraremos nuestro discurso histórico recordando, por último, los acosos clericales que tuvo que sufrir tanto a título individual –los casos del maestro Luengo y su Escuela Laica Neutral de Orense y el del indiano celanovés Benito Cancela– como colectivo, la orden hiramita de aquel Ourense de la primera mitad del siglo[569]; y la fuerte y relevante impronta que ejerció entre la masonería ourensana del siglo XX, el fenómeno social,

---

[567] Sobre este tema, cfr.: A. H. N. de S. *Masonería*. Leg. 625-A.

[568] Como ya hemos aclarado, este masón militar que se pasó al bando sublevado desde el mismo inicio de la insurrección contra el gobierno del Frente Popular pasará por el correspondiente tribunal de honor que, para los militares, contemplaba la denominada «Ley de 1 de marzo de 1940 sobre la represión de la masonería y del comunismo». *Supra,* nota 261.

[569] En el apéndice C-1, se ofrece al lector una relación exhaustiva de los francmasones y las sociedades masónicas del Ourense del siglo XX.

económico y cultural de la emigración americana. Ejemplos personales como los del mismo «venerable» Abdón Vide, o los de Benito Cancela, Buenaventura Iglesias, Ramón Nespereira, Luis Nicolás Pérez, Manuel Rodríguez, Higinio Rodríguez, Heriberto Rodríguez, J. Benigno Salgado y Luciano Paradelo. La emigración, fenómeno este tan importante para muchas sociedades francmasónicas de la Galicia del siglo veinte como aquella *Renacimiento Masónico nº 18*, creada en A Coruña, en 1935, por un grupo de indianos retornados[570], o aquel «triángulo» de Viveiro (Lugo), *Fraternidad Humana nº 75,* fundado, en 1932, por el emigrante retornado Bonifacio González[571].

---

[570] Valín Fernández, A. J. V.: *La Masonería y... Op. Cit.,* pp. 249-263.

[571] Cfr.: A. H. N. de S. *Masonería.* Legs. 761-A-10 y 11-A-8. Sobre el fuerte proceso migratorio y su retorno, en la provincia ourensana, *vid.:* VV.AA. [Caja de Ahorros Provincial de Orense]: *La emigración en la provincia de Orense. El retorno y sus perspectivas,* Ourense, Caixa Ourense-Sotelo Blanco, 1984.

APÉNDICES

APÉNDICE AL CAPÍTULO I

Apéndice A-1

Boletín Oficial Eclesiástico del Obispado de Orense, nº 8,
año XCVIII, de 10 de abril de 1931

OBISPADO DE ORENSE

Por estimarlas expresión fiel, clara y precisa de lo que nuestro
Santísimo Padre Pío XI, felizmente reinante, y el Emmo. Cardenal
Primado, Delegado Pontificio de la Acción Católica en España,
han enseñado e inculcado repetidas veces con muy celosos en-
carecimientos a cuantos católicos sean y como tales quieran
obrar y portarse en todo tiempo y más en los presentes gravísi-
mos peligros, trastornos y conflictos de carácter social porque
atraviesa nuestra Patria en sus más fundamentales elementos,
fuentes sagradas de su Historia, cuales son la Religión y la Monarquía, creemos necesario, o por lo menos convenientísimo,
hacer Nuestras en su fondo y en su forma, y recomendar a todos
y cada uno de Nuestros amadísimos fieles, a quienes interesar
pudiera, supuesto que no quieran ser apóstatas de la divina Fe de
sus padres heredada y en el Santo Bautismo recibida, y traidores
o indiferentes a las gloriosísimas tradiciones, espontáneas exuberancias, caracteres y lazos fortísimos que forman y determinan el
ser y vida de esta española tierra; oportuno y justo creemos, repe-
timos, suscribir y sellar con nuestro propio sello, las siguientes
normas, compendiosas y exactísimas en materia electoral de
Nuestro Venerable Hermano el Obispo de Vitoria. Leedlas, pon-
deradlas y entendedlas bien, carísimos; y sobre todo, observad-
las, persuadidos de que el buen o mal uso del derecho de sufragio en las presentes circunstancias puede ser cuestión de vida o

muerte para nuestra nación querida; resultando de ello, por consiguiente, deber estricto y riguroso, «deber grave en conciencia ante Dios y ante la Historia», el ofrecer y dar vuestros sufragios a hombres dignos, cristianos y sinceros que sientan y defiendan aquellos ideales altísimos que Dios bendice, o por lo menos, no darlos, porque sería un crimen, a hombres que opuestas vías siguieron, hostiles a la Religión, traidores a su fe y a sus juramentos y forjadores de una sociedad nueva saturada de odios, venganzas y egoísmos, de una nación exótica, apta para todas las impiedades, e incapaz de todo punto para ser y llamarse de manera alguna, puesto que carece de historia, de esperanzas y de recuerdos, la Patria queridísima de nuestra Fe y de nuestros amores.

He aquí las normas:

I

Es evidente a la luz del derecho natural y positivo que quien proporciona y da a otro el medio de hacer el mal viene a ser su cómplice. Mas como los concejales, diputados provinciales, a Cortes y senadores, tienen en su mano el poder de hacer o por lo menos de procurar hacer el bien y el mal en orden a la Religión y a la Patria, es claro que quien les (sic) elige y nombra para cualquiera de los mencionados cargos se hace solidario del bien que aquellos realizan o cómplice del mal que cometen.

Es por tanto cuestión y asunto grave de conciencia el ejercer debidamente el derecho de elegir y nombrar los hombres públicos que han de gobernar los municipios, las provincias, la nación, y en consecuencia con toda Nuestra autoridad de Prelado diocesano, puesto por el Espíritu Santo para regir esta diócesis, hemos de consignar aquí que cuantos ejerciten el derecho de sufragio habrán de dar a Dios cuenta rigurosa para ser recompensados o castigados según el uso bueno o malo que hubieren hecho de tan sagrado derecho.

Aplicando ahora a toda contienda electoral estos principios fundamentales e indiscutibles, y solo movidos por imperioso deber pastoral, señalamos para Nuestros amados diocesanos, las Normas siguientes: Dirigió las dos primeras a toda España el

Emmo. y Rvdmo. Cardenal Primado, Director Pontificio de la Acción Católica en España; las demás son Nuestras.

II

Habiendo demostrado la experiencia cuánta dificultad hay siempre en obtener uniones habituales entre los católicos de España, es necesario e indispensable que el acuerdo se haga a lo menos por *modum actus transeuntis*, siempre que los intereses de la Religión y de la Patria exijan una acción común, especialmente ante cualquier amenaza de atentado en daño de la Iglesia.

Adherirse prontamente a la tal unión o acción práctica común, es deber imprescindible de todo católico, sea cual fuere el partido político a que pertenece.

III

En las elecciones, todos los buenos católicos están obligados a apoyar, no solo a sus propios candidatos, cuando las circunstancias permitan presentarlo, sino también, cuando esto no sea oportuno, a todos los demás que ofrezcan garantías para el bien de la Religión y de la Patria, a fin de que salga elegido el mayor número posible de personas dignas. Cooperar con la propia conducta o con la abstención a la ruina del orden social, con la esperanza de que nazca de tal catástrofe una condición de cosas mejor, sería actitud reprobable que, por sus fatales efectos, se reduciría casi a traición para con la Religión y con la Patria.

IV

A ningún católico es lícito favorecer con su voto a los candidatos que presente una coalición, un bloque, una agrupación que en su programa de siempre y de lucha electoral, en sus periódicos, en sus meetings, contenga y consigne doctrinas anticatólicas, ataques a los sagrados derechos de la iglesia y a sus santas instituciones. Tal sucede hoy en Nuestra diócesis con las coaliciones: socialista-republicana; republicano-socialista radical, y huelga decir que con el partido comunista.

V

Allí donde los partidos católicos pueden contar con probabilidad fundada de triunfo, faltaría a su deber el católico que se abstuviera de votar, sería un cobarde desertor de su propio campo y muy responsable ante Dios por no haber cooperado a convertir en realidad lo que era consoladora esperanza.

VI

Si se diera el caso de que, luchando en un lugar las derechas católicas contra el bloque izquierdista anticatólico, surgiera a disputar el terreno una fracción disidente derechista, cuya derrota parezca normalmente segura, y que por tanto no tuviera más resultado que dificultar e impedir el triunfo de las primeras, esto es, de las derechas católicas, en ese caso no es lícito votar a los candidatos que presenta la mencionada fracción.

VII

El Prelado que suscribe, puestos sus ojos y su corazón en Dios, ha cumplido su deber al trazar estas Normas, ¿Oirán, escucharán su voz sus amados diocesanos? ¿Obedecerán a su Pastor?

Si, como ha ocurrido alguna vez en esta diócesis, se vuelve a derrotar a la Religión en nombre de la política porque los electores católicos obedecen, antes que a la Iglesia a sus jefes políticos, sepan éstos y aquellos que en el día de su cuenta juzgará a todos ellos y a Nós Jesucristo Señor Nuestro.

Vitoria, 7 de abril de 1931.

† MATEO, Obispo de Vitoria

Lo mismo dice y predica por lo que se refiere a los católicos orensanos,

† FLORENCIO, Obispo de Orense

Apéndice A-2

Boletín Oficial Eclesiástico del Obispado de Orense, nº 9,
año XCVIII, de 29 de abril de 1931

OBISPADO DE ORENSE

Conocida es la santa doctrina católica acerca de la suerte y destino de las cosas. Bienes y males hay en el mundo y unos y otros de Dios provienen, como así está escrito en el sagrado libro del Eclesiástico: *Bona et mala, vita et mors, paupertas et honestas a Deo sunt* [572]. Propiamente hablando, el único mal que en el mundo existe es el pecado, porque es el único que muy lejos de venir de Dios, se opone diametralmente a sus designios, a su voluntad santísima, y es por su propia esencia abominación y desorden. Luego, a excepción del pecado, cuanto al hombre sucede; cuanto le sirve o le atormenta, le halaga o le repugna, le encanta o mortifica, traza y ordenación de Dios es o igual acatamiento merece en unos que en otros casos. Tampoco hay cosas pequeñas para Dios desde el momento que todas las crea y ordena para su gloria; bien que entre estas exista sapientísima trabazón y encadenamiento admirable, relaciones y correspondencias ocultísimas de medios y fines que el último termina en el supremo fin de la divina gloria.

Oigamos entre otras mil sentencias que pudieran citarse, esta tantas veces comentada del Divino Maestro: «Todos los cabellos de vuestra cabeza contados están, y ni uno de ellos podrá caer sin voluntad y permiso de vuestro Padre celestial» [573]. Pues si con los cabellos esto sucede, si de ellos cuida, y los guarda y conserva con trazas y medidas ocultísimas el Criador del mundo, ¿qué diremos del hombre, rey y centro de la creación, y de las naciones en que viva y se completa el hombre, y de la humanidad entera que abraza y comprende a todos los hombres pasados, presentes y futuros, y qué de la Iglesia Católica, nuestra madre benditísima, de cuya vida sobrenatural, que es la misma vida de Cristo, es designio de Dios que vivamos, y nos sobrenaturalicemos y triunfemos?

---

[572] XI, 14.
[573] Luc., XII, 7.

Ordenación es ésta que nadie, ni aún juntándose y sumándose todos los odios infernales y poderes creados en conjuración satánica, según tantas veces ha sucedido en el curso de la Historia, podrá romper, y menos impedir y frustrar: deduciendo de ahí nuestros Santos Padres y teólogos que nada absolutamente de lo que en este bajo mundo sucede, por duro y amargo que sea, debe turbar a un hombre de fe, sino más bien afianzarle, asegurarle y confirmarle en el divino servicio. Que se ve cercado, invadido de tribulaciones, golpeado y herido por la fatalidad y la desgracia, males a lo mejor repentinos que de seguro no esperaba y por imposibles tenía, levante el corazón, mire arriba; acuérdese de que estos males son bienes, pues que en la ciencia de Dios previstos fueron y en sus adorables juicios entraron, como medios tal vez más eficaces y seguros para crisol de méritos, y prueba, depuración y perfeccionamiento de virtudes.

Flaca, vacilante y tornadiza es por desgracia la fe en muchos que de católicos se precian. La cantan y defienden naturalmente en la prosperidad, cuando en ella y por ella alcanzan honores, abundancia de bienes y más regalada vida; pero ya veis que no es fe que haya contrastado la cruz y que por tanto atesore méritos para la vida eterna. Tibio, cobarde y receloso es también el amor en innumerables que comulgan y todo; estrechan por ventura jubilosos dentro de su pecho la divina Hostia, carne divina que en momentos de dicha recibieron, pero un poco después vuelven a ser los de siempre: entréganse en cuerpo y alma a los halagos, caprichos y tentaciones del mundo, del demonio y de la carne, y por allá andan sin distinguirse en nada, y por lo que a sus formas exteriores respecta, de los infieles y herejes. ¿Cristianos éstos? ¿Cristianos de fe y amor probados, dispuestos a morir, a ser mártires como lo fueron tantísimos millones que constituyen la gloria, la demostración práctica, evidentemente sobrenatural y divina, dada la humana miseria y su impotencia absoluta para esta clase de heroísmos, de nuestra Religión sacratísima? Escuchemos nuevamente a Jesús: «No ha de ser el discípulo de mejor condición que el maestro. El reino de Dios padece fuerza y sólo los violentos, los probados en la tribulación y constantes en el sufrir lo arrebatan»[574].

Fuerza es por consiguiente reconocer a la luz esplendorosa de estas verdades, que Dios Nuestro Señor no nos olvida cuanto más nos prueba, antes es entonces cuando más nos ama y más cerca tenemos el triunfo definitivo, que por cierto no es el momentáneo y caduco, siempre efímero, aun siendo semejante al de los reyes de la tierra, incapaz de rebasar los límites del tiempo, sino el que ha de ser recompensa adecuada, eterna y segura de la virtud, que cimentada en la verdadera fe, alimentada y nutrida con la divina sabia del amor, imitación y confianza absoluta en Jesucristo, llega a manifestarse a los ojos de todos los hombres, buenos y malos, si ojos tienen y quieren ver; destacándose perfectamente por su mismo carácter de sobrenaturalidad y omnipotencia, pues que no la intimida el dolor ni ahogan las cárceles ni jamás vencieron todas las humanas tiranías, tantas como por el mundo han pasado, cualquiera que fuese su poder y fáciles y ruidosas sus victorias. ¡Todo acaba; no hay república ni monarquía que perdure! Pero Cristo es Dios y los que a El acuden y en su poder, gracia y promesas se afirman, jamás fueron confundidos. Por eso, precisamente, porque fundada y afirmada en Cristo está la Iglesia, no hay odios ni poder posible que la derribe.

Quienquiera (sic) que tenga fe, por consiguiente, encontrará aquí poderosos y muy justos motivos para confiar y consolarse. Bástenos saber que nuestra suerte y destinos y los de nuestra querida España, envuelta en incertidumbres y dudas y expuesta a graves conflictos, están en manos de Dios, y ora aquellos sean prósperos, ora adversos, medios tendrán que ser al fin ordenados por la divina Providencia a nuestro bien y espiritual provecho. Aún en eso que puedan tener de duro y amargo, de repugnante y contrario a lo que por ventura acariciábamos y hubiéramos preferido, debería encontrar mieles nuestra fe, dulzuras inefables y sobrenaturales consuelos nuestro amor y confianza en Jesucristo.

Seamos siempre buenos cristianos, no de mera apariencia y puro nombre según antes lamentábamos, sino de corazón, de fe

---

[574] Matth., XI, 12.

honda y sinceridad probada; seamos dignos y fieles españoles como lo fueron nuestros padres, predilectos recogidos de Dios para el descubrimiento y civilización de nuevos mundos por medio de la Cruz, que todavía nosotros por divina gracia adoramos, y se nos arrancaría el corazón si de los colegios y escuelas en que se forman nuestros niños se arrancara: esfuércese cada cual dentro de su condición y esfera: influya, trabaje y ore con celo y espiritual interés perfectamente compatibles con el respeto y sumisión que a las autoridades constituidas debemos, a tenor de lo que el mismo apóstol San Pedro nos enseña e íntima en su primera Canónica; «Busquemos todos, en una palabra, a fuer de verdaderos creyentes, el reino de Dios y su justicia y todo lo demás, sin duda accidental, nos vendrá a la postre añadido»[575].

Al efecto, teniendo en cuenta el reciente cambio de régimen operado en España y las dificilísimas circunstancias porque todavía ésta atraviesa, disponemos, de acuerdo con lo que ya dispuesto fue por nuestros Hermanos en el Episcopado:

1.º Absténganse todos los venerables Sacerdotes de intervenir y mezclarse apasionadamente en negocios seculares y contiendas políticas, y tengan para ello en cuenta las Ordenanzas gubernativas y leyes civiles vigentes, sin nunca extralimitarse en tan delicada materia de lo que disponen, y aun de lo que aconsejan, el espíritu y letra de los Sagrados Cánones.

2.º Procuren, asimismo los reverendos Párrocos y Ecónomos, y en general, todos los predicadores y expositores del Santo Evangelio, concretarse a lo que en él divina e inspiradamente se enseña en orden a lo que todos los hombres por Cristo Jesús redimidos, y consiguientemente, la cristiana grey que les fue confiada, necesitamos creer, amar y practicar para lograr los frutos de esa Redención copiosísima y misericordiosísima, y mediante esto salvarnos.

3.º Guárdense mucho en sus sagrados ministerios, y más en el apostolado altísimo de la predicación evangélica, de hacer alusiones directas o indirectas al estado actual de cosas; tanto más cuanto, dada la excitación de ánimos, propendrán (sic) los oyentes, con buena o mala intención, a interpretaciones injustas y

---

[575] Matth., VI, 33.

apasionadas. Tal vez algunas *ut caperent in sermone,* como hacían los fariseos con Jesucristo.

4.º Muestren todos sumo empeño e interés por la paz y concordia, removiendo en cuanto de su voluntad dependa, toda clase de dificultades y obstáculos que a ello se opongan; y así guardarán todas las consideraciones, honores y respetos debidos a las autoridades seculares, y hasta las secundarán y colaborarán con ellas en todo lo que redunde en beneficio común y utilidad pública.

5.º Por cuanto ha cesado de hecho la obligación de añadir a las oraciones de la Santa Misa la colecta *Et famulos,* procede y ordenamos, en vista de las graves necesidades de la Iglesia, que en vez de dicha colecta, sea añadida la oración *pro Ecclesia.*

6.º Queda y nos obliga a todos el deber imprescriptible, religiosísimo y sacratísimo, deber de caridad que en todos nosotros grita, de rogar incesantemente, cada vez con mayor fervor dentro y fuera de la Misa, a medida que arrecien los conflictos o sean más duras las pruebas a que se vea expuesta la Patria, por los que en ella vinculan y representan en sus personas, autoridad o cargo, deberes, ministerios y funciones de suma trascendencia social y religiosa.

Orad por todos, carísimos; comenzando por nuestro Santísimo Padre Pío XI, a quien Dios salve y conserve; por vuestro indignísimo Prelado, el más necesitado de todos a causa de su falta de dotes y espiritual pobreza, y también por cuantos ejerzan potestad sobre nosotros, desempeñando cargos y designios, sin duda providenciales, que bien pudieran ser de vida o muerte para esta nación querida, tierra maravillosamente conquistada para Cristo Jesús y siempre eficazmente defendida contra moros y herejes por su aclamado Patrono Santiago, y por la Sacratísima Virgen, Madre de Dios, cuyo Pilar de Zaragoza es y será muralla inconmovible de nuestra Fe divina.

Oremos todos, sacerdotes y fieles, *sine intermissione,* como siempre lo hizo la Iglesia, desde su origen, y dejemos en manos de Dios, como ya lo está, la salvación de España; en la seguridad de que cualquiera que sea su forma de Gobierno y actuación política, será siempre aceptable, y aun deseable y preferible siendo justa, general y eficazmente provechosa para el bien público, inseparable naturalmente de la religión que distingue al hombre de las bestias.

Os recomendamos a este objeto que tengáis rogativas públicas con las Letanías de los Santos; o siquiera, lo solemnes cultos y devotísimos ejercicios dedicados a la Inmaculada y Corazón Sacratísimo de Jesús, durante los próximos meses de mayo y junio. No prescindáis del Santo Rosario y de las meditaciones, estaciones y desagravios al Santísimo Sacramento, adorándole en media exposición o exposición mayor, que autorizamos para los domingos y días santos de esos meses, si la estimáis conveniente; pero haciéndola, claro es, en la forma y con la devoción, solemnidad y recogimiento que exigen las Sagradas Rúbricas.

¡Gloria a Dios y paz en la tierra a los hombres de buena voluntad!

Orense, 28 de abril de 1931.

† FLORENCIO, Obispo de Orense

Apéndice A-3

Boletín Oficial Eclesiástico del Obispado de Orense, nº 19, año XCVIII, de 7 de octubre de 1931

OBISPADO DE ORENSE

A Nuestro Excmo. Cabildo Catedral, Venerables Párrocos y Ecónomos, Reverendísimos Abades y Priores de Conventos, Capellanes, etc.

AMADÍSIMOS EN EL SEÑOR:

No tuvimos hasta ahora, no tendremos de seguro en adelante, durante el pequeño resto de vida y pastoral ministerial que puede quedarnos, causa más fundada, motivo mayor para escribiros que el que ahora Nos atribula, moviéndonos desde luego a interesar vuestra piedad, la cristiandad y nobleza de vuestros sentimientos en la serie de atentados impunes, sacrilegios horrendos, interminables, no vistos seguramente en los pasados siglos y que, por lo menos respecto de su número, impunidad y otras circunstancias, no los hubieran concebido y menos tolerado la fe y religiosidad de nuestros antepasados. ¡Oh dolor! ¡«Satanás y demás espíritus malignos que para perdición de las almas recorren el mundo», como dice la Iglesia, han logrado aquí, en esta cristianísima diócesis ourensana, una de sus más pingües abominables cosechas de odios infernales a Jesucristo en el Sacramento, precisamente, de su infinito amor al hombre!

Dada la perversa inclinación humana nacida del pecado y no contenida por el santo temor de Dios, fácil les ha sido a aquellos tentadores encontrar cientos, tal vez millares de adeptos capaces de todas la abominaciones, blasfemias, sacrilegios e impiedades que quisieran sugerirles. No es una excepción, ciertamente, sorpresa rara e inverosímil, el descubrir semejantes horrores. Desde que la humanidad existe, aún allí donde los esplendores de la Revelación, la vida de la gracia y el poder sobrenatural de la fe obraron milagros de renovación en las entrañas del hombre, surgieron pecadores de todas clases: infieles, lujuriosos, ladrones, homicidas, rencorosos e idólatras; no hubo ni hay impiedad, por monstruosa que sea, de que no haya sido y sea capaz el hombre, sobre todo si llega a dudar o persuadirse de que la responsabilidad moral aneja a la libertad de sus actos no es exigible más allá de la presente vida, y el grito que surge implacable de toda conciencia apreciadora de la distinción esencial que entre el bien y el mal existe y, consiguientemente, de la que la justicia tendrá que ser inexorable y eterna, queda ahogado por el paso mismo de la iniquidad y el brutal desenfreno de las pasiones. Más que será si a esto añaden los «continuos rodeos e insistentes visitas», sugestiones y tentaciones, contra las que ya inspiradamente nos previene el apóstol San Pedro en su primera Canónica, a que apelan «para perdemos» los consabidos espíritus infernales fatalmente impulsados por la fuerza misma de su odio a Dios que a eterna desdicha les ha condenado, de la redención y felicidad del hombre llamado a la gloria que ellos perdieron y, consiguientemente, del supremo culto de amor, gratitud y reverencia que a Cristo Jesús, Dios hecho hombre y Redentor y santificador de la humanidad, deberá tributársele?

Fijémonos en estas verdades de fe, carísimos. Llegó a tanto la bondad de Dios para con el hombre, aún después de habérsela éste declarado rebelde, contrario y opuesto a sus sapientísimos designios; fueron tales las trazas de su misericordia infinita, que viene a encarnar y revestirse de humana naturaleza en ley de sufrir libremente y por amor todos los dolores, desdichas, humillaciones y muerte, «abatimientos y anonadamientos propios de esclavo», como los juzga el Apóstol, que ni el rebelde favorecido concebir, y, menos, desear pudiera; y con sólo verlos ahora, creerlos, admirarlos, con sólo aceptar y aplicarse, también son ley de gratitud y amor correspondido, los infinitos méritos que en aquellos encierran, y levantarse y obrar en virtud del sobrenatural poder de la gracia que de ellos fluye, sentirá inefablemente que todo su ser antes sumergido en pecado se regenera, y surgen gemidos y corren lágrimas que a la inquinidad (sic) destruyen, el pecado borran, y es nuevo todo; comenzando por el corazón, que aborrece lo que antes amaba y ama lo que antes aborrecía; por el alma, que se mueve y expansiona en regiones purísimas de luz que antes desconocía, y por la mente que descubre ideales divinos y discurre y piensa con bases y principios venidos del cielo, en los cuales no puede menos de aparecer y revelarse y ser todo el buen Dios encarnado, convertido en víctima a fuerza de dolores, sometido a la muerte para infundirnos su propia vida que es juntamente destructora de nuestros pecados, y transformadora, triunfadora y glorificadora de nuestros dolores, humillaciones y muerte, de suerte que en todas las cosas vemos y todas nuestras cosas se hace Cristo para que también nosotros, una vez revestidos por la fe y la gracia de sus dolores y méritos, santidad y naturaleza, dejemos de ser reos ante la justicia de Dios y nos hagamos santos por divino modo, no viéndose en nuestra santidad otra santidad que la de Cristo. *Omnia et in omnibus Christus* (Colos. III, 11).

Claro que nada de esto conciben, nada aceptan y aún lo consideran absurdo los desdichados que fueron seducidos, sugeridos por Satanás, y embrutecidos y obstinados viven hasta el punto de que todo su amor, deseos y aspiraciones redúcense a instintos bestiales, como que niegan la espiritualidad de su propia alma. *Facti sunt sicut et mulus quibus non est intelectus* (Ps. XXXI).

Y lo peor es que llegan a participar y a encenderse en el odio de Satanás haciendo objeto de este odio, principalmente, a lo que es objeto, principio y cifra del amor y culto de los bienaventurados, ángeles y santos, ora vivan éstos en el cielo, ora luchen todavía en la tierra: odian a Jesucristo por fatal necesidad y horrenda ley del mismo odio que los sataniza y donde quiera le encuentran o adivinan le ultrajan y blasfeman en todas las formas posibles. Desearían aniquilarle y que ni aún su nombre se mentara, igual que en los sangrientos días de su pasión.

Con lo cual vienen a demostrar bien claramente, que allí está, en efecto, vivo y real, donde a tales crímenes, fieros desahogos de rabia, se entregan.

¿Y dónde es? Increíbles muestras, testimonios y pruebas de infinito amor habían sido las que Jesús había dado muriendo por el hombre, mereciéndole la redención y la gracia que le transforman de pecador en justo, le hacen santo con aptitudes y derechos a su misma gloria; y he aquí que todos estos testimonios, todas estas gracias y misterios quiso resumirlos y los resumió de hecho en un solo sacramento que es a la vez sacrificio, en un solo misterio que es a la vez revelación y gloria, en una sola gracia que es fuente e inagotable manantial de todas las gracias y que viene a ser lo más santo que la infinita caridad de Dios puede conceder al hombre, lo más alto y sublime que descubría su ciencia y el más asombroso regalo que a su Omnipotencia le era dado ofrecer, puesto que es El mismo en forma de pan para que ya en esta forma los predilectos y escogidos le desearan y comieran. *Yo soy el pan vivo que descendí del cielo,* clamaba. *El que me coma vivirá por mí* (Ioan. VI, 33-58).

¡Esto hizo por nosotros el Hijo vivo de Dios, Cristo Jesús, y no se arrepiente, a pesar de tantísimos ultrajes, ingratitudes y ofensas a que se exponía y diariamente se le infieren! No hay parroquia, aldea ni villorrio donde no quiera vivir y ofrecerse a ser comido en la forma dicha. Quiere así estar con los vivos en la tierra, oculto bajo los velos eucarísticos para ejercitar su fe y merecer su amor: animarles (sic) en sus trabajos, afianzarles en sus esperanzas, confirmarles en sus virtudes; asegurándoles a todos una muerte santa si muertos al pecado en justicia viven, hasta que al fin, tras la muerte del cuerpo, que es el triunfo de la verdadera vida, lleguen a vivir con El en reino inmortal, imperecedero, *viéndole cara a cara,* como dijo el Apóstol. *Facie ad faciem sicuti est* (I, Cor. XIII, 12).

La misma ley de amor, inquietud sublime, aspiración suavísima y necesidad irresistible de hacer bien al necesitado, le mueve a salvar la infinita distancia que de nosotros miserabilísimas criaturas, menos que nada en cierto modo, le separa –*ima summis, terrenae divinis funguntur*– y he aquí que viene y con nosotros se queda: en nuestros templos vive como su gloria, gozándose en recibirnos y lamentando que solo le dejemos y nada le pidamos, cuando para eso está y a eso viene: a remediar nuestras necesidades, todas nuestras miserias, comenzando por las del alma, que son las más hondas e incurables.

De tal manera amó Dios al mundo, escribía San Juan, que le dió su Unigénito, para que todo el que cree en El no perezca, sino que tenga vida eterna (Ioan, III, 16). Se lo dió en Hijo y Hermano del Hombre, y en Padre, Redentor, Verdad y Vida, y también en Luz, Camino, Fortaleza, Viático y final victoria –no para juzgar al mundo, sino que el mundo se salve por El–; resumiéndolo todo en el gran Sacramento Eucarístico. ¡Tantum ergo Sacramentum veneremur cernui! ¡Nada más justo, sí, cristianos, nada más santo y debido que, derretidos en afectos de gratitud vivísima, henchidos de admiración y asombro, caigamos al suelo y con la frente en el polvo permanezcamos día y noche, mientras vida nos quede, adorando profundísima, intensísimamente, tal Divino Misterio!

Pero ya veis lo que sucede, queridísimos; el odio implacable de los *malignos espíritus* encontró almas ociosas, disipadas, desprovistas o mal fundadas en la fe, y con suma facilidad las hizo suyas; se ha apoderado de ellas despojándolas, en primer lugar, de todo sentimiento noble y afecto generoso a fin de en ellas reinar con dominio pleno: de suerte que hasta la condición humana que el amor de Jesucristo hubiese santificado, transformado y aún divinizado, mediante la gracia de la conversión, por el *odio maligno* fue degradada, desnaturalizada, prostituida, hasta el extremo, si extremo puede haber aquí, de quedar por debajo de la condición puramente animal, en la que, cuando menos, hay instintos laudables, según se los dio la naturaleza, como es la estima del bienhechor, instintos que ya no existen, no se echan de ver en los que de semejante odio fueron víctimas: todos esos a que antes aludíamos, impíos violadores de nuestros templos, fríos sacrílegos que gozan al parecer en lo que ni el mismo Satanás que los arrastra gozar consigue, que es atentar y destruir, en cuanto dado les sea, todo lo que sea emblema, sello, creación y

Sacramento de Cristo, y con especial ensañamiento el gran sacramento en que Cristo vive y se reproduce con toda la infinitud de su caridad eterna, indestructible, redentora y vivificadora del mundo, y por consiguiente, en fuente viva de gracias, de expiación de culpas, y de todas las santidades, virtudes y heroísmos que pueden caber en el hombre mientras luche en la tierra.

Compréndese naturalmente que este Sacramento augustísimo, Hostia Santa y Dios verdadero, reproducción perpetua e incruenta del Sacrificio cruento de la Cruz, fuese el más odiado de los demonios. Pero en cuanto a los redimidos ¿os los imaginaríais tan ingratos que consintieran en ser cómplices? ¿podríais figuraros que tan fácil les fuese a aquellos *malignos espíritus que para perdición de las almas recorren el mundo,* preparar y recoger su pingüe cosecha de odios, toda esta excesiva abundancia de sacrilegios horribles, a que a lo mejor se prestan hermanos nuestros, hombres tal vez nacidos y bautizados en esta bendita tierra orensana?

Hay quien penetra en los templos rompiendo con más o menos habilidad sus puertas y cerrojos sin otro propósito, al parecer, que llevarse cualquier objeto o valor material, si encontrarlo pudiera, o las pocas limosnas que para culto de Santos y sufragio de muertos dedican los fieles. Por sacrílegos que estos ladrones sean, no se ve que les mueva otra pasión que la de su codicia: algo de fe queda en ellos cuando respetan el Sagrario. Se acuerdan por ventura y tiemblan de que allí está su Dios, el Supremo Juez de vivos y muertos que les juzgará al morir.

Hay quien aparte de penetrar furtivamente en las iglesias y llevarse lo poco o mucho que en ellos encuentren (mucho nunca podrá ser, dada la excesiva pobreza de nuestros templos aldeanos), abren audazmente el Sagrario y, llévense o no el Copón, según lo estimen o no apreciable, arrojan esparcidas las sacratísimas formas contenidas en él, indicio manifiesto de que ya nada les queda, nada conservan de fe católica en el Divino Sacramento. Posible es, no obstante, que todavía su ignorancia les excuse muchísimo ante la justicia de Dios y les comprenda la misericordiosísima súplica de Jesús rogando por los que le crucificaban sin saber lo que hacían.

y los hay, por último –éstos son los verdaderos conscientes, esclavos voluntarios de la infernal malicia– que no se proponen robar, como lo demuestra el no tocar nada que pudiera ser materialmente estimable y objeto de codicia, sino que todo su propósito, su intento directo y exclusivo es apoderarse de las hostias consagradas y llevárselas no se sabe a dónde; de seguro para hacer con ellas, perpetrar y consumar todas las abominaciones y sacrilegios que el infierno les sugiera o en los ritos masónicos se preceptúe, no menos impíos que los del Huerto, Pretorio y Calvario; patentizando de este modo, con su mismo ensañamiento de odio a Jesucristo Sacramentado, que allí le ven, le creen presente donde tan impíamente le tratan e intentan destruirle. Luego en realidad es odio en que hay fe; si no la fe «que justifica», ni siquiera la que, al decir de San Pablo, «hace temblar a los demonios», fe es que descubre y reconoce la real presencia de Jesús por el hecho mismo de perseguirle en aquel Misterio, a donde igualmente ven acudir los Santos y los que serlo pretenden para más amar a Dios y en aras de su amor sacrificarse.

¿Y entonces, lo dudaríamos nosotros, hijos y hermanos carísimos? ¡Aquí, está, como grita a todas horas nuestra fe, la vida prodigiosísima de los santos, y, por consiguiente, la fuerza maravillosa que ha triunfado y seguirá triunfando indefectiblemente de todos los odios y tiranías en que el mundo y el infierno en comparación satánica, implacable, universal y eterna, desahogan sus furias contra la Iglesia nacida de aquella misma vida de Cristo para ser Reino inmortal de Cristo! Por eso se le ve triunfar a pesar de todo; se le ve resistir, y resplandecer, y ensancharse con soberanos bríos cuando muerta se la creía o naturalmente morir debiera. Aquí, en la Hostia blanca, donde parece haber puesto por condición de su existencia la indefensión de todo enemigo por vil e infame que sea, es precisamente donde está el poder infinito, la omnipotencia soberana «que arroja a los soberbios de sus tronos y levanta a los humildes», infundiéndoles el heroísmo de la Santidad, que ya no es heroísmo humano, si no claramente divino. Que lo digan los que comiendo aquella Hostia llevan vida de Ángeles en cuerpo de muerte, y cantan en la tribulación, y no hay cárcel ni destierro en que no vislumbren y se acerquen con arrobamientos de júbilo a las delicias de la Patria. y los que somos Católicos y así nos llamamos, y somos los únicos que con razón, con títulos de verdad y derecho legítimo, nos llamamos y somos, por ser hijos y miembros militantes de la Iglesia Católica, veremos con indiferencia, pasivamente, que pudiera equivaler o interpretarse aprobación, complicidad, los múltiples horrendos atentados de que la Santa Hostia ha sido y es todavía blanco en nuestra diócesis? ¿Se dirá que tenemos fe y hemos sentido encenderse en nuestras almas y palpitar nuestras entrañas alguna vez, siquiera fuese en los puros días de nuestra inocencia, con el fuego y santidad de la Divina Eucaristía, permaneciendo mudos y fríos, extraños a todo sentimiento de indignación y horror a vista de tantísimos sacrilegios de que Ella ha sido y es objeto?

Cuantos mantengan viva su fe católica, que serán la inmensa mayoría de los orensanos, no sabrán ocultarla en estos momentos de dolor; asociarse querrán, y muy sinceramente, a las intenciones, fines y requerimientos de la Iglesia, y movidos de su mismo espíritu, experimentarán juntamente la necesidad, deber cristianísimo, de tener un acto público de desagravio, reparación unánime, sentida y clamorosa a Su Divina Majestad ofendida.

En la convicción, pues, queridos Hermanos e hijos en el Señor, en la seguridad plena de que no otros serán los deseos, los sentimientos y votos de vuestras almas creyentes; en especial de los que os preciáis de ser amantes y socios del Corazón Santísimo de Jesús, de María Inmaculada y del Divino Sacramento, Nos decidimos a fijar para la celebración de este acto el día primero de Noviembre, fiesta de Todos los Santos, que lo fueron, efectivamente, por la mediación de la Sacratísima Virgen, amor del Corazón de Jesús y virtud redentora, siempre infinita, eficaz e inagotable que en la Eucaristía se encierra y a sus amantes y adoradores se comunica.

Esperamos, por tanto, que en ese día celebraréis con la mayor solemnidad, fervor de espíritu, intensidad de fe, ternura y desbordamiento de afectos, y aún derramamiento de lágrimas, si el Señor os lo concediere, los consabidos cultos de desagravio, que consistirán en la Exposición Solemne del Divino Sacramento desde las primeras horas de la mañana, una vez terminada la Misa parroquial, hasta la de la tarde que determinarán los Revdos. Párrocos, priores y Capellanes, según dispongan de personal suficiente para la formación de turnos adoradores, que hayan de prestarse a la vela; por ser de todo punto indispensable que éstos se renueven y no se dé el caso de quedar solo el Santísimo. En cuanto a las demás prácticas, que asimismo determinarán, ordenarán y presidirán los citados señores, tendrán que ser elegidas naturalmente de entre las ya aprobadas y más recomendadas por la Iglesia: lecturas, meditaciones, consagraciones y ofrecimientos de desagravio; prefiriendo siempre las que mejor se acomoden a la piedad y condición de los fieles y fin a que se dedican; sin por eso omitir la estación, Rosario, cantos eucarísticos y alabanzas finales.

No habrá seguramente una sola parroquia, por insignificante que sea, casa religiosa ni capilla con reservado donde esta exposición, por lo menos durante alguna hora del día y con mayor o menor concurrencia de adoradores, no pueda hacerse. Todos los que crean y amen, y quieran de alguna manera demostrar su aflicción y sentimiento por los horribles ultrajes a nuestro buen Dios Sacramentado inferidos, acudirán a prostergarse (sic) en su divina presencia y le desagraviarán en esta santa unión de fe, concordia de voluntades y religiosidad de cultos que indicados quedan. Así ofreceremos a los ojos del mismo Dios ofendido y de sus Angeles y Santos, y aún a los ojos de los impíos e indiferentes, y de los que de nuestro dolor y sentimientos por falta de fe no participen, un espectáculo digno, conmovedor o edificante. ¡Ojalá que de uno al otro confín y en todos los ámbitos de la Diócesis no se oiga entre los católicos más que una sola voz ni resuene más que un sólo grito: la voz del amor a Jesús que saldrá de todas las almas buenas y el grito de reparación y desagravio que le aplicará y tornará propicio!

Orad y santificaos mucho en ese día, queridos hijos, llorad vuestras culpas y confesadlas sacramentalmente, si os fuere posible; absteneos por amor de Dios de diversiones y ocupaciones inútiles; sed enteramente de Cristo en cuerpo y alma, y que de la fe y espíritu de Cristo vayan también impregnadas, saturadas, rebosantes todas vuestras oraciones.

Entonces sí que el Divino Jesús tan ultrajado de los hombres aceptará complacido nuestros cultos, nos bendecirá a todos desde las sagradas profundidades del gran Misterio a nuestro amor y adoración expuesto, y nos hará predestinados de su gracia y de su gloria ¡Amén!

Anticipadamente os bendecimos también en el nombre del Padre y del Hijo y del Espíritu Santo.

† FLORENCIO, Obispo de Orense

Apéndice A-4

Boletín Oficial Eclesiástico del Obispado de Orense, nº 1, año CIII, de 15 de enero de 1936

LA FRANC-MASONERÍA DENUNCIADA POR LAS ENCICLICAS PONTIFICIAS

Los Soberanos Pontífices siempre han denunciado al pueblo cristiano las sectas que, en todo tiempo, han levantado la obra de la «contra-Iglesia». Desde el Papa Clemente XII, a principios del siglo XVIII, hasta Su Santidad Pío XI, no se encuentran menos de seis Encíclicas condenando expresamente la Franc-Masonería, que, al presente, monopoliza en cierto modo la obra impía de la «contra Iglesia».

La Encíclica *In eminenti* del Papa Clemente XII en 1738, declara:

> Bajo fingidas apariencias de una probidad natural, los franc-masones han establecido ciertas leyes y estatutos que les enlazan los unos a los otros. Pero, como el crimen se descubre por sí mismo, sus reuniones han venido a ser tan sospechosas que todo hombre de bien mira hoy como un signo apenas equívoco de perversión el hecho de estar afiliado a la misma.
>
> Hiriéndoles en la excomunión, este Papa les fustiga como los enemigos de la tranquilidad pública.

El Papa Benedicto XIV, en 1751, por su Encíclica *Providas,* condena el carácter secreto y las tendencias revolucionarias de la Franc-Masonería.

En 1821, Pío VII denuncia por su Bula *Ecclesia,* las sociedades secretas, como causa de las revoluciones de Europa.

En 1826, León XII, por la Bula *Quo graviora,* reproduce todos los actos y decretos de los Papas procedentes sobre esta materia y los confirma para siempre; suplica a los príncipes que acaben con estos conspiradores enemigos de su poder y de la Iglesia, y recomienda a todos los fieles huyan de ellos.

En 1829, Pío VII (Encíclica *Traditi)* declara:

> Por medio de los maestros que los franc-masones introducen en los liceos y en los colegios, forman una juventud a la cual tienen aplicación las palabras de San León: 'La mentira es su regla, Satanás su Dios, la inmoralidad su sacrificio'.

En 1832, el Papa Gregorio XIV emplea en su Encíclica *Mirari* los más enérgicos términos, comparando las sociedades secretas a «una cloaca, donde están amontonadas y amalgamadas las manchas de todo lo que hay de más sacrílego, de más infame, de más blasfemo, en las herejías y sectas más malvadas».

Pío IX condena cinco veces (sic) la Masonería, que «querría, si le fuere posible, hacer desaparecer la Iglesia del universo» (Breve *Ex epistolis,* en 1865).

Pero de todos estos actos tan graves, ninguno puede ultrapasar en importancia, ni tener el carácter de actualidad, que la Encíclica grandiosa *Humanum genus,* de 20 de abril de 1884, escrita por León XIII, ya que constituye un Código completo de cuanto los católicos deben saber al presente sobre francmasonería y de lo que éstos deben hacer para neutralizar y entablar victoriosamente su acción.

El gran Papa comienza por el carácter general y la orientación de los «campos enemigos de Dios»:

> Desde que por la envidia del demonio, el género humano se ha separado miserablemente de Dios, al que es deudor de la existencia y de los dones sobrenaturales, se ha dividido en dos campos enemigos que no cesan de combatir; el uno, por la verdad y la virtud; el otro, por lo que es contrario a la virtud y a la verdad. El primero es el reino de Dios sobre la tierra, el segundo es el reino de Satán. Bajo su imperio y su brazo se encuentran todos los que, siguiendo los funestos ejemplos de su jefe y de nuestros primeros padres rehúsan obedecer a la ley divina, y multiplican sus esfuerzos, aquí para pasarse sin Dios, allí para obrar directamente contra él.

La Encíclica presenta a la asociación de franc-masones como «la coalición de los fautores del mal», que «no cuidan ya de disimular sus intenciones y rivalizan en audacia entre ellos contra la augusta majestad de Dios».

Denuncia la secta de los franc-masones como una asociación criminal «no menos perniciosa a los intereses del cristianismo que a los de la sociedad civil».

> Empleando –dice en otra parte León XIII– a la vez la audacia y el artificio, ella ha invadido todos los grados de la jerarquía social y comienza a adquirir, en los Estados modernos, una pujanza que casi equivale a la soberanía.

Los franc-masones han llegado a gozar de gran crédito sobre los Gobiernos y han seducido a los príncipes y a los pueblos. La sociedad masónica se muestra en formal oposición con la justicia y la moral natural, haciendo del disimulo su constante regla de conducta para engañar y perder. Imponer el secreto a los afiliados, obligados a prometer obediencia ciega y sin discusión a las órdenes de los jefes, frecuentemente desconocidos y anónimos, es una monstruosa inmoralidad.

León XIII denuncia abiertamente que la secta «no se detiene en condenar a muerte a los que han sacudido su disciplina o resistido a las órdenes recibidas». y agrega estas líneas, que en estos momentos resultan proféticas:

> Y esto se practica con tal destreza, que la mayor parte de las veces que el ejecutor de esta sentencia de muerte escapa a la justicia, establecida para descubrir los crímenes y castigarlos. La Asociación masónica repugna a la honestidad, porque los frutos que produce son perniciosos y amargos. Los principios fundamentales de la Masonería llevan al naturalismo, para el cual la naturaleza o la razón humana deben ser dueñas de todas las cosas. En conclusión, este naturalismo niega o deforma los deberes para con Dios, no reconoce ninguna religión y combate la Iglesia; no admiten sino una moral independiente, una moral libre, que se dobla al soplo de todas las pasiones y 'hace perecer pronto la probidad y la integridad de las costumbres, agrandarse y fortalecerse las opiniones más monstruosas y la audacia de los crímenes desbordada por todas partes'.

La franc-masonería sueña con una sociedad política atea y una educación de la juventud sin enseñanza religiosa.

Los perniciosos errores masónicos «'terminan por la fuerza de las cosas en una conmoción universal y en la ruina de las instituciones». León XIII denuncia que tal es el verdadero fin de muchas asociaciones comunistas y socialistas, y añade: «La secta de los franc-masones no tiene derecho a decirse extraña a los atentados, pues que ella favorece sus planes: ella está de acuerdo con ellos».

Para combatir la malvada dictadura masónica, León XIII prescribe, en primer lugar, «arrancar a la Masonería la máscara con que se cubre y hacerla ver tal como es». El demanda que se ponga al descubierto la perversidad de su doctrina y la infamia de sus actos y que se den a conocer los artificios empleados por las sectas para seducir a los hombres y atraerlos a sus filas. La Santa Sede, en fin, prescribe desenvolver las corporaciones obreras y aplicarse en especial a la educación de la juventud y, sobre todo, oponer una Liga inmensa de oraciones y de esfuerzos a la coalición de las fuerzas del mal.

Recordemos, para terminar, que el Código de Derecho Canónico promulgado por Benedicto XV en 1917 (canon 2.335), castiga con excomunión reservada a la Santa Sede a todos los que den su nombre a una secta masónica cualquiera u (sic) a otra asociación de este género, fuere la que fuere.

Apéndice A-5

Boletín Oficial Eclesiástico del Obispado de Orense, nº 16, año CIII, de 7 de septiembre de 1936

LA REPOSICIÓN DEL CRUCIFIJO EN LA ESCUELA NORMAL

A las seis y media de la tarde del Domingo 30, la Catedral ofrecía un hermoso aspecto. En el Altar Mayor hallábanse nuestro Excmo. Prelado y Cabildo Catedral, las autoridades de la ciudad, Ayuntamiento en pleno, Diputación y comisiones numerosas de Telégrafos, Correos, Delegado de Hacienda, Director de la Normal, representaciones de la Sección e Inspección de primera enseñanza, Cónsul de Portugal, Presidente y Magistrados de la Audiencia, Juez de Instrucción y Fiscal municipal, Profesores de la

Escuela de Artes y Oficios, Párrocos de las iglesias de la ciudad, Comisario y varios agentes de Policía, Asociación de Padres de Familia, Director del Banco de España, Maestros nacionales con escuela en la capital y los PP. del Convento de Vistahermosa.

Los balillas de Falange estaban en perfecta formación en una de las naves, donde también se hallaban los milicianos de Falange y las de la Jap y Requetés. La Banda Municipal quedó ante la puerta Norte interpretando el himno de Falange y otras composiciones.

También estaba en la Catedral la bandera de Juventud Católica y numerosos socios de esta Juventud.

BENDICIÓN DEL CRUCIFIJO

El Excmo. Sr. Obispo, Dr. Cerviño, en solemne y sencillo acto, bendijo un hermoso Crucifijo destinado a rentronizar (sic) en la Normal y en la Escuela Graduada.

Fue un momento de inmensa emoción, en el que, con silencio sepulcral, participó el enorme gentío que llenaba nuestro primer templo.

PALABRAS DEL SR. OBISPO

Ocupó el púlpito el Revdmo. Sr. Obispo de la Diócesis, que dijo: Hoy es día de expansión libre con todos vosotros y se pueden desbordar los afectos y pensamientos de amor patrio, que son afectos santos que entre nosotros existen.

El sentimiento y afecto personal va dirigido a todos vosotros que profesáis la fe católica que yo profeso. Sentimos días de júbilo, de problemas, que se extienden a toda esta bendita tierra gallega, a todos los que fuimos bautizados en la fe de Cristo Jesús. Tierra esta últimamente desfigurada por un sectarismo feroz, con el fin de descristianizar nuestras esencias. Nos dejaban sin Dios, sin patria y sin familia, hasta sin honor. Hay que rendir pleitesía a la bandera que llevó Colón al descubrimiento del nuevo mundo, bandera la más hermosa que besó el sol con sus rayos. Era nuestra bandera secular y nos la han cambiado por otra desconocida.

España ha pasado y está pasando por trances duros y crueles, los más crueles de que podéis hacer memoria. Pero no sólo con la bandera, sino que también han hecho el escarnio de arrancar el Crucifijo que figuró como enseña en nuestros Centros de Cultura. Han hecho la destrucción de nuestros templos y la quema-zón atroz que todos conocemos. Estamos viendo ahora la vuelta y reposición del Divino Crucificado. Hora felicísima esta de la reposición del símbolo del Crucificado, que es nuestra reden-ción. Cristo Jesús es el maestro por excelencia, de cuyo corazón no pueden salir hoy más preceptos que los divinos. Decálogo, preceptos que significan amar a Dios sobre todas las cosas y que se compendian en hacer bien a todos y mal a nadie. La doctrina que se había establecido alcanzaba a los Centros de Cultura y a la escuela. Las consecuencias no podían tardar mucho en poner-se de relieve. Ahí tenéis los niños formados en el ateísmo, ¡ay de nosotros y de España con semejante doctrina! Autoridades, no pudisteis menos de demostrar lo que habéis decretado: entroni-zar el Divino Crucifijo en las escuelas públicas. Hay que levantar en las escuelas la imagen santísima de Cristo Crucificado. De otra manera, el anarquismo y por lo tanto el infierno con todos sus horrores, a todos alcanzaría.

Muchos por fortuna, según mis noticias, en la hora suprema se han abrazado al Crucifijo. Un buen ejemplo es el del diputado socialista fusilado en Valladolid, que dijo en su hora suprema:

> ¡Oh Cristo Jesús Crucificado, solo vos podéis haber dado la vida por darla a los hombres! En esta hora en que me voy a hun-dir en la eternidad, te contemplo con tus brazos abiertos, que se me ofrecen amorosos para recibirnos en este duro trance. Te en-trego mi vida. Invita a todos los hombres renuncien como yo re-nuncio a todos los engaños terrenales.

Hijos míos, que todos muramos así, pero vivamos todos en bien y en la caridad de Cristo.

ACTO DE DESAGRAVIO
Seguidamente el Sr. Montesinos pronunció en voz alta la si-guiente oración, en la que pedía perdón al Omnipotente por los muchos desmanes y agravios de que se le hizo objeto. Los nume-rosos fieles que llenaban la Catedral respondieron fervorosamen-te impetrando perdón del Todo Misericordioso.

ACTO DE DESAGRAVIO

Jesús, Señor nuestro, que subísteis (sic) a la Cruz a ser abrevado (sic) de injurias por nosotros, Orense, que reconoce la singular protección recibida de Vos en esta imagen del Santísimo Cristo, especialmente amada y siempre venerada con íntima devoción, se postra hoy a Vuestros pies acompañando ante Vos a todas sus autoridades en plena confesión de su fe, de su esperanza y de su amor a Vos.

Gracias, Señor, mientras otras ciudades y provincias de nuestra España han sufrido y están sufriendo los horrores del odio marxista, aquí gozamos, por Vos, de imperturbable paz; mientras otros han sido segados por el sable, martirizados con las llamas, asesinados en masa, nosotros disfrutamos bajo vuestra protección plena salud y prosperidad; mientras otros hermanos nuestros gimen bajo el hambre y las durezas de la guerra, a nosotros, Señor, nos das para dar.

Por eso, Señor, es mayor con nuestra gratitud, nuestro dolor por las injurias que en nuestras mismas escuelas habéis recibido y antes de llevaros en triunfo a nuestros centros docentes, nos sentimos obligados a implorar vuestro perdón.

Por el desprecio con que fuistéis (sic) depuesto oficialmente en nuestras escuelas: Perdón, Señor, perdón.

Por la afrenta con que entre nosotros hubo quien Os echó a puntapiés delante de nuestros niños: Perdón, Señor, perdón.

Por la injuria con que se enseñó a destruir vuestra imagen: Perdón, Señor, perdón.

Por las inmundas blasfemias que habéis oído de labios de nuestros pequeñuelos: Perdón, Señor, perdón.

Por las veces que se han enseñado a nuestros hijos que Vos no érais (sic) sino una mentira de novela: Perdón, Señor, perdón.

Por la irrisión hecha ante nuestros maestros de vuestros milagros: Perdón, Señor, perdón.

Por las veces que en las cátedras se ha enseñado que era impostura vuestra doctrina sagrada: Perdón, Señor, perdón.

Por tanto como se ha negado vuestro poder y escarnecido vuestra Redención: Perdón, Señor, perdón.

Por vuestras imágenes pisoteadas en nuestros pueblos: Perdón, Señor, perdón.

Por vuestros templos profanados y quemados en nuestra provincia: Perdón, Señor, perdón.

Por vuestros sagrarios violados, las hostias consagradas pisoteadas y escupidas: Perdón Señor, perdón.

Perdón, Señor, y mil veces perdón. Queremos borrarlo todo con nuestra contrición, castigarlo con entera justicia, repararlo con eterna fidelidad de culto y de amor, para que desde hoy sea nuestra ciudad y sea nuestra provincia la más señalada en el homenaje de la fe, en la reverencia de vuestro nombre y en el público rendimiento de gratitud y amor.

El Excmo. Sr. Obispo de la Diócesis hizo después entrega del Crucifijo al Teniente Coronel de la Guardia Civil, que representaba al Comandante militar de la plaza, organizándose seguidamente la procesión cívico religiosa, que se dirigió a la Normal por el itinerario fijado.

PROCESION CIVICO-RELIGIOSA

A las siete y cuarto de la tarde terminaba en la Catedral el acto de desagravio y bendición del Crucificado.

Por la puerta Norte de nuestra Basílica salieron las autoridades y representaciones, así como las milicias ciudadanas.

Se organizó la procesión cívica que llevaba a la cabeza las milicias de la Jap, Requetés y Falangistas, éstos con sus balillas, sección femenina y masculina.

Seguían las niñas de las escuelas nacionales, Salesianos, bandera de la Adoración Nocturna y congregantes, bandera de los Kostskas y congregantes, Juventud Católica Española y afiliados y colegios de Religiosas.

Después los Caballeros de Santiago, en perfecta formación. Presidiendo nuestro Excmo. Prelado, precedido de un gran Crucifijo que portaba el sacerdote

D. Ramón Vázquez y a sus lados el Teniente Coronel de la Guardia Civil y el Comandante Sr. Valcárcel.

Seguían representaciones numerosas, el Ayuntamiento y Diputación en pleno, Cabildo Catedral y nutridas comisiones de organismos oficiales.

Después público en tal cantidad que no se recuerda en Orense una manifestación idéntica.

La Banda municipal, que formaba en la manifestación, ejecutó a su paso por el itinerario recorrido, varias composiciones. Interpretó también varias veces el himno de Falange.

La procesión cívica recorrió las calles de Don Juan de Austria, Plaza del Recreo, Lamas Carvajal, Avenida de Pontevedra y calle del Progreso, deteniéndose ante la Escuela Normal.

EN LA ESCUELA NORMAL DEL MAGISTERIO

El paso de la procesión por las calles de la ciudad –que ofrecían gran aspecto por hallarse los balcones engalanados–, fue una serie de largas ovaciones y vítores a Cristo Rey, a España y al Ejército salvador.

Al llegar la manifestación a la Escuela Normal entraron a una sala de la misma las autoridades.

El Director de la Normal, ilustre Profesor D. Vicente Risco, besó el anillo al Revdmo. Prelado, recibiendo luego de manos del Teniente Coronel de la Guardia Civil, en representación del Comandante militar de la plaza, el Crucifijo, que había sido bendecido momentos antes en el solemne acto de la Catedral.

Luego de colocado bajo el dosel al efecto preparado, el señor Risco pronunció las siguientes palabras:

Excmo. y Revdmo. Sr.: Excmo. Sr.: Señores: Con el más íntimo, con el más profundo contento de mi espíritu, recibo de manos del Excmo. Sr. Comandante militar de la plaza en funciones, esta sagrada imagen de Jesús Crucificado, que desde ahora, en la nueva era que se abre para nuestra Patria, va a presidir nuestros trabajos en esta Escuela Normal.

Por singular privilegio de la Divina Providencia tengo el honor de ser yo, colocado por la benevolencia de mis colegas de Claustro en este inmerecido puesto directivo, quien aquí reciba el Crucificado y lo coloque en su puesto de honor. Y también el que me permita, en el ejercicio del cargo, una manifestación pública de mi fe, vedada hasta ahora, en nuestra vida profesional, por las circunstancias de todos conocidas y ya pasadas.

He aquí que Jesucristo vuelve a estar pública y solemnemente entre nosotros, en espíritu y en verdad. Vuelve a inspirar nuestros estudios y enseñanza el Divino Maestro, que se ha definido como el Camino, la Verdad y la Vida.

Nunca más oportunamente.

En España, como en todos los demás países de cultura europea, se enfrentan hoy dos concepciones del mundo irreconciliables, dos maneras de concebir la naturaleza individual y social del hombre, su origen y su destino, entre las cuales todo compromiso es imposible. Concepciones que acaso pudiéramos designar sin exageración como la doctrina de Cristo y la doctrina del Anticristo. No es otra la tremenda crisis que hoy conmueve al Occidente.

Y si en esta lucha tienen gran parte las armas, otra tan importante tienen las letras. También la cátedra es campo de batalla y también han de ser las escuelas y academias fortaleza del espíritu contra los asaltos del materialismo.

Lucha es esta que durará acaso tanto como dure el hombre sobre la tierra, y en la cual los hombres de fe tenemos hecha nuestra opción irrevocable.

En nuestros tiempos de profunda emoción social es cierto que los ignorantes y los semicultos han sido fácilmente arrastrados a la apostasía; pero también es cierto que en las altas esferas del saber se acentúa una vuelta completa a las nociones tradicionales que prepara el triunfo cumplido de la verdad católica. La circunspección en las afirmaciones científicas, la honda crisis del mecanismo, la restauración de la metafísica, la autolimitación de la ciencia humana en sus pretensiones de explicación total del universo, son hechos y actitudes características de nuestros días. Son síntomas ya de la victoria del espíritu.

Ven, pues, Señor de la Verdad y de la Sabiduría, a reinar entre nosotros, ven a reinar en España y especialmente en estas oficinas de la cultura en que la nueva España ha de ser forjada.

Aparta de nosotros toda vanidad y todo prejuicio; los falsos ídolos de la tribu y de la plaza pública, la semicultura, la hinchada suficiencia y la pedantería.

Danos la aplicación, la austeridad, el sano espíritu crítico, el sentido de lo posible y de lo imposible de los límites del humano conocimiento y la seguridad en las verdades fundamentadas de todo saber.

Para que de aquí salgan hombres capaces de guiar a las jóvenes generaciones de la nueva España, que todos deseamos culta y grande y fuerte, espejo de las virtudes eternas, fiel a su tradición inmortal, fiel sobre todo a la fe de nuestros mayores, que en todo momento iluminó su gloriosa historia.

HACIA LA GRADUADA ANEJA A LA NORMAL

Las autoridades y representaciones continuaron luego, seguidas de enorme muchedumbre, hasta la Escuela Graduada aneja a la Normal.

Frente a ella, a lo largo de la carretera, habíanse situado las formaciones de milicias de la Jap, Requetés y Falange, con sus respectivas banderas.

En la Graduada hallábanse, además de los maestros de dichas escuelas, los de las demás escuelas nacionales de la capital.

Al llegar las autoridades, hubo numerosos vítores y aplausos.

La Directora de la Graduada recibió la divina figura del Redentor Crucificado, colocándola en el lugar preferente del aula.

Seguidamente el Alcalde de la ciudad pronunció las siguientes palabras: Excmo. y Revdmo. Sr. Excmo Sr.: Orensanos todos, cuantos formáis esta invicta y católica ciudad: Gran honra y alegría para mí llevar hoy la voz de Orense en este acto y entregar como Alcalde vuestro a la Directora de esta Escuela Graduada la santa efigie del Salvador Crucificado.

Venimos ahora de la Escuela Normal donde se han de formar los futuros Maestros de nuestros niños; y estamos en la Graduada, donde esos mismos normalistas hacen sus prácticas antes de esparcirse por toda la provincia. Por eso se han escogido estos centros para entronizar con toda solemnidad oficialmente en ellos a Cristo Nuestro Señor en su Cruz.

Las autoridades de la España reconquistada y el pueblo a ellas unido en idéntico entusiasmo de fe cristiana y de fervor español, queremos que sea Cristo Nuestro Redentor quien presida toda la obra española, todo el ser de la nueva España, que es la antigua, que es la sana, la heroica, la reina de la cultura europea, la madre de las naciones, la regeneradora de mundos.

Queremos que sea Cristo quien lo presida, quien lo rija, quien lo bendiga todo en España, y por eso queremos y mandamos que desde la escuela se forme a los niños en cristiano y en español, se les enseñe la enseñanza de Cristo, se les modele en los ejemplos de Cristo, se les oriente en el pensamiento de Cristo, se amansen sus tiernos corazones con los sentimientos de Cristo. Queremos buenos españoles, y por eso queremos y mandamos que desde niños se les forme buenos españoles.

 Esto significa esta entrega oficial del Crucifijo. No lo traemos para que esté de adorno en nuestros centros docentes, sino para que en El se inspiren los profesores y de El aprendan y como El se formen nuestros maestros y como El se eduquen nuestros niños. Esta es, señora Directora, la voluntad y el mandato de España.

El Alcalde de la ciudad, D. Marcelino Mira, fue muy aplaudido.

A continuación pronunció breves palabras la Regente de la Graduada, Sra. Imelda Valdivieso, siendo largamente aplaudida por la unción con que subrayó todo su discurso lleno de un alto patriotismo y de una fe viva en el Crucificado.

(De la Prensa local)

APÉNDICE AL CAPÍTULO II

Apéndice B-1

Archivo del Centro Galicia de Buenos Aires

FUNDACIÓN DE LA «ESCUELA LAICA NEUTRAL DE ORENSE»
Corrían los años de 1905, 6 y 7 y los hermanos señores Pablo y Antonio Abad Rodriguez (sic), emigrantes en la República Argentina y naturales de la Ciudad de las Burgas, en su correspondencia periódica, pero contínua, que sostenían con los amigos que dejaron en Orense, preguntaban cómo seguía desarrollándose la enseñanza en su pueblo natal ya que, cuando ellos marcharon era algo más que deficiente; pues no había, y no hay aún, otras escuelas municipales que las llamadas normales (graduadas) de ambos sexos y en las que no pueden admitir más alunos (sic) que los fijados por la ley, quedando en la calle más del 80% del censo infantil sin recibir la instrucción precisa para su ingreso en la edad del aprendizaje de un oficio.

Es decir: en Orense no asistían a las escuelas municipales, más [que] unos pocos niños y niñas, y los que podían entrar en estos centros docentes tenían que ingresar en los colegios particulares de pago. Los que carecían del dinero necesario para pagar sendas mensualidades quedaban en la calle como aprendices de golfos y rateruelos.

Los hermanos Abad Rodriguez, producto de un asiduo trabajo, se crearon en Buenos Aires, una posición bastante desahogada y se propusieron evitar, en parte, aquella diferencia en la enseñanza de la niñez que existía en su pueblo; con este fin, preguntaron a sus amigos de aquí si tendería (sic) éxito y vida una Escuela Laica Neutral.

¡Con qué placer vemos los amantes de la instrución (sic) del pueblo estos nobles y atruistas (sic) rasgos de filantropía!

Reunidos los amigos y discutida la idea, después de haber pulsado la opinión de los elementos abanzados (sic) de la localidad, contestaron afirmativamente y, al efecto acordaron la celebración de un acto público por medio del cual se consultase el pensamiento del pueblo a este respecto.

Como que se trataba del elemento abanzado (sic) de la población, escribieron a la propagandista librepensadora Dª. Belén Sárraga de Ferro si tendería (sic) a bien venir a Orense a celebrar un acto de propaganda para la creación de una Escuela Laica destinada a recoger en sus aulas a unos niños, a los que pudiese, que no podían obtener en las escuelas del pueblo la instrución (sic) que sus padres querían recibiesen.

La Señora Dª Belén Sárraga de Ferro era una excelente propagandista, y, como tal contestó afirmativamente, y que le indicasen el día que hubiesen acordado celebrar la conferencia para ponerse en camino si, el día que señalasen, no tenía compromiso, y en caso de ser así, ver si era fácil cambiar fechas en una u otra parte.

Los ciudadanos que se habían hecho cargo del pensamiento de los hermanos Abad Rodriguez, se consultaron sobre el asunto, y determinaron que la celebración del acto tuviese lugar el día de la festividad de San Lázaro, que viene a ser como una *fiesta pequeña* del pueblo de las Burgas.

Y en dicho día se había de celebrar la conferencia en el Teatro Principal de esta ciudad; pero … *(siempre hay peros cuando se trata del elemento que se ha dado en llamar las Damas Catequistas)* cuando fue la comisión a recabar el permiso de la autoridad competente y del dueño del inmueble, se encontraron: con que no havía (sic) local ni permiso.

Quisieron dar la conferencia al aire libre, allí mismo, delante del Hotel Roma y tampoco pudo ser.

Hubo como es de suponer, protestas y gritos de todas clases, y para todos los gustos. y en un momento en que aparecía (sic) que Dª Belén iba a hablar se oyó una voz fuerte y clara que decía: ¡A las Lagunas, a las Lagunas!

Y a las Lagunas se dirigieron los asistentes con la comisión y la señora Ferro delante.

Y sucedió en esto, lo mismo que sucede siempre con ciertas intemperancias: no queriendo caldo, tuvieron tres tazas rebosantes, porque el grupo, de suyo bastante numeroso, tenía que pasar por el Campo de San Lázaro donde se celebraba la *fiesta chica* y unos *por curiosidad* otros por buen deseo, algunos porque *no voy que me llevan.* Con los organizadores del mítin (sic) se fueron a las Lagunas, esplanada (sic) que dista de Orense un kilómetro excaso (sic). Y allí se celebró la conferencia: conferencia, oída por bien pocos, relativamente, a celebrarse en el teatro, como se había anunciado, y escuchada en aquel lugar de protesta por todo el pueblo y muchísimos forasteros. Excusado es decir que aquel acto fue un exitazo que repercutió hasta en las aldeas, sin que por eso disminuyese la campaña de las beatas.

Con tan rebosantes estusiasmos para la creación de la E.L.N. producto de la desesperación e intransigencia de las beatas, se formó el censo para sostenimiento, dando un total de 200 socios protectores y de 67 socios activos de la «Sociedad *de Librepensadores»,* entidad que quedó nombrada para la nueva y recta administración de los fondos a recibir de los hermanos Abad Rodriguez desde Buenos Aires, y los que de aquí se recaudasen.

Informados los mencionados señores Abad Rodriguez del entusiasmo tanto a favor de su proyecto, avisaron que girarían 3.000 pesetas para la adquisición de material y que luego ya verían.

LA COMISION ENCUENTRA DIFICULTADES PARA ARRIENDO DE LOCAL

Con tan agradable noticia procedente de la capital argentina, la comisión o Junta Directiva de la *Sociedad de Librepensadores* comenzó a gestionar el arriendo de local apropiado.

¡Aquí fue Troya! En este asunto si (sic) que echaron el resto las catequistas orensanas.

Ya trabajaba la comisión cuanto podía buscando y hablando a este, aquel y aquel otro propietario de fincas urbanas para que les alquilara un piso de los que tenían desalquilados; en cuanto lo sabían las señoras de la comisión contraria, ya estaban puestas en movimiento para evitar que se alquilase el tal piso y evitar, también, instalar en él la Escuela Laica Neutral. = y lo conseguían = Aunque ya estaba cerrado el compromiso y cobrado el alquiler por adelantado, se desdecían, se desdecían y devolvían el dinero cobrado, suplicando mil excusas y pidiendo mil perdones, pero, *que se vería con los demás pisos libres para siempre si un piso de su casa sirviera para la escuela en proyecto.*

Varios fueron los dueños de casas que hicieron lo mismo, hasta que uno de los socios puso a disposición de la comisión el primer piso de su casa que, aunque pequeño y no reunir las condiciones pedagógicas requeridas para el caso, ofrecía una seguridad de llegar a implantar en Orense la enseñanza laica. En virtud de tantos desengaños y en la imposibilidad de encontrar otra casa mejor que la propuesta, se aceptó el piso ofrecido por el señor Villamarín mediante las reformas a que hubiere lugar a cargo de la sociedad y el pago del arriendo consiguiente.

Notificado este acuerdo al autor del proyecto D. Pablo A. Rodriguez se apresuró a girar la cantidad ofrecida para la adquisición de material móvil y fijo necesario para la apertura.

Y al efecto: ya que no podían nada contra el propietario del inmueble, por el inmueble mismo, le perjudicaron todo cuanto pudieron en su clientela. (El señor Villamarín tiene abacería abierta).

Y lo consiguieron, sí, lo consiguieron: porque durante varios meses fueron muchas las criadas y mujeres de su casa que no se acercaron a comprar ni cinco céntimos de azafrán ni... Nada absolutamente.

Pero como todos los incomodos, y todas las órdenes... Injustas, y hasta las furias todas que se desencadenan injustamente tienen su término, así lo tuvo el cumplimiento de la orden impuesta por las Damas a sus favorecidas, y volvió la calma a los espíritus y las ganas de volver a comprar [a] la casa del señor Villamarín (a) Callán.

Y es que, el *bu* o los males quiméricos que habían pronosticado, tanto el cura desde el púlpito, como este mismo señor junto con la comisión de señoras catequistas, en las casas, caerían sobre Orense, sobre *nuestro católico pueblo* si se habría la Escuela Laica, el razonamiento justificativo los convenció de que todo era cuestión de apreciación en el modo de ser de las cosas.

Y se sacó a concurso la dirección de la Escuela L. Neutral.

Y, acordado el nombramiento, después de tramitarse el expediente de apertura, esta tuvo lugar el mes de Febrero de 1909 con 32 alumnos.

Y las *furias* se soliviantaron otra vez pero con mayor saña y coraje que nunca.

El Profesor no encontraba casa-habitación a su gusto, *(hoy, después de 18 años le pasa lo mismo)* y tenía que vivir donde podía y de cualquier manera.

Hacían y siguen haciendo lo imposible para evitar que ninguna mujer se ofrezca para el serbicio (sic) doméstico...

La Escuela L. Neutral de Orense está hoy, no obstante muy calificada hasta por los mismos contrarios del laicismo gracias al frutifero (sic) trabajo y laboriosa constancia del profesorado.

Y entre otras varias cualidades que reúne esta escuela, tan perseguida por las personas fanáticas e intransigentes, es la de haber tenido matriculados, y aprendido (sic) a leer, y a escribir, y a contar (claro que lo que puede llegar a desarrollar una escuela creada para los no anormales), a *cuatro sordos mudos,* dos de los cuales están en el Colegio Ponce de León de Santiago, continuando allí su instrución (sic) hablada y mejorar la manual, ya que en la Escuela L. Neutral no podían adquirirla tan extensa.

Y Respecto a la matrícula ordinaria, llega a la respetable cifra de 105, y, en espera de turno unos 30 más. La de adultos alcanza a 75.

FINALIDAD CUMPLIDA

Como que el fin que se propusieron los fundadores hermanos Abad Rodriguez ere la difusión de la eseñanza neutral, evitando en absoluto todo confesionalismo, y este mismo principio, es el que se sigue, no procede hacer ningún cambio en su manera de ser, ni en sus disciplinas, pues el libro *Compendio de Moral Universal que se lee y se estudia, y se comentan sus lecciones* enseña al educando lo que es bueno y lo que es malo; lo que deve (sic) hacer y lo que debe evitar, aprendiendo también a distinguir lo útil y necesario de lo quimérico o aparente.

ORIENTACIÓN

Dada la guerra sorda y persistente que los obcecados sostienen y continúan haciendo contra la Escuela L. Neutral de Orense *no porque allí se enseñe mal, dicen, sino porque no se estudia Doctrina Cristiana,* sin tener en cuenta incautos, que la mejor doctrina es la moral, y aquella se basa en esta, cabe decir y sería de justicia, apoyarla incondicionalmente para que su desarrollo sea completo pues de todos es sabido que allí donde entra la confesional se establece el odio, la envidia, y todos los malos instintos entre los alumnos de estas escuelas, contra los de las demás.

Y si es verdad que la doctrina de Cristo predica y aconseja el amor de todos los hombres por considerarlos como hermanos, es incongruente su proceder para con nosotros; y a lo que habrían de dirigir sus esfuerzos, es a convencer y a atraer a su seno a los equivocados, no hacerse odiar y a separarse de ellos por sus mañas y malas artes.

Su afán no debería ser otro que hacerles comprender lo cierto de sus doctrinas, y lo factible, dentro de la ciencia, de las cosas sobrenaturales que nosotros no llegamos a comprender ... ni ellos tampoco.

Por tal motivo, la dirección que habría de darse, (que ya así la tiene), no [a] esta sino a todas las escuelas, no conventuales, debería ser la puramente científica, sin admitir otra doctrina que la que emana de la Naturaleza en toda su *naturalidad.*

En cuanto al *empeño* en general de su acrecentamiento habían de ser protegidas, no sólo por los gobiernos que debieran ser *neutrales,* sino por todas las personas pudientes, amantes del engrandecimiento de su patria, como lo hacen las sociedades orensanas de Buenos Aires y de La Habana.

Orense. Diciembre de 1926

Hipólito S. Luengo

APÉNDICE AL CAPÍTULO III

Apéndice C-1

Francmasones y sociedades masónicas de la provincia
ourensana en el siglo XX

«Triángulo» *Adelante nº 7* (Ourense)

ARIAS PRADA, Leopoldo. *Nakens* (1929-1932). Gr. 1º. «Representante de comercio».

CARÓN ALCÁZAR, Eduardo. *Ecar* (1932). «Secretario». Gr. 2º. «Teniente de infantería».

FERNÁNDEZ FUEYO, Santos. *Benot* (1929-1930). Gr. 1º. «Representante».

FERNÁNDEZ PÉREZ, José. *Augusto Bebel* (1929-1932). Tesorero (1929-1932). Gr. 2º. «Comercio».

GALÁN FONTENLA, José. *Bauer* (1932). Gr. 1º. «Teniente de Asalto».

IZQUIERDO BALBUENA, Luis. *Víctor Hugo* (1931-1932). Orador. Gr. 2º. «Oficial de Correos».

LUENGO, Hipólito S. *Rousseau* (1929-1932). Secretario. Gr. 3º. «Maestro laico».

MARTÍNEZ RUANO, Pedro. *Almansa* (1932). «Primer experto». Gr. 2º. «Representante».

PÉREZ SERRANO, Ramiro. *Pablo Iglesias* (1929-1932). Limosnero (1929). Gr. 1º «Comercio».

PROSPER ROS, Jesús. *Jaurés* (1930-1932). Gr. 2º. «Empleado ferrocarril».

ROQUETA DALMAU, Enrique. *Gauvain* (1929-1932). Secretario adjunto (1929, 1931). Gr. 1º. «Estudiante».

SALGADO HERMIDA, J. Benigno. *Zola* (1932). Gr. 3º. «Práctico de farmacia».

SUÁREZ CASTRO, Manuel. *Jaime Vera* (1929-1932). Gr. 1º. «Cantero».

VIDE VILLANUEVA, Abdón. *Arbo* (1929-1932). Presidente. Gr. 15º. «Contable».

Logia *Constancia nº 13* (Ourense)

ÁLVAREZ GROVA, Alfredo. *Cadete* (1933-1935). Gr. 1º. «Camarero».

ARIAS PRADA, Leopoldo. *Nakens* (1932-1934). «Guarda templo» (1932). Gr. 2º «Representante de comercio/agente de seguros»

CANCELA RODRÍGUEZ, Benito. *Curros Enríquez* (1933-¿1936?). Gr. 3º. «Industrial».

CARÓN ALCÁZAR, Eduardo. *Ecar* (1932-1933-¿1934?). Gr. 3º. «Teniente de infantería».

FERNÁNDEZ FUEYO, Santos. *Benot* (1929-1930). Gr.1º «Comisionista de comercio».

FERNÁNDEZ PÉREZ, José. *Augusto Bebel* (1932-1935-¿1936?). Tesorero (1931). «Segundo vigilante» (1932, [¿?],1934). Gr. 3º. «Dependiente de farmacia».

GALÁN FONTENLA, José. *Bauer* (1932-1934-¿1936?). Secretario (1934). Gr 2º. «Militar».

IGLESIAS CASTRO, Buenaventura. *Orense* (1933). Gr. 1º. [en Cuba: gr.3º]. «Sastre».

IZQUIERDO BALBUENA, Luis. *Víctor Hugo* (1932-1935-¿1936?). Orador (1932-1934). Gr. 3º [¿gr. 4º? en 1934]. «Oficial de Correos».

LUENGO, Hipólito S. *Rousseau* (1932-1935-¿1936?). Tesorero (1932, ¿1933?, 1934). Gr. 3º. «Maestro laico».

MARTÍNEZ RUANO, Pedro. *Almansa* (1932-1934-¿1936?). «Experto» (1932, 1934). Gr. 3º. «Agente comercial».

MOURE REY, Eladio. *Marx* (1934-1935-¿1936?). Secretario (1934-1935). Gr. 2º «Empleado del Banco HispanoAmericano».

NESPEREIRA DACOBA, Ramón. *Padilla* (1933-1934). Gr. 3º «Camarero».

PÉREZ ÁLVAREZ, Luis Nicolás. *Dumas* (1933-1935-¿1936?). Secretario adjunto (1933). [¿Gr.1?]. «Comercio».

PÉREZ SERRANO, Ramiro. *Pablo Iglesias* (1932-1936). Hospitalario (1932, ¿1933?, 1934). Gr. 2º «Comercio».

PLASENCIA GÓMEZ, Alberto. *Justicia* (1933-¿1934?). Gr. 1º. «Teniente del Ejército».

PROSPER ROS, Jesús. *Jaurés* (1932-1934-¿?). Maestro de Ceremonias (1932). Gr. 3º. «Empleado ferrocarril».

RODRÍGUEZ, Manuel. (1934-¿?). Gr. 2º. «Labrador».

RODRÍGUEZ MÁRMOL, Higinio. *Martí* (1934-1936). Gr. 3º «Industrial».

RODRÍGUEZ OZORES, Heriberto. *Renato* (1933-1934-¿?). Secretario adjunto (1933, 1934). Gr. 2º. «Maestro nacional».

ROQUETA DALMAU, Enrique. *Gauvain* (1932-1933). Secretario adjunto (1932-1933). Gr. 1º. «Estudiante».

SALGADO HERMIDA, J. Benigno. *Zola* (1932-1934-¿?). «Primer vigilante» (1932, ¿1933?, 1934). Gr. 3º. «Comercio».

SUÁREZ CASTRO, Manuel. *Jaime Vera* (1932-1934). Gr.1º. «Comisionista».

VIDE VILLANUEVA, Abdón. *Arbo* (1932-1936). «Venerable maestro». Gr. 15º. «Contable».

Logia *Democracia* (Ourense)

COUTO SOYA, Secundino.
GARCÍA, Antonio. [¿Antonio García Martínez. Gr. 3º?].
CAYO VECINO, Martín.

«Triángulo» *Marchesi nº 12* (O Barco de Valdeorras)

GARCÍA MARTÍNEZ, José Manuel. (1936). Gr. 1º
GARCÍA VEGA, Eulogio. *D'Alembert* (1933-¿1936?). Secretario. Gr. 1º.
GONZÁLEZ MARTÍNEZ, Virgilio. *Diderot* (1933-1936). Presidente. Gr. 3º. «Propietario».
PARADELO PARADELO, Luciano. *Rizal* (1933-¿1936?). Tesorero. Gr. 1º «Propietario».
VIDAL NOGUEIRA, Francisco. *Curros Enríquez* (1933-¿1936?). Orador. [¿Gr. 2º?]. «Comisionista».

FUENTES Y BIBLIOGRAFÍA

FUENTES

Manuscritas

Arquivo do Concello de Ourense. Ourense. Fondos no catalogados. Libros de Actas, legajos de «Educación», de «Instrucción Pública» (1925-1950), Leg. 82, libros de actas,...

Archivo Histórico Nacional. Sección «Guerra Civil». Fondo Masonería. Salamanca. Legs.: 11-A-8; 23-A-9; 77-A-2; 104-22; 118-A-1; 148-A-11; 185-15; 189-14; 189-15; 192-20; 192-22; 201-A-2; 258-33; 258-34; 258-35; 283-A-6; 315-A-21; 357-5; 359-12; 359-A-7; 359-A-29; 360-A; 434-A-2; 434-A-3; 434-A-7; 434-A-8; 434-A-12; 625-A; 628-14; 636-11; 636-22; 636-23; 636-34; 639-9; 691-10; 714-5; 715-15; 717-18; 717-22; 719-27; 721-30; 722-22; 728-A-12; 735-A-2; 738-A; 761-A-3; 761-A-10; 762-22; 783-A-27, 785-A-17; 787-A-32; 804-78. Colección bibliográfica y hemerográfica.

Archivo de la Sociedad de Instrucción y Recreo de la Juventud de Cecebre. Frais-Cecebre (A Coruña). Documentación diversa. Fondos no catalogados.

Arquivo do Reino de Galicia. A Coruña. Fondo Gobierno Civil. Legs.: 2.451; 2.557; 2.277; Libro L-292;...

Archivo Diocesano de Orense. Ourense. Colección bibliográfica y hemerográfica.

Arquivo Histórico Universitario de Santiago. Santiago (A Coruña). Serie Histórica. Legs.: 460; 461; 466.

Archivo Municipal de La Coruña. A Coruña. Documentación diversa. Fondos no catalogados (en 1993). Libro registro de Expedientes «Beneficencia, Sanidad, Instrucción Pública,...»; Instrucción Pública. Adquisición de libros. Material de escuelas. 1856-1910.

Archivo Histórico Provincial de Ourense. Ourense. Documentación diversa y colección hemerográfica.

Arquivo e Biblioteca da Deputación Provincial de Ourense. Ourense. Libros de actas de las comisiones gestoras. Colección bibliográfica y hemerográfica.

Impresas

¡Ahora!

Alianaza Artesana de Instrucción. Reglamento, La Habana, Suárez, Carasa y Cía., 1919.

Boletín Secreto (del Grande Oriente Español).

Boletín de la Gran Logia Regional Galaica.

Boletín Oficial de la Provincia de Orense.

Boletín Oficial del Supremo Consejo del Grado 33.

Boletín Oficial del Grande Oriente Español.

Boletín Oficial de la Diócesis de Orense / Boletín Oficial Eclesiástico del Obispado de Orense.

Boletín de la Liga Española de los Derechos del Hombre.

El Miño.

Gran Logia Española. Boletín Mensual.

Guión.

La Escuela Moderna.

La República.

La Voz de Celanova.

Los Masones de Oriente. Revista Masónica.

Minerva.

Perseverancia. Revista Masónica Quincenal. Órgano Oficial y Propiedad de la Logia Perseverancia.

Reglamento del Centro Democrático de La Coruña. A Coruña, Est. Tipográfico de La Voz, 1882.

Reglamento de la Sociedad de Instrucción de Sada y sus Contornos. A Coruña, Tipografía Obrera Coruñesa, 1925.

Reglamento de la Sociedad de Instrucción y Recreo «La Devesana». La Habana, Imp. de Martínez y la Rosa, 1909.

Reglamento de la Delegación en Palmeira de los Hijos de Palmeira en New York. Palmeira (A Coruña), Imp. Fernández (Riveira), 1930.

Vida Gallega.

BIBLIOGRAFÍA

Aguado Sánchez, F.: *La revolución de octubre de 1934*, Madrid, San Martín, 1972.

Aldea Vaquero, Q., García Granda, J., Martín Tejedor, J.: *Iglesia y sociedad en la España del siglo XX. Catolicismo social (1909-1940)*, 2 vols, Madrid, C.S.I.C., 1987.

Alfonso Bozzo, A.: *Los partidos políticos y la autonomía en Galicia, 1931-1936*, Madrid, Akal, 1976.

Allegue, G.: *Eduardo Blanco Amor. Diante dun Xuíz ausente*, Coruxo-Vigo (Pontevedra), Nigra, 1993.

Álvarez, R.: *Eleuterio Quintanilla (Vida y Obra del Maestro). Contribución a la Historia del Sindicalismo Revolucionario en Asturias*, Méjico, Editores Mexicanos Unidos, 1973.

Álvarez, S.: *Memorias I. Recuerdos de infancia y de juventud 1920-1936*, Sada (A Coruña), Ediciós do Castro, 1985.

Álvarez Lázaro, P. F.: «Francisco Ferrer Guardia, pedagogo, librepensador y masón», en VV.AA.: *La educación en la España contemporánea. Cuestiones históricas*, Madrid, S.M., 1986, pp. 126-133.

Álvarez Lázaro, P. F.: *Masonería y librepensamiento en la España de la Restauración (aproximación histórica)*, Madrid, Universidad Pontificia de Comillas de Madrid, 1986.

Álvarez Lázaro, P. F.: «Educación esotérica de la masonería española decimonónica», en *Historia de la Educación*, nº 9 (de enero-diciembre de 1990), pp. 13-41.

Ambelain, R.: *El secreto masónico*, Barcelona, Martínez Roca, 1987.

Apple, M. W.: *Ideología y currículo*, Madrid, Akal, 1986.

Araquistain, L.: *Sobre la Guerra Civil y en la emigración*, Madrid, Espasa-Calpe, 1983.

Armas, R., Torres-Cuevas, E., Cairo Ballester, A.: *Historia de la Universidad de La Habana 1930-1978*, 2 vols, La Habana, Editorial de Ciencias Sociales, 1984.

Armesto, I. (Introducción y notas de Xosé L. Barreiro): *Discusiones sobre la Metafísica*, Santiago (A Coruña), Universidade de Santiago, 1993 (1878).

Arrarás, J.: *Historia de la Segunda República española*, 4 vols, Madrid, Editora Nacional, 1970 (3ª edición).

Artís-Gener, A.: *La diáspora republicana*, Barcelona, Editorial Euros, 1975.

Ateneu Enciclopedic Popular: *Francesc Ferrer i Guardia i l'Escola Moderna*, Barcelona, Ateneu Enciclopédic Popular-Ediciones Pleniluni, 1991.

Avilés Farré, J.: *La izquierda burguesa en la II República*, Madrid, Espasa-Calpe, 1985.

Ayala Pérez, J. A.: *La masonería en la región de Murcia*, Murcia, Mediterráneo, 1986.

Ayala Pérez, J. A.: *La masonería de obediencia española en Puerto Rico en el siglo XX*, Murcia, Universidad de Murcia, 1993.

Ayala Pérez, J. A.: *La masonería en Albacete a finales del siglo XIX*, Albacete, Instituto de Estudios Albacetenses, 1988.

Ayala Pérez, J. A.: *La masonería de obediencia española en Puerto Rico en el siglo XIX*, Murcia, Universidad de Murcia, 1991.

Bakunin, M.: *La Instrucción Integral*, Barcelona, Pequeña Biblioteca Catalamvs Scriptorivs, 1979.

Bakunin, M.: *Dios y el Estado*, Madrid, Júcar, 1975.

Balcells, A.: *Cataluña contemporánea. II. 1900-1939*, Madrid, Siglo XXI, 1979.

Barriobero y Herrán, E.: *La francmasonería, sus apologistas y sus detractores. Infundios, desmentidos y secretos revelados*, Madrid, Imp. de Galo Sáenz, 1935.

Barreiro, X. L.: *Indalecio Armesto. Filósofo, republicano, masón*, Santiago (A Coruña), Universidade de Santiago, 1991.

Barreiro Fernández, X. R.: *Historia de Galicia. IV. Edade Contemporánea*, Vigo (Pontevedra), Galaxia, 1981.

Barreiro Rodríguez, H.: *Lorenzo Luzuriaga y la renovación educativa en España (1889-1936)*, Sada (A Coruña), Ediciós do Castro, 1989.

Barrio Alonso, A.: *Anarquismo y anarcosindicalismo en Asturias (1890-1936)*, Madrid, Siglo XXI, 1988.

Bello, L.: *Viaje por las escuelas de Galicia*, Madrid, Akal, 1974.

Ben-Ami, Sh.: *Los orígenes de la Segunda República: anatomía de una transición*, Madrid, Alianza, 1990.

Benso Calvo, M. C.: «Educación y sociedad en Orense a mediados del siglo XIX. La puesta en marcha del nuevo Instituto Provincial», en *Historia de la Educación*, nº 9, (enero-diciembre, 1990), pp. 197-217.

Bereday, G. Z., Pennar, J.: *Política de la educación soviética*, Barcelona, Lumen, 1965.

Bernard Royo, E.: *Catolicismo y laicismo a principio de siglo. Escuelas laicas y católicas en Zaragoza*, Zaragoza, Ayuntamiento de Zaragoza, 1985.

Berstein, B.: *Poder, educación y conciencia. Sociología de la transmisión cultural*, Barcelona, El Roure, 1990.

Biblioteca Nacional (Estudio realizado por Francine de Nave): *Cristóbal Plantino (1520-1589). Impresor del humanismo y de las ciencias*, Madrid, Mº de Cultura, 1990.

Binder, D. A.: *Die diskrete Gesellschaft. Geschichte und Symbolik der Freimaurer*, Graz-Viena-Colonia, Styria, 1988.

Blanco Amor, E.: *Xente ao lonxe*, Vigo (Pontevedra), Galaxia, 1991 (8ª edición).

Blasco Carrascosa, J. A.: *Un arquetipo pedagógico pequeñoburgués. Teoría y praxis de la Institución Libre de Enseñanza*, Valencia, Fernando Torres, 1980.

Blázquez, F.: *La traición de los clérigos en la España de Franco. Crónica de una intolerancia (1936-1975)*, Madrid, Trotta, 1991.

Bookchin, M.: *Los anarquistas españoles. Los años heroicos (1868-1936)*, Barcelona, Grijalbo, 1980.

Botti, A.: *Nazionalcattolicesimo e Spagna Nuova (1881-1975)*. Milán, Franco Angeli, 1992.

Bouloiseau, M.: *Nueva historia de la Revolución Francesa. La República Jacobina. 10 agosto 1792-9 termidor año II*, Barcelona, Ariel, 1980.

Bowen, J.: *Historia de la educación occidental. Tomo III. El occidente moderno. Europa y el Nuevo Mundo. Siglos XVIII-XX,* Barcelona, Herder, 1985.

Bravo, G. M.: *Historia del socialismo 1789-1848. El pensamiento socialista antes de Marx,* Barcelona, Ariel, 1976.

Brey, G.: «L'enseignement populaire non officiel en Galice urbaine jusqu'en 1911», en VV.AA. (J.R. Aymes, E.-M. Fall, J.-L. Guereña, coordinadores): *L'enseignement primaire en Espagne et en Amérique Latine du XVIIIe. Siècle a nos jours. Politiques éducatives et Réalités scolaires,* Tours, Publications de L'Université de Tours, 1986, pp. 195-209.

Brey, G.: «El movimiento obrero en La Coruña entre 1881 y 1889», en *Cuadernos de Estudios Gallegos,* XXXIII, 1982, pp. 345-372.

Brey, G.: «Construcción naval, obreros y conflictos sociales en El Ferrol a finales del siglo XIX», en *Estudios de Historia Social,* nº 30, julio-diciembre de 1984, pp. 79-136.

Brown, R.: *Church and State in Modern Britain 1700-1850,* Londres, Routledge, 1991.

Cagiao Vila, P.: «Inserción laboral de la inmigración gallega en Montevideo 1900-1930», en *Revista da Comisión Galega do Quinto Centenario,* nº 4, (1989), pp. 135-156.

Campion, L.: *Les anarchistes dans la F. M. ou les maillons libertaires de la Chaîne d'Union,* Marseilla, Editions «Culture et Liberté», 1969.

Canes Garrido, F.: «El maestro Cayetano Ripoll (1778-1826), precursor del laicismo escolar en Valencia», en VV.AA.: *La Revolución Francesa y su influencia en la educación en España,* Madrid. U.N.E.D.-Universidad Complutense, 1990.

Cañellas, C., Toran, R.: *Política escolar de l'Ajuntament de Barcelona 1916-1936,* Barcelona, Barcanova, 1982.

Capitán Díaz, A.: *Historia del pensamiento pedagógico en Europa. II. Pedagogía contemporánea,* Madrid, Dykinson, 1986.

Carbajal Gutiérrez, C.: *Población y emigración en la provincia de Granada en el siglo XX,* Granada, Diputación Provincial de Granada, 1986.

Carballo, F., Magariños, A.: *La Iglesia en la Galicia Contemporánea. Análisis histórico y teológico del periodo 1931-1936, II República*, Madrid, Akal, 1978.

Cárcel Ortí, V.: *La persecución religiosa en España durante la Segunda República (1931-1939)*, Madrid, Rialp, 1990.

Cardenal Martín de Herrera: *Pastorales, circulares y* otros *documentos del Emmo. Sr.*, Santiago (A Coruña), Imp. y Ene. del Seminario Conciliar Central, 1903.

Cardús, D.: *Emigración española en U.S.A.*, Madrid, Beramar, 1986.

Carr, R.: *España 1808-1975*, Barcelona, Ariel, 1990 (5ª edición).

Castelao, C.: *As orixes da fotografía en Galicia. Estudios composteláns do XIX*, Santiago de Compostela (A Coruña), Alvarellos Editora, 2018.

Castells, J. M.: *Las asociaciones religiosas en la España Contemporánea (1767-1965). Un estudio jurídico-administrativo*, Madrid, Taurus, 1973.

Castro, X.: *O galeguismo na encrucillada republicana*, Ourense, Deputación Provincial de Ourense, 1985. 2 vols.

Castro, X.: «Problemática da consideración social dos inmigrantes galegos na sociedade porteña», en *Revista galega do Quinto Centenario*, nº 4, (1989), pp. 121-133.

Cid Fernández, X. M.: *Apuntes da nosa historia escolar. No oitenta aniversario de creación da Escola Laica Neutral*, Ourense, Concello de Ourense, 1989.

Cid Fernández, X. M.: Educación e Ideoloxía en Ourense na IIª República. Organización e acción socioeducativa do Maxisterio Primario, Santiago (A Coruña), Universidade de Santiago, 1989.

Cipolla, C. M.: *Educación y desarrollo en Occidente*, Barcelona, Ariel, 1983.

Cipolla, C. M.: «Nacionalcatolicisme contra protestantisme. Violéncies a las capellas de Figueres i Puigcerda», *Anuari 1990-1991 (de la Societat d'Estudis d'História Eclesiástica, Moderna i Contemporánia de Catalunya)*, Tarragona, Intitut d'Estudis Tarraconenses Ramon Berenguer IV, 1992, pp. 267-275.

Clara, J.: *Girona sota el franquismo 1939-1976*, Girona, Ajuntament de Girona-Diputació de Girona, 1991.

Clara, J.: «Una execució irregular: la d'Ángel Gelada, a Brunyola, el 1944», en *Quaderns de la Selva*, nº 5, pp. 131-139.

Combes, A.: «L'ecole de la République 1861-1939», en VV.AA. (Daniel Ligou, director): *Histoire des Franc-maçons en France*, Toulouse, Privat, 1987, pp. 241-284.

Combes, A.: *Histoire des Franc-marçons en France*, Toulouse, Privat, 1987, pp. 241-285.

Combes, A.: *La massonería in Francia. Dalle orígíní a oggí*, Foggia, Bastogi, 1986.

Comenio, J. A.: *Didáctica Magna*, Méjico, Porrúa, 1988.

Conde Martel, C.: «Aspectos simbólicos de los sellos masónicos en Canarias y de la logia Añaza», en *Tebeto*, nº II, 1989, pp. 129-176.

Costa, J.: *Oligarquía y caciquismo. Colectivismo agrario y otros escritos. Antología*, Madrid, Alianza, 1973.

Costa Rico, A.: *Escolas e mestres. A Educación en Galicia: da Restauración á IIª República*, Santiago (A Coruña), Xunta de Galicia, 1989.

Costa Rico, A.: «O laicismo escolar en Galicia», en *Man Común*, nº 3, (de 1980), pp. 26-31.

Cuenca, J. M.: *Aproximación a la historia de la Iglesia contemporánea en España*, Madrid, Rialp, 1978.

Culla, J. B.: *El republicanismo lerrouxista a Catalunya (1901-1923)*, Barcelona, Curial, 1987.

Cupeiro Vázquez, B.: *A Galiza de alén mar*, Sada (A Coruña), Ediciós do Castro, 1989.

Curros Enríquez, M.: *Aires da miña terra*, A Coruña. Latorre y Martínez, 1886 (3ª edición).

Chávez, E. A.: *Resumen sintético de los Principios de Moral de Herbert Spencer*, París-Méjico, Librería de la Vda. de Ch. Bouret, 1913.

Chevallier, P.: «La masonería francesa del siglo XVIII al XX», en *Historia 16*, extra IV, de noviembre de 1977.

Delgado, B.: *La Escuela Moderna de Ferrer i Guardia*, Barcelona, C.E.A.C., 1979.

Desanti, D.: *Los socialistas utópicos*, Barcelona, Anagrama, 1973.

Devlin, J.: *Spanish Anticlericalism: A Study in Modern Alienation*, Nueva York, Las Américas Publishing Co., 1966.

Dias, G. (Silva da), Dias, J. S. (Silva da): *Os Primórdios da Maçonaria em Portugal*, 2 vols (Volumen I: tomo I y II y Volumen II: tomo I y II), Lisboa, Instituto Nacional de Investigaçâo Científica, 1986, (2ª edición).

Díaz Pardo, I.: *Galicia hoy y el resto del mundo. Neo-mozárabes y neo-mudéjares a cien años del nacimiento de Castelao y a cincuenta años de la guerra civil española*, Sada (A Coruña). Ediciós do Castro, 1990 (2ª edición).

Diz Pintado, M. E.: *Reflexiones sobre la enseñanza y la libertad religiosa en el s. XIX; y su incidencia en la diócesis de Salamanca*, Salamanca, Imp. Calatrava, 1987.

Domínguez Castro, L.: *Viños, viñas e xentes do Ribeiro. Economía e patrimonio familiar, 1810-1952*, Vigo (Pontevedra), Edicións Xerais de Galicia, 1992.

Dopico Gutiérrez del Arrollo, F.: *A Ilustración e a sociedade galega. A visión de Galicia nos economistas ilustrados*, Vigo (Pontevedra), Galaxia, 1978.

Duche, J.: *Historia de la Humanidad. V. El gran viraje (1914-1966)*, Madrid, Guadarrama, 1964.

Dupuis, S.: *Robert Owen. Socialiste utopique 1771-1858*, París, Centre National de la Recherche Scientifique, 1991.

Durán, J. A.: *Agrarismo y movilización campesina en el País Gallego (1875-1912)*, Madrid, Siglo XXI, 1977.

Durán, J. A.: *Camilo Díaz Baliño. Crónica de otro olvido inexplicable*, Sada (A Coruña), Ediciós do Castro, 1990.

Durán, J. A.: *Historia de caciques, bandos e ideologías en la Galicia no urbana (Rianxo 1910-1914)*, Madrid, siglo XXI, 1976.

Durkheim, E.: *Historia de la educación y de las doctrinas pedagógicas. La evolución pedagógica en Francia*, Madrid, Las Ediciones de La Piqueta, 1982.

Elorza, A.: *La modernización política en España. Ensayos de historia del pensamiento político*, Madrid, Ediciones Endymion, 1990.

Elliot, J. H.: *La Europa dividida 1559-1598*, Madrid, Siglo XXI, 1981.

En servicio de la República. La Revolución de octubre en España. La rebelión del Gobierno de la Generalidad. Octubre de 1934, Madrid, Bolaños y Aguilar, 1935.

Etcheverrìa, S.: *Eclipse en España. Apuntes del diario íntimo de un diplomático de la República Española 1936-19...*, Sada (A Coruña), Ediciós do Castro, 1989.

Fernández, C.: *Franquismo y transición política en Galicia (Apuntes para una historia de nuestro pasado reciente 1939-1979)*, Sada (A Coruña), Ediciós do Castro, 1985.

Fernández, C.: *El alzamiento de 1936 en Galicia. Datos para una historia de la Guerra Civil*, Sada (A Coruña), Ediciós do Castro, 1987 (4ª edición).

Fernández, C.: *Antología de 40 años (1936-1975)*, Sada (A Coruña), Ediciós do Castro, 1983

Fernández Alvarado, H.: *Sindicalismo y política en el Ourense de la Segunda República. La figura de Manuel Suárez Castro (S. l.: Oviedo)*, Instituto de Estudios Masónicos de Galicia, 2017.

Fernández Clemente, E.: *Educación y revolución en Joaquín Costa y breve antología pedagógica*, Madrid, Cuadernos para el Diálogo, 1969.

Fernández Fernández, E.: *Obreirismo ferrolán*, Vigo (Pontevedra), A Nosa Terra, 2005.

Fernández Fernández, P. V.: *Alfredo Nistal, leonés, socialista y masón*, León, Diputación Provincial de León, 1992.

Fernández Fernández, J. L.: *Jovellanos: antropología y teoría de la sociedad*, Madrid, Universidad Pontificia Comillas de Madrid, 1991.

Fernández-Rúa, J. L.: *1931. La II República*, Madrid, Tebas, 1977.

Fernández del Riego, F.: *Blanco Amor, emigrante e autodidacta. A súa vida literaria*, Vigo (Pontevedra), Ir Indo, 1992.

Fernández Vargas: *La resistencia interior en la España de Franco*, Madrid, Istmo, 1981.

Ferrari Billoch, F.: *La masonería, al desnudo. Las logias, desenmascaradas*, Madrid, Bergua, (s.a.: 1939).

Ferrari Billoch, F.: *Entre masones y marxistas... Confesiones de un Rosa-Cruz*, Madrid, Ediciones Españolas, 1939.

Ferrari Billoch, F.: *¡¡Masones!! Así es la secta. Las logias de Palma e Ibiza*, Palma de Mallorca, Tip. Nueva Balear, 1937.

Ferrer, S.: *Vida y obra de Francisco Ferrer*, Barcelona, Luis de Caralt, 1980.

Ferrer Benimeli, J. A.: «La masonería española y la cuestión social», en *Estudios de Historia Social*, nº 40-41, enero-junio 1987, pp. 7-47.

Ferrer Benimeli, J. A.: «La escuela laica lugar de enfrentamiento entre la Masonería y la Iglesia en España (1868-1930)», en VV.AA.: *École et Église en Espagne et en Amérique latine. Aspects idéologiques et instituciones*, Tours, Université de Tours, 1988.

Ferrer Benimeli, J. A.: *Masonería española contemporánea. Vol. 2. Desde 1868 hasta nuestros días*, Madrid. Siglo XXI, 1980.

Ferrer Benimeli, J. A.: *Masonería, Iglesia e Ilustración. Un conflicto ideológico-político-religioso. I. Las bases de un conflicto (1700-1739)*, Madrid, Fundación Universitaria Española, 1983 (2ª edición).

Ferrer Benimeli, J. A.: *La masonería española en el siglo XVIII*, Madrid, Siglo XXI, 1974.

Ferrer Benimeli, J. A.: *La masonería en Aragón*, Zaragoza, Librería General, 1979. 3 vols.

Ferrer Benimeli, J. A.: «El francmasón entre la Ilustración y el iluminismo», en *Homenaje a Pedro Sainz Rodríguez. Tomo III: Estudios Históricos*, Madrid, Fundación Universitaria Española, 1986, pp. 235-256.

Ferrer Benimeli, J. A.: *El Contubernio Judeo-Masónico-Comunista. Del Satanismo al escándalo de la P-2*, Madrid, Istmo, 1982.

Ferrer Benimeli, J. A., Paz Sánchez, M. A. de: *Masonería y pacifismo en la España contemporánea*, Zaragoza, Universidad de Zaragoza, 1991.

Ferrer y Guardia, F.: *La Escuela Moderna*, Bilbao, Zero, 1979.

Flecha García, J. R., López Palma, F., Saco Coya, R.: *Dos siglos de educación de adultos. De las sociedades de Amigos del País a los modelos actuales*, Barcelona, El Roure, 1988.

Floria, C. A., García Belsunde, C. A.: *Historia política de la Argentina contemporánea 1880-1983*, Madrid, Alianza, 1988.

Forcadell, C.: *Parlamentarismo y bolchevización. El movimiento obrero español, 1914-1918*, Barcelona, Crítica, 1978.

Freinet, E.: *Nacimiento de una pedagogía popular. Historia de la Escuela Moderna*, Barcelona, Laia, 1983.

Fullat, O.: *La educación soviética*, Barcelona, Nova Terra, 1972.

Fusi, J. P.: *Franco. Autoritarismo y poder personal*, Madrid, Ediciones El País, 1985.

Fusi, J. P.: *Política obrera en el País Vasco. 1880-1923*, Madrid, Turner, 1975.

Gabriel, P.: *El moviment obrer a Mallorca*, Barcelona, Curial-Lavínia, 1973.

Gabriel, N. de: *Leer, escribir y contar. Escolarización popular y sociedad en Galicia (1875-1900)*, Sada (A Coruña), Ediciós do Castro, 1990.

Gándara Feijóo, A.: *La emigración gallega a través de la historia*, Ourense, Limbo, 1981.

García de Cortázar, F., Lorenzo Espinosa, J. M.: *Los pliegues de la tiara. Los Papas y la Iglesia del siglo XX*, Madrid, Alianza, 1991.

García Delgado, J. L., Sánchez Jiménez, J., Tuñón de Lara, M.: *Los comienzos del siglo XX. La población, la economía, la sociedad (1898-1931)* (Tomo XXXVII de la *Historia de España*, dirigida por José María Jover Zamora), Madrid, Espasa-Calpe, 1984.

García Moriyón, F.: *Del socialismo utópico al anarquismo*, Madrid, Cincel, 1990.

Garriga, R.: *El Cardenal Segura y el Nacional-Catolicismo*, Barcelona, Planeta, 1977.

Gay Armenteros, J. C.: «Penuria y decadencia de la masonería jienense a finales del siglo XIX», en *Anuario de Historia Moderna y Contemporánea*, nº 2 y 3 (1975-1976).

Gervilla Castillo, E.: *La escuela del nacional-catolicismo. Ideología y educación religiosa*, Granada, Impredisur, 1990.

Gil Cremades, J. J.: *Krausistas y Liberales*, Madrid, Seminarios y Ediciones, 1975.

Gil Pecharromán, J.: *La Segunda República*, Madrid, Historia 16, 1989.

Gillespie, R.: *Historia del Partido Socialista Obrero Español*, Madrid, Alianza, 1991.

Gómez Aparicio, P.: *Historia del periodismo español. De las guerras coloniales a la Dictadura*, Madrid, Editora Nacional, 1974.

Gómez Canedo, L.: *Los gallegos en América entre el descubrimiento y la emancipación: algunos apuntes para escribir su historia*, Santiago (A Coruña), Xunta de Galicia, 1983.

Gómez Casas, J.: *La Primera Internacional en España (Estudio y documentos)*, Bilbao, Zero, 1974.

Gómez Casas, J.: *Historia del anarcosindicalismo español, epílogo hasta nuestros días. La España del éxodo y del llanto*, Bilbao, Zero, 1978.

Gómez Molleda, M. D.: *La masonería en la crisis española del siglo XX*, Madrid, Taurus, 1986.

Gómez Molleda, M. D.: *Los reformadores de la España contemporánea*, Madrid, C.S.I.C., 1981.

Gómez Moreno, A.: *Liberalismo y educación primaria en España (1838-1857)*, Zaragoza, Universidad de Zaragoza, 1990.

Gómez-Navarro, J. L.: *El Régimen de Primo de Rivera. Reyes, dictaduras y dictadores*, Madrid. Cátedra, 1991.

Gómez Pérez, R.: *El franquismo y la Iglesia*, Madrid, Rialp, 1986.

González Beramendi, J.: *Vicente Risco no nacionalismo galego*, Santiago (A Coruña), do Cerne, 1981. 2 vols.

González Castillejo, M. J.: *La nueva historia. Mujer, vida cotidiana y esfera pública en Málaga (1931-1936)*, Málaga, Universidad de Málaga, 1991.

González Fresco, M.: *Memoria dun fuxido. 1936* (Edición preparada por Víctor F. Freixanes), Vigo (Pontevedra), Edicións Xerais, 1984 (3ª edición).

González López, E.: *Memorias de un estudiante liberal (1903-1931)*, Sada (A Coruña), Ediciós do Castro, 1987.

González Probados, M.: *O socialismo na II República [Galicia] (1931-1936)*, Sada (A Coruña), Ediciós do Castro, 1992.

González Rodríguez, E.: *Sociedad y educación en la España de Alfonso XIII*, Madrid, Fundación Universitaria Española, 1988.

Gottlieb Fichte, J.: *Reivindicación de la libertad de pensamiento y otros escritos políticos*, Madrid, Tecnos, 1986.

Gran Enciclopedia Gallega, Santiago (A Coruña), Silverio Cañada, 1974. 30 vols.

Grandío Seoane, E. F.: «Las elecciones de la C.E.D.A. en la provincia de La Coruña (Noviembre 1933-Febrero 1936)». Tesis de licenciatura inédita defendida, en 1992, *Facultad de Geografía e Historia de la Universidad de Santiago de Compostela.*

Hermann, C.: *L'Église d'Espagne sous le Patronage Royal (1476-1834). Essai d'ecclésiologie politique,* Madrid, Casa de Velázquez, 1988.

Herrero, J.: *Los orígenes del pensamiento reaccionario español,* Madrid. Alianza, 1988 (1ª edición 1971).

Hidalgo, V.: «Masonería asturiana contemporánea. Breve síntesis histórica», en *Historia General de Asturias. Represión, Guerrillas y Exilio (1937-1952),* tomo 11, Gijón (Oviedo), Silverio Cañada, 1978-84.

Hidalgo, V.: *La masonería en Asturias en el siglo XIX,* Oviedo, Consejería de Educación del Principado de Asturias, 1985.

Jardin, A.: *Histoire du libéralisme politique,* París, Hachette, 1985.

Javierre, J. M.: *El mundo secularizado* (Volumen XXV de la *Historia de la Iglesia* dirigida por A. Fliche y V. Martín), Valencia, Edicep, 1991.

Jiménez García, A.: *El krausismo y la Institución Libre de Enseñanza,* Madrid, Cincel, 1986.

Jiménez Lozano, J.: *Los cementerios civiles y la heterodoxia española,* Madrid, Taurus, 1978.

Juana López, J. de: *Aproximación al pensamiento e ideología de Vicente Risco (1884-1963),* Ourense, Diputación Provincial de Orense, 1985.

Juana López, J. de: «Clérigos franceses refugiados en Orense durante la Revolución Francesa», en *Minius, Revista do Departamento de Historia, Arte e Xeografía,* Ourense, nº 1, año I, 1992

Juana López, J. de: «El Miño: un diario liberal orensano», en *Boletín Auriense,* XVIII-XIX, de 1988-1989, pp. 179-187.

Juliá Díaz, S.: *Madrid, 1931-1934. De la fiesta popular a la lucha de clases,* Madrid, Siglo XXI, 1984.

Jutglar, A.: *Historia crítica de la burguesía catalana,* Barcelona, Anthropos, 1984.

Kant, I.: *La Religión dentro de los límites de la mera Razón,* Madrid, Alianza, 1991 (primera ed., 1793).

Karl, M.: *Asesinos de España. Marxismo, anarquismo, masonería*, Madrid, Bergua, 1935.

Lara Sánchez, F.: *La emigración andaluza*, Madrid, Ediciones de la Torre, 1977.

Larroyo, F.: *Historia general de la pedagogía*, Méjico, Porrúa, 1986 (primera reimpresión de la 20ª edición).

Lázaro Lorente, L. M.: *La Escuela Moderna de Valencia*, Valencia, Consellería de Cultura, Educació y Ciencia, 1989.

Lerena Alesow, C.: *Escuela, ideología y clases sociales en España. Crítica da la sociología empirista de la educación*, Barcelona, Círculo de Lectores, 1989.

López-Morillas, J.: *El krausismo español. Perfil de una aventura intelectual*, Méjico, Fondo de Cultura Económica, 1980.

López Pina, A., Aranguren, E. L.: *La cultura política de la España de Franco*, Madrid, Taurus, 1976.

Lorenzo, A.: *El proletariado militante. Memorias de un internacional*, Madrid, Zero, 1974.

Mariel, P.: *Rituales e iniciaciones en las sociedades secretas*, Madrid, Espasa-Calpe, 1978.

Marín Eced, T.: *Innovadores de la educación en España. Becarios de la Junta para Ampliación de Estudios*, Cuenca, Universidad de Castilla-La Mancha, 1991.

Márquez Santos, F. A.: «La logia madrileña Fraternidad Ibérica durante la Restauración», en *Hispania. Revista española de historia*, tomo XLV, de 1985, pp. 363-384.

Martí Gilabert, F.: *La Iglesia en España durante la Revolución Francesa*, Pamplona, Ediciones de la Universidad de Navarra, 1971.

Martí Gilabert, F.: *Política religiosa de la Restauración 1875-1931*, Madrid, Rialp, 1991.

Martín, L. P.: «La Franc-maçonerie espagnole et l'independance de Cuba», en *Acta Hispanica. Mélanges offerts á Paul Roche*, Université de Nantes, 1992, pp. 169-179.

Martín, L. P.: *Los arquitectos de la República. Los masones y la política en España, 1900-1936*, Madrid, Marcial Pons, 2007.

Martínez Barrio: *Memorias*, Barcelona, Planeta, 1983.

Martínez Cahero, L. A.: *La emigración asturiana a América*, Salinas (Oviedo), Ayalga Ediciones, 1977.

Mateo Avilés, E. de: *Masonería, protestantismo, librepensamiento y otras heterodoxias en la Málaga del siglo XIX*, Málaga, Diputación Provincial de Málaga, 1986.

Maurín, J.: *Los hombres de la dictadura*, Barcelona, Anagrama, 1977.

Melcón Beltrán, J.: *La formación del profesorado en España (1837-1914)*, Madrid, Mº. de Educación y Ciencia, 1992.

Mellor, A.: *El secreto masónico*, Barcelona, A. H. R, 1968.

Mellor, A.: *La masonería*, Barcelona, A. H. R., 1968.

Méndez Romeu, J. L.: «Implantación de la enseñanza graduada en la ciudad de La Coruña», en *Revista*, nº 23, año XXIII, 1987, pp. 121-133.

Meslier, J.: *Crítica de la religión y del Estado*, Barcelona, Península, 1978.

Millán, F.: *La revolución laica. De la Institución libre de Enseñanza a la escuela de la República*, Valencia, Fernando Torres, 1983.

Ministerio de Instrucción Pública y Bellas Artes: *Censo de la población de España según el empadronamiento hecho en la península e islas adyacentes el 31 de diciembre de 1900*, III, Madrid, Imprenta de la Dirección General del Instituto Geográfico y Estadístico, 1907.

Ministerio de Educación y Ciencia: *Historia de la educación en España*, 5 vols., Madrid, Mº. de E. y Ciencia, 1985, 1989, 1991.

Miranda García, S.: *Religión y clero en la gran novela española del siglo XIX*, Madrid, Ediciones Pegaso, 1982.

Molas, I.: *El sistema de partidos políticos en Cataluña (1931-1936)*, Barcelona, Península, 1974.

Molero Pintado, A.: *La Institución Libre de Enseñanza: Un proyecto español de renovación pedagógica*, Madrid, Anaya, 1985.

Montero García, F.: *El primer catolicismo social y la Reuma Novarum en España (1889-1902)*, Madrid, C.S.I.C., 1983.

Montero García, F.: «La relación Iglesia-sociedad en la España de la segunda mitad del siglo XIX», en *Revista de Historia Contemporánea*, Universidad de Sevilla, nº 3, de diciembre de 1984, pp. 87-98.

Moratinos Iglesias, J.: *Historia de la educación en Alicante: desde el siglo XVIII hasta comienzos del XX*, Alicante, Caja de Ahorros Provincial de Alicante, 1986.

Moreno Gómez, F., Ortiz Villalba, J.: *La masonería en Córdoba*, Córdoba, Albolafia, 1985.

Nakens, J.: *Puñado de ironías*, Madrid, Imp. de Domingo Blanco, 1907.

Naranjo Orovio, C.: *Del campo a la bodega: recuerdos de gallegos en Cuba (siglo XX)*, Sada (A Coruña), Ediciós do Castro, 1988.

Neira Vilas, X.: *Guerrilleiros*, Sada (A Coruña), Ediciós do Castro, 1992.

Núñez, C. E.: *La fuente de la riqueza. Educación y desarrollo económico en la España contemporánea*, Madrid, Alianza, 1992.

Núñez, I.: *La revolución de octubre de 1934*, tomo I, Barcelona, José Vilamala, 1935.

Núñez Seixas, X. M.: *O Galeguismo en América, 1879-1936*, Sada (A Coruña), Ediciós do Castro, 1992.

Oliveira, C.: *O socialismo em Portugal 1850-1900. Contribuçao para o estudo da filosofía política do socialismo em Portugal na segunda metade do século XIX*, Porto, Tip. Nunes, 1973.

Oliveira Marques, A. H.: *História da maçoneria em Portugal. Vol. I. Das Origens ao Triumfo*, Lisboa, Presença, 1990.

Ordóñez Márquez, J.: *La apostasía de las masas y la persecución religiosa en la provincia de Huelva 1931-1936*, Madrid, C.S.I.C., 1968.

Otero, C. P. [Carlos Fernández Otero]: *Letras. I*, Barcelona, Seix Barral, 1972.

Otero Urtaza, E.: *Las misiones pedagógicas. Una experiencia de educación popular*, Sada (A Coruña), Ediciós do Castro, 1982.

Padua, M. de: *El defensor de la paz*, Madrid, Tecnos, 1989.

Palacio, I.: *Rafael Altamira: Un modelo de regeneracionismo educativo*, Alicante, Caja de Ahorros Provincial de Alicante, 1986.

Palmas, R.: «La Emigración», en VV.AA.: *Los Gallegos*, Madrid, Istmo, 1976, pp. 503-536.

Palmas, R.: *A emigración galega na Arxentina*, Sada (A Coruña), Ediciós do Castro, 1977.

Palomares Ibáñez, J. M., Fernández Casanova, M. C.: *La Comisión de Reformas Sociales y la Cuestión Social en Ferrol (1884-1903)*, Santiago (A Coruña). Universidad de Santiago, 1984.

Pancera, C.: *L'utopía pedagogica rivoluzionaria, 1789-1799*, Roma, Ianua, 1985.

Pardellas de Blas, X. X.: *A Emigración*, Marín (Pontevedra) Escala Aberta, 1981.

Pardo Tomás, J.: *Ciencia y censura. La Inquisición española y los libros científicos en los siglos XVI y XVII*, Madrid, C.S.I.C., 1991.

Payne, S. G.: *El catolicismo español*, Barcelona, Planeta, 1984.

Payne, S. G.: *Los militares y la política en la España contemporánea*, (S. l.: París), Ruedo Ibérico, 1968.

Payne, S. G.: *Falange. Historia del fascismo español*, Madrid, Sarpe, 1985.

Payne, S. G.: *Franco. El perfil de la historia*, Madrid, Espasa-Calpe, 1992.

Paz Sánchez, M. A. de: «Luis Felipe Gómez Wangüemert y la masonería palmera y cubana de la década de1930. Notas para un estudio», en VV.AA.: *II Jornadas de Estudios Canarias-América*, Santa Cruz de Tenerife, 1981, pp. 33-63.

Paz Sánchez, M. A. de: «Españolismo versus 'separatismo' en la masonería puertorriqueña: La Logia *Borinquen nº 81* de Mayagüez (1889-1897)», en *Boletín Millares Carló*, Madrid, vol. IV, nº 7 y 8, 1985, pp. 199-227.

Paz Sánchez, M. A. de: *Historia de la francmasonería en las Islas Canarias (1739-1931)*, Santa Cruz de Tenerife, Cabildo Insular de Gran Canaria, 1985.

Paz Sánchez, M. A. de: «Masonería canaria y esperanto; un proyecto de la logia *Afortunada nº 5 de* Las Palmas (1903-1905), en *Serta Gratvlatoria in honorem Juan Régulo. II. Esperantismo»*, La Laguna (Santa Cruz de Tenerife), Universidad de La Laguna, 1987, pp. 527-538.

Paz Sánchez, M. A. de: *Intelectuales, poetas e ideólogos en la francmasonería canaria del siglo XIX*, Santa Cruz de Tenerife, Ecotopía, 1983.

Paz Sánchez, M. A. de: «Hipótesis en torno a un desarrollo paralelo de la masonería canaria y cubana durante el primer tercio del presente siglo. Acotaciones para un estudio», en VV.AA.: *IV Coloquio de Historia canario-americana (1980), II*, Santa Cruz de Tenerife, Ediciones del Excmo. Cabildo Insular, 1982, pp. 567-602.

Paz Sánchez, M. A. de: «Aspectos generales y principales características de la implantación sistemática de la francmasonería en la Gran Antilla, durante el último tercio del XIX», en *Anuario de Estudios Americanos*, XXXVI, 1979, pp. 531-568.

Paz Sánchez, M. A. de: «Antibelicismo y pacifismo en la masonería española», en *Hispania. Revista española de historia*, tomo XLVIII/169, de 1988, pp. 737-754.

Paz Sánchez, M. A. de: *La masonería en La Palma (1875-1936)*, La Laguna-Santa Cruz de La Palma (S. Cruz de Tenerife), Aula de Cultura «Elías Santos Abreu», 1980.

Paz Sánchez, M. A. de: *Militares masones de España. Diccionario biográfico del siglo XX*, Valencia, Centro Francisco Tomás y Valiente UNED Alzira-Valencia. Fundación Instituto de Historia Social, 2004.

Paz Sánchez, M. A. de: *La masonería y la pérdida de las colonias*, Santa Cruz de Tenerife, Ediciones Idea, 2006.

Paz Sánchez, M. A. de: *Martí, España y la masonería*, Santa Cruz de Tenerife, Ediciones Idea, 2008.

Paz Sánchez, M. A. de: *Masones en el atlántico*, Santa Cruz de Tenerife, Ediciones Idea, 2011.

Peña Saavedra, V.: *Éxodo, Organización Comunitaria e Intervención Escolar. La impronta educativa de la emigración transoceánica en Galicia*, 2 vols., Santiago (A Coruña), Xunta de Galicia, 1991.

Pereira Domínguez, M. C.: *La labor educativa iberoamericana y la creación de las Escuelas Pro Valle Miñor a principios del siglo XX*, Madrid, Universidad Complutense de Madrid, 1987.

Pereira Martínez, C., Romero Masiá, A.: «Constancio Romero Lasarte (1852-1917): un mestre laico na Coruña», en *Anuario Brigantino*, 2009, nº 32, pp. 225-252.

Pereira Martínez, C.: *A Galicia heterodoxa*, A Coruña, Espiral Maior, 2010.

Pérez Galán, M.: *La enseñanza en la Segunda República Española*, Madrid, Edicusa, 1975.

Pérez Gutiérrez, F.: *El problema religioso en la generación de 1868. La leyenda de Dios*, Madrid, Taurus, 1975.

Pérez Herrero, P.: *Porfirio Díaz*, Madrid, Historia 16, 1987.

Pérez Ledesma, M.: *El obrero consciente. Dirigentes, partidos y sindicatos en la II Internacional*, Madrid, Alianza, 1987.

Peset, J. L., Garma, S., Pérez Garzón, J. S.: *Ciencias y enseñanza en la revolución burguesa*, Madrid, Siglo XXI, 1978.

Peterson, F.: *El movimiento obrero norteamericano*, Buenos Aires, Marymar. (S.a.: ¿1965?).

Pianzola, M.: *Lénine en Suisse*, Ginebra, Agencia de Prensa Novosti-Association Suisse - URSS, 1970.

Pinto Molina, M.: *La masonería en Almería a finales del* s. *XIX*, Granada, Universidad de Granada, 1990.

Pinto Molina, M.: *La masonería en Málaga y provincia*, Granada, Universidad de Granada, 1977.

Pomeau, R.: *L'Europe des Lumieres. Cosmopolitisme et unité européenne du XVIIIe siecle* (S. l.: ¿París?), Stock, 1991.

Ponce, A.: *Educación y lucha de clases*, Bogotá, Latina, 1977.

Porto Ucha, A. S.: *La Institución Libre de Enseñanza en Galicia*, Sada (A Coruña), Ediciós do Castro, 1986.

Poussou, J. P.: *Les îles Britanniques, les provinces unies, la guerre et la paix au XVIIe siécle*, París, Economica, 1991.

Pozuelo Andrés, Y.: *La logia Jovellanos, 1912-1939: memoria e historia borradas por el franquismo*, Oviedo, Editorial Masónica, 2019.

Pozuelo Andrés, Y.: *Hacia una mirada holística de la historia: el ejemplo de la historiografía masónica española, 1972-2022*, Oviedo, Editorial Masónica, 2023.

Prada Rodríguez, J.: *Ourense, 1936-1939. Alzamento, guerra e represión*, Sada (A Coruña), Ediciós do Castro, 2004.

Proudhon, P. J.: *¿Qué es la propiedad?*, Barcelona, Tusquets, 1975 (primera edición: 1840).

Rama, C. M.: *La crisis española del siglo XX*, Méjico, Fondo de Cultura Económica, 1976.

Ramírez Jiménez, M.: *Los grupos de presión en la Segunda República española*, Madrid, Tecnos, 1969.

Ramírez Jiménez, M.: *Las reformas de la II República*, Madrid, Túcar, 1977.

Ravitch, N.: *The Catholic Church and the French Nation. 1589-1989*, Londres-Nueva York, Routledge, 1990

Razola, M., Campo, M. C.: *Triángulo azul. Los republicanos españoles en Mauthausen, 1940-1945*, Barcelona, Península, 1979.

Reig, R.: *Blasquistas y clericales. La lucha por la ciudad en la Valencia de 1900*, Valencia, Institució Alfons el Magnánim, 1986.

Reigosa, C. G.: *Fuxidos de zona*, Vigo (Pontevedra), Edicións Xerais de Galicia, 1989.

Reinalter, H. (editor y compilador): *Joseph II und die Freimaurerei, im Lichte zeitgenossischer Broschüren*, Viena, Hermann Bohlaus, 1987.

Rémond, R.: *L'anticléricalisme en France de 1815 á nos jours*, París, Fayard, 1976.

Revuelta González, M.: *Política religiosa de los liberales en el siglo XIX*, Madrid, C.S.I.C, 1973.

Ríos, I.: *Testimonio de la Guerra Civil*, Sada (A Coruña), Edicións do Castro, 1990. (2ª edición).

Riverend, le, J.: *Historia económica de Cuba*, Barcelona, Ariel, 1972.

Robin, P.: *Manifiesto a los partidarios de la educación integral. Un antecedente de la Escuela Moderna*, Barcelona, José J. de Olañeta editor, 1981.

Romano, S.: *Histoire de l'Italie du Risorgimento a nos jours*, París, Editions du Seuil, 1977.

Rosal, A. del: *1934: Movimiento revolucionario de octubre*, Madrid, Akal, 1984.

Rosal, A. del: *Historia de la U.G.T. de España 1901-1939*, 2 vols., Barcelona, Grijalbo, 1977.

Roterdam, E. de: *Elogio de la Locura*, Madrid, Espasa-Calpe, 1976.

Rougerie, J.: *París libre 1871* (S.l.: ¿París?), Editions du Seuil, 1971.

Rubio, J.: *Emigración en la Guerra Civil 1936-39*, Madrid, San Martín, 1977.

Rubio Cabeza, M.: *Crónica de la Dictadura de Primo de Rivera*, Madrid, Sarpe, 1986.

Ruiz, D.: *Insurrección defensiva y revolución obrera. El octubre español de 1934*, Barcelona, Labor, 1988.

Ruiz Apilánez, I.: «Existencia coruñesa de Pedro Alejandro Auber», en *Revista del Instituto «José Cornide»*, nº 13-16, 1977-1980, pp. 67-81.

Ruiz Manjón, O.: *El Partido Republicano Radical. 1908-1936*, Madrid, Tebas, 1976.

Ruiz Manjón, O.: *La evolución programática del Partido Republicano Radical*, Madrid, Universidad Complutense, 1980.

Ruíz Rodrigo, C.: *Escuela y religión, el pensamiento conservador y la educación (Valencia, 1874-1902)*, Valencia, Nau Llibres, 1991.

Sáenz de la Calzada, M.: *La Residencia de Estudiantes 1910-1936*, Madrid, C.S.I.C., 1986.

Samuelle Lamela, C.: *Asentamiento e integración de los gallegos en Uruguay*, Sada (A Coruña), Ediciós do Castro, 1988.

Sánchez i Ferré, P.: «Anselmo Lorenzo anarquista y masón», en *Historia 16*, nº 105 (enero 1985).

Sánchez i Ferré, P.: «Maçoneria i educació a Catalunya», en VV.AA.: *Maçoneria i educació a Espanya*, Barcelona, Fundació Caixa de Pensions, 1986.

Sánchez i Ferré, P.: *La maçoneria a Catalunya (1868-1931)*, Barcelona, Ajuntament de Barcelona-Edicions 62, 1990.

Sánchez i Ferré, P.: *La logia* Lealtad, *un exemple de maçoneria catalana (1869-1939)*, Barcelona, Alta Fulla, 1985.

Sánchez de Horcajo, J. J.: *Escuela, sistema y sociedad. Invitación a la sociología de la educación*, Madrid, Libertarias/Prodhufi, 1991.

Sánchez López, F.: *Movimientos migratorios en Galicia*, Santiago (A Coruña), Compostela, 1966.

Sánchez Martínez, P.: *Masonería e república en Celanova. Benito Cancela Rodríguez (1892-1973). O alcalde que salvou o Mosteiro de San Rosendo* (S. l.: Oviedo), Instituto de Estudios Masónicos de Galicia-Editorial Masónica, 2017.

Sánchez-Blanco Parody, F.: *Europa y el pensamiento español del siglo XVIII*, Madrid, Alianza, 1991.

Santoni Rugiu, A.: *Historia social de la educación I. Reforma de la escuela*, Barcelona, Reforma de la Escuela, 1981.

Sarmiento Pérez, J.: *Represión eclesiástica en Badajoz (1824-1825)*, Mérida (Badajoz), U.N.E.D., (Centro Regional de Extremadura), 1991.

Sarrailh, J.: *La España ilustrada de la segunda mitad del siglo XVIII*, Madrid, Fondo de Cultura Económica, 1974 (1ª reimpresión de la 1ª edición en español).

Serrâo, J. A.: *Emigraçâo portuguesa. Sondagem histórica*, Lisboa, Livros Horizonte, 1982.

Shubert, A.: *Historia social de España (1800-1990)*, Madrid, Nerea, 1991.

Sixirei Paredes, C. A.: *Emigración*, Vigo (Pontevedra), Galaxia, 1988.

Sixirei Paredes, C. A.: *Alfredo Somoza. Encadramento histórico dunha figura esquecida do galleguismo*, Sada (A Coruña), Ediciós do Castro, 1987.

Snyders, G., León, A., Vial, J.: *Historia de la Pedagogía II*, Barcelona, Oikos Tau, 1974.

Solá, P.: *Las escuelas racionalistas en Cataluña (1909-1939)*, Barcelona, Tusquets, 1978.

Solá, P.: *Francesc Ferrer i Guardia i l'Escola Moderna*, Barcelona, Curial, 1978.

Spinoza: *Tratado teológico-político*, Madrid, Alianza, 1986 (primera ed. 1670).

Stirner, M.: *El único y su propiedad, el falso principio de nuestra educación o humanismo y realismo*, Barcelona, Labor, 1974.

Suárez Pazos, M.: «La educación en Galicia de 1868 a 1874». Tesis doctoral inédita, defendida en 1982, *Facultad de Filosofía y Ciencias de la Educación de la Universidad Complutense de Madrid.*

Suchodolski, B.: *Fundamentos de pedagogía socialista*, Barcelona, Laia, 1980.

Sueiro, D., Díaz Nosty, B.: *Historia del franquismo*, 2 vols., Madrid, Sarpe, 1986.

Tackett, T.: *La Révolutíon, l'eglise, la France. Le serment de 1791*, París, Les Editions du Cerf, 1986.

Terradas Saborit, I.: *Revolución y religiosidad. Textos para una reflexión en torno a la Revolución francesa*, Valencia, Edicion Alfons el Magnanim, 1990.

Terrón Bañuelos, A.: *La enseñanza primaria en la zona industrial de Asturias (1898-1923)*, Oviedo, Servicio Central de Publicaciones del Principado de Asturias, 1990.

Tiana Ferrer, A.: *Educación libertaria y revolución social (España, 1936-1939)*, Madrid, U.N.E.D., 1987.

Tojo Ramallo, J. A.: *Testimonios de una represión. Santiago de Compostela. Julio 1936-Marzo 1937*, Sada (A Coruña), Ediciós do Castro, 1990.

Touchard, J.: *Historia de las ideas políticas*, Madrid, Tecnos, 1974 (3ª reimpresión de la 3ª edición).

Turín, Y.: *La educación y la escuela en España de 1874 a 1902. Liberalismo y tradición*, Madrid, Aguilar, 1967.

Tusell, J.: *Franco y los católicos. La política interior española entre 1945 y 1957*, Madrid, Alianza, 1984.

Tusell, J.: *La dictadura de Franco*, Madrid, Alianza, 1988.

Tusell, J.: *Siglo XX*, tomo 6 del *Manual de Historia de España*, Madrid, Historia 16, 1990.

Tusell, J.: *Franco en la Guerra Civil. Una biografía política*, Barcelona, Tusquets, 1992.

Tusell, J., G. Queipo de Llano, G.: *Los intelectuales y la República*, Madrid, Nerea, 1990.

Tusquets, J.: *La Francmasonería, crimen de lesa patria*, Burgos, Ediciones Antisectarias, 1936.

Tusquets, J.: *Masonería y separatismo*, Burgos, Ediciones Antisectarias, 1937.

Tusquets, J.: *Masones y pacifistas*, Burgos, Ediciones Antisectarias, 1939.

Ureña, E. M.: *Krause, educador de la humanidad. Una biografía*, Madrid, Universidad Pontifica Comillas-Unión Editorial, 1991.

Ureña, E. M.: «Orígenes del Krausofröbelismo y masonería», en *Historia de la Educación*, nº 9 (enero-diciembre de 1990).

Uso I Arnal, J. C.: «Nuevas aportaciones sobre la represión de la masonería española tras la Guerra Civil», en VV.AA. (J. A. Ferrer Benimeli, coordinador): *Masonería, política y sociedad*, Zaragoza, Centro de Estudios Históricos de la Masonería Española, 1989.

VV.AA.: *Liberalismo y caciquismo (Siglo XIX)*, tomo 9 de la *Historia de Castilla y León*, Valladolid, Ambito, 1986.

VV.AA. (J. Ruiz Berrio, editor): *La educación en la España contemporánea. Cuestiones históricas. Libro homenaje a Ángeles Galindo*, Madrid, Sociedad Española de Pedagogía, 1985.

VV.AA.: *Historia de la Educación. Revista interuniversitaria* (Ediciones Universidad de Salamanca), nº 1 al 10, 1982-1991.

VV.AA. (X. Castro, J. de Juana, directores): *IV Xornadas de Historia de Galicia. Mentalidades Colectivas e Ideoloxías*, Ourense, Deputación Provincial de Ourense, 1991.

VV.AA. (D. Pereira, coordinador): *Os Conquistadores Modernos. Movemento Obreiro na Galicia de anteguerra*, Vigo (Pontevedra), Promocións Culturais Galegas, 1992.

VV.AA.: *Spagna contemporánea*, nº 1, 1992, Turín, Edizioni dell'Orso, 1992.

VV.AA. (Vicente Cárcel Ortí, director): *La Iglesia en la España Contemporánea (1808-1975)*, tomo V de la *Historia de la Iglesia en España*, Madrid, B.A.C., 1979

VV.AA.: *Guerre et paix dans l'Europe du XVIIe siécle (de Regards sur l'histoire, Histoire moderne* dirigida por André Corvisier. París, Sedes, 1991. (2ª edición).

VV.AA. (J. Ph. Genet y B. Vincent, editores): *État et Église dans la genése de l'État moderne*, Madrid, Casa de Velázquez, 1986.

VV.AA. (Jacques Le Goff, director): *L'État et les pouvoirs*, París, Editions du Seuil, 1989.

VV.AA. (Jean-Louis Guereña y Alejandro Tiana, editores): *Clases populares, cultura, educación. Siglos XIX-XX*, Madrid, Casa de Velázquez-U.N.E.D., 1989.

VV.AA.: *Massoneria e letteratura. Convegno dei Pugnochiuso 1986*, Foggia, Bastogi, 1987.

VV.AA.: *Purga de Maestros en la Guerra Civil. La depuración del magisterio nacional de la provincia de Burgos*, Valladolid, Ámbito, 1987.

VV.AA. (J. Ruiz, A. Tiana, O. Negrín, editores): *Manuel B. Cossío y la renovación pedagógica institucionista*, Madrid, U.N.E.D., 1987.

VV.AA.: *Revista da Comisión do Quinto Centenario*, nº 1 al 6. Santiago (A Coruña), Dirección Xeral de Relacións coas Comunidades Galegas, 1989.

VV.AA.: *1º Jornadas presencia de España en América: aportación gallega*, Madrid, Deimos, 1989.

VV.AA.: *Primeras Jornadas de Educación «Lorenzo Luzuriaga» y la política educativa de su tiempo/ponencias*, Ciudad Real, Diputación Provincial de Ciudad Real, 1986.

VV.AA. (J. L. Abellán director): *El exilio español de 1939*, Madrid, Taurus, 1978.

VV.AA. (G. Chaussinand-Nogaret, director): *Histoire des élites en France, du XVIe au XXe siécle. L'honneur-le mérite-l'argent* (S. l.: ¿París?), Tallandier, 1991.

VV.AA.: *A nosa história* (anejos de la revista *A Nosa Terra)*, Vigo (Pontevedra), Promocións Culturais, 1987.

VV.AA.: *Mujer y educación en España, 1868-1975*, Santiago (A Coruña), S.E.D.H.E. Universidade de Santiago, 1990.

VV.AA. (J. de Juana y X. Castro, directores): *V Xornadas de historia de Galicia, Galicia y América: el papel de la emigración*, Orense, Deputación Provincial de Ourense, 1990.

VV.AA. (Caja de Ahorros Provincial de Orense): *La emigración en la provincia de Orense. El retorno y sus perspectivas*, Ourense, Caixa Ourense-Sotelo Blanco, 1984.

VV.AA.: «Ejército, pueblo y Constitución. Homenaje al General Rafael del Riego. Actas del Coloquio Internacional celebrado en la Facultad de Ciencias de la Información de la Universidad Complutense, abril de 1984», Madrid, Anejos a la revista *Trienio,* 1987.

VV.AA. (F. Flores Arroyuelo, selección y prólogo): *España siglo XX*, Madrid, Cuadernos para el Diálogo, 1972.

VV.AA.: *La masonería en Madrid*, Madrid, Avapiés, 1987.

VV.AA.: *Histoire de la laïcité, principalement en Belgique et en France* (Hervé Hasquin, director), Bruselas, Editions de l'Université de Bruxelles, 1981.

VV.AA. (Emilio La Parra y Jesús Pradells, editores): *Iglesia, sociedad y Estado en España, Francia e Italia (ss. XVIII al XX)*, Alicante, Instituto de Cultura Juan Gil-Albert, 1991.

VV.AA.: *Hechos de Don Berenguer de Landoria Arzobispo de Santiago*, Introducción, edición crítica y traducción, Santiago (A Coruña) Universidade de Santiago de Compostela, 1983.

VV.AA. (Xavier Castro y Jesús de Juana editores): *Mentalidades Colectivas e Ideoloxías*, Ourense, Deputación Provincial de Ourense, 1992.

VV.AA.: *La masonería y su impacto internacional*, Madrid, Universidad Complutense, 1989.

VV.AA. (R. Miralbés Bedera, directora): *Galicia en su realidad geográfica*, Santiago (A Coruña), Fundación «Pedro Barrié de la Maza», 1984.

VV.AA. (José L. García Delgado, editor): *La Segunda República española: el Primer Bienio*, Madrid, Siglo XXI, 1987.

VV.AA.: *Historia social de España, siglo XX*, Madrid, Guadiana, 1976.

VV.AA. (Daniel Ligou, director): *Histoire des Franc-maçons en France*, Toulouse, Privat, 1987.

VV.AA. (Jacquez Droz, director): *Historia General del Socialismo*, 3 vols., Barcelona, Destino, 1976.

VV.AA. (Agustín Requejo Osorio y Xosé M. Cid Fernández, coordinadores): *Educación e sociedade en Ourense*, Sada (A Coruña), Ediciós do Castro, 1989.

VV.AA.: *Galicia y América. Cinco siglos de historia*, Santiago (A Coruña), Xunta de Galicia, 1992.

VV.AA. (José A. Ferrer Benimeli, coord.): *Masonería, revolución y reacción*, 2 vols, Alicante, Instituto de Cultura Juan Gil Albert, 1990.

VV.AA.: *La época del absolutismo (1660-1789)*, del tomo IV de *Historia Universal* dirigida por Walter Goetz, Madrid, Espasa-Calpe, 1978.

VV.AA.: *Indianos*, monografías de *Los Cuadernos del Norte*, Oviedo, 1984.

VV.AA.: *Historia de la Iglesia en España. V. La Iglesia en la España contemporánea (1808-1975)*, Madrid, B.A.C., 1979

VV.AA. (A. Eiras Roel, coordinador): *Emigración española y portuguesa a América*, Alicante, Instituto de Cultura Juan Gil-Albert, 1991.

VV.AA. (José A. Ferrer Benimeli coord.): *Masonería, política y sociedad*, Zaragoza, C.E.H.M.E., 1989.

VV.AA.: *La II República, 60 anys després. Estudis sobre les comarque gironines*, Girona, Cercle d'Estudis Histories i Socials, 1991.

VV.AA.: «L'educació en el mon urbá», en *IX Jornades d'Historia de l'educació als països catalans*, Barcelona, Diputació de Barcelona, 1987.

VV.AA. (A. Eiras Roel, editor): *La emigración española a ultramar. 1492-1914*, Madrid, Tabapress. 1991.

VV.AA. (J. R. Aymes, editor): *España y la Revolución Francesa*, Barcelona, Crítica, 1989.

VV.AA.: *Hª de las Relaciones Educativas entre España y América*, Sevilla, Universidad de Sevilla, 1988.

VV.AA. (N. Sánchez-Albornoz compilador): *Españoles hacia América. La emigración en masa (1880-1930)*, Madrid, Alianza, 1988.

VV.AA.: *La Guerra Civil española. 50 años después*, Barcelona, Labor, 1989.

VV.AA. (José A. Ferrer Benimeli, coordinador): *Masonería Española y América*, Zaragoza, C.E.H.M.E., 1993.

VV.AA. (José A. Ferrer Benimeli, coord.): *La Masonería en la España del siglo XX*, Toledo, Centro de Estudios Históricos de la Masonería Española, 1996.

VV.AA. (G. Ossenbach y M. de Puelles, editores): *La Revolución Francesa y su influencia en la educación en España*, Madrid, U.N.E.D.-Universidad Complutense, 1990.

VV.AA.: *V Coloquio Nacional de Historia de la Educación. Hª de las Relaciones Educativas entre España y América*, Sevilla, Universidad de Sevilla, 1988.

VV.AA.: *Octubre de 1934. Cincuenta años para la reflexión*, Madrid, Siglo XXI, 1985.

VV.AA. (J. Lemaire, editor): *La franc-maçonerie et l'Europe*, Bruselas, Université de Bruxelles, 1992.

VV.AA.: *Vieiros. Revista do Padroado da Cultura galega de México*, recopilación facsimilar, Vigo (Pontevedra), A Nosa Terra Edicións, 1989.

Valcárcel López, M.: *A prensa en Ourense e a súa provincia*, Ourense, Diputación Provincial, 1987.

Valcárcel López, M.: «Ourense 1936: cinconta (sic) anos despois», en *A Nosa Historia 1* (anexo a la revista *A Nosa Terra*), Vigo (Pontevedra), Promocións Culturais, 1987.

Valín Fernández, A. J. V.: «La Galicia francmasónica, entre el mar y el agro», en *Cuadernos de Investigación Histórica Brocar*, nº 17, de diciembre de 1991, pp. 85-90.

Valín Fernández, A. J. V.: «Primeros vestigios de la masonería especulativa en el viejo reino de Galicia», en VV.AA. (J. A. Ferrer, coordinador): *La masonería en la historia de España*, Zaragoza, Diputación General de Aragón, 1985, pp. 271-286.

Valín Fernández, A. J. V.: «Masonería y movimiento liberal en la sublevación coruñesa de 1820 en apoyo del pronunciamiento de Rafael del Riego», en VV.AA. (Gil Novales, editor): *Ejército, pueblo y Constitución. Homenaje al General Rafael del Riego*, Madrid, (Anejos a la revista *Trienio*), 1987, pp. 157-179.

Valín Fernández, A. J. V.: *Galicia y la masonería en el siglo XIX*, Sada (A Coruña), Ediciós do Castro, 1991 (2ª edición).

Valín Fernández, A. J. V.: «Galicia y su emigración en la masonería cubana», en VV.AA. (J. A. Ferrer, coordinador): *Masonería española y América*, vol. I, Zaragoza, C.E.H.M.E., 1993, pp. 513-520.

Valín Fernández, A. J. V.: *La masonería y La Coruña. Introducción a la historia de la masonería gallega*, Vigo (Pontevedra), Ediciós Xerais de Galicia, 1984.

Valín Fernández, A. J. V.: «Revisión metodológica de la tradicional tesis de nuestra historiografía sobre la denominada conspiración masónica del sexenio negro», en *Minius, Revista do Departamento de Historia, Arte e Xeografía*, Ourense, nº 1, año 1, 1992, pp. 49-55.

Valín Fernández, A. J. V.: «El laicismo, la enseñanza y la mujer en la historia de Galicia. Apuntes varios para un estudio», en *Mujer y educación en España, 1868-1975*, Santiago (A Coruña), S.E.D.H.E. Universidade de Santiago, 1990, pp. 338-347.

Valín Fernández, A. J. V.: «Masonería, Clero y Enseñanza en la Galicia contemporánea», en VV.AA. (J. A. Ferrer, coordinador): *Masonería, política y sociedad*, vol. I, Zaragoza, C.E.H.M.E., 1989, pp. 449-464.

Valín Fernández, A. J. V.: «Reflexiones en torno a la distribución geográfica de la masonería gallega a lo largo del siglo XIX», en VV.AA. (J. A. Ferrer, coordinador): *La masonería en la España del siglo XIX*, vol. I, Valladolid, Junta de Castilla y León, 1987, pp. 311-329.

Valín Fernández, A. J. V.: «La masonería como vehículo propagador del liberalismo político. El caso gallego», en VV.AA. (J. A. Ferrer, coordinador): *Masonería, revolución y reacción*, vol. I, Alicante, Instituto de Cultura Juan Gil-Albert, 1990, pp. 183-194.

Valín Fernández, A.: *Masonería y revolución. Del mito literario a la realidad histórica*, Santa Cruz de Tenerife-Las Palmas de Gran Canaria. Ediciones Idea, 2008.

Valín Fernández, A.: *Masonería y conspiración liberal en España. A Coruña un ejemplo primordial y paradigmático*, Oviedo (Asturias), Editorial Masónica, 2024.

Valín Fernández, A.: *Masonería y revolución. Del mito literario a la realidad histórica*, Santa Cruz de Tenerife, Ediciones Idea, 2008/2014 (3 ediciones).

Valín Fernández, A.: *Galicia y la masonería en el siglo XIX. Conspiración liberal, laicismo, galleguismo regionalista y protofeminismo*, Ribadeo (Lugo), EOditorial Publicaciones, 2024.

Valín Fernández, A. J. V., Domínguez Teijeiro, D.: «Aproximación biográfica a Benito Cancela Rodríguez: un masón en la alcaldía de Celanova bajo el Frente Popular», en VV.AA. (José A. Ferrer Benimeli, coord.): *La Masonería en la España del siglo XX*, Toledo, Centro de Estudios Históricos de la Masonería Española, 1996, pp. 245-255.

Varela Díaz, S.: *Partidos y parlamento en la II República española*, Madrid-Barcelona, F. Juan March y E. Ariel, 1978.

Varela, I.: *La Universidad de Santiago 1900-1936. Reforma universitaria y conflicto estudiantil*, Sada (A Coruña), Ediciós do Castro, 1989.

Velloso de Santiesteban, A.: *La educación comparada en España (1900-1936)*, Madrid, U.N.E.D., 1989.

Vidarte, J. S.: *No queríamos al rey. Las Cortes Constituyentes de 1931-1933. Testimonio del Primer Secretario del Congreso de los Diputados*, Barcelona, Grijalbo, 1976.

Vidarte, J. S.: *El Bienio Negro y la Insurrección de Asturias. Testimonio del entonces Vicesecretario y Secretario del P.S.O.E.*, Barcelona, Grijalbo, 1978.

Viguerie, J. de: *Cristianismo y revolución. Cinco lecciones de historia de la Revolución Francesa*, Madrid, Rialp, 1991.

Vilanova Ribas, M., Moreno Julia, X.: *Atlas de la evolución del analfabetismo en España de 1887 a 1981*, Madrid, Mº. de Educación y Ciencia, 1992.

Villacorta Baños, F.: *Burguesía y cultura. Los intelectuales españoles en la sociedad liberal, 1808-1931*, Madrid, Siglo XXI, 1980.

Viñao Frago, A.: *Política y educación en los orígenes de la España Contemporánea. Examen especial de sus relaciones con la enseñanza secundaria*, Madrid, Siglo XXI, 1982.

Vovelle, M.: *La mentalidad revolucionaria*, Barcelona, Crítica, 1989.

Winston, C. M.: *La clase trabajadora y la derecha en España [Cataluña] 1900-1936*, Madrid, Cátedra, 1989.

Abreviaturas

A.C.O.: Arquivo do Concello de Ourense.

A.H.N.: de S. Archivo Histórico Nacional. Sección «Guerra Civil». Fondo *Masonería*. Salamanca.

A.H.U.S.: Arquivo Histórico da Universidade de Santiago.

A. L. G. D. G. A. D. U.: A la Gloria del Gran Arquitecto del Universo.

A.M.C.: Archivo Municipal de La Coruña.

A.R.G.: Arquivo do Reino de Galicia.

B.A.C.: Biblioteca de Autores Cristianos.

B.O.D.O.: Boletín Oficial de la Diócesis de Orense.

B.O.E.: Boletín Oficial del Estado.

B.O.E.O.O.: Boletín Oficial Eclesiástico del Obispado de Orense.

C.E.H.M.E.: Centro de Estudios Históricos de la Masonería Española.

C.S.I.C.: Consejo Superior de Investigaciones Científicas.

E.L.N.O.: Escuela Laica Neutral de Orense.

Enc.: Encuadernación.

G.: Gran.

G.E.G.: Gran Enciclopedia Gallega.

G.L.E.B.M.: Gran Logia Española Boletín Mensual.

hh.: Hermanos.

hher.: Hermanos / herramientas.

I.L.E.: Institución Libre de Enseñanza.

Imp.: Imprenta.

L.: Logia.

L.E.M.: La Escuela Moderna.

L.I.F.: Libertad, Igualdad, Fraternidad.
Log.: Logia.
mas.: Masones.
med.: Medalla (dinero).
oob.: Obreros.
P.S.O.E.: Partido Socialista Obrero Español
prof.: Profano/a.
qq.: Queridos.
Resp.: Respetable.
S.E.D.H.E.: Sociedad Española de Historia de la Educación
S.F.U.: Salud, Fuerza, Unión.
(S. l.:): Sin lugar.
tall.: Taller.
trab.: Trabajos.
Tron.: Tronco.
U.N.E.D.: Universidad Nacional de Educación a Distancia.
VV.AA.: Varios Autores.
U.G.T.: Unión General de Trabajadores.
Vall.: Valles
Ven.: Venerable.
vs.: Versus.